经济与管理专业研究生及高年级本科生通选教材

JINGJI YU GUANLI ZHUANYE
YANJIUSHENG JI GAONIANJI BENKESHEN
TONGXUAN JIAOCAI

人力资源会计

RENLI ZIYUAN KUAIJI

刘仲文 / 著

（第四版）

首都经济贸易大学出版社
Capital University of Economics and Business Press
·北京·

图书在版编目(CIP)数据

人力资源会计／刘仲文著. -- 4版. -- 北京：首都经济贸易大学出版社，2024.4
ISBN 978-7-5638-3661-1

Ⅰ.①人… Ⅱ.①刘… Ⅲ.①人力资源会计 Ⅳ.①F234

中国国家版本馆CIP数据核字(2024)第051046号

人力资源会计(第4版)
刘仲文　著

责任编辑	彭伽佳
封面设计	砚祥志远·激光照排　TEL: 010-65976003
出版发行	首都经济贸易大学出版社
地　　址	北京市朝阳区红庙（邮编100026）
电　　话	(010)65976483　65065761　65071505(传真)
网　　址	http://www.sjmcb.com
E-mail	publish@cueb.edu.cn
经　　销	全国新华书店
照　　排	北京砚祥志远激光照排技术有限公司
印　　刷	人民日报印务有限责任公司
成品尺寸	170毫米×240毫米　1/16
字　　数	569千字
印　　张	30
版　　次	1997年12月第1版　2006年1月第2版 2016年1月第3版　**2024年4月第4版** 2024年4月总第12次印刷
书　　号	ISBN 978-7-5638-3661-1
定　　价	55.00元

图书印装若有质量问题，本社负责调换
版权所有　侵权必究

序

由于企业对人力资源管理的加强,传统会计的局限性以及经济理论和科学技术的进步等等原因,20世纪60年代以后,在美国会计理论界产生了人力资源会计这一新的分支学科。但到目前为止,它仍处于理论研讨阶段,还没有一套公认的理论体系和可供操作的实践方法。我国在改革开放以后,20世纪80年代初,由美国引进人力资源会计,开始对该学科进行研究和探讨,但也只限于对该学科的介绍或转述,至今还没有一本该学科的专著。刘仲文同志所撰写的《人力资源会计》是我国在该学科中的第一部专著,填补了我国在这方面的空白,是我国会计理论界值得庆贺的事情。

我国还处于社会主义初级阶段,是发展中国家,生产力水平还不够高。影响我国经济发展的因素是多方面的,其中,我国人力资源质量较低是一个重要因素。在我国开展人力资源会计的研究,尤其是开展对人力资源成本、价值的研究,就显得更有必要。这无论是对宏观经济、微观经济,还是对会计领域、劳动人事领域的理论研究和实践,都有积极的促进作用。

正是由于开展人力资源价值的研究是国民经济发展的需要,我和刘仲文同志在1992年获得"八五""中华社会科学基金"赞助,立项进行"人力资源会计"课题研究。刘仲文同志既是本书的作者,也是科研项目的骨干、科研项目报告的主要执笔人。作者撰写这部专著,是在科研课题报告基础上完成的。作者从科研课题立项到专著脱稿,历经五年之久,经过广泛收集资料,大量调查证实,并深入分析钻研,付出了辛苦劳动。作者在书中对人力资源会计进行了全面、系统的阐述,在理论上有所突破,有所创新。

该书的创新和突破有以下几点:

首先,该书突破了"人力资源不能作为一种资产进行核算的局限",建立了人力资产、人力资本、人力资本保全等基本概念,为人力资源会计核算奠定了基础。

其次,建立了人力资源成本会计的基本框架,并建立了完整、系统的核算体系,解决了人力资源成本核算的基本概念、基本内容、基本核算方法以及在财务报表中的报告方法等问题。其主要内容与方法包括:人力资源成本构成因素——人力资源的取得成本、开发成本、使用成本、离职成本;人力资源成本的内容和确认;人力资源成本计量的原始成本法即实际成本法、现实重置成本法、机会成本法;人力资源成本会计的资产负债表、损益表、人力资产成本变动及总成本表、人力资产分类成本表;人力资源成本会计核算业务处理方法及核算案例。

第三,建立了以生产者剩余为基础的人力资源价值会计的基本框架,并设计了人力资源价值计量的模型,讨论了模型中工资函数 $S(t)$、调整系数 $K(t)$ 的取值,使该模型成为一种可行的计量方法;分析并评价了有关人力资源价值计量方法存在的问题,包括对未来收益或工资报酬折现法、调整未来收益或工资报酬折现法、随机报偿模型、商誉法、经济效益法等存在问题的分析评价;初步阐明了人力资源价值计量、会计核算、会计报表编制以及在财务报表中揭示人力资源价值信息的系统方法。本书设计了完整地将人力资源成本会计和价值会计相结合的应用案例,同时介绍了我国人力资源价值会计应用的其他理论和实践方法,如劳动者权益会计理论、计算劳力股以及计算足球俱乐部球员转会费方面的实例。

第四,以市场供求平衡和生产函数为基础理论,建立了人力资源市场预测理论与方法。在论述人力资源市场的形成和发展的基础上,解决了人力资源市场预测的供求分析问题,使用方法包括人力资源供给曲线、需求曲线、供给曲线与需求曲线的均衡、影响人力资源供求平衡的主要因素等;系统探讨了企业人力资源需求预测的方法及其应用,包括:替代需求预测,生产变化的长期人力资源需求预测,生产变化的短期人力资源需求预测。

第五,建立了人力资源投资收益分析的基本理论,提出了企业人力资源投资收益分析的程序、计量基础、计量方法,并举例说明企业投资收益分析方法的应用。在分析企业投资收益的基础上,提出了人力资源投资决策的一般依据和程序,对管理部门进行人力资源投资决策有一定的现实意义。

书中不仅有充实的理论,还有可操作性的案例说明。该书可作为会计界、劳动人事界理论和实际工作者的业务参考书,是一本值得推荐的新书。

由于人力资源会计目前无论在理论上,还是在实践上都处于不成熟阶段,请专家、学者积极提出宝贵意见和建议,使人力资源会计这一新的分支学科得以发展,日臻完善。

王志忠
1997 年 9 月 14 日

第 4 版前言

1997年12月,本人撰写的《人力资源会计》出版之后,得到了会计理论界广泛认同。1999年,"中国会计学会第一届全国人力资源会计理论与实践研讨会"在首都经济贸易大学召开,掀起人力资源会计理论研究的高潮。1999年,《人力资源会计》一书获得北京市第五届哲学社会科学优秀成果二等奖。2009年1月,"中国会计学会第二届全国人力资源会计研讨会"在北京召开,会议仍由首都经济贸易大学主办,继续推动人力资源会计理论与实践的研究和讨论。同时,本书第2版和第3版于2006年和2016年修订增补出版,得到会计理论界和实务界更加广泛的认同。

从1997年《人力资源会计》第1版出版至今已经27年,累计印数已经超过19 000册。应首都经济贸易大学出版社的要求,本书在第1版出版27年、第2版出版18年、第3版出版8年后推出第4版。可见人们对人力资源会计的研究兴趣不减,本书的市场需求已经不仅仅是人力资源会计理论研究工作者的需求,也是人力资源会计教学和人力资源管理部门工作的需求,说明人力资源会计理论有越来越广泛的应用前景。

为满足广大读者希望本书再次修订的需要,满足各财经类高校的会计学专业、劳动经济专业、人力资源管理专业、工商管理专业各级各类师生学习和教学需要,满足企事业单位进行人力资源价值管理的需要,促进人力资源会计理论与实践问题的深入研究,本人历时一年多,完成了对《人力资源会计》第3版的修订工作。本次修订内容源于本人参与的工信部2019—2020年科研项目"现行财务制度对软件企业及软件产品影响研究"以及本人指导的首都经济贸易大学会计学院2016届研究生郭史煜撰写的硕士学位论文"软件开发人员的人力资源价值与薪酬关系研究"。在借鉴项目研究成果和硕士学位论文的基础上,完成本书第4版修订和增补内容。现在《人力资源会计》第4版终于与读者见面了。

(一)本书第2~4版修订增补内容

1. 本书第2版修订增补的主要内容,包括:①增补一些人力资源会计的研究成果,包括人力资源会计理论研究成果和人力资源会计案例研究成果。②增补一章,即"人力资源的社会保障会计",充实了人力资源社会保障会计核算内容,扩大了本书的应用范围。③附录部分增加了近年来其他作者及本人撰写的一些有关人力资源会计的论文的综述和目录,以便读者进一步研究参考。

2. 本书第3版修订增补的主要内容,包括:①各章都增补了与本章内容有关的关键词、复习思考题和应用案例,供读者思考,以适应人力资源会计教学需要。②增补第七章"企业人力资源激励约束机制理论与应用"和第八章"事业单位人力资源绩效评价",充实了人力资源激励约束机制和绩效评价的内容,增加了人力资源会计理论实证研究成果。③增补第九章"人力资源的社会保障会计"内容,将我国社会保障一些新的政策补充到人力资源社会保障会计核算内容之中,以扩大本书的应用范围。④附录文献综述部分,增加了对近10年来核心期刊等刊登的有关人力资源会计理论与实践的研究成果的综述,以方便读者进一步研究人力资源会计。

3. 本书第4版修订增补的主要内容,包括:①删改并增补第九章内容,由于篇幅所限,删除第九章第二至六节社会保障基金财务与会计的内容;增补第二节,企业人力资源社会保障费用会计处理,与全书重点研究微观的企业人力资源会计相一致。②增补第十章"软件开发企业人力资源会计",新增加七节内容,包括:第一节,国内外软件产业发展现状与会计处理问题;第二节,美国软件会计准则发展简史与特点;第三节,中国企业会计准则现状与软件会计处理问题;第四节,中国软件会计基本理论问题研究;第五节,企业软件开发项目会计处理案例;第六节,软件开发企业人力资源价值与薪酬实证分析;第七节,软件开发企业人力资源价值与薪酬分析案例。③增加一个应用案例,即SOFT有限责任公司软件财务会计案例;增加一个调研案例,即某软件有限责任公司财务会计案例。④编写了第十章的关键词、复习思考题、应用案例和调研案例,并附有部分练习题答案供读者参考。与本书其他章节之后的结构一致,满足人力资源会计教与学的需要。⑤附录文献综述部分,再次增加近10年来核心期刊等刊登的有关人力资源会计理论与实践的研究成果综述,以方便读者了解人力资源会计的最新研究动态。

(二)本书第3、第4版的创新观点

本书第2版主要对第1版每章节内容进行修订和补充,保持第1版作者的全部创新观点(详见第1版前言)。本书第3、4版除了对每章节原有内容修订和补充外,还新增了作者的创新观点。

本书第3版的创新观点主要体现在第3版第七、第八章内容之中。其中:

(1)第七章以高管团队和普通员工薪酬差异为对象,选择我国A股上市公司2007年到2011年财务报告为样本数据,本人指导硕士研究生王浩进行企业人力资源激励约束机制实证分析,主要分析我国上市公司的高管团队内薪酬差距与企业绩效之间的关系和高管/员工薪酬差距与企业绩效之间的关系。主要观点:①提出高管团队内薪酬差距在一定范围内时,与公司绩效呈正相关关系,而且不存在区间效应。②提出高管/员工薪酬差距在一定范围内时,与公司绩效呈正相关关系,呈倒"U"形关系,薪酬差距存在区间效应。③提出控股股东性质在高管/员工薪酬差距对企业绩效影响中具有显著影响,国有公司高管/员工薪酬差距影响企业绩效的拐点要小于非国有公司。④提出经济发展水平在高管/员工薪酬差距对企业绩效的影响中具有显著影响,次发达地区薪酬差距影响企业绩效的拐点要低于发达地区公司。

(2)第八章是在本书作者刘仲文教授承担的北京市哲学社会科学"十一五"规划项目(项目编号:06BaJG101)最终研究成果《北京市事业单位人事制度改革成本效益实证分析》基础上撰写而成的。第八章在介绍事业单位人力资源绩效评价的理论基础上,提出事业单位人力资源评价的具体指标体系设想,进行高校案例的实证分析,其创新内容包括:①提出高等学校人力资源评价的具体指标体系;②提出科研单位人力资源评价的具体指标体系;③提出医疗卫生人力资源评价的具体指标体系;④提出文化、体育事业单位人力资源评价的具体指标体系;⑤设计高校调查问卷,进行数据收集和数据结果分析,并对问卷中的高校人力资源评价的指标体系进行调整,最终设计提出侧重于评价人力资源产出效率的高校绩效评价指标体系。

本书第4版作者的创新观点包括:

(1)以国内外软件产业发展现状为基础,分析了我国软件企业会计核算存在的问题,首次提出在我国建立软件会计准则的建议,分别论述其必要性和可能性。

(2)完整系统地论证了美国软件会计准则产生、演进和不断完善的历史过程,介绍了美国软件会计准则 ACS985 的内容框架;首次提出美国软件会计准则 ACS985 的特点和值得借鉴的主要内容。

(3)首次提出完整系统的软件、软件产品、软件生产周期的概念并提出了论据,在此基础上进一步论述软件产业和软件行业的区别。

(4)分析中国企业会计准则中软件会计规范的缺憾,提出建立中国软件企业会计准则的基本理论框架,包括:①提出软件资产、软件负债、软件所有者权益、软件收入、软件费用、软件利润的概念,以及以上会计要素的会计确认、会计计量、会计记录、会计报告的标准,并论述立论的依据;②提出软件产品成本按照软件生产周期各个阶段,包括:软件项目准备阶段、开发阶段、生产阶段、运维阶段,分别进行软件会计确认计量记录的方法;③提出软件资产负债表、软件利润表、软件现金流量表基本格式和软件要素列报的位置和方法;④根据本书设计的软件会计准则框架,设计软件开发企业会计处理的应用案例及处理结果。

(5)首次提出将软件开发人力资源分为稳定型和波动型两大类别,并归纳分析软件开发企业人力资源价值与薪酬之间的关系。通过实证分析,得出三个结论:①稳定型软件开发人员的人力资源价值与薪酬正相关;②波动型软件技术人员的价值与薪酬无明显线性相关关系;③波动型软件技术人员"存量"与"市场需求和薪酬"存在负相关关系。同时,根据实证分析模型,提供了一个软件开发项目人力资源价值影响因素的分析案例。

在本书第4版出版之际,我要再次感谢首都经济贸易大学出版社以及出版基金委员会对我的研究成果的肯定和对本书出版的一贯支持,再次感谢对本书写作、出版给予帮助的首都经济贸易大学校领导、会计学院领导、出版社领导、出版基金会成员。同时,再次感谢首都经济贸易大学硕士研究生谢文龙、程菲、赵芳、张琳琳、李静静、王琨等对本书第2版修订稿的通读、整理等工作。再次感谢首都经济贸易大学硕士研究生刘迪、李玉新、范咪雅、郭维佳、王浩、王雪东、黄萍、杨昀等对本书第3版相关章节增补、内容创新方面的贡献,以及修订过程中的文献整理等工作。

同时,我非常感谢工信部工业文化中心主任、项目负责人李伟先生邀请我们参与他和张少博先生主持的项目研究;非常感谢工信部项目研究参与者首都经济贸易大学会计学院讲师陈杰、华侨学院讲师尤翔宇;非常感谢本人指导的会计学院2016届硕士研究生郭史煜,感谢他们对本书第4版第十章各节相关创新内容的贡献、相关内容的撰写、案例答案和附录的修改和编写、书稿审阅等工作。

本书第1版的主审,我的导师王志忠教授已去世23年了。在这里,我仅以此书的再版表达对他的深切怀念。

希望本书的第4版能够进一步激发各界相关人士对人力资源会计理论和实践研究的兴趣,促进其更广泛的应用。

刘仲文
2023年8月13日

第1版前言

人力资源会计是20世纪60年代以后新出现的一个会计学分支,直至目前为止,还处于理论研讨阶段,远未形成一套公认的、可以在实践中运用的理论方法。在我国,人力资源会计的研究是从20世纪80年代后期开始的,基本上处于起步阶段,虽有人撰文论及,但多数是国外论文的转述,到目前为止,基本上没有该学科的专著。

本书是国家社会科学基金研究项目的最终结果。1992年,首都经济贸易大学(原北京经济学院)财会系王志忠教授(项目负责人)和刘仲文副教授(项目骨干和本书作者)申请到"国家社会科学基金(中华社会科学基金研究课题)",赞助我们进行人力资源会计的研究。本项目的研究共分三个阶段,其研究进度如下:1992年7月至1993年12月为基础理论研究阶段;1994年1至12月为社会调查研究及收集资料阶段;1995年1至12月为调查研究及最终研究报告完成阶段。本项目完成后,评审组认为:它填补了我国这一研究领域的空白,富有开拓进取的精神,并具有超前的意义。

1997年,在得到首都经济贸易大学出版基金的资助并与出版社签订出书协议后,在项目研究报告的基础上,我完成了《人力资源会计》的写作。本书全面系统地论述了人力资源会计的基本概念、对象、特点、分类、产生和发展,以及在我国研究和推行的必要性和可能性,构建了人力资源会计中有关人力资源成本会计、人力资源价值会计的基本框架和计算方法以及人力资源投资与收益分析的基本理论与方法,并在有关章节附有可供操作的案例。

江泽民总书记在党的十五大报告中指出:"坚持按劳分配为主、多种分配方式并存的制度。把按劳分配和按生产要素分配结合起来……允许和鼓励资本、技术等生产要素参与收益分配"。江泽民总书记的报告提出的按劳分配为主和按生产要素分配相结合是对社会主义分配原则在理论认识上的一个突破。而在以往的经济实践中,我们并没有真正把劳动力作为企业资产看待,人力资源没有作为一个生产要素参与收益分配,人力资本的作用被忽视了。本书研究人力资源会计正是以此作为突破点,把人力资源作为一项等同于物质资源的财富,用会计方法对人力资产进行确认、计量、记录和报告,为人力资源管理提供数据资料;在此基础上提出以生产者剩余为基础的人力资源价值会计模式，在按劳分配的基础上把企业的收益按照生产要素进行分配，通过计算生产者权益将企业投入的人力资本显现出来。

本书的研究采用了问卷调查、统计分析方法等尽可能量化的做法，从而使提出的论点和结论更具有可信性和说服力。在调查研究中，发出调查问卷 140 份，回收 70 份，回收率为 50%。最终本专著在综合理论研究和调查研究的基础上，运用马克思主义哲学和政治经济学基本理论以及微积分、数理统计、概率论等数学方法，结合中国经济改革的实际情况，同时借鉴分析外国的研究成果，系统全面阐述人力资源会计学的理论及方法。

在本书出版之际，我十分感谢出版社以及出版基金委员会对我们的研究成果的肯定和对本书出版的支持。没有他们的支持，书稿恐怕至今仍不能与读者见面。同时，也十分感谢对本书写作、出版给予帮助的首都经济贸易大学校领导、系领导、出版社领导、出版基金会成员。感谢项目评审组各位教授：中国会计学会副会长、中国人民大学会计系博士生导师阎达五教授，中国审计学会副会长、中国人民大学会计系博士生导师阎金锷教授，中国人民大学会计系王庆成教授，中央财政金融大学魏振雄教授，首都经济贸易大学王又庄教授等对本项目的肯定和评价。感谢王志忠教授对我的无私帮助与大力支持，他对本书的写作提出了许多宝贵意见，并审阅了本书的写作大纲和主要章节。同时，感谢首都经济贸易大学硕士研究生姜维静、汪琳、刘婧等对调查问卷进行收集、汇总工作，以及硕士生李可对足球俱乐部进行的调查。

本书的读者可以是经济管理类大专院校的研究人员、教师、学生，也可以是企业高层管理人员、财会人员、人力资源管理人员，还可以是对于人力资源会计和管理感兴趣的各类人员。

一个新学科的研究探讨应该是逐步完善的过程。本书从立项研究到最终付梓历经五年，在此过程中，虽然对人力资源会计学的内容结构、理论依据和文字表述几经推敲，有些内容几乎全部重新组织、修改，全部书稿完成之后又进行了通读修改，但是本书肯定会有值得继续探讨的问题，希望引起学术界讨论，也希望广大读者不吝赐教，批评指正。

刘仲文
1997 年 10 月 15 日

目录

第一章 人力资源会计产生的历史背景及研究意义 … 1
- 第一节 人力资源会计产生的历史背景……… 1
- 第二节 我国研究人力资源会计的必要性和推行的可能性……… 10
- 第三节 人力资源会计系统的实例……… 14
- 讨论案例1-1 巴里公司……… 20
- 讨论案例1-2 密歇根大学……… 21
- 讨论案例1-3 东北保险公司……… 22

第二章 人力资源会计基本理论 ……… 23
- 第一节 人力资源的资产特性 ……… 23
- 第二节 人力资源会计的目标及对象 ……… 28
- 第三节 人力资源会计基本假设 ……… 31
- 第四节 人力资源会计的分类和职能 ……… 33
- 讨论案例2-1 McCormic & Company 公司 ……… 38

第三章 人力资源成本会计 ……… 40
- 第一节 人力资源成本会计的概念和内容 ……… 40
- 第二节 人力资源成本计量 ……… 48
- 第三节 人力资源成本会计核算 ……… 55
- 第四节 人力资源成本会计案例 ……… 73
- 讨论案例3-1 EEC 电子公司（A）……… 112
- 应用案例3-1 A 企业 ……… 113
- 应用案例3-2 LLU 律师事务所（A）……… 114
- 应用案例3-3 LLU 律师事务所（B）……… 115
- 应用案例3-4 LLU 律师事务所（C）……… 116
- 应用案例3-5 LLU 律师事务所（D）……… 117
- 应用案例3-6 LLU 律师事务所（E）……… 118

1

第四章　人力资源价值会计 ………………………… *120*

第一节　研究人力资源价值会计的意义 ……………… *120*
第二节　人力资源价值计量的一般理论 ……………… *125*
第三节　人力资源价值计量的货币性方法 …………… *133*
第四节　人力资源价值计量的非货币性方法 ………… *148*
第五节　人力资源价值的会计核算及报告方法 ……… *164*
第六节　人力资源价值会计应用案例 ………………… *175*
讨论案例 4-1　巴特汽车有限公司 …………………… *188*
讨论案例 4-2　Rdc 零售商品开发有限公司 ………… *192*
应用案例 4-1　A 律师事务所 ………………………… *194*
应用案例 4-2　B 企业 ………………………………… *195*

第五章　人力资源供给与需求预测 ………………… *196*

第一节　人力资源市场的形成与发展 ………………… *196*
第二节　人力资源的市场预测——供求分析 ………… *197*
第三节　企业人力资源需求预测 ……………………… *201*
讨论案例 5-1　EEC 电子公司（B）…………………… *209*

第六章　人力资源投资收益及投资决策分析 ……… *210*

第一节　社会人力资源投资收益特性 ………………… *210*
第二节　投资收益分析的一般方法 …………………… *213*
第三节　企业人力资源投资收益分析 ………………… *216*
第四节　企业人力资源投资收益分析应用 …………… *218*
第五节　企业人力资源投资决策分析的
　　　　一般依据和程序 …………………………… *226*
应用案例 6-1　EEC 电子公司（C）…………………… *230*

第七章　企业人力资源激励约束机制理论与应用 … *233*

第一节　企业人力资源激励约束机制的理论基础 …… *233*
第二节　企业人力资源激励约束机制理论的应用 …… *240*

第三节 企业人力资源激励约束机制实证分析……… 248
应用案例7-1 甲上市公司（A）…………………… 263
应用案例7-2 甲上市公司（B）…………………… 264
应用案例7-3 沪深两市A股上市公司……………… 264

第八章 事业单位人力资源绩效评价……… 266

第一节 事业单位人力资源绩效评价的基本理论……… 266
第二节 事业单位人力资源评价指标体系理论模型…… 271
第三节 事业单位人力资源评价具体指标体系设想…… 273
第四节 事业单位人力资源绩效评价案例……………… 279
应用案例8-1 事业单位人力资源绩效评价指标体系
实证研究…………………………………… 290

第九章 人力资源的社会保障会计……… 292

第一节 我国社会保障制度及其改革…………………… 292
第二节 企业人力资源社会保障费用会计处理………… 306
应用案例9-1 某企业人力资源社会保险费用的会计处理… 313

第十章 软件开发企业人力资源会计……… 315

第一节 国内外软件产业发展现状与会计处理问题…… 315
第二节 美国软件会计准则发展简史与特点…………… 326
第三节 中国企业会计准则现状与软件会计处理
问题………………………………………… 334
第四节 中国软件会计基本理论问题研究……………… 353
第五节 企业软件开发项目会计处理案例……………… 364
第六节 软件开发企业人力资源价值与薪酬实证
分析………………………………………… 395
第七节 软件开发企业人力资源价值与薪酬
分析案例…………………………………… 413
应用案例10-1 SOFT有限责任公司………………… 427
调研案例10-1 某软件有限责任公司………………… 433

参考文献 ……………………………………………………………… 435

附录 近年来人力资源会计研究成果及发展趋势 …… 440

第一章 人力资源会计产生的历史背景及研究意义

当今世界经济的显著特点是进入了知识经济时代,人力资源成为社会最宝贵的财富之一,如何估计人力资源成本与价值成为会计理论界的一大难题。人力资源会计应运而生,成为当今会计理论研究的前沿问题之一。本章主要讨论人力资源会计产生的历史背景,我国研究人力资源会计的必要性和推行的可能性以及人力资源会计实例。

第一节 人力资源会计产生的历史背景

企业资源是指能给企业带来经济利益的任何资金和财产的来源。企业的资源可分为物质资源和人力资源。企业拥有这两种资源的数量和质量,制约着企业生产经营的规模和发展前景。所谓企业物质资源,是指在生产经营过程中,企业所拥有或控制的能给企业带来经济利益的除人力资源以外的其他任何资产,包括有形和无形资产、货币和非货币资产。由于企业的物质资源都可以表现为一定数量的资本,因而有人将其称为资本资源。所谓企业人力资源,是指在生产经营过程中,企业所拥有或控制的能给企业带来经济利益的人力或劳动力。这里的人力或劳动力一般指为企业服务并在一个较长的时期内隶属于企业的从事脑力或体力劳动的全部职工。对于那些临时为企业提供服务的人员,由于企业无须对他们投入过多的管理,而且其作为整体对企业的效益并不产生明显的影响,作为个体对企业的作用没有突出的个性(企业可以随时更换他们),所以,在企业人力资源会计核算中一般不单独考虑。

一、人力资源会计的概念

企业人力资源及其管理对于企业具有重要的决定作用。为了适应管理和投资的需要,有必要对其成本和价值进行核算、计量,对其需求量进行预测,以及对其投资收益进行分析、评价、决策等,这些活动即构成人力资源会计。

(一)美国学者对人力资源会计的定义

对于人力资源会计(human resources accounting),较权威的定义是美国会计学会人力资源会计委员会做出的,即:"人力资源会计是鉴别和计量人力资源数据的一种会计程序和方法,其目标是将企业人力资源变化的信息,提供给企业和外界有关人士使用。"在美国,有些专家学者将人力资源会计又称为人力资产会计(human asset accounting)。

(二)本书对人力资源会计的定义

从一般意义上讲,人力资源会计可分为社会人力资源会计和企业人力资源会计。

社会人力资源会计是把人力资源作为社会的经济资源而进行的确认、计量、记录、报告和管理。它是从社会的角度对人力资源进行会计处理,进而核算人力投资成本,计量人力投资形成的价值,评价管理方案,预测投资效果,进行投资决策等。

企业人力资源会计则是把人力资源作为企业的人力资产进行的确认、计量、记录、报告和管理。企业人力资源会计是利用人力资源成本和人力资源价值信息,进行人力资源管理,并根据企业生产经营规划进行企业人力资源需求预测和人力资源投资效益分析、投资决策分析。

因此,人力资源会计可以定义如下:人力资源会计是把人力资源作为社会或企业的人力资产,对其成本和价值进行确认、计量和记录,对其供给与需求进行预测,对其投资效益进行分析,做出人力资源投资决策分析,并将其结果报告给各有关方面的会计管理方法。本书以企业人力资源会计为研究对象。

二、人力资源会计产生的原因

人力资源会计在20世纪60年代末70年代初产生于美国。它的产生有着特定的历史条件和社会环境,其主要原因有社会经济环境的需求、传统会计的缺陷以及经济理论的推动三个方面。

(一)社会经济环境的需求

1. 现代产业发展的趋势为人力资源会计的产生创造了社会条件。20世纪50年代以来,世界科学技术发展突飞猛进,以新型材料和计算机等为代表的第三次工业革命使世界经济向信息化时代过渡,发达国家的经济结构向服务型转化,这就使现代产业变动的主要趋势从以自然资源为主要支柱的第一产业以及以资本资源为主要支柱的第二产业,向以人力资源为主要支柱的第三产业转化。从各国的发展情况来看,第三产业在国民经济中的地位不断上升。经济的发展需要大量受过高等教育和培训的专门技术人才和科学研究人才,这就使人力投资的数额迅速增加。加强对人力的投资、提高人口质量成为社会经济发展的关键。在社会经济的发展过程中,许多经济现象已经不能用传统的经济理论解释,因此新的经济理论逐渐产生和发展。其中,人力资本、人力资产、人力资产投资等经济理论相继出现,孕育着人力资源会计的产生。

2. 企业对人力资源管理的加强是人力资源会计产生的动力。随着对人力资源质量的关注,许多大公司都建立了培训机构,企业对人力的投资加大。由于人力投资加大,企业管理从重视物质的管理转向对人的管理。把人作为一种使企业在激烈竞争中生存、发展,始终充满生机和活力的特殊资源来刻意发掘,科学管理已成为先进管理思想的主要组成部分。于是,作为管理学科一个新的分支学科——人力资源管理学应运而生,并在管理实践中日益丰富、完善和成熟。企业人事管理也从招收职工、评定和计算工资等级、管理人事档案等琐碎工作,转为由吸收、录用、保持、发展、评价及调整等六个职能组成的人力资源管理系统。在人力资源管理趋于科学化、系统化、数量化的同时,企业不仅需要核算各种人员的投资成本,还要核算其投资的经济效益;为使企业人力资源的长期发展列入计划,企业还要预测其人力投资总额,并评价其投资效果。这些资料的取得都需要企业财会部门提供有关人力资源成本和价值的信息。这种情况促进了人力资源会计的产生。

3. 企业人力资源的流动是人力资源会计产生的催化剂。随着社会生产的发展,人力资源(劳动力)的流动性增大,即劳动力的自然换代以及劳动力市场的活跃和劳动力自由流动的频繁,其后果表现为企业在人力资源上所做的一切努力会随劳动力的离开而丧失。因此,企业为保持拥有一定的人力资源,就会相应创造一些条件,其中既包括劳动力的物质待遇,也包括改善人际关系和增加对劳动力培训以提高其业务素质等,而这一切,都会相应增加人力资源的投资。为了使企业在保持人才的竞争中处于有利地位,为了让人才能够直观地感到自身在企业中的价值,促使其充分发挥积极性,都需要有人力资源的科学数据来加以说明。这些对人力资源会计的建立起到了推动作用。

(二)传统会计的缺陷

传统会计没有涉及人力资源会计核算所面临的问题,因为传统会计是建立在传统经济理论的基础之上的,在它产生时还不需要研究人力资本、人力资产及人力资产投资等经济理论问题。由于传统会计未考虑人力资产等因素,所产生的信息有以下五个方面的缺陷。

1. 根据传统会计原则编制的财务报表不报告任何人力资源的成本、人力资源价值和对人力资源的投资等。因此,报表的阅读者无法获得所需的人力资源方面的信息。

2. 传统会计处理将人力投资作为费用而不是资产进行核算,使损益表和资产负债表的数据失真。传统会计将所有人力资源的获得和开发支出都作为当期费用而不是将它们资本化并摊销于预计服务期间,使损益表中净收益的计算失真。同时由于总资产中不包括应该资本化为资产的人力投资，使资产负债表也不确切，并导致投资收益率计算失真。

3. 传统会计将全部受益期超过当期(如一年)的人力投资，都作为发生期的费用处理的观念，使管理部门为提高和保护企业未来收益能力而进行的人力投资，表现为当期报告的收益降低，并表象化为企业管理不善，结果使企业的短期利益与长期利益产生矛盾。因此，管理者可能为了保持自己的业绩而不惜牺牲企业的长期利益，降低企业必要的人力投资；或为夸大企业当期利润在企业利润较低时避免或推迟人力投资。

4. 企业不计量人力资源成本，使管理方面可能低估取得或培训人力所需要的投资，也会低估重置人员所发生的成本，导致决策失误。例如，企业可能会在缩减编制时，裁减工资较高的具有特种技能和多年经验的技术人员，而不去裁减工资较低容易替代的人员，以至在需要时不得不以更高的代价重新取得和培训这些技术人才。

5. 传统会计不反映进行人力资源管理决策所需要的信息，不能利用财务会计信息，用管理会计的方法预测人力资源需求量，进行人力资源投资效益分析，进行人力资源投资决策等。

正是因为传统会计不能反映和提供企业人力资源取得、开发、使用、保障等方面的耗费和人力资源产生的效益等数据资料，不能反映企业人力投资效果，更谈不上有效地控制和调节企业人力投资行为，提高企业经营效益，所以，客观上越来越迫切地要求建立一种能反映人力资源信息的会计。人力资源会计是为了弥补传统会计的不足而产生的。

(三) 经济理论和科技进步的推动

1. 人力资本理论为人力资源会计奠定了理论基础。人力资本理论的思想渊源可以追溯到古典经济学家亚当·斯密。在他的名著《国富论》(1776年)中提到，一个国家全体居民的所有后天获得的有用的能力是资本的重要组成部分。因为获得能力要花费一定的费用，所以它可以被看作是在每个人身上固定的、已经实现的资本。近代经济学家马歇尔(A. Marshall)在他的《经济学原理》(1890年)中十分敏锐地看到，所有资本中最有价值的是对人本身的投资。但是，和他同时代的许多经济学家却没有将人力资源视为资本。

直到20世纪中叶，人们才开始对人力资本进行系统研究。人们普遍认为，人力资本理论的创始人是美国著名经济学家舒尔茨。西奥多·W. 舒尔茨(Theodore W. Schultz)是美国芝加哥大学的教授，他从长期的对农业经济问题的研究中发现，从20世纪初到50年代，促使美国农业生产的产量迅速增加和农业生产率提高的重要原因已不是土地、劳动力数量或资本存量的增加，而是农业工人的知识和技术水平的提高。他认为传统经济理论中经济增长必须依赖于物质资本和劳动力数量增加的理论是没有根据的,人的知识、能力、健康等人力资本的提高对经济增长的贡献远比物质资本、劳动力数量的增加重要得多。

人力资本理论认为,资本有两种形式:物质资本和人力资本。体现在物质形式上的资本为物质资本,体现在劳动者身上的资本为人力资本。一般来说,劳动者的知识、技能、体力(健康状况)等是人力资本的构成内容,它是通过人力投资形成的。对人力的投资是多方面的,主要是教育支出、保健支出、劳动力迁移支出等。人力资本理论的这种观念为人力资源会计的人力资产概念提供了经济学依据,并为分析人力资源成本构成提供了理论依据。

2. 行为科学的产生和发展对人力资源会计产生和发展具有促进作用。20世纪50年代行为科学产生,它吸收了社会学、心理学、经济学等一系列学科的科学成果而成为一门综合性科学。近几十年来,行为科学逐渐应用到企业管理方面,成为现代企业管理的重要组成部分。行为科学的目的是把握人的行为的规律,调节企业中人与人的关系,调动企业人员的积极性和创造性,从而实现企业的总体目标,使企业在竞争日益激烈的环境中得以长期健康的发展。而这些同样也是人力资源会计的目的。从某种意义上讲,行为科学的产生和发展也是促进人力资源会计产生和发展的理论基础之一。

3. 科学技术的进步推动了人力资源会计的发展。先进的计量和技术手段的改变为人力资源会计的产生和发展创造了良好的技术手段,尤其是计算机技术的发展,为大量数据的计算提供了快捷的手段,使数据整理、加工、处理的速度大大加快。数学计量方法和计量模式的创新也为有关价值的收集、汇总、计量提供了新的思路。

此外,管理会计的发展也为人力资源会计提供了有效的方法。

总之,人力资源会计的产生有其必然的社会经济环境条件,它是现代经济理论发展的结果,是现代科学技术进步和现代会计学发展的产物。

三、人力资源会计产生和发展的过程

美国会计学家埃里克·G. 弗兰姆霍尔茨(Eric G. Flamholtz)在他的《人力资源会计》[①]一书中将人力资源会计产生的过程分为五个阶段,即基本概念的产生阶段、人力资源成本和价值计量模型的学术研究阶段、人力资源会计迅速发展阶段、理论与实务界对人力资源会计兴趣下降阶段、人力资源会计恢复活力阶段。

---

① FLAMHOLTZ E G. Human resource accounting[M]. Devon, UK: Kluwer Academic Publishers, 1999.

(一) 基市概念的产生阶段(1960—1966年)

此阶段的主要标志是对人力资源会计产生兴趣并从其他相关理论中衍生出人力资源会计的基本概念。人力资源会计的产生受到许多相关理论发展的影响,其中影响最大的是以美国经济学会会长西奥多·W.舒尔茨教授为代表的有关人力资本的经济理论。

西奥多·W.舒尔茨是美国著名经济学家,芝加哥大学教授。1960年,他在出任美国经济学会会长时发表就职演说,题为《人力资本投资》[1],提出人力资本投资经济理论,认为人力的取得不是无代价的,人力包括人的知识和人的技能的形成是投资的结果。因此,人力,人的知识和技能,是资本的一种形态,可以把它称为人力资本。虽然舒尔茨并不应算作人力资本理论的创始人,但是他的演说给学术界留下了深刻印象,并推动了人力资本理论的研究,成为西方公认的人力资本理论之父。1979年,舒尔茨与威廉·阿瑟·刘易斯一起获得诺贝尔经济学奖。

1964年,美国赫曼森(R. H. Hermanson)发表的《人力资产会计》一文是人力资源会计理论研究的起点。赫曼森是美国密歇根州立大学企业经济研究所的企业管理学家,他最先提出人力资源会计的概念[2],后被引入会计学研究之中。他在书中指出,为使财务报表更为完善,有必要提出人力资产的概念。

这一阶段的理论研究为人力资源会计的发展奠定了理论基础。人力资源会计的概念、人力资产的概念、将人力资产作为企业商誉的一部分的概念、人力资源成本和人力资源价值的概念等都是在这一阶段产生的。

(二) 人力资源成市和价值计量模型学市研究阶段(1966—1971年)

这一阶段以开发计量人力资源成本模型(历史成本和重置成本)和人力资源价值模型(货币和非货币)及评价其有效性为标志,并且研究人力资源会计作为一种人力资源管理人员、部门经理、财务信息的外部使用者的工具,所具有的现时和潜在的用途。在此期间,大量的研究工作在密歇根大学进行。另外,1967年该大学成立了一个研究小组,成员包括利克特(Rensis Likert)、布诺默特(R. Lee Brummert)、弗兰姆霍尔茨和派尔(William C. Pyle)等人。小组进行了一系列有关人力资源会计理论、概念和方法的研究设计。其中,当时还是博士研究生的派尔领导了在俄亥俄州哥伦布市的巴里公司(R. G. Barry)[3]进行的人力资源历史成本的计量研究。在该年底,巴里公司

---

[1] 舒尔茨.论人力资本投资[M].吴珠华,等,译.北京:北京经济学院出版社,1990.

[2] 赫曼森早在密歇根州立大学攻读博士学位时,就开始思考当人力资产被购买时,如何计量作为商誉一部分的人力资产的价值(见 Eric G. Flamholtz. Human Resource Accounting[M].1999:1)。

[3] R. G. Barry 是一个总部在俄亥俄州哥伦布市、规模相对较小的软件(soft goods)制造企业。

的年终结算中首次报告了人力资源会计的有关信息。这在人力资源会计的研究史上是一件具有里程碑意义的事件。

1967年,美国密歇根州立大学社会研究所负责人利克特出版《人力组织:它的管理和价值》一书,书中有一章专门论述人力资源会计。

20世纪60年代末至70年代初,布诺默特等人在《会计评论》和《管理会计》等权威会计刊物上陆续发表了几篇有关人力资源会计的文章,论述了如何估价人力资源,如何将人力资源会计纳入传统的会计体系。布诺默特在他的会计论述中首先引入了人力资本的概念。

1971年,巴鲁克·列夫(Baruck Lev)和阿巴·施瓦茨(Aba Schwartz)在《会计评论》上发表《论人力资本的经济概念在财务报表上的运用》的文章,对人力资源会计理论做了详细的阐述,澄清了对人力资源会计的一些误解。

总之,这一阶段人力资源会计的基本概念、基本理论和基本技术处理方法逐渐形成,在实践中开始被尝试。

(三)人力资源会计迅速发展阶段(1971—1976年)

这个阶段学术界与实务工作者对人力资源会计的兴趣很大,使人力资源会计得到迅速发展。美国、西欧、澳大利亚和日本都进行了大量的学术研究,并且这些国家和地区尤其是美国还在企业中进行了人力资源会计操作的尝试。这些尝试都是在一些较小的企业组织中进行,如巴里公司、莱斯特·怀特公司等。在这一时期,巴里公司的实验得到了相当多的认同。因为在这几年内,巴里公司在财务报表中报告了该公司的人力资产情况,刺激了人们对人力资源会计的兴趣。但是,这些财务报表的发布也导致了一个错误印象,即对许多人来说,对人力资源会计的主要印象是把人作为财务项目看待,"把人列入资产负债表"。这就招致一些攻击,认为该公司把人列入资产负债表是把人作为"金融物品",而把人当作物进行会计处理是降低了人格,侵犯了人权。尽管如此,人力资源会计的研究工作仍在进行。

这一时期发生了两件在人力资源会计历史上具有意义的大事。第一件是美国会计学会于1971年至1973年间成立了人力资源会计委员会,组织和支持一些人力资源会计项目的开发。1973年,美国会计学会人力资源会计委员会发表报告,对人力资源会计做出肯定性评论,推动了人力资源会计的发展。第二件是1974年,迪克逊出版公司出版了当代美国会计学家弗兰姆霍尔茨的《人力资源会计》这一重要的人力资源会计研究专著。

可见,这一时期是人力资源会计迅速发展时期,人力资源会计从理论到实践都在全面发展,迅速成熟。这一时期会计理论界对此发表论文及专著很多,许多企业也纷纷尝试进行人力资源会计核算与报告,显示出企业界对人力资源会计的极大兴趣。

(四)理论与实务界对人力资源会计兴趣下降阶段(1976—1980年)

20世纪70年代后期,无论理论界还是实务界,对人力资源会计的兴趣都开始下降。其中的主要原因是相对容易的初级研究已经完成,前期成果已总结完毕,更深一步的工作需要具有较高水平的专家进行,而且需要有企业自愿继续作为实验对象。更多的工作需要在企业深入实际研究解决,但其研究成本高,效益很难测量。因此,很少有企业愿意再继续进行这项实验,这使人力资源会计的研究进入了低潮。

(五)人力资源会计恢复活力阶段(1980年至今)

虽然在上一阶段,美国人力资源会计研究有明显的下降趋势,但是对人力资源会计的研究并没有完全停顿。美国海军研究署(ONR)出资建立一个由弗兰姆霍尔茨教授主持,主要研究海军人力资源管理方面问题的项目,成为恢复对人力资源会计研究兴趣的催化剂,人力资源会计研究低落的情况逐渐好转。当然,人们对人力资源会计研究热情的复苏更直接的动因是社会经济环境的变化。

20世纪80年代以后,人们逐渐意识到世界上大多数发达经济实体已经从以工厂和设备为核心资产的工业经济转变到以人力资本和智力财产为核心资产的后工业经济。这些特殊组织的财富转移有力地说明了资本向人力资本密集型经济实体转变的趋势。从理论上看,工业时代的大多数公司依赖于制造能力,而后工业时代的公司几乎完全依靠知识和信息生存、获利。当历史悠久的工业巨头,诸如美国钢铁公司和通用汽车公司的地位逐渐下降时,新兴公司如微软、英特尔和安利已经作为新时代的标志出现。在这些领域,一个组织的成功取决于其智力能力而不是其实物资产。企业组织必须专门关注智力资本或人力资本和智力资产总量的开发和配置。

但是,会计,无论财务会计还是管理会计,都没有对这种新环境的变化做出反应。会计模式和相关计量技术没有新理论应对这种经济转变,会计落后了。因为,当今的会计仍然建立在传统工业经济模式基础之上,只有物质和有形的财产才被认为是资产。管理会计领域仍然没有开发出有效的方法计量诸如人力资本和智力资本等资产的价值。企业组织在关注人力资源如何影响企业利润时需要一个系统,使其能够持续地评估和再评估在职员工的技能、潜力和行为特征。

经济环境的逐渐转变引发了人们对人力资源会计研究和应用兴趣的增加,一些人力资源会计概念和模型得到应用,并且相关研究开始恢复。一些国家和地区特别是美国应用和研究的例子如下:

1. 一家资产超过200亿美元的美国银行应用人力资源会计来计量出纳、资产管理及培训人员的重置成本,从而解决关于他们真实成本的内部争论。

2. 美国海军研究署(ONR)进行了两次研究,以调查人力资源会计在海军人力资源管理中的应用。

3. 一个美国大型金融机构组织一个项目,计量在公司并购中人力资本的价值,并以减少公司所得税为目的决定人力资本的摊销。

4. 一个大型美国航空公司设立一个项目,研究当用公司飞机替代商业飞机时,应用人力资源会计计量所节约的管理时间的价值。

5. 一个资产为4.5亿美元的工业零部件分销商员工流失率正在提高,直到用人力资源会计方法计量出流失成本,才引起公司首席执行官的注意。

6. 一个总部设在欧洲的大型商用设备制造商调查其员工的重置成本。

7. 加拿大的一家大型工业公司设立一个计量人力资源的项目,用于根据裁员决策对人力资源重置成本以及短期节约的工资来评估其成本和效益。

8. 美国一家大型制药公司为了评估其在人力资源开发上的回报,正在尝试计量其人力资产的价值。

9. 国际会计师事务所设立一个项目,开发用于计量其人力资源成本和价值的操作系统。

使人力资源会计的研究开始复苏的原因还包括:美国政府要求研究增加劳动生产力的手段,人力资源会计研究的潜在贡献对研究该课题的影响不容忽视;美国的竞争对手日本对人力资源会计的研究与重视,促使美国管理部门又转向人力资源会计的研究;美国服务业迅速增长等。

上述例子说明,大型机构已经开发或应用人力资源会计系统,这与人力资源会计初始阶段主要研究相对较小的企业组织相对比有很大进步。1999年弗兰姆霍尔茨撰写的《人力资源会计》第3版问世,他也逐渐成为人力资源会计研究方面的学术权威。

总之,人力资源会计的发展在美国经历了上述几个阶段后,目前仍处于试验阶段。美国人力资源会计的研究很快引起其他国家的关注,西欧、日本、加拿大等国相继进行这一领域的研究与开发。20世纪80年代初,人力资源会计引入我国,当时主要是介绍国外研究成果,探讨学科内容及其适用性。进入21世纪以后,随着科学技术的进步和劳动力素质的日益提高,企业和社会对人力资源的投资不断增长,人力资源会计在我国得到迅速发展。

四、人力资源会计的未来方向

本人认为,人力资源会计在我国已经进入了一个趋向于应用研究的时期。本书第3版出版期间,一些有关人力资源会计应用研究的新项目正在启动。人力资源会计正以各种方式被会计师、律师、公司并购专家、人力资源管理人员以及高级管理人员接受、发展和使用,将创造出一些新的有关人力资源会计的理念和计量技术方法,等等。

人力资源会计将带来企业人力资源管理的深刻变革。尤其"人是有价值的企业资源"的理念,会出现在企业人力资源管理决策和实践中,人力资源会计纳税问题也会引起会计和财务报告的重大改变。

总之,会计正处于一个采用新模式和新计量技术变革的时代,它将会对企业人力资源管理方式产生深远影响。

第二节 我国研究人力资源会计的必要性和推行的可能性

人力资源会计自从20世纪80年代初引入我国后,至今仍处于介绍国外研究成果、探讨学科内容及其适用性阶段。本节将着重讨论在我国研究人力资源会计的必要性和推行的可能性。

一、我国研究人力资源会计的必要性

高新技术革命和进步的浪潮已经把世界各国的经济发展从自然资源竞争、资本资源竞争推向人力资源的竞争。从某种意义上说,人力资源的开发、利用和管理将是社会经济发展中最关键的因素。在人力资源开发、利用和管理过程中,不能回避人力资源价值管理方法——人力资源会计。尤其是在人口众多的我国,研究这个问题更有其必要性。

(一)研究人力资源会计是我国宏观经济管理的需要

我国人口众多,人力资源特别是劳动力资源丰富,如何提高我国人力资源的素质,发挥我国人力资源的优势,推动我国人力资源合理流动,为我国经济建设发展做出贡献,是我国人力资源宏观管理必须研究的问题。长期以来,我国劳动人事管理部门就在为此努力,目前已经实行了一些改革方案。例如,企业享有向社会公开招收、考核录用工人的权利,享有自主聘任管理人员和技术人员的权利;允许人才合理流动;开放劳动力市场和建立人才交流中心,使得各单位和各种人员之间有双向选择的权利。这将使"人力"带有更多的"成本"和"价值"方面的经济特性,人力作为一种资源已经逐渐被人们所认识。因此,随着我国劳动人事制度改革的深入,从经济管理上看,人力将作为一种资源被开发、利用和管理。这就要求对人力资源的成本和价值进行确认、计量和记录,对人力资源开发的经济效益进行分析。人力资源会计则可以使这一切得以实现。通过人力资源会计报告,国家可以掌握各企业人力资源开发及维护的现状,可以通过国家宏观调控手段鼓励企业重视人力资源的开发、维护和利用,确定人力资源的投资方向,引导人

力资源合理流动。

(二)研究人力资源会计是科学技术飞速发展的需要

随着科学技术的进步及其在物质生产中的广泛运用,脑力劳动、科学技术在社会劳动中的作用以及在产品价值中所占比例越来越大,使得科学技术是生产力的观点成为现代中国人的共识。人类历史上科学技术对社会生产力产生过巨大推动作用。比如1770年开始的纺织机械技术革命,使手工劳动生产率提高了 4 倍;1840 年开始的蒸汽机革命,使手工劳动生产率提高了 108 倍。我国工业和交通运输企业科技进步对经济增长的贡献也很明显,据统计平均占30%左右。可见,经济竞争实质上是科技的竞争,科技水平的提高可以为企业创造更高的经济效益。但科技水平的提高必须依靠大力开发智力,进行人力资源智力投资,提高人力资源素质,这必然使企业直接用于人力的开支加大,因而有必要进行人力资源的会计核算,使企业明确在经济竞争中拥有多少人才,具有多大经济竞争实力,企业所拥有的人力资源具有多大潜力,需要多少投资可以挖掘出这些潜力并使之为企业创造经济效益。

(三)研究人力资源会计是第三产业发展的需要

随着我国经济体制改革的深入,产业结构不断调整,第三产业出现了蓬勃发展的局面。第三产业是以提供劳务为主的产业,其从业人数增加很快,将成为新增人力最多的行业。第三产业多是人才密集、知识密集型的服务业、咨询业、会计师事务所、律师事务所、科研单位、教育部门等,这些产业是以人力为主要资产的行业,除了人力资源以外的其他资源都不是这些产业的决定性资源。在第三产业中,人才的招聘、选拔、开发和使用显得十分重要,不仅企业内部十分重视人才资源的信息,企业外部的投资者或客户也十分关心其人力资源状况。他们需要了解企业的经营情况、人才构成、技术水平、信誉程度、现有人力资源的活力及潜力,以便确定是否对企业投资或签约。这些有关企业人力资源情况的数据可以通过人力资源会计提供。

(四)研究人力资源会计将是企业内部经营管理的需要

随着我国劳动人事制度改革的深入以及社会生产的发展,我国企业用工的自主权越来越大,人力资源的流动性也在增大,企业为了发展,必然会展开人才争夺战。尤其是在我国目前生产力比较落后的情况下,企业拥有了人才,就等于拥有了市场,就具有竞争能力。许多企业不惜用重金奖励和聘用人才,这说明企业对人才的重视。企业在高薪聘用高科技人才的同时,也要对企业原有职工进行培训,以使其适应高新技术的发展,同时挖掘已有人力资源的潜力,激发其创造力。与此同时,面对人力资源的流动和企业之间的竞争,为了保留和争取人才,企业必须创造一些条件,包括提高物质待遇,改善人际关系,提供在职培训的机会,这所有的努力都将增加企业在人力资源方面的开支,而这些投资效益如何又是企业必须考虑的问题。所有这些都要求会计上对人力资源的成本和价值进行核算,以考核其经济效益。因此,企业内部对人力资源会计核算的需求会日益增加。

(五)研究人力资源会计是我国对外经济交往的需要

随着我国加入世界贸易组织(WTO),我国与世界各国经济技术交往日益广泛、深入,我们在对外交往中应重视人力资源成本和价值的核算,一方面学习国外先进技术和管理方法,另一方面要正确计量人力资源成本和价值,争取合理的人工成本和价值,正确计算经济效益,以维护我国公民的正当权益,因此有必要运用人力资源会计核算方法。

另外,联合国人力资源委员会也一直致力于各国人力资源情况的统计,要求参加国编报人力资源会计报表。鉴于我国在联合国的地位,需要逐步介入联合国的各种组织机构,以发挥我国的作用及影响。若我国加入联合国人力资源委员会这一国际组织,必将在全国范围内开展人力资源会计核算,否则无法提供人力资源会计报表。

综上所述,研究人力资源会计是我国劳动人事制度改革发展的必然趋势,是高新技术产业发展的必然要求,是我国第三产业迅速发展的需要,是企业内部管理的需要,也是我国对外经济交往的需要。因此,研究人力资源会计在我国十分必要。

二、我国推行人力资源会计的可能性

虽然在我国研究人力资源会计很有必要,但推行起来还存在很多困难。比如,社会和企业对人力资源会计信息需求的呼声还不很高、不迫切,而且结合中国实际研究人力资源会计还正在尝试中,有些理论问题还有待探讨,加上我国人力资源整体素质差,国家资金又不足,近期只能提供有限资金以提高我国人口素质。这些都阻碍了人力资源会计的研究和推行。困难虽大,但并不是不可以克服。随着我国经济体制改革的深入和人力资源会计理论的成熟,在我国推行人力资源会计是非常可能的,其可能性表现在以下几个方面。

(一)我国经济体制改革的社会环境为推行人力资源会计创造了条件

首先,在市场经济条件下,企业要生存,必须要有高技术含量、高质量的产品,这就需要拥有精明的管理人才,掌握最新技术及信息的科技人才,以及熟练的技术工人,为此,企业必须增加人力资源的投资,包括高薪聘用科学家和高级工程师等技术人才,重奖为企业带来经济效益的科技人员,培训现有的职工,挖掘其创造力和潜力;同时为了防止人才外流,要追加稳定有用人才的投资;等等。这将大大增加企业对人力资源的投资,人力资源的会计核算也将成为可能,而且为期不会太远。

其次,随着我国劳动人事制度改革的深入和第三产业的大力发展,劳动力市场和人才市场十分活跃。用人单位和从业人员之间双向选择的机会很多,需要了解人力资源信息的人也很多,无论是产品市场、投资市场(金融市场)、人力资源市场还是个人,对人力资源信息的需求量都必然增加。从一个企业所提供的人力资源信息可以推断其产品科技水平、质量水平,推断企业的活力和潜在的竞争力,推断其人才需求情况,推断其人才的竞争力等。这些信息都需要通过人力资源会计来加以披露,这将为人力资源会计的产生创造条件。

最后,我国经济体制改革后的观念更新,使人力资源会计的基本假设得以承认。人力资源会计的基本假设有四个,其中人力资源是有价值的组织资源这一判断是最主要的前提条件。这一点得不到承认,人力资源会计的理论基础就动摇了。改革开放以来的经济、社会环境客观上已承认了人是有价值的组织资源,这就为人才资源进入我国市场提供了前提条件,人力资源会计方法的普遍应用也就成为可能。

(二)人力资源会计研究奠定了我国推行人力资源会计的理论基础

国外人力资源会计研究创造了人力资源成本会计和人力资源价值会计的一些方法,并形成了理论体系,提出了建立人力资源会计的基本假设等,这些理论和方法为推行人力资源会计提供了可资借鉴的经验。

从20世纪80年代起,我国理论工作者也注重对人力资源会计基本理论的研究。首先,已经把国外人力资源会计的大量研究成果翻译、介绍到中国,并对人力资源会计的基本理论进行了大量的讨论和研究工作,初步形成了人力资源成本会计和人力资源价值会计理论。其次,解决了人力资源成本和价值计量上的一些难题。在人力资源成本会计研究中提出将成本列入传统会计核算或独立于传统会计核算的两种设想方案,将其成本用企业取得和开发人力资源所消耗的财力反映,将其重置成本用通货膨胀会计方法计算确定。这就使人力资源成本通过传统会计方法,根据原始会计资料进行确认、计量、记录和报告成为可能。在人力资源会计框架方面,提出劳动者权益会计、以生产者剩余为基础的人力资源会计理论等。在人力资源价值会计研究中,除介绍"未来收益或工资报酬折现法""调整未来收益或工资报酬折现法""企业未来收益模式""非购入商誉法"等国外方法外,还在对主要方法进行评价的基础上,提出了"调整后的随机报偿价值模式",并对人力资源价值会计信息的汇总、归集、报告方法提出了种种设想。这些研究,使得人力资源价值会计核算中的问题有了初步的解决方案。因此,从理论准备上说,人力资源会计已经具备在我国推行的可能性。

(三)企业的需求是推行人力资源会计的动力

企业需要计量人力资源成本及价值的内在动力,为人力资源会计的推行提供了用户。我国经济体制和劳动人事制度改革的日益深入必然会使企业产生需要进行人力资源会计核算的内在动力。一种理论的生命力就在于它的应用价值。人力资源会计也一样,如果仅停留在理论上,其生命力不会长久。值得庆幸的是,一些企业已开始有了推行人力资源会计的需求,如一些公司目前正在进行的职工劳动力入股方面的尝试。再如足球俱乐部球员的转会费高达数百万元,其会计处理也需要人力资源会计理论作指导。而且,随着企业从劳动密集型向知识密集型的转化,人力资源的数量和素质对企业的兴衰成败关系越来越大,会有更多的企业需要推行人力资源会计,也会使人力资源会计的应用有更为广阔的市场。

(四)会计电算化的发展为人力资源会计的应用提供了手段

随着会计电算化的发展,利用电脑对会计数据进行处理,使得各种会计信息的输出变得十分简捷容易。人力资源会计数据的记录、计量、处理、分析也随之成为比较容易解决的问题。这不仅是因为电子计算机有先进的记录、计量、储存、整理信息的功能,而且因为传统会计已经创造了收集数据的一整套会计程序和方法,建立账户、计算和分析各种信息、登记入账,直至编制会计报告都已经有了成熟的计算机软件。利用会计电算化发展的成果作为手段,人力资源会计的实际应用将成为可能。

综上所述,在我国研究人力资源会计不仅很有必要,而且有实现的可能,但也存在一定困难。因此,推行人力资源会计的工作既不可能一蹴而就,也不能知难而退,应该在逐步总结理论和实践经验的基础上,不断提高对人力资源会计的认识,努力使人力资源会计在中国的土地上开花结果。

第三节 人力资源会计系统的实例

前面已经从概念上讨论了人力资源会计对人力资源管理的作用。人力资源会计对于企业经营管理人员进行决策的作用,可通过下述案例加以说明。它进一步解释了一个企业如何在其经营过程中,应用人力资源会计信息进行人力资源管理决策。

一、公司基本情况

美国东北保险公司(NIC)[①]是一家资产约为10亿美元的中等规模的保

[①] FLAMHOLTZ E G. Human resource accounting[M]. Devon, UK: Kluwer Academic Publishers, 1999:19.

险公司,其分支机构遍布美国。该公司大约有5 000名雇员,其中25%为销售人员。它是以各个地区分部为基础建立起来的,总部只是提供各种支持服务。每一个地区公司拥有几家分支机构。分支机构是销售和理赔(claims)的基本单位,而总部则控制着投资。

二、人力资源问题

20×5年4月,总公司管理层召开了一个会议,回顾公司的经营管理情况。会议有一个特别令人关注的问题是人力资源的规划和使用。大家普遍认为NIC面临着各种人力资源问题。

第一,销售人员流失率很高。尽管没有可靠的数据,但自从年初,"离职"现象异常多。没有人能肯定回答:这是一个偶然事件,还是一个趋势?公司会计主管指出几乎所有的分支机构的管理费用都在增加,而且他认为人力成本,诸如招聘和培训,可能构成管理费用的主要部分。然而,他无法提供准确的数据,因为公司的会计系统没有单独核算人力成本。

第二,一些分支机构的管理人员不注意人力资源的开发。公司只依靠这些分支机构的员工晋升到行政岗位,而这些分支机构没有认真地进行员工培训。有些人批评许多员工想转到有较高晋升机会的分支机构去,这会给公司带来高昂的成本。另外,某些分支机构确实缺乏晋升机会,这可能是最近员工流失的主要原因。

这次会议说明公司明显缺乏人力资源信息,公司没有能解决这些问题的人力资源管理专业人员。因此,公司决定聘请外部咨询人员研究该情况。

三、咨询人员的建议

咨询人员用两个月时间调查公司人力资源情况,并提交了一份报告。他认为,公司急需在人力资源方面进行协调。他发现:①分支机构实施的许多人力资源活动是无效的,而且有时与公司整体利益相违背;②公司与人力资源有关的会计记录支离破碎,既不能揭示问题的范围和成因,也不能作为诊断企业问题的基础;③整个公司和分支机构很少系统地对超过一年的人力资源需求和开发活动进行规划。

咨询人员建议,公司应由一位人力资源主管负责人力资源的规划和使用,协调人力资源活动,并负责开发一套人力资源会计系统。根据这些建议,公司聘用了一个大型制造公司的前人力资源主管作为公司的人力资源主管。该主管认为,目前最紧迫的需要是为人力资源的规划和控制开发一套信息系统。

四、开发人力资源会计系统

开发的起点是确认有效管理公司人力资源所需信息的种类。这位人力资源主管假设,不同级别的公司员工需要不同的信息。他要求各地区分部管理人员、分支机构管理人员和人力资源管理专业人员确认有关人力决策的种类、决策频率、做出这些决策实际需要的数据以及通常能获得的数据。他也说明自己的信息需求。同样,要求每位董事会成员提出董事会应该能获得的信息,并要求他们指出应该提供给外部投资者的信息。

收集数据之后,这位主管和他的助手根据信息需求情况对数据进行了分析。他们总结出各级公司需求的以下基本信息。

(一)用于人力资源规划的信息

从这次管理层的人力资源信息需求调查可以清楚地看到,为方便人力资源规划,需要大量的信息。通过与会计人员一起调整会计信息系统,分支机构的人事部门第一次得到人员招聘和选拔的实际成本。花几个星期的时间追踪过去两年这些活动的成本,为下一年预计费用提供了合理的基础。其中 LT 分支机构的数据说明见表 1-1。

表 1-1 东北保险公司:LT 分支机构"人力资源取得的成本预算"

单位:美元

成本	销售人员	理赔人员	总计
招聘	25 000	5 000	30 000
选拔	60 000	15 000	75 000
雇用	80 000	20 000	100 000
总计	165 000	40 000	205 000

总公司要求每个分支机构编制培训和开发投资的试验性预算。培训投资分为两种形式:①"必要培训"或者是为使员工达到一般工作业绩而进行的培训;②"特别培训"或者是为员工发展新的或更高的技能而进行的培训。LT 分支机构下一年度的预算见表 1-2。

表 1-2 东北保险公司:LT 分支机构 20×5 年培训投资预算

单位:美元

投资种类	销售人员	理赔人员	总计
必要培训	150 000	50 000	200 000
特定培训	60 000	25 000	85 000
总计	210 000	75 000	285 000

总公司要求分支机构估计投资回报率以支持其特别投资培训申请。特别培训包括派遣10名理赔调查员到LT大学的夜校学习商法课程。估计这种知识将会减少理赔调查员在理赔过程中的高成本错误。第一年每位调查员节约的成本估计为2 000美元(为简单起见,不考虑未来年度投资的收益)。分支机构经理认为这个估计是稳健的。培训成本(学费、教材、晚餐、交通费等)估计一学年为500美元。另外,在培训期间生产能力的损失造成的机会成本估计为500美元。预期投资回报率计算如下:

$$预期投资回报率 = 净节约成本/投资额$$
$$= (2\,000-1\,000)/1\,000 = 1\,000/1\,000 = 100\%$$

尽管上述估计可能有误差,管理层认为拟议的培训计划是一个可行的投资方案。

(二)用于人力资源成本控制的信息

对管理人员的信息需求调查表明,公司需要用于控制人力成本的信息,需要评价管理层在控制人力成本业绩方面的方法。为了解决这个问题,管理层决定建立一个员工招聘、选拔和培训的标准成本系统。

因为没有分析性方法为这些活动确定一个成本公式,各类分支机构的人力资源专业人员与会计主管们共同来参与标准的制定,这些标准将成为人力资源成本目标。当然可以估计一些合理差异,在实际成本发生时报告给人力资源管理人员,他们将这些信息与成本控制标准相比较,有助于进行人力资源成本控制。为理赔人员制定的标准成本见表1-3。

表1-3　东北保险公司:LT分支机构20×5年标准人力成本:理赔员

单位:美元

职位	取得	培训	总计
理赔调查员	600	4 000	4 600
理赔协调员	600	4 000	4 600
办公室协调员	5 600	1 100	6 700
理赔审核员	7 100	1 000	8 100

(三)用于员工流失成本控制的信息

公司面临人力资源成本控制问题的另一方面是员工流失。在新系统下,要求报告流失率和流失成本。这样做的主要原因是加强管理层对员工流失成本的意识。该人力资源主管建议员工流失成本的计量可以从三个方面来进行:投资损失、重置成本和人力资源价值损失。他还建议每个分支机构的员工流失总成本要报告给地区总经理。员工流失成本控制报告见表1-4。

表1-4　东北保险公司:东部地区分部
20×5年1月1日—6月30日员工流失成本控制报告

单位:美元

分支机构	未摊销投资	重置成本	经济价值
Largetown	160 000	200 000	500 000
Liberty-Bell Town	80 000	100 000	320 000
Beantown	100 000	140 000	420 000
Steeltown	65 000	90 000	240 000
总　计	405 000	530 000	1 480 000

20×5年7月,编制第一份员工流失成本控制报告。这份报告附有图表说明,显示出每一个员工群体——销售人员和理赔人员的流失成本。因为员工流失成本非常巨大,人力资源主管建议采取措施进行控制。控制计划的第一步是制定预测预期流失率的方法。为此,公司设计了员工态度调查表,关注员工对工资、监督、职位和其他应该与流失有关的因素的满意情况;第二步是寻找提高销售和理赔人员对企业满意度的方法,增加他们留在公司的可能性;第三步是在成本—收益的基础上评价这些措施,使公司既使用货币性方法,也使用非货币性方法来帮助控制流失成本。

（四）用于评价管理有效性的信息

信息需求调查表明,需要对开发、利用和管理人力资源的效果进行计量。因此,每个分支机构、每个地区分部都要求下属机构报告每年人力资源价值的变化情况,以及这种变化的书面解释。然后,这些信息被报告给公司总部。

（五）给董事会和股东的信息

在新会计系统下,董事会将收到关于公司人力资源投资及其人力资源价值变化的信息。每一个措施都试图说明管理层对组织和维持人力资源积极性等不同方面的关注。

另外,董事会决定向投资者报告有关公司人力资源投资的信息。这些数据将包括在公司年报的总裁致信中(见表1-5),表明这些数据是未经审计的。

表1-5　东北保险公司20×6年人力资源
资本投资实际发生额和预算额

单位:美元

人力资源投资	实际额 20×6	预算额 20×6
新投资:		

续表

人力资源投资	实际额 20×6	预算额 20×6
1) 人力取得	600 000	700 000
2) 人力开发	1 500 000	2 000 000
合计	2 100 000	2 700 000
投资毁损：		
1) 员工流失	1 000 000	800 000
净　额	1 100 000	1 900 000

五、结论

上述系统说明了人力资源会计怎样提供人力资源管理专业人员用于人力资源决策以及作为管理人员顾问的某些方法。上述实际案例可以说明人力资源会计能够提供人力资源管理方面的信息，包括人力资源取得和开发成本。同样，还可以说明如何利用人力资源会计信息评估人力资源培训和开发投资，从而使这些投资决策建立在根据成本和效益原则进行经济评估的基础之上，而不是靠主观臆断。

实例表明，人力资源会计能够提供控制人力资源成本的信息，并帮助管理层掌握员工流失成本，理解人力资源价值变化的信息如何便于进行人力资源的使用评估。东北保险公司案例没有说明人力资源会计的所有潜在用途，但是该实例提供了人力资源会计系统如何帮助人力资源管理专业人员更有效地管理公司人力资产的一个范例。

人力资源会计的主要目的是帮助人力资源管理人员和高级管理人员有效地、高效地使用企业人力资源。人力资源会计试图为这些使用者提供有关取得、开发、配置、保持、使用、评价以及酬劳人力资源所需的信息。人力资源会计制定用于各种管理决策有关企业人力成本和价值的计量方法。它不仅为思考企业人力资源管理提供了一个框架，而且促使管理层理解商业决策对人力资产的影响。

【本章关键概念】

企业资源	人力资源	社会人力资源会计
物质资源	人力资源会计	企业人力资源会计

【复习思考题】

1. 如何正确理解人力资源会计的概念？
2. 简述人力资源会计产生的原因和历史沿革。
3. 为什么在我国推行人力资源会计是必要的也是可能的？
4. 阅读第三节美国东北保险公司案例后，对你有什么启发？
5. 参考第三节案例的调研方法，组织3至5人小组，选择一个公司的人力资源管理部门，对其人力资源管理情况进行调研，然后归纳其存在的问题，并就发现的问题撰写调研报告。

【讨论案例1-1　巴里公司】

巴里(R. G. Barry)[①]公司为全体管理人员设定了五个基本方面的责任要求。其中的三个与所有企业要求相同，包括：盈利责任、偿债责任和实物资源保全责任。另外两个是客户资源责任和企业人力资源保全责任，虽然其他企业认为这两个职责没有前面三个重要，但它们是非常必要的。R. G. Barry公司进行人力资源会计系统设计出于以下理念。

一、应该计量企业全部资源

传统会计提供有关利润、偿债能力以及实物资产诸如厂房、设备和存货的计量。但是有关人力资源的计量还没有引入一般的会计实务。

二、应该计量人力资源价值

在传统会计实务下，当一个企业并购另一个企业时，有对企业人力资源货币价值的计量。被兼并公司出售价格超过净资产的净额可分为两部分：第一部分是忠于公司的客户可以预期继续购买公司的产品和服务的价值；第二部分是知道如何生产和销售产品或服务获得利润的人力资源的价值。这通常被会计人员称为"商誉"。

对于公司而言，这些外部和内部的人力资产与现金、厂房、设备和存货等根据现行会计程序详细计量的资产有着显著的差别。因此，R. G. Barry公司管理人员的工作是在提高公司的盈利的同时，维持公司的偿债能力，并且如果不能增加也要保持其所托管的实物以及人力和客户资源。

三、需要开发一个人力资源会计系统

显然，一位经理可以通过变卖一项资产得到现金来增加公司的利润。这种错误的经营管理方法在传统会计中是很明显的。例如，同样一位经理可以在短期内通过降低质量来提高利润，却使客户资源受到损失。或者一

---

① 本案例内容引自俄亥俄州哥伦布市R. G. Barry公司1968年年报并稍作修改。这个案例是用作开发人力资源会计最早的试验之一。

位经理为追求业绩增长,驱使员工高强度工作,从而在短期内提高利润,却使人力资源遭受损失。

如果管理人员想要知道其受托资产的经营情况如何,就必须获得有关人力资源和客户资源状态的信息。开发人力资源会计系统的努力就是根据这种需求进行的。

(一) 开发人力资源会计系统的基本目标

1. 为 Barry 管理人员提供有关他们在管理受托经营的人力资源和客户资源方面业绩的专门信息,从而使管理人员对他们的经营方式做出适当的调整,以纠正不利的倾向或进一步改善这些资源的使用状态。

2. 为 Barry 公司管理人员提供人力资源的附加信息,帮助其进行决策。

3. 为公司提供一个更准确的方法,计量全部所使用资源的回报,而不仅仅是实物资源。从而使管理层能够分析这些资源状态的变化如何影响公司目标的实现。

(二) 主要内容

R. G. Barry 公司与 Rensis 以及密歇根大学社会研究所于 1967 年开始开发一个系统用于计量 Barry 公司的人力资源。人力资源的计量是通过对取得、保持和开发公司的人力资源的现金支出来实现的。1968 年,这个系统只覆盖到管理人员,累计用于招聘、培训和开发管理人员的现金支出,并且将其资本化。到 1969 年,这种现金支出计量法在某个制造车间扩大至非管理人员。

(三) 账户设置

人力资源资本账户只是作为内部信息使用,当然不会在公司年报的财务数据中反映。可以相信,在未来的若干年内传统会计将会逐渐认识到人力资源对企业长期健康发展的影响,并把这些数据列入资产负债表。从投资者以及最高管理层的角度来看,企业人力资源状态变化的信息是正确地进行决策和长期发展规划所必需的。

R. G. Barry 公司的资源支出成本系统虽然不完善,但却是通向完善的人力资源会计系统的开拓性的第一步。即使在目前的试验阶段,它已经提供了大量关于取得和开发人力资源(最重要的资源)的投资信息。

问题

作为美国股票交易所的上市公司,R. G. Barry 公司是率先从事开发人力资源会计系统研究的公司之一。你是否同意 R. G. Barry 公司关于为其开发一个人力资源会计系统的决定?请解释。

【讨论案例 1-2 密歇根大学】

1971 年春天,密歇根大学正面临着严重的预算问题。具体情况是该大学所需的预算额与密歇根州政府愿意提供的财政资金之间存在较大差额。

在《今日密歇根大学》中，R. W. 弗莱明校长认为州预算使学校出于两难境地。他认为："从所有实际目的看，不管给弥补这个差额的方法贴上何种标签，这个差额只能通过增加(教师的)负担，减少课程和师资，以及降低我们的工作质量来弥补"。

在同期杂志中，一篇未署名的文章写道："在密歇根大学呈报给州政府的1971—1972年度预算申请中，优先考虑的是提高工资。"提高工资是"为了应付日益增长的生活成本，以及使得密歇根大学与其他高校相比有一个比较有竞争力的工资水平……当与全美其他高校相比时，密歇根大学的工资水平已经落后了。"

问题

密歇根大学的州预算会产生潜在的不利影响吗？请解释。

【讨论案例1-3　东北保险公司】

本章第三节提供了关于在东北保险公司开发一个人力资源会计系统的具体例子。假设你是该公司对此系统进行评估的顾问，请回答以下问题：

问题

1. 东北保险公司需要人力资源会计系统吗？请解释。
2. 你相信新系统将会对公司有作用吗？请解释。
3. 该系统对什么样的使用者最有用？对什么样的使用者最没有用？
4. 怎样使得该系统变得对管理层更有用？

第二章 人力资源会计基本理论

研究人力资源会计,首先必须承认人力资源是企业的人力资产。在此基础上,才能构建人力资源会计的框架和内容。同时,人力资源会计作为一个新的会计学分支,其会计目标、会计对象、会计假设、会计职能、基本内容分类等方面有不同于其他会计学的一些特点,这些特点构成了人力资源会计学的基本理论。这些基本理论问题就是本章研究的主要内容。

第一节 人力资源的资产特性

将人力资源纳入一个会计主体的核算范围,进行会计确认、计量、记录和报告,必须从会计理论上论证人力资源具有企业一般资产的特性,是企业需要核算、管理和控制的一项重要资产,即人力资产。这是研究人力资源会计的逻辑起点。因此,本节首先论证资产的特性,然后证明人力资源具有资产的特性,是企业人力资产。

一、资产的特性

我国《企业财务会计报告暂行条例》[①]、《企业会计制度(2001)》[②]等法规将资产定义如下:"资产是指过去的交易、事项形成并由企业拥有或者控制的资源,该资源预期会给企业带来经济利益。"根据该定义,资产的基本特性包括以下三点:①资产的本质特性是一种能够给企业带来未来的经济利益的经济资源或资财;②资产的产权是企业拥有的或可以控制的;③资产是由过去的交易、事项形成的。

美国财务会计准则委员会(FASB)《第3号财务会计概念公告:企业财务报表的要素》[③]中对资产的定义是:"某一特定主体由于过去的交易或事项而获得或控制的可能的未来经济利益。(Assets: Possible future economic benefits obtained or controlled by a particular entity as a result of past transactions or events.)"按美国财务会计准则委员会发表的《论财务会计概念》第三辑的规定,资产的基本属性有三个方面:①资产的本质是未来的经

---

① 中华人民共和国国务院. 企业财务会计报告暂行条例[M]. 北京:中国财政经济出版社,2000.
② 中华人民共和国财政部. 企业会计制度(2001)[M]. 北京:经济科学出版社,2001:5.
③ KIESO. Intermediate accounting[M]. Beijing:City Publisher House,2003:34.

济利益。即资产蕴藏着可能的未来收益,具有未来服务潜力或效益;②资产的产权是由某组织或个人,即某一特定的主体如企业所拥有或控制;③这种所有权、控制权是在过去的交易、事项中确定的,即为取得或控制资产的交易或其他事项业已发生。

国际会计委员会在 1989 年公布的《财务报表的编制与列示框架》[①]中对资产的定义是:"资产是由于过去事项的结果而由企业控制的并且通过该事项预期能流入企业未来经济利益的一种资源。(An asset is a resource controlled by the enterprise as a result of past event and from which future economic benefits are expected to flow to the enterprise.)"该定义强调:①资产的本质是一种资源;②资产的产权是由企业控制的;③这种控制权是在过去的事项中确定的;④这种事项"预期"能使企业获得"未来经济利益"。

资产之所以能够提供未来的经济利益,不外乎以下四种理由:①该资产可当作一种购买力使用(如现金);②该资产是一种要求付款的权利(如应收账款);③该资产可以出售而转变为现金或某种债权(如待售商品);④该资产为其所有者提供某些潜在的服务或权利(如商誉)。

比较以上三个定义对资产特性所表述的内涵,可以将会计上确认资产的条件归纳如下:①资产的形成是事后的,也就是说资产是由过去某种投入而形成的储备;②资产所有权属于一个组织或企业,即其被一个组织或企业拥有或控制;③资产的价值可以用货币计量,而且价值的确认时间是事后;④从本质上讲,资产是一种能够带来经济利益的资源即经济资源,而且预期它可以带来大于投入的收益。

下面的问题是:人力资源或人力资源投资是否具有资产这样的特性呢?

二、人力资产的特性

(一)人力资源投资

从人力资源的形成来看,人力是人通过消费进行自身生产的产品,但这种自身生产形成的人力,只是作为经济资源的人力的自然基础,要真正从事劳动,还必须进行人力资源的开发,这种开发来自多个方面:劳动者个人、企业及社会。在劳动力未进入生产经营过程以前,这种开发就是人力资源投资或人力投资。所谓人力投资,是指为形成人力资源储备而进行的垫支。企业对人力资源的投资形成企业的人力资本。企业人力资源投资的支出项目主要包括:人力资源的取得费用(招聘、选拔、录用费用等)、教育培训费用、工资报酬、奖励、一般福利费、劳动保护费用、社会保障费用及环境改善、

---

① 国际会计准则理事会. 国际会计准则(2002)[M]. 北京:中国财政经济出版社,2003:36.

职工娱乐费用等。

企业进行这些投资的预期收益是技术力量的储备、技术开发能力的提高、市场适应能力的提高等。因为，人力资源是能给企业带来经济收益的人的潜在能力。在同等物质条件下，高素质的技术、管理人才及职工间和谐的人际关系能使企业创造出高于其他企业的效益。企业之所以进行人力资源投资，其目的也在于借此使职工能力得到提高，原投入的人力资源得以增值，使企业拥有更高质量的人力资源，即储备更多的服务潜能并期望其在未来转化为现实的生产能力，带来经济收益。

由于人力资源的特殊性，企业并不因此种投资而取得对这部分人力资源增值的所有权，但却可因此具有了获得职工在企业服务期间由这部分增值的人力资源提供的效益的权利。显然，这部分人力资源是企业在过去的事项（招收、录用、培训等）中谋求并确立的，一定程度或范围内（劳动合同等）可以被控制，且须为企业提供服务、效益。否则，就不能解释以利润为目标的企业进行人力资源投资的动机。可见，人力资源投资具有资产的特性，与传统的资产概念本身并不矛盾。

（二）人力资产

人力资源投资之所以能列为会计上的人力资产，是因为它具有资产的一般特性：①它蕴藏着可能的未来收益，即具有未来服务潜力或效益；②它为某一特定的个体所拥有或控制；③为取得或控制资产的交易或其他事项业已发生；④它可以用货币计量。

首先，企业从事人力资源投资的目的就是为了提高职工未来的服务潜力，而且没有任何理由断定不能通过有效的方法来计量人力投资所产生的未来收益。当然，如果企业职工丧失劳动能力（如生活完全不能自理的精神病人），发生在其身上的支出不能当作投资，因而也不能视为企业的资产，只能确认为损失。

其次，虽然从所有权关系上看，体现在劳动者身上的劳动力归劳动者本人所有，企业无权剥夺劳动者的劳动力（撇开各种社会阶级关系），而且劳动力作为个人的私有财产，似乎符合某种自然秩序和天赋人权的观念，但依据有关的劳动法规或约定俗成的常规，在法定工作时间内，企业有权排斥其他单位和个人甚至劳动者本人使用其劳动力（当然，由于劳动纪律松懈、人事管理紊乱等原因，职工可能消极怠工、旷工等，这不属于本书讨论的范围）。也就是说，即使因控制失效而存在一定的职工离职率，但在法律上或情理上，企业在一定时间内（例如八小时以内）是有权控制并使用职工的劳动力的。

再次，企业通过刊登广告、组织考试、签订协议等程序在劳动力市场上招聘录用职工，或者通过培训等形式提高职工的劳动能力等行为，都是在职工为企业提供服务以前发生的。不过，劳动交易与一般资产交易并不完全

相同,前者从工资支付形式看是多次性和暂时性的,而后者是一次性和永久性的。

最后,企业人力资源既然是企业投资后得到的,就有其成本价值,这是可以用货币计量的。企业人力资源也是可以流动的,在流动中一般以其自身价值的增值为先决条件,即得到升迁。如果不能得到更好的待遇(工资、住房、职位等),一般人力资源的流动也是不可能的。这种流动价值就是另一个企业支付的更高的薪金价值。这是可以用货币计量的。人力资源也可能因年龄超过就职年限而退休,企业或社会也需要用货币计量其养老金。另外,企业人力资源可以因其他原因如辞退、疾病、死亡等离开企业,企业都要支付费用。因此,人力资源的成本和价值是可以用货币计量的。

既然人力资源投资符合资产确认的四条基本标准,因而可以将人力资源投资列为企业的人力资产。由于人力资产有其物质载体,所以人力资产属于有形资产。所谓人力资产,是企业投入资本后所拥有或控制的,能以货币计量的,可以为企业带来未来经济利益的劳动力资源,即人力资源。

(三)人力资产的特性

当然,由于人力资源本身是一种特殊的资源,具有能动性、社会性、智力性等不同于其他生产要素的特点,相应地决定了人力资产不同于其他资产的特殊性。人力资产的特殊性主要表现在:①人力资产价值是以人——职工为载体的,其服务潜力的实现程度受职工主观能动作用影响较大,不完全由企业控制;②使企业受益的期限较难确定,因为影响职工服务期限的因素比较复杂;③人力资产所代表的未来经济利益也有高度的不确定性。这些特殊性使人力资产的不确定因素远远超过其他资产,所以对它的计量、记录、反映、分析都存在一定困难,但人力资源并不因此而改变其资产性质。

而在现实的经济活动中,人力资源所起的重要作用也要求将其作为一种资产纳入会计反映之中。如果说在人力资源投资占总投资比例很小的情况下,将这部分支出作为当期费用转销或与其他费用在不同会计期间摊销是符合会计的重要性原则的话,那么在目前人力资源日趋重要、人力资源投资相对数额越来越大的情况下,忽视人力资产的计量、记录则不符合配比原则与充分反映的要求。特别是以提供科技、专业服务为主的企业,其经营业绩很大程度上取决于职工的个人能力,而用于物质资产的投资相对较少。如果将人力资产忽略不计,或不将其作为一项重要资产单独列示,都会使财务报告难以正确反映企业的资产状况,也就难以据其对财务状况与盈利能力做出正确评价。而信息的偏差会导致决策的失误。所以,将人力资源作为一项资产,由人力资源会计反映,有其必要性。在会计核算中,应按预期的有效期(如按技能老化期与服务期长短)进行摊销,而期末未摊销的余额则应在会计报表的资产项目中单独列示。

总之，企业的人力资源是一项特殊的资产，从理论上看，与传统的资产概念不矛盾，有着共同的本质特征——为企业提供未来的经济利益。从现实看，将其作为一项有服务潜力的资产进行会计上的处理也有其必要性。

三、人力资本及其保全

(一) 人力资本及其特征

从一般经济学意义上讲，资本是指生产及进一步生产使用的可以获得货币收益的财富。从马克思《资本论》的角度讲，资本是能够获得剩余价值的价值。根据马克思的理论，可以将人力资本定义为能够获得剩余价值的人力资源价值。这种价值表现为人所具有的创造剩余价值的潜在能力或生产能力。通俗地讲，人力资本是人进行经济活动所具有的本钱，是人在健康、知识、能力等方面的存量储备。

从企业角度讲，企业一般资本是由其所有者对企业投入形成的，但是企业的人力资本不同。企业人力资本的形成一方面是企业投资的结果，另一方面是社会、家庭、劳动者个人投资的结果。无论人力资本是谁投资的结果，人所具有的创造剩余价值的潜在能力或生产能力是归劳动者所有的，即人力资本的所有权是归劳动者本人的。企业对人力资产的投资目的是获取经济利益。企业人力资本表现为企业所控制或使用的一定数量和质量的劳动者(包括体力劳动者和脑力劳动者)创造剩余价值的潜在生产能力。一个企业对其人力资源的投资是为了增加该企业的人力资本，提高人力资本为企业服务的能力。由于人力资本的形成是多方投资的结果，企业劳动者即企业人力资产所创造的剩余价值也应由多方受益，既不能全部留归企业，也不能全部划归劳动者个人。

人力资本与人力资源、人力资产是三个相互联系但又不等同的概念。人力资源作为全社会的一种经济资源，具有稀有性和有用性，而且以一定数量的人口形态表现；人力资产作为企业的一种经济资源，具备有用性、稀缺性和可交换性，是以一个企业的劳动力资源为表现形式；人力资本首先是"资本"，而资本是一种价值表现，是以对一定范围的人力资产的投资为前提的。当然，人力资本是借助于人力资源、人力资产的形式表现出来的。会计上的资本是一个总量的概念。任何资本在会计上都可以表现为两个方面，即资本占用形态和资本的来源渠道。人力资源体现了资本的占用形态，当人力资源为某一特定会计主体所拥有或控制时，可称为人力资产；而人力资本则表示某一时期一个特定会计主体拥有或控制的人力资产投资的总量。企业人力资本的来源渠道可以是国家、企业或个人。

传统的经济理论并不认为人力资本是投资的产物，而是将它看作一种与自然资源相同的资源。甚至有人认为，将教育和保健看成一种投资，贬低了教育和医疗卫生事业的崇高意义。因为教育的宗旨是给予教育者以判断是非善恶的能力,使他们对人生的价值有所理解;而医疗卫生事业的宗旨则在于人道主义。但现代经济学家认为,教育和医疗卫生除了以上宗旨外,还有增加国民收入或企业收益的目的,它们在经济上的作用不容忽视。事实证明,人力资本是社会组织或个人投资的产物,其质量高低取决于投资的多少。

(二) 人力资本保全

资本保全是指企业的净资产或所有者的投资应保持完整无损。资本保全的根本目的是维持资本的一种现实的或潜在的价值增值能力,而不是机械地、静止地去保持资本期初总额原封不动。根据资本保全的观点,企业的耗费应该从收入中得到补偿,并在资本保全的基础上确认收益。资本保全规定收益确认和计量的基础,即资产的流入必须大于资本保全所需的金额才是收益。通常,资本保全可分为财务资本保全和实物资本保全。

财务资本保全概念认为"资本"是所有者投入的货币或投入的购买力。财务资本保全是保证资本所有者投入资本维持原有购买能力不变。进行财务资本保全就是要不断维持所有者投入资本原有购买能力所需的新增资本。

实物资本保全概念认为"资本"是企业的经营能力或企业的实物生产能力。实物资本保全是指企业的经营能力或企业的实物生产能力(或达到这些能力所需的资源和资金)保持不变。进行实物资本保全就是要不断投入维持企业的经营能力或企业的实物生产能力不变所需的新增资本。

资本保全是资本内在的一种自身得到保持和完整的要求,人力资本也不例外。人力资本保全概念认为人力资本是人力资产提供服务的潜在能力或生产能力。人力资本保全是维持企业人力资产提供服务的潜在能力或生产能力保持不变。企业人力资本保全是保护企业的人力资产投资价值的保值和增值,使之不受损害。进行人力资本保全是要不断投入维持企业的人力资产提供服务的潜在能力或生产能力不变所需的新增资本。

人力资本保全不同于劳动能力的保全,它实质上是资本化或资产化了的投入资本的保全,而劳动能力的保全不是通过资本化或资产化来实现,而是通过恰当地补偿劳动消耗实现。

第二节 人力资源会计的目标及对象

从人力资源会计产生和发展的过程,可见人力资源会计是由于社会对人力资源经济信息的需求而产生的,这种社会需求为会计理论研究提出新目标——人力资源会计目标,从而产生会计理论和实务研究的新核心——

人力资源会计对象,在此基础上进一步研究构建人力资源会计基本假设等理论框架和会计实务的具体内容后,即形成人力资源会计完整的理论体系。因此,研究人力资源会计首先应研究人力资源会计的目标和对象。

一、人力资源会计的目标

人力资源会计有广义和狭义之分,人力资源会计的目标也应该分为广义和狭义的两种。

广义的人力资源会计的目标,即社会人力资源会计的目标是由国民经济核算对社会人力资源的教育、卫生保健、社会保障、人力资源市场需求、人力资源效益等会计信息的总需求决定的。社会人力资源会计的目标是为制定国民经济总决策提供人力资源会计信息,为某些国民经济部门如教育部、卫健委、人力资源和社会保障部等制定人力资源经济总决策提供人力资源会计信息,反映国民经济总体以及国民经济各部门对人力资源的投入与产出的比例及经济效益。

狭义的人力资源会计的目标,即企业人力资源会计的目标是由国家、社会或企业管理部门对某一个企业人力资源会计信息的需求决定的。企业人力资源会计的目标具体可包括以下几个方面。

(一)为企业制定经营管理决策及计算盈亏提供会计信息

人力资源是企业的一项重要的经济资源,只有在正确计量人力资源的投资和损耗的情况下,才可能做出合理利用人力资源的经营管理决策。如果企业管理者只注重短期经济效益,强调节约人工成本,忽视对人力资源的投资,短期内企业可能会产生超额经济效益,但是人力资源的耗损也会随之产生。如果不能及时对人力资源的耗损加以补偿,就会损害人力资源的使用价值,对企业产生负效益。因此,合理分析企业人力资源投资与节约人工成本的关系,正确计算企业对人力资源的投资与节约人工成本的比例,可以为企业正确制定合理利用人力资源的经营管理决策提供有用的信息。

同时,正确计量人力资源的成本,在人力资源投资增加很快的情况下,有助于正确确定企业收益。21世纪是知识更新速度很快或者说是知识爆炸的世纪,科学技术的发展使企业不得不在人力资源方面加大投资力度,这将会使企业的人力资源成本提高。因此,正确使用配比原则分配人力资源成本,合理计量企业盈利,就成为企业人力资源会计的重要目标。

(二)为企业各部门管理及有效利用人力资源提供会计信息

传统会计没有人力资源会计核算资料,企业各部门人力资源的利用效果很难以价值量进行研究。如果将人力资源成本单独核算,分部门计算人力资源成本与投资,则各部门盈利水平可以将人力资源占用率和人力资源投资收益率作为考核指标,促使企业各部门更有效地利用人力资源。各部门合理组织、有效开发、使用和安排企业人力资源的经济效益,是企业人力资源会计核算、报告、分析和预测的目标。

传统企业人力资源管理部门只是"花钱"部门(即成本中心),不考核其工作的经济效益。因此人力资源管理部门往往不考虑人力资源获得成本和企业的实际需要,在开发人力资源时也不注意经济效益,其管理方法缺乏经济手段。现代企业管理要求将人力资源管理部门由成本中心改造成利润中心,将企业人力资源作为经济资源管理,用人力资源的会计信息作为控制和监督企业人力资源正常流转的手段。这是企业人力资源会计服务于企业人力资源管理部门的又一会计目标。

(三)为企业所有者提供企业人力资本保全情况

企业人力资本保全是保护企业的人力资产投资价值的增值和保值,使之不受损害。企业人力资本保全的根本目的是维持人力资本的一种现实的或潜在的价值增值能力,而并不是机械地、静止地去保持资本期初总额原封不动。企业所有者(投资者)关心企业资本的增值和保值,在以人力资源为主的企业中,企业所有者尤其关心其人力资本的保值和增值。因而人力资本的保值和增值会计信息成为人力资源会计的又一个目标。

(四)为企业外部有关人员提供人力资源信息

联合国国民经济核算体系中已经将人力资源价值指标作为每个国家国民经济资产负债表中的核算指标。为了进行宏观人力资源管理,国家需要各种人力资源的经济信息,其中一部分信息可以通过人力资源会计核算得到。通过对人力资源会计信息的分析,可以为预测人力资源开发利用的经济前景提供资料,从而为宏观经济管理部门进行宏观经济决策,为宏观管理部门对人力资源的维护、开发、使用、调配等提供决策的依据。因此,企业人力资源会计还以为宏观经济管理部门提供企业人力资源维护、开发、使用、调配决策信息作为人力资源会计的目标。

综上所述,企业人力资源会计的总目标是为制定国家、企业人力资源管理经济决策服务。具体目标则是以企业经营管理及计算企业盈亏的需求,以企业各部门有效利用人力资源以及监督控制人力资源使用,以企业人力资本保全,以宏观人力资源管理为会计目标。

二、人力资源会计的对象

人力资源会计目标有广义和狭义之分,人力资源会计的对象也应该分为广义和狭义的两种。广义的人力资源会计对象指社会人力资源会计对象,狭义的人力资源会计对象仅指企业人力资源会计对象。

一般来说,社会人力资源会计是以一个国家某一会计期间能以货币计量的社会人力资源即社会人力资本运动为会计对象。社会人力资源会计是从宏观上核算和管理、控制社会人力资本的总存量及总流量。社会人力资源会计研究的空间范围是一个国家的社会总人力资源,时间范围一般是一个会计期间或一个会计年度,计量单位是货币,一般对象是社会人力资本运动。社会人力资本运动是以社会人力资本的总投入为起点,以社会人力资本的总产出为终点或者说新的起点。社会人力资本总投入是指国家、社会、家庭对本国全部人力资源的教育、培训、开发、维持、社会保障(卫生保健、养老保险、劳动保护等)等方面投入的总资本。社会人力资本总产出是指国家、社会、家庭在社会人力资源的流通市场、储备部门、使用部门等方面得到的人力资源的总价值。

企业人力资源会计是以一个企业某一会计期间能以货币计量的企业人力资源即人力资本运动为会计对象。企业人力资源会计是从微观上核算和控制企业人力资本总存量及总流量。企业人力资源会计研究的空间范围是一个企业的总人力资源,时间范围与社会人力资源会计一样,也是一个会计期间或一个会计年度,主要计量单位仍是货币。一般对象是企业人力资本的总运动,企业人力资本运动是以企业对人力资源的投入为起点,以企业一个会计周期人力资源的总产出为终点或者说是新的起点。企业人力资本投入是指企业对其人力资源的取得、开发、使用、保障、离职等方面投入的资本。企业人力资本产出是指企业通过对人力资源一定时期的使用所获得的人力资源价值。

本书主要研究企业人力资源会计对象,兼顾一些社会人力资源会计对象的内容,如人力资源市场预测等。

第三节 人力资源会计基本假设

任何一门学科的建立,都有其基本前提,即基本假设。由于人力资源会计是一门会计学,则会计学的共同假设前提也同样适用于人力资源会计。人力资源会计除了仍采用会计主体、持续经营、会计期间、货币计量四个会计基本假设外,还有以下四个人力资源会计学所特有的基本假设:

第一,人是人力资本的载体。企业的任何资本在会计上都表现为两个方面。一方面表现为资本的来源渠道,即资本是从哪里来的,另一方面表现为资本运用或占用形式,即资本用到哪里去。资本运用或占用在任何组织中都是以某种资产的形式表现出来,一般资产都有其承担物或载体。人力资本投资的载体或具体承担者是人,应属于某一组织的资产,因而也可将其称为人力资产。因此,研究人力资源会计,首先要承认人是人力资本的载体,是人力资源投资的承担者,是人力资本在企业的占用形态。企业的资本占用形态统称资产,人力资本的占用形态就是人力资产①。也就是说,首先要假定人力资产的存在。没有这个假设,人力资源会计就不能成立。只有在这个大前提下,才能运用会计方法计量、记录、报告企业人力资源的情况,并对人力资源的利用效果进行分析、预测和决策。

第二,人是一个组织的有价资源。这个假定首先是明确人力资源会计研究的前提条件是该人力资源必须服务于某一特定组织或会计主体,无论该组织是工业企业、商业企业还是服务行业等部门。不在一个组织机构或会计主体中服务的人,不属于人力资源会计的研究范围。例如,企业人力资源是服务于某企业范围内的人,不在该企业服务的人不属于该企业人力资源会计核算、监督和管理的范围。

其次是明确人力是有价值的,是一种经济资源,可以用货币进行定量研究。会计学的计量手段是货币,任何物质资源如果不能以货币计量,就不是会计对象,也不是会计上的经济资源,如空气,就不能纳入会计的研究范围。因此,人力资源成为会计对象的假设前提是人的价值可以用货币来计量,是一种有价经济资源。

最后,这一假设还意味着人力资源能够为组织提供现在和将来的服务,同时也意味着这些预期的未来服务对该组织具有经济价值,并为该组织创造价值。所以人力资源的价值有必要在会计上得到应有的反映和控制。应该注意的是,把人作为某一组织的经济资源,是因为他们具有服务潜力,有创造更大价值的潜能,并不是说他们像其他物质资源那样,一旦被某一组织所拥有,该组织就获得其全部控制权。人力资源只出让其使用权,未出让其选择权,他们有独立的人格,可以自由选择他们的服务对象。这是人力资产具有的不同于其他资产的特点。

第三,人力资源价值是可变的。这是假设人力资源在一个组织的经营活动过程中,以及不同的人力资源管理方式下,其价值会产生变化。正是由于人力资源价值具有这一特性,在会计上就更有必要专门进行人力资源会计的研究。

随着一个组织经营活动的进行,职工技术水平的提高,工作经验的积累,该组织人力资源总体价值会提高。从职工个体角度看,其工作的调动、升迁、离职等也会引起个别人力资源价值的变化。随着企业对人力资源管

---

① 至于人力资产属于有形资产还是无形资产是存在争议的。如果一定要将人力资产在有形或无形资产中加以取舍,本书作者更愿意将人力资产归类于有形资产。实际上,人力资产应该与物质资产相区别,不应当按照传统会计分类,把人力资产归入物质资产的某一类。

理方式的变化,人力资源的价值可能增长、损耗或保持不变。例如,在科学技术快速发展的条件下,企业组织人力资源培训,经过培训的人力资源价值就会增长;在同样的条件下,如果企业不进行人力资源的培训,导致企业人力资源所掌握的技术陈旧,其价值也会损耗或降低。如果改变企业组织结构,可以调动职工的积极性,进而提高其生产率,也会使人力资源的价值有所增加。

第四,人力资源会计提供经营管理所需信息。这个假设明确人力资源会计只提供对经营管理有用的信息,是为经营管理服务的,而与经营管理无关的信息不在研究范围之内。这是人力资源会计研究的必要假设条件。人力资源会计不研究有关人的其他信息,如各种人口的生活水平、人的购买力、人口男女比例、人口健康状况等。

人力资源会计所提供的信息是经营管理客观需要的。如人力资源会计成本和价值的信息对人力资源在管理过程中的取得、开发、分配、补偿、保护、使用等方面的计划和控制是很有影响的,从这个意义上说,人力资源会计是整个管理会计信息系统中的一个重要组成部分。再如,随着科学技术的进步,特别是信息产业的兴起,人力资源价值的重要性被越来越多的人重视,甚至于人力资源的价值决定了企业的整体价值。如世界四大会计师事务所在世界范围内所享有的声誉和竞争力,主要取决于其占有的人力资源的价值。从这种意义上讲,报告企业人力资源价值信息将成为财务会计信息的特别组成部分。

总之,人力资源会计是建立在以上四个基本假设的基础上的,即人是人力资源的载体,一个组织的人力资源是其人力资产,是可以用货币计量的有价资源,其价值是可变的,通过人力资源会计主要是提供经营管理需要的会计信息。

第四节 人力资源会计的分类和职能

一、人力资源会计的分类

人力资源会计从不同角度可以分为不同种类。会计主体不同,人力资源会计可分为社会人力资源会计、企业人力资源会计、家庭人力资源会计。会计目标不同,人力资源会计可分为人力资源财务会计、人力资源管理会计。

(一)按照会计主体分类

1. 社会人力资源会计。社会人力资源会计是从一个国家或社会的角度对人力资源进行会计处理,核算社会人力投资成本,计量社会人力投资形成的价值,评价管理方案,预测投资效果等。它包括社会人力资源教育会计或人才会计、社会人力资源培训会计、社会人力资源卫生保健会计、社会人力资源保障会计、社会人力资源市场预测、社会人力资源投资效益分析、社会人力资源投资决策分析等内容。社会人力资源会计是从一个国家的角度总体核算其人力资源的总投入与总产出,并且分析其投资效益,进行人力资源宏观管理。

2. 企业人力资源会计。企业人力资源会计是以企业为主体,对企业人力资源进行会计处理,将企业人力资源的投资成本和人力资源投资形成的价值作为企业人力资产进行确认、计量、记录、报告,并分析其市场需求、投资效益,进行投资决策等。企业人力资源会计主要目的是把提供劳动力(包括体力劳动和脑力劳动)的"人"作为企业再生产过程中的组织资源来进行管理,以充分发挥体能与智能的产出效益。企业人力资源会计包括企业人力资源成本会计、企业人力资源价值会计;还包括企业人力资源需求决策、企业人力投资效益分析、企业人力资源投资决策分析。

3. 家庭人力资源会计。家庭人力资源会计应该是以家庭为会计主体,将家庭对人力资源的投资和其社会价值作为家庭的人力资产进行确认、计量、记录和报告。但事实上很少真有家庭进行这种会计核算,只是在国民经济核算或社会会计以及劳动经济学中专门研究该问题。

综上所述,人力资源会计按照会计主体的不同可以分为三大类(见图2-1),每一类又分为若干分支。

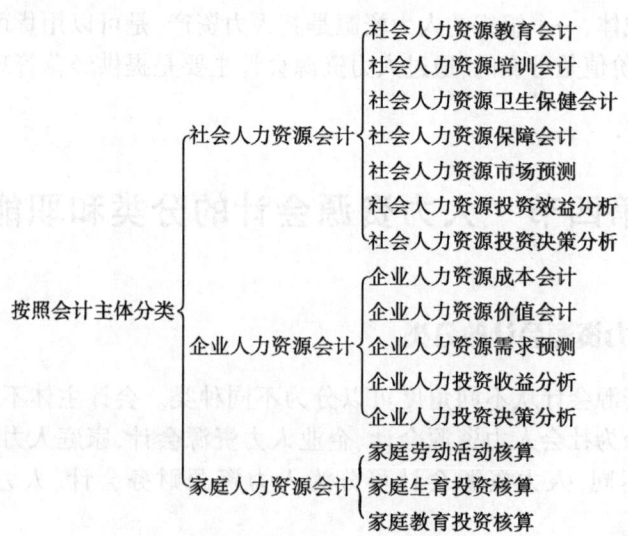

图2-1 人力资源会计按主体分类

(二)按照会计目标分类

会计目标不同,会计信息的收集、分类、报告的程序和方法也不同。按照会计目标对会计信息的不同要求,人力资源会计可划分为人力资源财务会计和人力资源管理会计。

1. 人力资源财务会计。人力资源财务会计是以财务会计方法为主要手段,以对企业外部提供人力资源财务会计信息为主要目的,主要是进行人力资源成本的确认、计量、记录和报告。人力资源财务会计是通过设置账户、复式记账、编制凭证、登记账簿、成本计算,最终编制财务报表,进行人力资源成本会计信息的收集、分类、汇总等工作。人力资源财务会计可以说是由人力资源成本会计和人力资源社会保障会计两部分组成的。但由于人力资源财务会计主要是提供人力资产的成本,所以又可以说人力资源财务会计主要是人力资源成本会计。

(1)人力资源成本会计(human resource cost accounting),是对企业取得、开发、保全人力资产使用价值而进行的会计核算,是以投入价值对人力资源成本进行的会计核算,是研究为取得、开发、使用、保障人力资源及人力资源离职损失等方面所引起的成本的计量和报告,为人力资源管理提供有关人力资源成本的价值信息。

(2)人力资源社会保障会计,是核算国家或社会(包括企业及个人)对社会成员在生、老、病、死、伤、残、丧失劳动能力、失业或因自然灾害面临生活困难时给予的物质保障,以及企业在社会保障方面的投资。对人力资源的保障投资的会计核算采用财务会计方法。

2. 人力资源管理会计。人力资源管理会计是以管理会计方法为主要手段,以对企业内部提供人力资源财务会计信息为主要目的,主要是进行人力资源价值的预测、确认、计量、记录和报告,进行人力资源需求预测,以及人力资源投资效益分析、人力资源投资决策分析等。

(1)人力资源价值会计(human resource value accounting),是指以产出价值对人力资源的经济价值所进行的会计核算。它所研究的是:当人作为企业的经济资源时,如何计量和报告其对企业所具有的价值。计量人力资源价值主要有以下几方面的作用:一是满足人力资源价值管理的需要,二是满足投资者对企业总资产包括人力资产情况的了解的需要,三是满足计算生产者或劳动者对企业投资的需要。人力资源价值会计是人力资源会计研究最为困难的领域。

(2)人力资源供求预测,是根据国家或企业发展规划、生产规模、工艺变动、经济形势的变动以及经济管理的要求,对人力资源市场供给以及国家或企业人力资源的需求进行预测的一种方法。进行人力资源供给与需求预测,有利于国家或企业预测人力资源成本,确定人力资源投资规模。人力资源供求预测的主要方法包括:人力资源市场供求分析法、人力资源替代需求预测、生产函数法、人力资源需求预测的定性分析法。

(3)人力资源效益分析,是根据人力资源成本记录,人力资源价值、需求量的预测,对国家或企业人力资源投资进行分析,确定人力资源投资效益,以便进行投资决策,加强对人力资源投资管理的方法。

(4)人力资源投资决策分析,是在人力资源需求预测和人力资源投资效益分析的基础上,对人力资源投资所进行的最终决策。人力资源投资决策分析是人力资源成本会计、价值会计、供求预测、投资效益分析方法的综合利用。

综上所述,人力资源会计按照会计目标,可分为两大类六大部分(见图2-2)。

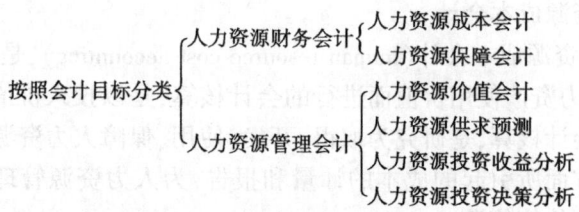

图2-2 人力资源会计按目标分类

二、人力资源会计的职能

人力资源会计兼有财务会计和管理会计的特点,因此人力资源会计的职能也兼有财务会计和管理会计的职能。人力资源财务会计主要有核算(反映)与监督的职能,人力资源管理会计主要有预测、分析与决策职能。

(一)核算(反映)与监督

人力资源财务会计的核算(反映)职能,主要表现在用货币尺度对人力资源进行确认、计量、记录和报告,利用财务会计方法反映国家或企业人力资源的财务状况,并且向国家或企业外部报告人力资源的使用情况。人力资源财务会计一旦建立起来,其会计核算反映的是连续的、全面的、事后的某一国家或企业人力资源的总体情况。

所谓连续反映,是指人力资源的会计账簿要逐年记录国家或企业对人力资源的总体投资形成的成本价值。所谓全面反映,是指人力资源会计账簿要全面记录人力资源的取得、使用、维护、开发、保障等情况,以便提供管理所需的各种有关人力资源的资料。所谓事后反映,是指人力资源会计账簿所记录的人力资源成本都是已经发生的事项,未发生或预计发生的人力资源投资不能登记入账。

人力资源财务会计的监督职能,主要表现在监督人力资源投资的安全和完整,对人力资源投资进行事前、事中、事后控制,使其按照预定的投资方向使用,并监督其使用效果。人力资源财务会计的监督职能是对人力资源投资的全过程的监督。

(二)预测、分析与决策

人力资源管理会计的预测、分析与决策职能,主要表现在预测人力资源价值,预测人力资源的需求量,分析人力资源投资收益,进行人力资源的投资决策。

预测职能是在制定人力资源管理或投资决策之前,通过预测人力资源市场供给和需求、预测人力资源价值等,确定国家或企业对人力资源的投资,确定国家或企业人力资源价值,为制定经营管理决策服务。预测人力资源价值目的是确定人力资源的投资方向及评价效益。

分析职能是根据人力资源供给和需求预测、生产发展规划等信息,对人力资源投资进行效益分析,确定投资方案,并对人力资源投资结果和利用效益进行评价。通过分析确定人力资源投资效益,进行投资决策;分析以前人力资源投资效益,总结人力资源管理经验,发现人力资源管理中存在的问题,改进人力资源的管理方法,提高企业人力资源投资效益等。

决策职能是在人力资源投资预测和人力资源投资效益分析的基础上,根据企业人力资源状况,制定人力资源投资决策和经营管理决策。通过决策确定人力资源投资规模,决定人力资源需求策略和投资方向,使人力资产得以保值和增值。

【本章关键概念】

人力资源会计假设	人力资源成本会计	人力资源需求预测
广义人力资源会计目标	人力资源社会保障会计	人力资源投资效益分析
狭义人力资源会计目标	人力资源管理会计	人力资源投资决策分析
人力资源财务会计	人力资源价值会计	

【复习思考题】

1. 人力资源是企业的资产吗?为什么?人力资产有什么特性?
2. 什么是人力资本?它与人力资源和人力资产有什么区别?
3. 简述人力资本保全、财务资本保全和实物资本保全的异同。
4. 广义人力资源会计和狭义人力资源会计有什么区别?
5. 广义人力资源会计和狭义人力资源会计的目标和对象各是什么?
6. 人力资源会计有哪些特定的基本假设?

7. 如何对人力资源会计进行分类？有哪几种分类标准？
8. 根据不同的分类标准，人力资源会计可以分成哪些具体类别？
9. 人力资源会计有什么职能？

【讨论案例 2-1　McCormic & Company 公司】[①]

McCormic & Company 公司 1970 年和 1971 年 11 月 30 日合并资产负债表(见表 2-1)，其中将一项名为"人际关系"的项目作为资产，其金额为 1 美元。

表 2-1　McCormic & Company 公司及其子公司合并资产负债表　单位：美元

	11 月 30 日	
	1971 年	1970 年
流动资产：		
现金	2 186 703	1 740 771
应收账款,减去坏账准备		
（1971 年,-112 723,1970 年,-82 194）	17 481 018	18 005 029
存货(按照平均成本和市价孰低法)	29 237 500	23 410 556
待摊费用	1 525 092	1 446 908
流动资产总额	50 430 313	44 603 264
投资：		
对未合并子公司和拥有 50%股权公司的投资	8 092 688	6 734 732
其他	1 135 044	1 118 800
总投资	9 227 732	7 853 532
不动产(成本)：		
土地	1 529 570	1 468 120
建筑和装修	10 383 577	6 519 158
机器和设备	23 240 886	19 220 801
在建工程	705 932	1 030 742
	35 859 965	28 238 821
减去已摊销金额	15 580 574	13 462 170

---

① FLAMHOLTZ E G. Human resource accounting[M]. Devon, UK: Kluwer Academic Publishers, 1999: 46.

续表

	11月30日	
	1971年	1970年
不动产净值	20 279 391	14 776 651
收购合并子公司的超额成本	119 159	142 295
专利权和特许权(摊销后净额)	570 420	640 315
商誉,商标,配方等	1	1
人际关系	1	1
其他资产:		
未决诉讼赔偿金	2 452 000	2 752 000
应收员工款(例如,团体险抵押金)	210 200	223 000
递延所得税	291 568	308 553
其他	704 960	371 884
其他资产总额	3 658 728	3 655 437
总资产	84 285 745	71 671 496

问题

1. McCormick & Company 公司在其资产负债表中包含名为"人际关系"的项目,其用意是什么?

2. 为什么这个项目只有1美元的价值?

第三章 人力资源成本会计

本章主要讨论人力资源成本会计的概念、内容、具体核算方法、报告方法及其应用案例。

第一节 人力资源成本会计的概念和内容

人力资源会计的目标之一是将人力资源作为资产进行会计处理。而将人力资产确认、计量、登记入账和报告,与将物质资产确认、计量、登记入账和报告有着明显的区别。将物质资产确认入账是以其原始购置价值即历史成本登记的,随着资产的使用,物质资产的消耗价值逐渐转入企业生产经营成本中去,其价值由于企业产品或劳务的出售而得到补偿。可见,物质资产一般是由企业先支付价款购入企业之后用于生产过程的资产。而人力资产与物质资产不同,企业人力资源是企业所有者先无偿占有,使用后支付其损耗价值的资产。这种区别使人力资源会计在计量人力资产的方法上有两种选择。

第一种选择是以人力资产为企业带来的预期总价值(即人力资产的产出价值)为基础计量人力资产的经济价值,将人力资产进入企业后对其投资的各种支出作为累计摊销价值,待人力资产退出企业时将两者对冲(即将人力资产经济价值与人力资产摊销价值对冲),余额就是企业对该人力资产预期价值的高估或低估,可以作为企业的预期收益或损失处理。按照等价交换的原则,人力资产的经济价值应该表现为他为企业所提供的总价值。人力资产的经济价值以其预期总价值入账与传统会计以历史成本入账是相违背的。因此,这种方法不易被传统会计所接受。

第二种选择是以企业对人力资产的投资(即人力资产的投入价值)为基础逐期累计计量人力资产的成本价值,同时将人力资产成本价值按照人力资源的使用期间进行摊销,作为企业生产经营的产品成本或劳务成本,记录人力资产的累计摊销价值,待人力资产退出企业时将两者对冲,余额就是企业人力资产为企业创造的收益或带来的损失。该余额可以作为企业的收益或损失处理。这种方法可以将人力资源核算纳入传统会计核算范围,而且不会影响传统会计的计算结果。

当然,还有第三种选择,即将上述两种方法合并处理。本章暂不讨论第一、三种选择,留待人力资源价值会计章节再进行深入讨论。

综上所述,第一种方法就是人力资源价值会计所使用的方法,第二种方法就是人力资源成本会计所使用的方法。可见,人力资源成本会计是以企业对其人力资源投资为主要反映对象,核算由于企业对人力资源投资后获得的人力资产的成本价值,是企业按照历史成本对其人力资产进行的事后反映,这种人力资产核算是一种随人力资产使用而逐年增加的累计成本。

一、人力资源成本会计、成本对象、成本项目的概念

(一)人力资源成本会计及其分类

美国会计学者埃里克·G.弗兰姆霍尔茨认为,人力资源成本会计可以定义为:"为取得、开发和重置作为组织的资源的人所引起的成本的计量和报告。"他认为,人力资源成本会计主要研究两个相互联系的成本类型:一是与取得和开发人力资源使用价值有关的人事管理的职能成本,诸如进行招募、选拔、雇用、安排和培训人力资源等人事管理活动的成本,这些活动的成本是取得和开发人力资产的成本的要素。人事管理活动职能的成本会计可称为"人事管理成本会计",它是人力资源成本会计的必要前提;二是人力资源本身的成本,而不是指进行人事管理职能本身的成本会计。它包含计量不同等级人员的取得和开发的成本,可称为"人力资产会计"。上述两方面构成人力资源成本会计。①

我们认为,企业人力资源成本会计是核算企业为了取得、开发和保全人力资产使用价值而付出代价的会计方法(包括确认、计量、记录和报告)。其中,用"保全"取代弗兰姆霍尔茨定义中的"重置"人力资产的成本。因为人力资源成本会计除包括取得成本、开发成本外,还包括人力资产使用成本、保障成本和离职成本等其他成本。不能以人力资源的重置成本代替人力资产使用成本、保障成本和离职成本等其他成本;以"人力资产使用价值"取代弗兰姆霍尔茨定义中的"作为组织的资源的人",是为了明确取得人力资源的目的是为了得到其使用价值;以"付出代价"取代弗兰姆霍尔茨定义中的"所发生的成本",因为这里"所发生的成本"包括人力资源投资实际成本及企业所承担的损失成本,而损失成本是一种机会成本;用"会计方法"取代弗兰姆霍尔茨定义中的"计量和报告",因为人力资源成本会计的核算方法包括确认、计量、记录和报告等。

人力资源成本应该包括取得人力资产使用权、提高人力资产使用价值、维持人力资产使用价值、结束人力资产使用价值、保障人力资产暂时或长期

---

① 弗兰姆霍尔茨.人力资源管理会计[M].陈仁栋,译.上海:上海译文出版社,1986.

丧失使用价值时的生存权及其他为取得、开发和保全人力资产使用价值而付出的总代价。这些代价包括企业已支付的实际成本和企业应承担的损失成本。所以,人力资源成本会计核算是对取得、开发和保全企业人力资产使用价值所产生的成本的确认、计量、记录和报告。

人力资源成本分为人力资产直接成本和人力资产间接成本。人力资产直接成本是指为取得、开发、保全不同等级人员的使用价值而发生的直接费用。这种对作为人力资产的人进行开发、维持、保障、辞退等活动所发生的费用进行核算的成本会计,可称为"人力资产成本会计"。人力资产间接成本是与取得和开发人力资产使用价值有关的人事管理活动的职能成本,这种对人事管理活动费用的会计核算可称为"人事管理成本会计"。单独归集与核算"人事管理成本"可以考核人力资源管理部门的业绩。人力资产间接成本最终应该通过间接费用的分配,由人力资产总成本负担。因此,人力资产直接成本,加上进行人事管理职能活动而发生的行政管理费用的间接成本,构成人力资产总成本。人力资源成本会计就是核算人力资产总成本的会计。本书不单独讨论人事管理成本会计的内容。

(二)人力资源成本对象

人力资源成本会计核算的成本对象可以是单个的人、相同技术等级的一组人,也可以是同期进入企业的一批人。一般情况下,人力资源使用价值越大,其成本核算单位应该越小,如企业经理人员、高级技术人员、高级管理人员,其使用成本核算可以单个人为一个成本对象。与上述情况相反,人力资源使用价值越小,其成本核算单位反而越大,如新进入企业的一批徒工,其成本核算可以该批人力资产为一个成本对象,只设一个成本明细核算科目对该批人力资产进行核算。

(三)人力资源成本项目

企业人力资源成本项目的分类有许多方式。在美国、加拿大一些文献内,可以看到不同公司将人力资源成本项目做不同的分类。现摘录如下,以便进行比较分析。

加拿大图斯·罗斯注册会计师事务所将人力资源时间成本分为应付时间费用、投资成本(包括招募、定向、咨询与开发、正式培训课程、研究费用)、维持成本(包括开发实习、专业事务和公共关系、管理、节日和假日、病假和事假费用)。其中仅将投资成本作为能够获得未来服务潜力的时间成本,使人力资源成本资本化。但是其中似乎不包括选拔、雇用、遣散成本。计算应付时间费用则是考虑了机会成本,即放弃账单的成本,也就是减少收到客户应付时间费用的机会成本。维持成本则是不能够获得未来服务潜力的时间成本,应该作为当期费用处理。而加拿大里思特·威特注册会计师事务所将人力资源成本分为取得成本(包括招募成本与安置成本)、开发成本(包括正式培训和在职培训),不包括机会成本。

美国某保险公司将其人力资源成本分为取得成本、学习成本、遣散成本。取得成本分为直接成本和间接成本,直接成本包括招募、选拔、雇用和安置成本,间接成本包括内部提升或调动成本。学习成本也分为直接成本和间接成本,直接成本包括正式培训和定向成本,以及在职培训成本,间接成本包括培训者的时间成本。遣散成本也分为直接成本和间接成本,直接成本包括遣散费,间接成本包括遣散前的效率损失和物色替代人期间的空职成本。[①]

美国西部银行将其人力资源成本分为取得成本、开发成本、遣散成本。取得成本分为招雇成本和受雇成本。招雇成本又分为招募成本、选拔成本。受雇成本指雇用过程的薪金成本。开发成本又分为定向成本和培训成本。遣散成本又分为补偿成本和离职成本。[②]

美国软件制造业的 R.G. 巴里公司是在美国股票交易所上市交易的公司。早在1966年,该公司就开始研究人力资源会计,是美国使用人力资源会计最早的公司之一。该公司将其人力资源分为"计工时费用的生产和办事人员"和"免计工时费用的人员"。对免计工时人员的成本分为7个职能账户:招募实支成本、正式培训成本、熟悉工作成本、非正式培训成本、熟悉成本、积累经验的投资成本、开发成本。对计工时费用的生产和办事人员的成本分为取得成本、定向成本、培训成本。[③]

根据弗兰姆霍尔茨在其《人力资源管理会计》[④]中对人力资源成本会计的定义可见,他将人力资源成本分为取得成本、开发成本、重置成本。其中取得成本分为招募、选拔、雇用和就职成本;开发成本分为定向、正式培训和在职培训成本;重置成本分为取得成本、开发成本和遣散成本,其中遣散成本又包括遣散补偿成本、遣散前的业绩差别成本和空职成本。

我们认为,人力资源成本项目应该按照人力资源从进入企业到退出企业生产经营的过程进行分类,即按照人力资产投入企业,在企业工作及发展,最后退出企业的过程进行成本项目的分类。因此,人力资源成本项目应该包括取得成本、开发成本、使用成本、保障成本和离职成本五大类。因为重置成本中的取得成本、开发成本与重置成本外的取得成本、开发成本内容重复,可看作为重新取得和开发一批人力资源的成本,本书只将重置成本作为一种成本估价的方法,而不是一个成本项目。

---

①②④　弗兰姆霍尔茨. 人力资源管理会计[M]. 陈仁栋,译. 上海:上海译文出版社,1986.
　③　源自小罗伯特·L. 伍德拉夫著《人力资源成本会计》,1979年在波恩联邦德国专家讨论会的发言。

二、人力资源成本项目内容的确认

所谓对人力资源成本项目的确认,就是确定有关人力资源投资成本的每个项目的范围。按照人们赋予人力资源会计的任务,凡是涉及人力资源的取得、开发、使用、保障和离职等投入成本的交易或事项,都应加以反映。人力资源投资作为人力资源成本会计的反映对象,应分别确认为以下五个项目。

(一) 人力资源的取得成本

人力资源取得成本是企业在招募和录取职工的过程中发生的成本,包括在招募和录取职工的过程中招募、选拔、录用和安置所发生的费用。

1. 招募成本。招募成本是为吸引和确定企业所需内外人力资源而发生的费用,主要包括招募人员的直接劳务费用、直接业务费用(如招聘洽谈会议费、差旅费、代理费、广告费、宣传材料费、办公费、水电费等)、间接费用(如行政管理费、临时场地及设备使用费)等。招募成本既包括在企业内部或外部招募人员的费用,又包括吸引未来可能成为企业成员的人选的费用,如为吸引高校研究生与本科生所预先支付的委托代培费。

2. 选拔成本。选拔成本是企业为选拔合格的职工而发生的费用,包括各选拔环节如初选、面试、测试、调查、评论、体检等过程中发生的一切与决定录取或不录取有关的费用。选拔成本随着应聘人员所要从事的工作的不同而不同。一般来说,选拔外部人员的成本比选拔内部人员的成本要高,选拔技术人员比选拔操作人员的成本要高,选拔管理人员的成本比选拔一般人员的成本要高。总之,选拔成本随着被选拔人员职位的增高以及对企业影响的加大而增加。

3. 录用成本。录用成本是企业为取得已确定聘任职工的合法使用权而发生的费用,包括录取手续费、调动补偿费、搬迁费等由录用引起的有关费用。但是从企业内部录用职工仅是工作调动,一般不会再发生录用成本。录用成本一般是直接成本。

4. 安置成本。安置成本是指企业将被录取的职工安排在确定工作岗位上的各种行政管理费用;录用部门为安置人员所损失的时间费用;为新职工提供工作所需装备的费用;从事特殊工种按人员配备的专用工具或装备费;录用部门安排人员的劳务费、咨询费等。在企业大批录用人员时,这种成本较高。安置成本一般是间接成本。

(二) 人力资源的开发成本

为了提高工作效率,企事业单位还需要对已获得的人力资源进行培训,以使他们达到预期的、合乎具体工作岗位要求的业务水平。这种为提高员工的技能而发生的费用称为人力资源的开发成本。人力资源开发成本,是企业为提高职工的生产技术能力,增加企业人力资产的价值而发生的成本,包括上岗前教育成本、岗位培训成本、脱产培训成本等。

1. 上岗前教育成本。上岗前教育成本又称为定向成本,是企业对上岗前的新职工在思想政治、规章制度、基本知识、基本技能等基本方面进行教育所发生的费用。任职前教育成本包括教育与受教育者的工资、教育与受教育者离岗的人工损失费用、教育管理费、资料费用和教育设备折旧费用等。良好的职前教育和专业定向有利于职员增强适应能力,具有稳定感,并迅速熟悉周围的环境和工作条件,具备上岗前各种必需的知识和技能。

2. 岗位培训成本。岗位培训成本是企业为使职工达到岗位要求,对其进行培训所发生的费用。岗位培训成本是在职工不脱离工作岗位的情况下对职工进行的一种培训。岗位培训成本包括上岗培训成本和岗位再培训成本。上岗培训成本是为使职工上岗后达到岗位熟练职工技能要求所花费的培训费用,包括培训和被培训人员的工资福利费用、培训人员离岗损失费用、被培训人员技术不熟练给生产所造成的损失费用、因培训而消耗的材料等物资费用以及由于新职工与熟练职工工作能力的差异给生产造成的损失费用等。岗位再培训成本是岗位技能要求提高后对职工进行的再培训费用,包括为培训而消耗的材料费用和人工费用,以及在培训过程中因培训人员占用时间学习新技术等而给生产造成的损失费用。

3. 脱产培训成本。脱产培训成本是企业根据生产和工作的需要,允许职工脱离工作岗位进行短期(一年内)或长期(一年以上)培训而发生的成本。其目的是为企业培养高层次的管理人员或专门的技术人员。脱产培训主要有委托外单位培训、委托国家有关教育机构根据企业的实际需要进行培训和企业自行组织培训三种形式。脱产培训成本分为企业内部脱产培训成本及企业外部脱产培训成本,包括企业为培训脱产职工而发生的一切人工费用和材料费用等。在企业外部培训机构的脱产培训成本,包括培训机构收取的培训费、被培训人员工资及福利费、差旅费、资料费等;在企业内部培训机构的培训成本,包括培训所需聘任教师或专家工资福利费用、被培训人员工资及福利费、培训资料费、企业专设培训机构的各种管理费用等。同时,无论在企业内部还是外部进行培训,还都会发生被培训人员的离岗损失费用。

(三)人力资源的使用成本

人力资源使用成本,是企业在使用职工的过程中发生的成本。在确定人力资源使用成本时,会计理论界有不同的观点,其中最主要的争论是工资支出是否包括在人力资源使用成本内。因为这牵涉到是否将人力资源成本会计核算纳入传统会计核算之中以及如何纳入传统会计核算范围的问题。

不赞成将工资支出纳入人力资源使用成本会计核算范围的人认为,工资支出已在传统的财务会计中成了难以分割的一部分,因此工资不应在人力资源成本会计中核算,以保持传统会计核算的完整性。笔者认为,工资是维持人力资产正常发挥作用,维持其正常的简单再生产的基本保证,本来就是人力资源成本的一部分,不应该将工资费用从人力资源成本信息中剥离。而且,人力资源成本会计信息已经存在于传统会计之中,只不过是将该信息从隐含成本变为显现成本。人力资源成本会计与传统会计核算并不矛盾。

因此,可以将人力资源使用成本会计核算纳入传统会计核算之中。其核算的目的是为人力资源管理服务,为其提供管理信息。当然,为了不影响对传统会计数据资料的一般理解和分析,又使人力资源成本数据完整,也可以将人力资源成本会计单独核算。本书讨论的人力资源使用成本包括工资在内,并且将讨论两种核算方法的可行性。人力资源使用成本包括维持成本、奖励成本、调剂成本等。

1. 维持成本。维持成本是保证人力资源维持其劳动力生产和再生产所需的费用,是职工的劳动报酬,包括职工计时或计件工资,劳动报酬性津贴(如职务津贴、生活补贴、保健津贴、法定的加班加点津贴等)、劳动保护费、各种福利费用(如住房补贴、幼托费用、生活设施支出、补助性支出、家属接待费用等)、年终劳动分红等。

2. 奖励成本。奖励成本是为激励企业职工,使人力资源发挥更大作用,对其超额劳动或其他特别贡献所支付的奖金,这些奖金包括各种超产奖励、革新奖励、建议奖励和其他表彰支出等。奖励成本是对企业职工超额劳动所给予的补偿。

3. 调剂成本。调剂成本类似于对其他资产进行所谓的"维修"和"加固"而支付的费用。这种成本的作用是调剂职工的工作与生活节奏,使其消除疲劳而发挥更大作用;也是满足职工必要的需求,稳定职工队伍并吸引外部人员进入企业工作的调节器。调剂成本包括职工疗养费用、职工娱乐及文体活动费用、职工业余社团开支、职工定期休假费用、节假日开支费用、改善企业工作环境的费用等。

(四)人力资源的保障成本

人力资源保障成本,是保障人力资源在暂时或长期丧失使用价值时的生存权而必须支付的费用,包括劳动事故保障、健康保障、退休养老保障、失业保障等费用。这些费用往往以企业基金、社会保险或集体保险的形式出现。这种成本既不能提高人力资源的价值又不能保持其价值,其作用只是保障人力资源丧失使用价值时的生存权。这种成本是人力资源发挥其使用价值时,社会保障机构、企业对职工的一种人道主义的保护。

1. 劳动事故保障成本。这是企业承担的职工因工伤事故应给予的经济补偿费用,包括企业承担的工伤职工的工资、医药费、残废补贴、丧葬费、遗属补贴、缺勤损失、最终补贴费等。

2. 健康保障成本。这是企业承担的职工因工作以外的原因(如疾病、伤害、生育、死亡等)而引起的健康欠佳,不能坚持工作而需给予的经济补偿费用,包括医药费、缺勤工资、产假工资及补贴、丧葬费等。

3. 退休养老保障成本。这是社会、企业及职工个人承担的保证退休人员老有所养和酬谢其辛勤劳动而应给予的退休金和其他费用,包括养老金、医疗保险金、死亡丧葬补贴、遗属补偿金等。

4. 失业保障成本。这是企业对有工作能力但因客观原因造成暂时失去其有保障工作的职工所给予的补偿费用,包括一定时期的失业救济金。主要是为了保障职工在重新就业前的基本生活需求。

(五)人力资源的离职成本

人力资源的离职成本,是由于职工离开企业而产生的成本,包括离职补偿成本、离职前低效成本、空职成本等。

1. 离职补偿成本。这是企业辞退职工或职工自动辞职时企业所应补偿给职工的费用,包括至离职时间为止应付职工的工资、一次性付给职工的离职金、必要的离职人员安置费等支出。

2. 离职前低效成本。这是职工即将离开企业而造成的工作或生产低效率损失费用。在职工离职前由于办理各种离职手续或移交本岗位的工作,其工作效率一般都会降低而造成离职前的低效率损失。这种成本不是支出形式的费用,而是其使用价值降低而造成的收益减少。

3. 空职成本。这是职工离职后职位空缺的损失费用。由于某职位空缺可能会使某项工作或任务的完成受到不良影响,从而会给企业造成损失。这种成本是一种间接成本,主要包括:由于某职位空缺而造成的该职位业绩的减少,以及由空职影响其他职位的工作而引起企业整体效益降低所造成的相关业绩的减少。这种成本与离职前低效成本相同,是隐性成本。

需要说明的是,这里所确认的成本项目只是人力资源成本的一些项目,是能够比较有根据地用货币计量的项目部分。随着人力资源成本会计的发展和计量手段的提高,能够计量的人力资源成本项目会进一步充实。

人力资源成本项目的确认是进行人力资源成本会计核算的基础,是进行人力资源计量的价值尺度,是进行人力资源管理的资料分类依据,同时,也为进一步深入研究人力资源会计理论奠定了基础。

第二节 人力资源成本计量

人力资源成本计量的方法包括一般方法和具体方法。一般方法是各种人力资源成本项目计量都可以采用的普遍方法。具体方法是一种人力资源成本项目计量的特定方法。

一、人力资源成本计量的一般方法

人力资源成本项目的内容确认之后,就要选择一定的计量基础和计量方法,将人力资产成本加以数量化。人力资源成本会计中的一般计量方法主要有如下几种。

(一)原始成本法

原始成本法亦即实际成本法,是以取得、开发、使用人力资源时发生的实际支出计量人力资源成本的方法。它反映了企业对人力资源的原始投资。其优点是取得的数据比较客观,具有可验证性,相对而言较易为人们所理解和接受。以原始成本作为计量基础,仍然是遵循了传统的会计原则和会计方法。采用原始成本作为计量基础也存在不足之处:①人力资源的实际价值可能大于其原始成本,即人力资源的实际价值大于其账面价值;②人力资源的增值和摊销与人力资源的实际能力增减无直接关系;③根据会计报表上的人力资源价值进行分析,其结论与企业人力资源的实际价值会产生差异。

(二)现实重置成本法

现实重置成本法是以在当前物价条件下重新录用达到现有职工水平的全体人员所需的全部支出为企业人力资源的资产值,它反映了企业于当前市场条件下在现有人员上所凝结的全部投资。采用现实重置成本作为计量基础也有明显的缺陷:①脱离了传统会计模式,难以为人们所接受;②增加了工作量,因为每一时期都需要对全部人员进行估算,这种增加的工作量能否从增加的信息中得到补偿则毫无把握;③对重置成本的估算不可避免地带有很强的主观性。因此,该方法主要适用于对企业人力资源的预测和决策,一般不用于对人力资产的账簿核算。当然,对于首次进行人力资源核算的企业,或企业新建时无偿从其他企业调入的人员,可以采用重置成本的方法将这种人力资源登记入账。

(三)机会成本法

机会成本法是以职工离职或离岗使单位因该岗位空缺所蒙受的经济

损失作为人力资源损失费用的计量依据。这种方法的优点是，机会成本更近似于人力资源的经济价值，便于正确估价人力资源的成本，而且数据比较容易获得。但这种方法也有其缺陷，即脱离传统会计模式，核算工作量也较大。如果这种方法与原始成本法结合起来，用于人力资源的账簿核算，效果会较好。

二、人力资源成本的具体计量方法

人力资源成本的具体计量方法可以从人力资源原始成本的计量、人力资源保障成本的计量、人力资源离职成本的计量三方面具体分析。

（一）人力资源原始成本的计量

人力资源的原始成本包括人力资源的取得成本、开发成本和使用成本。它通常应分为企业职工的招募、选拔、录用、安置等取得成本，职工岗前教育、岗位培训、脱产培训等开发成本，以及人力资源的维持、奖励、调剂等使用成本。这些成本的一部分是直接成本，另外一部分属于间接成本。例如，在对企业的新招职工进行培训时，付给接受培训者的工资是直接成本，而负责该项培训工作的管理人员的时间耗费则是一种间接成本。人力资源原始成本的模型如图3-1。

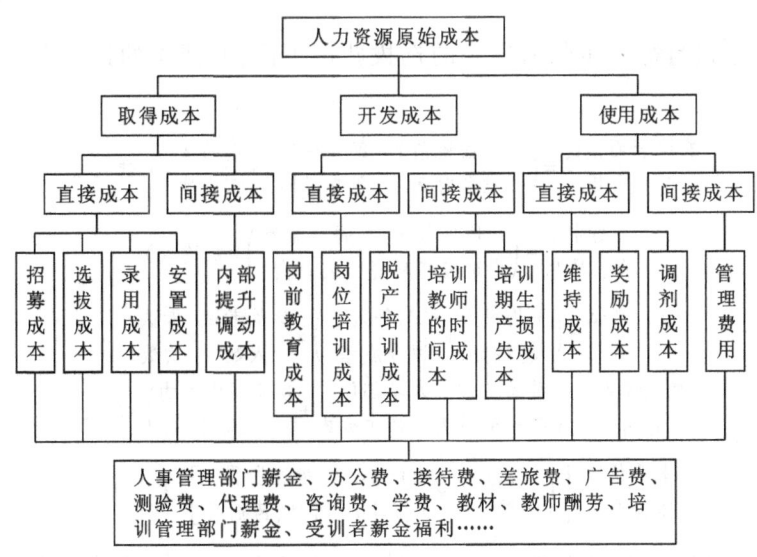

图3-1　人力资源原始成本模型

1. 人力资源取得成本的计量。人力资源的获得并不是无偿的，任何企事业单位都需要按照一定的程序，付出一定的代价，才能得到所需要的人力资源,这些费用构成了人力资源取得成本,它主要包括招募成本、选拔成本、录用成本和安置成本。

(1)招募成本由企事业单位用于招募人力资源的直接劳务费、直接业务费、间接管理费用、预付费用构成。直接劳务费是由在企事业单位内部和外部两方面进行人员招募时发生的招募人员的工资和福利费用。直接业务费由在企事业单位内部和外部两方面进行人员招聘业务时发生的直接费用构成,包括招聘洽谈会议费、差旅费、代理费、广告费、宣传材料费、办公费、水电费等。间接管理费用由行政管理费和临时场地设施使用费等构成。预付费用由吸引未来可能成为企事业成员人选的费用构成。招募成本的计量采用原始成本法,其计算公式如下:

招募成本=直接劳务费+直接业务费+间接管理费用+预付费用

(2)选拔成本是由对应聘人员进行鉴别选拔,以做出决定录用或不录用这些人员时所支付的费用构成。一般情况下,主要包括以下几个方面:①初步口头面谈,进行人员初选;②填写申请表,并汇总候选人员资料;③进行各种书面或口语测试,评定成绩;④进行各种调查和比较分析,提出评论意见;⑤根据候选人员资料、考核成绩、调查分析评论意见,召开负责人会议讨论决定录用方案;⑥最后的口头面谈,与候选人讨论录取后职位、待遇等条件;⑦获取有关证明材料,通知候选人体检;⑧体检,在体检后通知候选人录取与否。

以上进行每一步骤所发生的选拔费用不同,其成本的计算方法也不同,如:

$$\begin{matrix}选拔者面谈的\\时间费用\end{matrix}=\left(\begin{matrix}每人面谈前的\\准备时间\end{matrix}+\begin{matrix}每人面谈\\所需时间\end{matrix}\right)\times\begin{matrix}选拔者\\工资率\end{matrix}\times 候选人数$$

$$\begin{matrix}汇总申请\\资料费用\end{matrix}=\left(\begin{matrix}印发每份\\申请表资料费\end{matrix}+\begin{matrix}每人资料\\汇总费\end{matrix}\right)\times 候选人数$$

$$\begin{matrix}考试\\费用\end{matrix}=\left(\begin{matrix}平均每人\\材料费\end{matrix}+\begin{matrix}平均每人的\\评分成本\end{matrix}\right)\times\begin{matrix}参加考试\\人数\end{matrix}\times\begin{matrix}考试\\次数\end{matrix}$$

$$\begin{matrix}测试评审\\费用\end{matrix}=测试所需时间\times\left(\begin{matrix}人事部门\\人员的工资率\end{matrix}+\begin{matrix}各部门代表的\\工资率\end{matrix}\right)\times 次数$$

$$\begin{matrix}(本单位)\\体检费\end{matrix}=\left[\left(\begin{matrix}检查\\所需时间\end{matrix}\times\begin{matrix}检查者\\工资率\end{matrix}\right)+\begin{matrix}检查所需\\器材、药剂费\end{matrix}\right]\times 检查人数$$

(3)录用成本是指经过招募、选拔后,把合适的人员录用到某一企事业单位中所发生的费用。录用成本包括录取手续费、调动补偿费、搬迁费和旅途补助费等由录用引起的其他有关费用。这些费用一般都是直接费用。被录用者职务越高,录用成本也就越高。从企业内部录用职工仅是工作调动,一般不会再发生录用成本。录用成本以实际发生额计量,其计算公式如下。

$$录用成本 = 录取手续费 + 调动补偿费 + 搬迁费 + 旅途补助费等$$

(4)安置成本是为安置已录取职工到具体的工作岗位上时所发生的费用。安置成本由为安排新职工的工作所必须发生的各种行政管理费用,为新职工提供工作所需要的装备条件而发生的费用,以及录用部门因安置人员所损失的时间成本,这些费用一般是间接费用。被录用者职务的高低对安置成本的高低有一定的影响。

$$安置成本 = \frac{各种安置行政}{管理费用} + \frac{必要}{装备费} + \frac{安置人员}{时间损失成本}$$

2. 人力资源开发成本的计量。为了提高工作效率,企事业单位还需要对已获得的人力资源进行培训,以使他们达到预期的、合乎具体工作岗位要求的业务水平。这种为提高员工的技能而发生的费用称为人力资源的开发成本。在人力资源开发过程中,所发生的费用也有所不同,主要包括以下三部分。

(1)上岗前教育成本,由教育和受教育者的工资、教育和受教育者离岗的人工损失费用、教育管理费、资料费用和教育设备折旧费用等组成。

$$\begin{aligned}上岗前\\教育成本\end{aligned} = \left[\left(\frac{负责指导工作者}{平均工资率} \times \frac{培训引起的}{生产率降低率} + \frac{新职工的}{工资率} \times \frac{职工}{人数}\right)\right]\\ \times \frac{受训}{天数} + \frac{教育}{管理费} + \frac{资料}{费用} + \frac{教育设备}{折旧费用}$$

(2)岗位培训成本,由上岗培训成本和岗位再培训成本组成。上岗培训主要通过以老带新的形式完成。上岗培训成本和岗位再培训成本中的直接成本,是由在培训期发生的培训人员和受训人员相关的工资费用构成。其计算公式如下:

$$\begin{aligned}上岗培训\\直接工资成本\end{aligned} = \sum_{i=1}^{n}\left(\frac{指导者}{小时工资_i} \times \frac{指导}{小时_i} \times \frac{月指导}{次数_i}\right) + \\ \sum_{k=1}^{m}\left(\frac{被指导者}{小时工资_k} \times \frac{被指导}{小时_k} \times \frac{月被指导}{次数_k}\right)$$

上述公式中:n 为指导者人数,m 为被指导者人数。

为了简化计算,可以采用下列公式,计算出每个新职工的上岗培训直接工资成本的平均数:

$$\begin{aligned}上岗培训\\直接工资成本\end{aligned} = \left(\frac{指导工作者}{平均工资率} \times \frac{培训引起的}{生产率降低率} + \frac{新员工的}{平均工资率} \times \right.\\ \left.\frac{被指导}{次数}\right) \times \frac{指导}{所需时间}$$

用上述公式计算出上岗培训直接工资成本的单位成本,即人均数,再乘以每批被培训人数,则为该批被培训职工上岗培训的直接工资总成本。

上岗培训的间接成本是指由于开展岗位培训活动而间接使有关部门或

人员的工作效率下降,而使企业受到的损失,实际上也是企业对人力资本的投资。包括培训人员离岗损失费用、被培训人员工作不熟练对企业生产造成的损失、培训材料费用、各种管理费用等。

$$\text{上岗培训间接成本} = \text{培训人员离岗损失费用} + \text{被培训人员不熟练损失} + \text{培训材料费} + \text{各种管理费用}$$

岗位再培训成本的计算与上岗培训成本类似,只是再培训成本比上岗培训成本损失费用要小些,时间可能短些。其计算方法如下:

$$\text{岗位再培训间接成本} = \text{岗位再培训人工费用} + \text{材料费用} + \text{管理费用} + \text{各种培训损失费}$$

(3)脱产培训成本,主要分为委托外单位培训成本和企业自行组织培训成本两种。其计算公式分别如下:

$$\text{委托外单位培训成本} = \text{培训机构收取的培训费} + \text{被培训人员工资及福利费} + \text{差旅费} + \text{资料费} + \text{被培训人员的离岗损失费用}$$

$$\text{企业自行组织培训成本} = \text{培训所需聘任教师或专家工资及福利费用} + \text{被培训人员工资及福利费} + \text{培训资料费} + \text{专设培训机构的各种管理费用} + \text{被培训人员的离岗损失费用}$$

3. 人力资源的使用成本。人力资源使用成本包括维持成本、奖励成本、调剂成本等,其计算公式如下。

(1)维持成本,包括职工计时或计件工资,劳动报酬性津贴(如职务津贴、生活补贴、保健津贴、法定的加班加点津贴等)、各种福利费用(如住房补贴、幼托费用、生活设施支出、补助性支出、家属接待费用等)、年终劳动分红等。其计算公式如下:

$$\text{维持成本} = \text{职工计时或计件工资} + \text{劳动报酬性津贴} + \text{各种福利费用} + \text{年终劳动分红等}$$

(2)奖励成本,包括各种超产奖励、革新奖励、建议奖励和其他表彰支出等。其计算公式如下:

$$\text{奖励成本} = \text{各种超产奖励} + \text{革新奖励} + \text{建议奖励} + \text{其他表彰支出}$$

(3)调剂成本,包括职工疗养费用、职工娱乐及文体活动费用、职工业余社团开支、职工定期休假费用、节假日开支费用、改善企业工作环境的费用等。其计算公式如下:

$$\text{调剂成本} = \sum \text{职工人数} \times \text{调剂成本率}$$

(二)人力资源保障成本的计量

人力资源保障成本,包括劳动事故保障、健康保障、退休养老保障、失业保障等费用。这种成本既不能提高人力资源的价值,又不能保持其使用价值，其作用只是保障人力资源丧失使用价值时的生存权。这种成本是人力资源发挥其使用价值时，社会、企业对职工的一种人道主义的保护。人力资源保障成本的计量模型见图3-2。

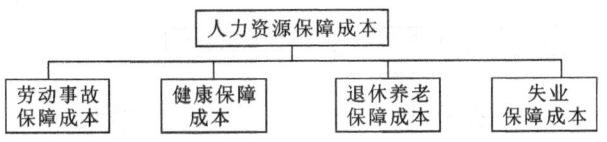

图3-2 人力资源保障成本计量模型

1. 劳动事故保障成本。它包括企业承担的工伤职工的工资、医药费、残废补贴、丧葬费、遗属补贴、缺勤损失、最终补贴费等。计算公式如下：

$$劳动事故保障成本 = \sum 职工劳动事故人员工资等级 \times 事故补贴率$$

2. 健康保障成本。它包括医药费、缺勤工资、产假工资及补贴、丧葬费等。其计算公式如下：

$$健康保障成本 = \sum 职工病假人员工资等级 \times 病假补贴率$$

3. 退休养老保障成本。它包括养老金、养老医疗保险金、死亡丧葬补贴、遗属补偿金等。其计算公式如下：

$$退休养老保障成本 = \sum 退休养老人员工资等级 \times 养老补贴率$$

4. 失业保障成本。它包括一定时期的失业救济金。主要是为了保障职工在重新就业前的生活基本需求。计算公式如下：

$$失业保障成本 = \sum 失业人员工资等级 \times 失业救济率$$

(三) 人力资源离职成本的计量

1. 人力资源的重置成本。美国会计学者埃里克·G. 弗兰姆霍尔茨在其《人力资源管理会计》中提出了人力资源重置成本的概念。他认为：人力资源的重置成本主要是指人力资源职务重置成本，由取得成本、开发成本和遣散成本构成。

我们认为，人力资源的重置成本是指由于置换目前正在使用的人员所必须付出的代价。重置成本一般包括由于现有人员的离职而发生的成本以及获得并开发替代者所发生的成本两部分。人力资源重置成本是一个具有双重意义的概念，即职位的重置成本和个人的重置成本。前者指的是用一位能够在某既定职位提供同等服务的人来代替目前正在该职位工作的人所必须付出的代价，其重置成本相对较低；后者是指用一位能够提供完全同等的服务的人来代替正在雇用的人所付出的代价，其重置成本相对较高。人力资源重置成本主要根据当前的市场状况具体估算。人力资源重置成本核算着重于职位重置成本的核算。人力资源重置成本核算的模型见图3-3。

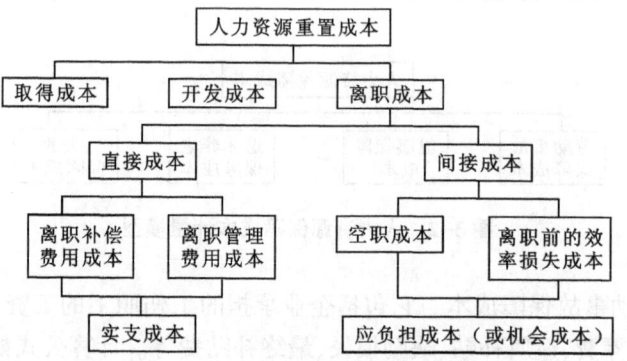

图3-3 人力资源重置成本核算模型

人力资源重置成本包括取得成本、开发成本、离职成本(或遣散成本)。由于人力资源重置成本主要讨论人力资源离职成本,而重置成本中的取得成本、开发成本与重置成本外的取得成本、开发成本内容重复,可以看作为重新取得和开发一批人力资源的成本。因此本书着重讨论人力资源的离职成本。

2. 人力资源的离职成本。人力资源的离职成本是指由于任职者离开某一单位所造成的费用损耗。企业职工离职有各种原因,可能是由于企业的原因(如破产)或职工本身的原因(如有更高吸引力的工作机会)等。在企业职工离开企业和其工作岗位的前后,都会造成企业费用的增加,引起企业人力资源离职成本的产生。人力资源离职成本主要包括支付给离职人员的工资和离职补偿金、离职管理费、离职前的效率损失和空职成本。这些费用的核算需要单独进行专门讨论。

(1) 支付给离职者的工资和离职补偿金。离职补偿费用的多少一般没有固定数额,可多可少,甚至没有,主要根据企业和离职者的具体情况而定。我国劳动法规定,当出现以下三种情况,由于解除劳动合同而使职工离职时,应该依照规定给予劳动者经济补偿:

①经劳动合同当事双方协商一致解除劳动合同的。

②劳动者患病或非因公负伤,医疗期满后,不能从事原工作,也不能从事由用人单位另行安排的工作的;劳动者不能胜任工作,经过培训或调整工作岗位,仍不能胜任工作的;劳动合同签订时所依据的客观情况发生重大变化,致使原劳动合同无法履行,经当事人协调后不能就变更劳动合同达成协议而解除劳动合同的。

③用人单位濒临破产进行法定整顿期间或生产经营状况发生严重困难而依法裁减人员的。

在上述三种情况下,支付给离职者的工资和离职补偿金应根据劳动法及有关规定,按照离职者离职前的工资标准及离职后所应得的保障进行计算。

(2)离职管理费用,是企业管理人员因处理离职人员有关事项而发生的管理费用。职工在离职过程中,企业管理人员与离职职工要进行谈话协商,要进行必要的调查,如为确定离职员工的加权平均工资率而进行的调查;协商同意其离职后,还要为其办理离职手续等,进行这些管理活动需要支付一些管理费用,这些费用的计量主要通过以下计算公式来进行。

$$\text{面谈时间成本费} = \left(\text{与每人面谈前的准备时间} + \text{与每人面谈所需时间}\right) \times \text{面谈者工资率} \times \text{企业离职人数}$$

$$\text{离职员工的时间费用} = \text{每人面谈所需时间} \times \text{离职员工的加权平均工资率} \times \text{企业离职人数}$$

$$\text{与离职有关的管理活动费用} = \text{各部门对每位离职者的管理活动所需时间} \times \text{有关部门职工的平均工资率} \times \text{离职人数}$$

上述这些管理费用均属于人力资源离职的直接成本,需要直接记入人力资源离职成本。

(3)离职前的效率损失,也称为遣散前业绩差别成本,是指一职工在离开单位前,由于职工情绪变化而使原有的生产效率受到损失而造成的成本。一般情况下,职员离职前的工作效率与其正常工作期间的工作效率相比较有下降的趋势,这部分损失可通过下面的计算公式进行计量:

$$\text{差别成本}(\text{效率损失}) = \text{正常情况平均业绩} - \text{离职前期间内平均业绩}$$

(4)空职成本,是指企业在招聘到离职者的替代人之前,由于某一职位空缺,可能会使某项工作或任务的完成受到不良影响,由此而引起的一种间接成本,主要包括:由于某职位空缺而造成的该职位业绩的减少,以及由空职涉及其他工作而引起相关方面业绩的减少。空职成本往往大于离职造成的直接成本损失。

第三节 人力资源成本会计核算

人力资源成本会计的核算分为账户设置、账务处理与财务报告三部分。按照人力资源取得成本、开发成本、使用成本、保障成本、离职成本是否纳入传统成本会计核算,可以有两种账务处理方法。

一、将人力资源成本纳入传统会计核算

将人力资源成本纳入传统会计核算有两种思路。

第一种思路是将人力资源支出按照传统会计的原则,严格分为资本性支出和收益性支出,对这两种支出分别设立账户进行核算。即将属于资本性支出的人力资源取得成本、开发成本、离职成本记入"人力资产"账户,再分期逐步摊销记入生产制造成本、服务成本、管理费用等。而人力资源使用成本、保障成本(即工资和福利等支出)属于收益性支出,单独作为人力资产费用全部记入当期生产制造成本、服务成本、管理费用等账户处理。这样设置人力资产成本核算账户,其设计比较简单,因为它不设人力资源使用成本和保障成本账户,也符合传统会计的核算方法,容易并入传统会计核算,但"人力资产账户"不能全面反映企业对其人力资产的总开支。

第二种思路是不按照传统会计的方法严格划分资本性支出和收益性支出,而将人力资产全部支出看作企业对人力资产的投资。即将人力资源取得成本、开发成本、使用成本、保障成本、离职成本全部支出记入"人力资产"账户,并按照不同成本设立明细账户,核算人力资产的取得成本、开发成本、使用成本、保障成本、离职成本。然后将人力资产的收益性支出如工资、福利费等及由本期生产经营成本负担的应摊销的资本性支出,一起作为本期人力资产费用记入生产制造成本、服务成本、管理费用等。这样做的好处是可以从"人力资产"账户得到有关企业人力资产投资的累计数据。当职工离开企业时,可以从"人力资产"账户中查明企业对其投资的总成本。"人力资产"账户全面反映企业人力资产的总成本,便于考核企业人力资产的效益。但是账户设置较复杂,需要多设"人力资源使用成本"和"人力资源保障成本"两个账户,同时其会计核算也不符合传统会计核算划分资本性支出和收益性支出的原则。

在上述两种思路下,账户设置、账务处理和会计报告具体核算的主要区别在于,第二种思路多设置了"人力资源使用成本""人力资源保障成本"两个账户,而且要将全部人力资产费用转入"人力资产"账户。具体内容分述如下。

(一)分别核算人力资产的资本性支出和收益性支出

分别核算人力资产的资本性支出和收益性支出,即严格划分两种支出,不将收益性支出列入人力资源成本。在这种条件下,账户设置、账务处理和会计报告具体核算内容设计如下。

1. 人力资源成本会计账户设置。在分别核算人力资产的资本性支出和收益性支出的情况下,首先应设置"人力资源取得成本""人力资源开发成本""人力资源离职成本""人力资产"四个总账账户,核算人力资源的取得、

开发、离职等资本性支出,以及资本化的人力资产成本的总计。对于人力资源使用、保障等收益性支出,不专门设置成本账户核算。

"人力资源取得成本"账户,核算企业在人力资源的取得方面投资支出总额的增加、减少及其余额。账户借方发生额反映企业在取得人力资源时,对其人力资源投资的增加额;贷方发生额反映转入"人力资产"账户的人力资源取得成本;期末该账户借方余额反映还未转入"人力资产"账户的人力资源取得成本。

"人力资源开发成本"账户,核算企业在人力资源的开发方面投资支出总额的增加、减少及其余额。该账户借方发生额反映企业在开发人力资源时,对其人力资源投资的增加额;贷方发生额反映转入"人力资产"账户的人力资源开发成本;期末该账户借方余额反映还未转入"人力资产"账户的人力资源开发成本。

"人力资源离职成本"账户,核算企业在人力资源的离职方面投资支出总额的增加、减少及其余额。该账户借方发生额反映企业人力资源离职时所发生人力资源投资的增加额;贷方发生额反映转入"人力资产"账户的人力资源离职成本;期末该账户借方余额反映还未转入"人力资产"账户的人力资源离职成本。

"人力资产"总账账户,核算人力资源的取得、开发、离职等资本性支出总额的增加、减少及其余额。"人力资产"账户借方发生额反映企业对其人力资源投资所引起的人力资产原值的增加额;平时贷方无发生额,当人力资源从企业退出或消失时,才贷记该账户,冲减企业人力资产原值;期末借方余额为企业人力资源取得、开发、离职等投资所形成的人力资产原始价值。

其次,应设置"人力资产摊销"账户,核算人力资产的累计摊销成本,包括人力资源取得成本、开发成本、离职成本。对于资本性支出,摊销时可采用个别和集体两种不同方法。对高级管理人员和技术人员可采用个别摊销法,对工人和一般职员可采用集体摊销的方法,摊销的标准可以选择预计产量、预计产值、职工未来服务期限等。但需要考虑职工的退休制度、职工离职率、职工健康状况及技术陈旧速度等因素。该账户贷方发生额反映企业当期应该记入生产经营成本的人力资产费用;平时借方无发生额,当人力资源从企业退出或消失时,才借记该账户,冲减企业已经摊销的人力资产费用;该账户的期末贷方余额为企业人力资产成本的累计摊销额。

最后,应设置"人力资产损益"账户,核算因人力资产的变动和消失而产生的损益。该账户借方发生额反映当人力资产退出企业或消失时,转销的人力资产成本的未摊销额;账户贷方发生额反映当人力资产退出企业或消失时,转销的人力资产成本的多摊销额。如果期末该账户的借方发生额大于贷方发生额,将其差额从该账户贷方转入"本年利润"账户借方,冲减本年利润;如果期末该账户的贷方发生额大于借方发生额,将其差额从该账户借方转入"本年利润"账户贷方,增加本年利润;年末将人力资产损益结转之后该账户期末无余额。

"人力资产"账户期末余额与"人力资产摊销"账户期末余额的差额为资本化人力资源投资净额,即人力资产净值。"人力资产"账户期末余额反映企业对其人力资源投资总成本,即人力资产原始价值。"人力资产摊销"账户期末余额反映企业人力资源投资累计摊销总额。

2. 人力资源成本会计的账务处理。对于工业制造企业和以提供劳务为主的商业、服务性行业,如会计师事务所、律师事务所、银行、技术咨询企业以及商业企业等,可以直接使用"人力资产摊销"账户摊销当期人力资产费用,记入工业制造企业的"基本生产""辅助生产""制造费用""管理费用"等账户,或记入商业、服务性行业的"经营费用——人力资产费用"账户,然后与本期收入相配比计算本期损益。下面以工业制造企业人力资源成本会计账户为例,说明账户之间的关系,见图3-4。

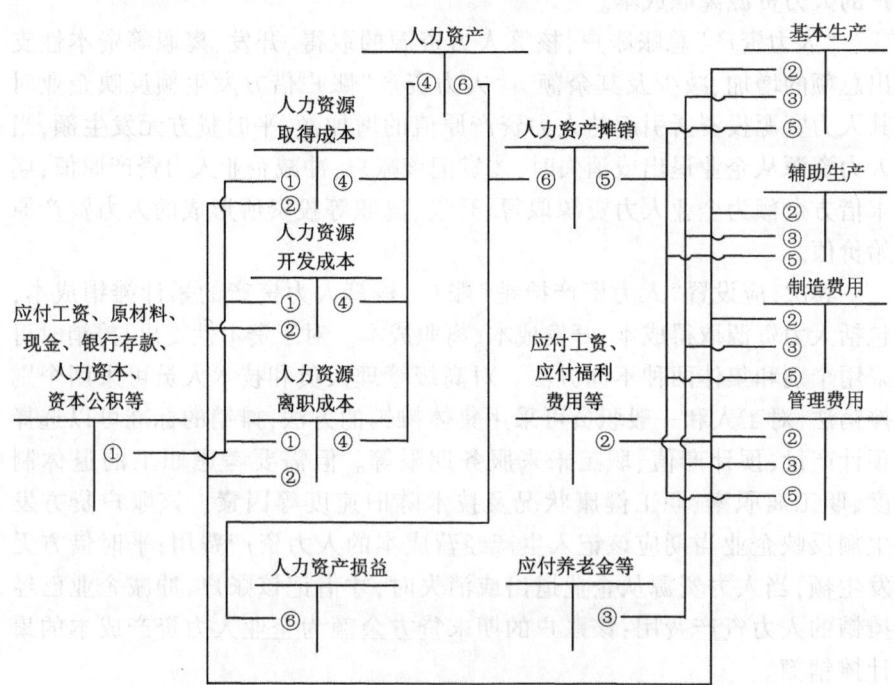

图 3-4 工业制造企业人力资源成本会计账户之间的关系

按照图 3-4 已经设置的账户关系分别进行人力资源成本会计账务处理,其主要业务的核算可以归纳为以下几类:

(1)对人力资源的取得、开发和离职等进行资本性支出时,按照不同成本和部门,编制如下分录:

借:人力资源取得成本
　　人力资源开发成本
　　人力资源离职成本
　贷:银行存款或现金
　　　存货(原材料等)
　　　应付工资
　　　人力资本
　　　资本公积等

这里使用"人力资本"账户,主要是核算企业无偿取得某一专门岗位的人员,或初次采用人力资源会计时,重估企业人力资源成本时的原始投资。对于企业无偿取得的人力资产,或企业第一次采用人力资源会计时,可以采用重置成本估算企业取得的人力资产成本。将所取得的人力资产作为人力资产的原始投资记录入账时,借记"人力资源取得成本"账户,同时贷记"人力资本"或"资本公积"账户。但是这里资本的产权关系不明确,因此也可以使用"人力资产摊销"账户进行核算。

(2)每月计发工资、福利费等收益性支出时,按照不同成本和部门,编制如下分录:

借:人力资源取得成本
　　人力资源开发成本
　　人力资源离职成本
　　基本生产——人力资源费用(包括直接生产工人使用和保障成本)
　　辅助生产——人力资源费用(包括辅助生产工人使用和保障成本)
　　制造费用——人力资源费用(包括车间管理人员使用和保障成本)
　　管理费用——人力资源费用(包括厂级管理人员使用和保障成本)
　贷:应付工资
　　　应付福利费等

(3)每月预提离退休职工的养老金、其他社会保障基金支出,将预计支出的养老金等总额在职工有效服务年限内,分期记入各有关账户:

借:基本生产——人力资源费用(包括直接生产工人养老保障成本)
　　辅助生产——人力资源费用(包括辅助生产工人养老保障成本)
　　制造费用——人力资源费用(包括车间管理人员养老保障成本)
　　管理费用——人力资源费用(包括厂级管理人员养老保障成本)

贷：应付养老金等

实际支付养老金等社会保障金时，冲减原预提的应付养老金等。

(4)当某一批人力资源的取得、开发或离职成本确定之后，将其全部转入"人力资产"账户时，编制如下分录：

借：人力资产
　　贷：人力资源取得成本
　　　　人力资源开发成本
　　　　人力资源离职成本

(5)每月末摊销人力资产成本时，按照不同成本和部门，编制如下分录：

借：基本生产——人力资源费用（直接生产工人成本）
　　辅助生产——人力资源费用（辅助生产工人成本）
　　制造费用——人力资源费用（车间管理人员成本）
　　管理费用——人力资源费用（厂级管理人员成本）
　　贷：人力资产摊销（分摊的本期应负担的人力资源资本性支出）

(6)对人力资产的变化、消失，应将其未摊销额或多摊销额记入"人力资产损益"，同时注销账面已摊销额和人力资产的原入账价值。如收到赔偿，可冲减"人力资产损益"账户。转销人力资产价值时，编制如下分录：

借：人力资产摊销　　　　　　　　　　　　　　（已摊销额）
　　人力资产损益　　　　　　　　　　　　　　（未摊销额）
　　贷：人力资产　　　　　　　　　　　　　　（原入账价值）
　　　　人力资产损益　　　　　　　　　　　　（多摊销额）

3. 人力资源成本会计的报告。根据这种账户设置，应将人力资源的投资净额在资产负债表中列示为一项资产，即人力资产。但是该人力资产项目仅反映人力资源的取得、开发、离职成本总额，不包括人力资产的使用成本和保障成本。在损益表中，如将人力资产费用从各种费用中分离出来单独列示，在具体操作上有一定的困难，但是将人力资源损益作为对传统报表的调整项目是比较容易操作的。这样财务报表的列示在一定程度上揭示了企业的一些人力资源资料。当然，还应该增加有关企业人力资源的报表附注，以非货币性的分析和说明，揭示企业有关人力资源的数量、质量、结构等方面的情况。这些绝不是货币指标所能揭示的。

根据上述核算资料，可以在传统会计资产负债表的资产方的"长期投资"之前、"长期投资"与"固定资产"或"固定资产"与"无形资产"项目之间单列"人力资产"项目，并在该项目下列减"人力资产摊销"项目，两者相抵后的差额为人力资产成本账面净值，即为尚未收回的人力资产投资成本。人力资产的列示位置应以该类企业人力资源流动速度为依据。企业人力资源平均流动年限在五年之内的,应该列于长期投资与固定资产项目之间。企业人力资源平均流动年限在五年以上的,应该列于固定资产与无形资产项目之间。其资产负债表格式如表3-1。

表3-1 资产负债表

编制单位：　　　　　　　　　　　　　　　年　月　日　　　　　　　　　　单位:元

资产	序号	年初数	年末数	负债及所有者权益	序号	年初数	本年数
流动资产				流动负债			
⋮				⋮			
⋮				⋮			
流动资产合计				流动负债合计			
非流动资产				长期负债			
人力资产				⋮			
减: 　人力资产摊销				⋮			
人力资产净值				⋮			
长期投资				⋮			
固定资产				长期负债合计			
⋮				所有者权益			
⋮				⋮			
⋮				⋮			
非流动资产合计				所有者权益合计			
资产总计				负债及所有者权益总计			

根据上述核算资料,在传统工业会计报表——损益表中不易全面反映人力资源创造的价值。因为将人力资产成本摊入生产成本中,较难从销售成本中再分离出来。但是如果需要,也可以按照产品销售成本中各种项目的比例计算人力资产费用。在损益表中,可将"人力资产费用"分别列为产品销售成本、管理费用明细项目单独反映企业人力资源使用情况;将"人力资产损益"单列出来作为营业利润的减项,反映人力资源的流动情况。工业企业损益表中列示人力资产费用和人力资产损益的简要报表见表3-2。

表 3-2 损益表

编制单位：　　　　　　　　　　　____年___月___日　　　　　　　　　　单位：元

项　目	行次	报告期金额	本年累计金额
一、产品销售收入			
减：产品销售成本			
材料费用			
折旧费用			
人力资产费用			
其他费用等			
产品销售费用			
产品销售税金及附加			
二、产品销售利润			
减：管理费用			
人力资产费用			
其他费用			
财务费用			
三、营业利润			
加：投资收益			
营业外收入			
人力资产收益			
减：营业外支出			
人力资产损失			
四、利润总额			
减：所得税			
五、企业净利润			

　　根据上述核算资料，在传统商业、服务业损益表中，可以比较容易地全面反映本期人力资源费用。因为商业企业的商品销售成本中不含人力资产费用，服务业的人力资产费用也可以从营业成本中分离出来单独列示。在反映人力资产费用情况的损益表中，可将"人力资产费用"列为经营费用明细项目单独反映企业人力资源使用情况；将"人力资产损益"单列出来作为销售利润的减项，反映人力资源的流动情况。反映企业人力资源情况的商业、服务业损益表见表3-3。

表 3-3　损益表

编制单位：　　　　　　　　　　____年___月___日　　　　　　　　　　单位：元

项　　目	行次	报告期金额	本年累计金额
一、销售收入（营业收入）			
减：销售成本（营业成本）			
经营费用：			
材料费用			
折旧费用			
人力资产费用			
其他费用等			
销售（营业）税金及附加			
二、销售利润（营业毛利润）			
减：管理费用			
人力资产费用			
其他费用			
财务费用			
三、营业利润（营业净利润）			
加：投资收益			
营业外收入			
人力资产收益			
减：营业外支出			
人力资产损失			
四、利润总额			
减：所得税			
五、企业净利润			

同时应该在报表附注中说明企业人力资源的分类标准、各种人力资源的总价值以及本期人力资产费用计算方法、各种人力资源的社会保障情况、核算所采用的方法等。

（二）**不单独核算人力资产的资本性支出和收益性支出**

不单独核算人力资产的资本性支出和收益性支出，是将全部人力资产方面的支出累计记入"人力资产"账户，逐步计算出人力资产的最终价值。当企业人力资源服务年限已满退出企业时，账户内累计的人力资源成本接近于人力资源的价值。当企业人力资源由于各种原因离开企业时，可以用"人力资产"账户与"人力资产摊销"账户所记录金额的差额考核人力资源的使用情况。在这种条件下,账户设置、账务处理和会计报告具体核算内容设计如下。

1. 人力资源成本会计账户设置。首先,应分别设置"人力资产""人力资源取得成本""人力资源开发成本""人力资源使用成本""人力资源保障成本""人力资源离职成本"六个总账账户,分别核算人力资源的取得、开发、离职等资本性支出,以及人力资源使用、保障等收益性支出。

"人力资产"账户核算企业在人力资源的取得、开发、使用、保障、离职方面投资引起其人力资产原值的增加、减少及其余额。该账户一般使用多栏式账簿,按照人力资源的取得成本、开发成本、使用成本、保障成本、离职成本设置专栏,其借方发生额反映企业对其人力资源取得、开发、使用、保障、离职等活动所进行投资引起其人力资产的增加额;平时该账户贷方无发生额,当人力资源从企业退出或消失时,贷记该账户冲减企业人力资产原值;期末借方余额为企业人力资源投资所形成的人力资产总额。该账户按照各类人力资产设置明细账户。

"人力资源取得成本"账户、"人力资源开发成本"账户、"人力资源离职成本"账户核算内容与第一种方法相同。其中"人力资源取得成本"账户设置招聘成本、选拔成本、录用成本、安置成本四个明细专栏。"人力资源开发成本"账户设置上岗教育成本、岗位培训成本、脱产培训成本三个明细专栏。"人力资源离职成本"账户设置离职补偿成本、离职管理活动成本、空职成本三个明细专栏。各专栏分别归集费用,考核企业人力资源管理的情况。

"人力资源使用成本"账户核算各会计期间企业对人力资源的使用方面投资支出总额的增加和减少。该账户借方发生额反映每月企业使用人力资源时,对其人力资源投资的增加额;贷方发生额反映每月转入"人力资产"账户的人力资源使用成本;期末该账户无余额。该账户设置维持成本、奖励成本、调剂成本三个明细专栏。

"人力资源保障成本"账户核算各会计期间企业对人力资源的保障方面投资支出总额的增加和减少。账户借方发生额反映每月企业对其人力资源保障投资的增加额,贷方发生额反映每月转入"人力资产"账户的人力资源保障成本;期末该账户无余额。该账户设置劳动事故保障成本、健康保障成本、退休养老保障成本、失业保障成本四个明细专栏。

其次,为了单独分项目考核本期人力资产费用,可以设多栏式的"人力资产费用"账户,按照不同类别人员分项核算各种人力资产的收益性支出,如工资、福利费等以及由本期生产经营成本负担的应摊销的资本性支出。该账户借方发生额反映企业当期应该记入生产经营成本的人力资产费用;贷方发生额反映企业本期已经分配记入生产经营成本的人力资产费用;期末该账户无余额。该账户按照各类人力资产设置明细专栏,如开设总经理、副总经理、部门经理、高级技术人员、中级技术人员、初级技术人员、徒工等明细专栏。

再次,应设置"人力资产摊销"账户,核算人力资产的累计摊销额。与第一种方法不同的是,该账户不仅包括摊销的人力资源取得成本、开发成本、离职成本,还包括记入当期生产经营成本的人力资产使用成本、保障成本的累计数额。摊销方法与第一种方法类似,也可分为个别和集体两类进行摊销。该账户贷方发生额反映企业当期应该记入生产经营成本的人力资产费用;平时借方无发生额,当人力资源从企业退出或消失时,才借记该账户冲减企业已经摊销的人力资产费用;该账户的期末贷方余额为企业人力资产成本的累计摊销额。该账户应该与"人力资产"账户设置的明细账户相同,即按照各类人力资产设置明细账户,如开设总经理、副总经理、部门经理、高级技术人员、中级技术人员、初级技术人员、徒工等明细账户。各账户中设置明细专栏,分别考核人力资源的取得、开发、使用、保障、离职方面费用摊销情况。

最后,应设置"人力资产损益"账户,核算人力资产因变动和消失而产生的损益。该账户借方发生额反映当人力资产退出企业或消失时,转销的人力资产成本的未摊销额;账户贷方发生额反映当人力资产退出企业或消失时,转销的人力资产成本的多摊销额。如果期末该账户的借方发生额大于贷方发生额,将其差额从该账户贷方转入本年利润账户借方,冲减本年利润;如果期末该账户的贷方发生额大于借方发生额,将其差额从该账户借方转入本年利润账户贷方,增加本年利润;结转之后该账户期末无余额。

"人力资产"账户期末余额反映了企业人力资源投资总额,即人力资产原始价值。"人力资产摊销"账户期末余额反映了企业人力资源投资累计摊销总额,即人力资产累计摊销额。"人力资产"账户期末余额与"人力资产摊销"账户期末余额的差额为人力资源投资净额,即人力资产净值。如果需要,还可以设置"人力资本"总账账户,核算企业对人力资源原始投资所产生的人力资本的增加与减少。该账户贷方发生额反映了企业人力资本的增加额;平时借方无发生额,当人力资源从企业退出或消失时,才借记该账户冲减企业人力资本;期末贷方余额为企业人力资本总额。"人力资本"账户期末余额反映了企业对人力资本的原始投资总额。

2.人力资源成本会计的账务处理。对于以提供劳务为主的服务性行业,如会计师事务所、律师事务所、银行、技术咨询企业以及商业企业等,可以直接使用"人力资产费用"账户归集当期人力资产费用,然后与本期收入相配比计算本期损益。以提供劳务为主的服务性行业人力资源成本会计账户之间的关系见图3-5。

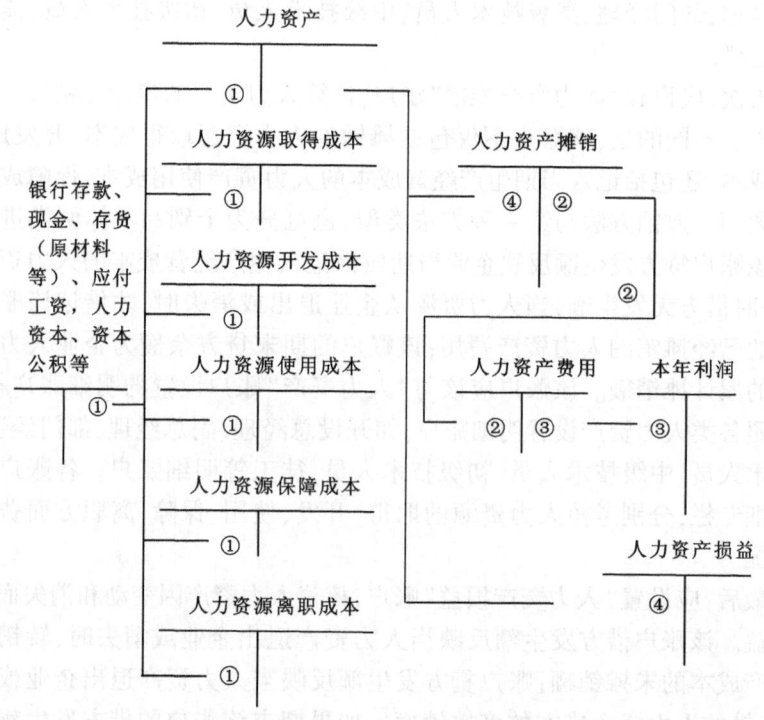

图 3-5　以提供劳务为主的服务性行业人力资源成本会计账户之间的关系

如果提供劳务的企业以每个项目单独结算成本和收益，则可以单设项目成本账户，同时将各期"人力资产费用"转入各项目成本账户，期末若该项目未完工，则所归集的费用作为"未完工项目存货"（相当于工业企业的在产品）单独反映在资产负债表的存货项目内，待项目完工取得收入时，按照一定的方法，与其收入相配比计算项目盈亏。例如，会计师事务所可能承接一项为期三年的研究课题，则该事务所应为此项目单独设立一个成本计算账户，归集三年内发生的研究费用，其中大部分是人力资产费用。

对于制造行业，也可以通过"人力资产费用"账户归集各种费用，分别将人力资产费用转入各有关生产制造成本账户，其账务处理见图 3-6。

综上所述，按照上述已经设置的账户关系分别进行人力资源成本会计账务处理，其主要业务的核算以工业企业为例，可以归纳为以下几类。

（1）对人力资源的取得、开发和离职等进行资本性支出时，按照不同成本和部门，编制如下分录：

　　借：人力资源取得成本
　　　　人力资源开发成本
　　　　人力资源离职成本

贷:银行存款或现金
　　存货(原材料、其他材料等)
　　管理费用
　　应付工资
　　人力资本或资本公积等

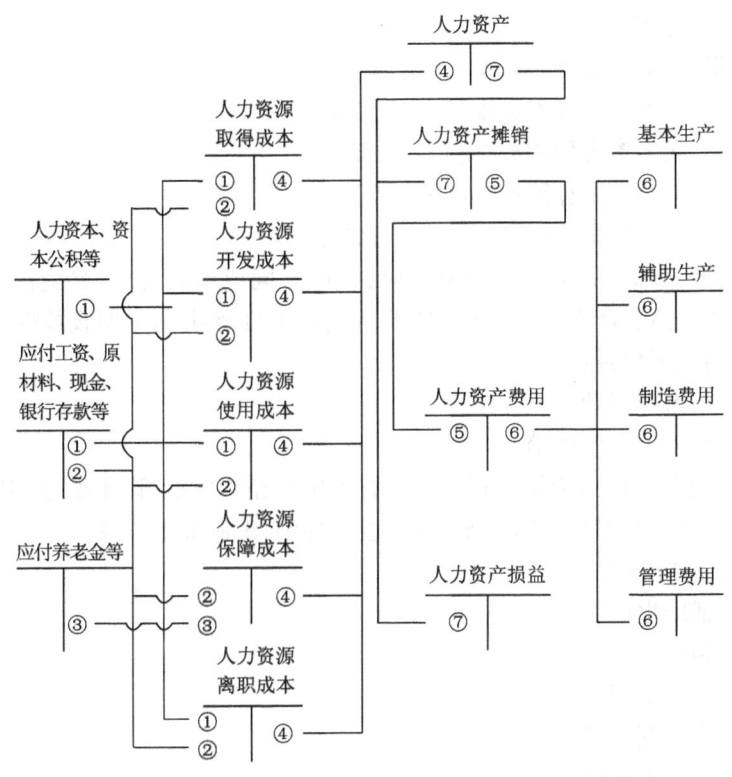

图 3-6　制造行业的账务处理

(2)每月计发工资、福利费等收益性支出时,按照不同成本和部门,编制如下分录:
借:人力资源取得成本
　　人力资源开发成本
　　人力资源使用成本
　　人力资源保障成本
　　人力资源离职成本
贷:应付工资
　　应付福利费等

(3)每月对离退休职工的养老金等社会保障支出,可采用预提的方法,

将预计支出的养老金等社会保障总额在职工有效服务年限内,分期记入"人力资源保障成本"账户:

借:人力资源保障成本
　　贷:应付养老金等

实际支付养老金等时,冲减原预提的应付养老金等。

(4)会计期末,需要结转各种人力资源成本时,应编制以下会计分录:

借:人力资产
　　贷:人力资源取得成本(不定期结转)
　　　　人力资源开发成本(不定期结转)
　　　　人力资源使用成本(每月结转)
　　　　人力资源保障成本(每月结转)
　　　　人力资源离职成本(不定期结转)

(5)每月末摊销人力资产成本时,按照不同成本和部门,将应由本期成本负担的人力资产费用(包括分摊的本期资本性支出和本期收益性支出),计算编制如下分录:

借:人力资产费用
　　贷:人力资产摊销

(6)每月末将人力资产费用记入有关生产经营成本、管理费用(制造业)或转入本年利润账户(商业、服务业)进行冲销,编制如下分录:

借:基本生产
　　辅助生产
　　制造费用
　　管理费用
　　本年利润等
　　贷:人力资产费用

(7)因离职等原因人力资产退出企业生产经营活动时,应将其未摊销额或多摊销额记入"人力资产损益",同时注销账面已摊销额和人力资产的原入账价值。如收到赔偿可冲减人力资产损益。转销人力资产价值时,编制如下分录:

借:人力资产摊销　　　　　　　　　　　　　　　(已抵消额)
　　人力资本损益　　　　　　　　　　　　　　　(未摊销额)
　　贷:人力资产　　　　　　　　　　　　　　　 (原入账价值)
　　　　人力资产损益　　　　　　　　　　　　　(多摊销额)

3. 人力资源成本会计的报告。采用综合计算人力资源取得、开发、使用、保障、离职成本的方法,在编制财务报表时,可以将人力资产总成本列作一项资产,作为资产负债表非流动资产的一部分,同时在资产负债表后附以明细报表,详细说明本期人力资源投资的变动情况。在损益表中,人力资产费用项目可以作为对传统报表的调整项目,分别列示。与第一种方法相比,其优点是资产负债表比较全面地反映企业对人力资源取得、开发、使用、保障、离职等方面的投资总额及净额。损益表也能满足两方面的需求,既满足了人们阅读传统收益表的需要,又较完整地揭示了企业人力资源投资的变化。其格式与表3-1、表3-2、表3-3相同,这里不再赘述。本章第四节案例是采用综合计算人力资源取得、开发、使用、保障、离职成本的方法编制的,具体核算及各种报表的编制方法详见第四节举例。

采用这种方法时,根据人力资产总账和明细账可以编制企业人力资产总成本表和各类人力资产成本表。人力资产变动及总成本表格式设计见表3-4。

表3-4 人力资产成本变动及总成本表

编制单位： ＿＿＿＿年＿＿月＿＿日 单位:元

人力资产项目	行次	本月发生金额	本年累计金额
人力资产期初余额	1		
加:本期增加额	2		
其中:人力资源取得成本	3		
其中:招聘成本	4		
选拔成本	5		
录用成本	6		
安置成本	7		
人力资源开发成本	8		
其中:岗前培训成本	9		
岗位培训成本	10		
脱产培训成本	11		
人力资源使用成本	12		
其中:维持成本	13		
奖励成本	14		
调剂成本	15		
人力资源保障成本	16		

续表

人力资产项目	行次	本月发生金额	本年累计金额
其中:劳动事故保障成本	17		
健康保障成本	18		
养老保障成本	19		
医疗保险成本	20		
失业保险成本	21		
人力资源离职成本	22		
其中:离职补偿成本	23		
离职管理成本	24		
离职前效益损失成本	25		
空职成本	26		
减:本期离职人员人力资产成本	27		
其中:人力资产摊销	28		
人力资产费用	29		
人力资产损失(或+收益)	30		
人力资产期末余额	31		
减:人力资产摊销金额	32		
其中:基本生产	33		
辅助生产	34		
制造费用	35		
管理费用	36		
人力资产期末净值	37		

注:表中有关计算如下:
　　37 行数字=31 行数字-32 行数字;
　　31 行数字=1 行数字+2 行数字-27 行数字;
　　2 行数字=3 行数字+8 行数字+12 行数字+16 行数字+22 行数字;
　　表中数字说明本期及本年累计人力资产成本增减变动情况。

除上述报表外,还应该编制人力资产分类成本表,反映各类人力资产的成本情况,报表的格式设计见表 3-5。

表 3-5　人力资产分类成本表

编制单位：　　　　　　　　　　　　　　　年　　月　　日　　　　　　　　　　　　　　单位：元

行次	人力资产项目分类	取得成本	开发成本	使用成本	保障成本	离职成本	本期合计	人力资产总成本	累计成本摊销额	人力资产成本净值
1	总经理									
2	人力资产总成本									
3	减：累计摊销额									
4	人力资产成本净值									
5	副总经理									
6	人力资产总成本									
7	减：累计摊销额									
8	人力资产成本净值									
9	部门经理									
10	人力资产总成本									
11	减：累计摊销额									
12	人力资产成本净值									
13	总部管理人员									
14	人力资产总成本									
15	减：累计摊销额									
16	人力资产成本净值									
17	总部技术人员									
18	人力资产总成本									
19	减：累计摊销额									
20	人力资产成本净值									
21	总部其他人员									
22	人力资产总成本									
23	减：累计摊销额									
24	人力资产成本净值									
25	生产车间工人									
26	人力资产总成本									
27	减：累计摊销额									
28	人力资产成本净值									
29	生产车间管理人员									

续表

行次	人力资产项目分类	取得成本	开发成本	使用成本	保障成本	离职成本	本期合计	人力资产总成本	累计成本摊销额	人力资产成本净值
30	人力资产总成本									
31	减：累计摊销额									
32	人力资产成本净值									
33	辅助车间工人									
34	人力资产总成本									
35	减：累计摊销额									
36	人力资产成本净值									
37	辅助车间管理人员									
38	人力资产总成本									
39	减：累计摊销额									
40	人力资产成本净值									

除了上述人力资产成本的资料外，还应该提供非货币性的分析和说明，如企业人力资源的整体受教育水平、先进技术掌握水平如电脑利用水平和外语水平、其他潜在能力、整体适应能力、群体的配合习惯、工作业绩、重大发明创造、有重大社会影响的贡献等。这些信息表明企业人力资源整体水平绝不是货币指标所能揭示的。同时，应该在报表附注中说明企业人力资源的分类标准、各种人力资源的总价值、各种人力资源的社会保障情况以及核算所采用的方法等。

二、将人力资源成本在传统会计账外单独核算

将人力资源成本在传统会计账外单独核算，优点是既不影响传统会计的正常核算程序，又可以为人力资源管理部门提供进行内部管理的有用信息，同时还可以为企业外部的相关人员提供投资或贷款等需要的决策信息。其缺点是单独进行人力资源会计核算，需要增加会计人员及相关办公用品，增加企业在人力、物力方面的开支。如果这种核算的经济效益小于人力资源会计核算的费用支出，则单独进行账外人力资源会计核算就是无意义的。相反，如果这种核算的经济效益大于人力资源会计核算的费用开支，而且为企业增加了经济效益，单独进行账外人力资源会计核算就是可行的。另外，将人力资源成本在传统会计账外单独核算，还可能增加一些重复计算的工作量。

将人力资源成本在传统会计账外单独核算，其账户设置与上述第二种方法相同，即设置"人力资产""人力资源取得成本""人力资源开发成本"

"人力资源使用成本""人力资源保障成本""人力资源离职成本""人力资产费用""人力资产摊销""人力资产损益"账户,分别核算各种人力资产的成本。同时还可以增加"人力资产价值""人力资本"账户,进行全面的人力资源会计核算。

单独设账进行人力资源会计核算,可以打破传统会计核算的一些会计假设、会计原则的限制,如可以突破历史成本原则,不仅将人力资产的历史成本登记入账,还将各种机会成本记录入账。突破传统会计划分资本性支出和收益性支出的费用记账原则,将全部人力资产方面的开支记入人力资产账户。同时也可以不考虑将人力资产费用分配记入各成本费用账户的计量问题。

在这种方法下,财务报告的格式和项目设置与上述设计基本相同,只是数据有所不同。由于这种方法需要结合人力资产价值和人力资本账户进行核算和财务报告,因此,这部分内容将在第四章详述。

第四节 人力资源成本会计案例

本节以提供劳务为主的服务业为例进行人力资源成本核算,模拟中外合资会计师事务所的人力资源成本核算,采用集中核算各种资本性支出和收益性支出的方法,归集和分配各种人力资源成本费用,并将人力资源成本纳入传统会计核算之中。本案例核算分为人力资源取得成本、人力资源开发成本、人力资源使用成本、人力资源保障成本、人力资源离职成本、月末分摊本期人力资产费用、月末结转人力资产损失成本、人力资源成本会计报表八个部分。

一、人力资源取得成本核算

案例:北京 Rlzy 会计师事务所 20×5 年计划招聘一批大学刚毕业的新职工 30 人,人事部门负责此项工作。3~6 月份发生以下与人力资源取得有关的经济业务和成本。

(一) 人力资源招募成本核算

3 月 1 日开始筹备人员招聘工作。招聘工作为期一个月,包括发布广告、举办招聘会议、到业务定点学校宣传讲演等。3 月份发生的招募人员的附加直接劳务费用共计 6 660 元。3 月 10—17 日,该事务所参加招聘会,直接业务费包括招聘洽谈会议费 1 000 元,差旅费 250 元,招聘广告费 400 元,宣传材料费 1 500 元,办公费 500 元,办公用水电费等 200 元。间接管理费用包括分摊行政管理费 300 元,招聘会临时场地设施使用费 2 000 元。上述费用(除间接费用外)以银行存款支付。本批职工应负担奖学金费用 2 000元,该费用是为了吸引未来可能成为事务所的成员而向本批新职工就学大学预付的奖学金,该费用冲减预付奖学金。招募成本计算如下:

招募成本=直接劳务费 6 660+直接业务费 3 850+间接管理费用 2 300
　　　　+预付费用 2 000=14 810(元)

根据上述业务编制如下分录:

借:人力资源取得成本
　　——招募成本　　　　　　　　　　　　　　　　　14 810
　贷:银行存款　　　　　　　　　　　　　　　　　　　12 510
　　　预付奖学金　　　　　　　　　　　　　　　　　　2 000
　　　管理费用　　　　　　　　　　　　　　　　　　　　300

(二)人力资源选拔成本核算

4月15~18日,进行4天招聘新职工的笔试和面试,然后进行改卷、调查、分析等选拔工作。选拔成本主要包括以下几方面:

(1)进行初步口头面谈,选拔人员工资率20元/小时,面试人数为招聘人数的3倍,面谈前的准备时间为每人2小时,面谈所需时间为每人0.25小时。选拔者面谈的时间费用应冲减管理费用,计算如下:

选拔者面谈的时间费用=(2+0.25)×20×90=4 050(元)

(2)汇总申请资料费用包括印发每份申请表资料费2元,每人资料汇总费2元,选拔人数90人,则费用总计为360元[(2+2)×90],冲减管理费用。

(3)进行书面和口语测试,平均每人的材料费5元,平均每人书面测试的评分成本10元,口语测试评分成本5元,人数90人,书面和口语测试各一次,则:

考试费用=(5+10)×90+5×90=1 350+450=1 800(元)

其中材料费450元冲减管理费用,1 350元支付现金。

(4)人事部门请各部门代表进行各种调查和比较分析,人事部门人员的工资率为20元/小时,各部门代表的工资率平均为25元/小时,讨论3次,每次4小时,则:

评审费用=4×(20+25)×3=540(元)

该费用冲减管理费用。

(5)根据候选人员资料、考核成绩、调查分析评论意见,召开负责人会议讨论决策录用方案2次,均有5位经理参加,每次1小时,其工资率为50元/小时,则决策费用500元(50×2×5),冲减管理费用。

(6)最后的口头面谈,与候选人讨论录取后职位、待遇等条件,费用300元,冲减管理费用。

(7)获取有关证明材料,通知候选人体检,费用为300元(10×30),冲减管理费用。

(8)体检,在体检后通知候选人录取否,体检及其他费用900元(30×30),以银行存款支付。

根据上述资料,编制如下汇总分录:

借:人力资源取得成本
　　——选拔成本　　　　　　　　　　　　　　　8 750
　贷:现金　　　　　　　　　　　　　　　　　　1 350
　　　银行存款　　　　　　　　　　　　　　　　　900
　　　管理费用　　　　　　　　　　　　　　　　6 500

(三)人力资源录用成本核算

6月份决定录用已经选拔出来的30名员工,企业在录用这些职工时支付的录取手续费为20元/人,应冲减管理费用;需要为其中10人支付学校培养费5 000元/人,应以银行存款支付学校,无其他费用。录用成本=20×30+5 000×10=50 600(元)。根据上述资料,编制如下分录:

借:人力资源取得成本
　　——录用成本　　　　　　　　　　　　　　50 600
　贷:管理费用　　　　　　　　　　　　　　　　　600
　　　银行存款　　　　　　　　　　　　　　　50 000

(四)人力资源安置成本核算

7月份开始安置已录取的30名职工到具体的工作岗位,安置新职工的工作所必须发生的各种行政管理费用共计1 000元;录用部门在安置人员时所损失的时间成本为20元/小时,共计安置时间为4小时;为新职工提供工作所需要的各种办公用品费用50元/人。上述费用冲减管理费用。本例采用纳入传统会计核算系统的方法,因此不考虑机会成本,即职工的时间损失成本。安置成本=各种安置行政管理费用1 000元+必要办公用品费50元/人×30人=2 500元。编制如下分录:

借:人力资源取得成本
　　——安置成本　　　　　　　　　　　　　　　2 500
　贷:管理费用　　　　　　　　　　　　　　　　2 500

(五)结转本月人力资源取得成本

该批职工安置完毕,将人力资源取得成本转入"人力资产"账户,编制如下分录:

借:人力资产
　　——新职工　　　　　　　　　　　　　　　76 660

贷：人力资源取得成本
  ——招募成本   14 810
  ——选拔成本   8 750
  ——录用成本   50 600
  ——安置成本   2 500

如果单独核算人力资源成本，不与传统会计合并计算，则应该考虑管理人员或业务人员的离岗损失机会成本。本例如果按照单独核算人力资源成本的方法设计，应该将安置新职工的管理人员或业务人员的离岗损失机会成本2 400元(20×4×30)记入安置成本，则安置成本为4 900元，人力资源的取得成本总计为 79 060元。

二、人力资源开发成本核算

上述新职工 7 月 1 日进入该会计师事务所之后，为了进行职业道德教育，使其熟悉事务所的总体工作环境和工作程序，事务所各部门经理对他们进行为期 3 个月的上岗前培训。10 月份新职工上岗后，为了使其熟悉岗位工作情况，提高工作效率，各部门的注册会计师对他们进行为期 3 个月的岗位培训。9 月份该事务所由于业务拓展的需要，对一名部门经理进行为期 1 个月的脱产培训。

20×5 年所发生的人力资源开发费用的核算如下。

（一）新职工上岗前教育成本核算

7 月 1 日，30 名新职工进入事务所开始上岗前教育，每个新职工的工资 50 元/日，每日 4 小时讲座，4 小时作业或模拟实习事务所工作，每月按照 22 天计算。培训教师是事务所内部的各部门经理，每日由一名部门经理上课，工资按照每小时平均 100 元的工资率计算，假定培训期间教师离岗的人工损失费用为 50%，教育管理费为每月 2 000 元，新职工资料费用平均每人每月 100 元，教育设备折旧费用 2 000 元/月。则 7 月份上岗前教育成本为 48 800 元，其计算过程如下：

上岗前教育成本＝［(100元/小时×4小时/日)+(50元/人日×30人)］
      ×22 日+2 000元+100元/人×30人+2 000元
    ＝48 800元

根据上述计算编制分录如下：
借：人力资源开发成本
  ——上岗前教育成本(新职工)   48 800
 贷：应付工资   41 800
  管理费用   7 000

8月、9月费用同上，所编制的分录也同上。该事务所对新职工为期三个月的上岗前教育成本共计 146 400 元。

(二)新职工岗位培训成本核算

该事务所从 10 月开始,对新职工进行为期三个月的岗位培训。岗位培训由 10 个注册会计师分别进行,每个注册会计师分配 3 个徒弟,平均每天用 2 小时进行指导,每个注册会计师在指导期间的平均工资 200 元/日,假定本例不考虑培训引起的离开原岗位工作损失费用,新职工工资平均每日 50 元,按照每月 22 天计算。被培训职工不熟练工作对事务所造成的各种办公用品、设备损失平均为每月每人 40 元,培训材料费用每月每人 20 元,各种管理费用每月 1 500 元。则岗位培训的直接工资成本和间接成本的计算如下:

上岗培训直接工资成本(月)= 200×2/8×22×10+50×2/8×22×30

或 =[(200×2/8×10/30)+(50×2/8)]×30×22

= 19 250(元)

上岗培训间接成本(月)= 40×30+20×(30+10)+1 500

= 3 500(元)

根据上述计算编制分录如下:

借:人力资源开发成本

——岗位培训成本(新职工)　　　　　22 750

贷:应付工资　　　　　　　　　　　　　19 250

管理费用　　　　　　　　　　　　　3 500

如果本例采用单独设账计算人力资源成本的方法,则应考虑培训指导教师离岗损失的机会成本。假设离岗工作损失为每人 100 元/小时,则本月岗位培训间接工资成本将增加 44 000 元(100×2×10×22)。

20×5 年 11 月、12 月人力资源开发费用计算同上,所编制的分录也同上。该事务所三个月对新职工的岗位培训成本共计 68 250 元(22 750×3)。

(三)脱产培训成本核算

9 月份该事务所由于业务扩展,委托外单位对 A 部门经理进行 1 个月的脱产培训。假定所发生的费用包括:①委托外单位培训费 5 000 元;②被培训的 A 部门经理月薪 20 000 元,培训期间工资按 20% 发放,为 4 000 元;③被培训人员往返差旅费 5 000 元;④被培训人员资料费 200 元。假定本例不考虑被培训人员离岗损失费用,计算公式如下:

委托外单位培训成本= 5 000+4 000+5 000+200 = 14 200(元)

根据上述计算编制以下分录:

借:人力资源开发成本

——脱产培训成本(A 部门经理)　　　　14 200

贷:应付工资　　　　　　　　　　　　　4 000

银行存款　　　　　　　　　　　　　10 200

如果本例采用单独设账计算人力资源成本的方法,则应考虑被培训人员离岗损失的机会成本。如果被培训A部门经理离开原岗位引起离岗工作损失按照每小时100元计算,其离岗损失机会成本为17 600元(100×8×22)。

(四)结转人力资源开发成本

20×5年9月30日,结转A部门经理脱产培训的人力资源开发成本14 200元,编制如下分录:

借:人力资产
　　——A经理　　　　　　　　　　　　　　　　　　14 200
　贷:人力资源开发成本
　　　——脱产培训成本　　　　　　　　　　　　　　14 200

20×5年12月31日,该批新职工培训完毕,将人力资源开发成本转入"人力资产"账户,编制如下分录:

借:人力资产
　　——新职工　　　　　　　　　　　　　　　　　214 650
　贷:人力资源开发成本
　　　——上岗前教育成本　　　　　　　　　　　　146 400
　　　——岗位培训成本　　　　　　　　　　　　　 68 250

三、人力资源使用成本核算

(一)人力资源维持成本核算

上述会计师事务所7月份招聘的新职工,从10月份开始上岗进行部分工作,其7—9月工资全部记入开发成本,10—12月工资部分记入开发成本,部分记入使用成本。10月,该批新职工的工资记入人力资源使用成本部分为24 750元(50×6/8×22×30),假定各种福利费用第一年暂不计算,年终也暂不分红。各月维持成本计算如下:

　　　　　　　　10月维持成本=24 750元
　　　　　　　　11月维持成本=24 750元
　　　　　　　　12月维持成本=24 750元
　　　　　　　　　共计:74 250元

假定该会计师事务所总经理年工资600 000元人民币;副总经理2名,年工资每人480 000元人民币;部门经理4名,年工资每人240 000元人民币;注册会计师10名,每人年工资180 000元人民币;其他人员30名,平均工资每人每年60 000元人民币。各月人力资源使用成本分别计算如下:

20×5年1—6月,根据上述计算,各月编制以下人力资源使用成本分录:

借:人力资源使用成本
　　——总经理维持成本　　　　　　　　　　　　　 50 000

——副总经理维持成本	80 000
——部门经理维持成本	80 000
——注册会计师维持成本	150 000
——其他人员维持成本	150 000
贷:应付工资	510 000

20×5年7~8月,由于每天一个部门经理离岗讲课对新职工进行培训,其工资记入开发成本,因此7—8月编制以下人力资源使用成本分录:

借:人力资源使用成本	
——总经理维持成本	50 000
——副总经理维持成本	80 000
——部门经理维持成本	71 200
——注册会计师维持成本	150 000
——其他人员维持成本	150 000
贷:应付工资	501 200

20×5年9月,由于一个部门经理离岗外出培训,应该将对新职工进行培训的部门经理工资和脱产培训部门经理的工资记入开发成本。则9月编制以下人力资源使用成本分录:

借:人力资源使用成本	
——总经理维持成本	50 000
——副总经理维持成本	80 000
——部门经理维持成本	51 200
——注册会计师维持成本	150 000
——其他人员维持成本	150 000
贷:应付工资	481 200

20×5年10—12月,新职工上岗,部分工资记入使用成本,但负责培训的注册会计师的工资应记入开发成本,因此编制以下分录:

借:人力资源使用成本	
——总经理维持成本	50 000
——副总经理维持成本	80 000
——部门经理维持成本	80 000
——注册会计师维持成本	139 000
——其他人员维持成本	150 000
——新职工维持成本	24 750
贷:应付工资	523 750

(二)人力资源奖励成本核算

20×5年12月31日,上述会计师事务所发放年终奖金510 000元。其中:总经理年奖金 50 000 元人民币;副总经理 2 名,年奖金每人 40 000 元人民币;部门经理 4 名,年奖金每人 20 000 元人民币;注册会计师 10 名,年奖金每人 15 000 元人民币;其他人员 30 名,平均年奖金每人 5 000 元人民币。7 月份招聘的新职工,从 10 月份开始上岗工作,没有奖金。

根据该业务编制以下分录:

借:人力资源使用成本
  ——总经理奖励成本   50 000
  ——副总经理奖励成本   80 000
  ——部门经理奖励成本   80 000
  ——注册会计师奖励成本   150 000
  ——其他人员奖励成本   150 000
 贷:银行存款   510 000

(三)人力资源调剂成本核算

20×5 年 12 月 31 日核算该事务所本年应摊销的调剂成本共计 199 500 元,其中职工娱乐及文体活动费用开支为 29 500 元(原有职工每人 500 元,共 47 人;新职工每人 200 元,共 30 人),职工定期休假制度规定:休假每人每年 15 天(不包括节假日),休假期间工资照发,同时支付休假工资,20×5 年共计 170 000 元(为月工资总额的三分之一),新职工 20×5 年无休假。其计算如下:

  调剂成本 = 500×47+200×30+(50 000+80 000+80 000
      +150 000+150 000)×1/3
     = 29 500+170 000
     = 199 500(元)

根据上述计算编制如下分录:

借:人力资源使用成本
  ——总经理调剂成本   17 166
  ——副总经理调剂成本   27 666
  ——部门经理调剂成本   28 668
  ——注册会计师调剂成本   55 000
  ——其他人员调剂成本   65 000
  ——新职工调剂成本   6 000
 贷:待摊费用   199 500

(四)结转本月人力资源使用成本

20×5 年 1~6 月,各月将人力资源使用成本转入"人力资产"账户,其分录编制如下:

借:人力资产
  ——总经理使用成本   50 000
  ——副总经理使用成本   80 000
  ——部门经理使用成本   80 000
  ——注册会计师使用成本   150 000
  ——其他人员使用成本   150 000
 贷:人力资源使用成本
  ——维持成本   510 000

20×5年7~9月,由于上述新职工正在岗前培训,其工资已经记入人力资源开发成本,因此没有使用成本。同时,负责培训的部门经理的培训讲课工资(8 800元)也转入新职工的开发成本。因此,将人力资源使用成本转入"人力资产"账户时,其他人员使用成本金额与上述分录相同,仅负责培训的部门经理工资变化为71 200元(80 000-8 800),其分录编制如下:

借:人力资产
  ——总经理使用成本   50 000
  ——副总经理使用成本   80 000
  ——部门经理使用成本   71 200①
  ——注册会计师使用成本   150 000
  ——其他人员使用成本   150 000
 贷:人力资源使用成本
  ——维持成本   501 200

20×5年10~12月,该批新职工上岗后培训时发放部分工资,因此每月将人力资源使用成本转入"人力资产"账户时,增加新职工使用成本,则编制如下分录:

借:人力资产
  ——总经理使用成本   50 000
  ——副总经理使用成本   80 000
  ——部门经理使用成本   80 000
  ——注册会计师使用成本   139 000
  ——其他人员使用成本   150 000
  ——新职工使用成本   24 750
 贷:人力资源使用成本
  ——维持成本   523 750

---

① 9月由于A部门经理脱产学习,部门经理使用成本应减少20 000元,按照实际发放的工资记入人力资源开发成本中,则部门经理使用成本是51 200元。

20×5 年 12 月 31 日,还应该将本年人力资源使用成本中的奖励成本和调剂成本转入"人力资产"账户,编制如下分录:

借:人力资产

  ——总经理使用成本   67 166

  ——副总经理使用成本   107 666

  ——部门经理使用成本   108 668

  ——注册会计师使用成本   205 000

  ——其他人员使用成本   215 000

  ——新职工使用成本   6 000

 贷:人力资源使用成本

  ——奖励成本   510 000

  ——调剂成本   199 500

四、人力资源保障成本核算

(一)劳动事故保障成本

假定 20×5 年该事务所没有发生劳动事故。

(二)人力资源健康保障成本核算

20×5 年 12 月 31 日,该会计师事务所提取企业健康保障基金,用以应付日常医药费开支。其中,总经理应提取 12 000 元人民币;副总经理 2 名,每人应提取 6 000 元人民币;部门经理 4 名,本年平均每人应提取 5 000 元人民币;注册会计师 10 名,每人应提取 15 000 元人民币;其他人员 30 名,平均每人应提取 5 000 元人民币;7 月份招聘的新职工,医药费平均每人应提取 1 000 元人民币。20×5 年该会计师事务所医药费计算如下:

 健康保障成本 = 12 000 + 6 000×2 + 5 000×4 + 15 000×10 + 5 000×30 + 1 000×30
      = 374 000(元)

编制会计分录如下:

借:人力资源保障成本

  ——总经理健康保障成本   12 000

  ——副总经理健康保障成本   12 000

  ——部门经理健康保障成本   20 000

  ——注册会计师健康保障成本   150 000

  ——其他人员健康保障成本   150 000

  ——新职工健康保障成本   30 000

 贷:应付福利费   374 000

(三)人力资源养老保障、医疗保障、失业保障成本核算

20×5 年每月该会计师事务所应为其职工缴纳养老保险、医疗保险、失业保险金,其中:养老保险金为其职工当月平均工资收入的15%,按月提取存储;医疗保险金为其职工当月平均工资收入的9%,按月提取存储;为其职工缴纳的失业保险金为其职工当月平均工资收入的1%,按月提取存储。例如,7月工资总额为543 000元(50 000+80 000+80 000+150 000+150 000+33 000),这三项保险金计算如下:

$$养老保障成本 = 543\ 000 \times 15\% = 81\ 450(元)$$
$$医疗保障成本 = 543\ 000 \times 9\% = 48\ 870(元)$$
$$失业保障成本 = 543\ 000 \times 1\% = 5\ 430(元)$$

这三项保险金共计135 750元。据此编制7月分录如下:

借:人力资源保障成本	135 750
——总经理保障成本	12 500
——副总经理保障成本	20 000
——部门经理保障成本	20 000
——注册会计师保障成本	37 500
——其他人员保障成本	37 500
——新职工保障成本	8 250
贷:应付养老保险基金	81 450
应付医疗保险基金	48 870
应付失业保险基金	5 430

(四)结转本月人力资源保障成本

每月末,将本月人力资源保障成本转入"人力资产"账户。本例设计的健康保障成本只在12月计提。因此12月人力资源保障成本增加健康保障成本374 000元,其中总经理12 000元,副总经理6 000元/人×2=12 000元,部门经理5 000元/人×4=20 000元,注册会计师15 000元/人×10=150 000元,其他人员5 000元/人×30=150 000元,新职工1 000元/人×30=30 000元。其他月份结转人力资源保障成本时,无须计算健康保障成本。12月结转的人力资源保障成本分录编制如下:

借:人力资产	
——总经理保障成本	24 500
——副总经理保障成本	32 000
——部门经理保障成本	40 000
——注册会计师保障成本	187 500
——其他人员保障成本	187 500
——新职工保障成本	38 250
贷:人力资源保障成本	
——健康保障成本	374 000

——养老、医疗、失业保障成本　　　135 750

五、人力资源离职成本核算

(一)人力资源离职补偿成本核算

20×5年1月发工资之前,该所有10名职工办理手续先后离开,原因如下:

1. 办事员李维,经劳动合同当事双方协商一致解除劳动合同,事务所同意支付给她本月及下月的工资共计6 000元。

2. 事务所秘书欧阳光代由于患病医疗期满后不能从事原工作,也不能从事由事务所另行安排的工作,因此她退职离开事务所。事务所支付她离职补偿金10 000元表示关心。

3. 业务员童徽因不能胜任工作,经过培训或调整工作岗位仍不能胜任工作,经研究决定让其另谋职业,按照合同规定发给他离职补偿金5 000元。

4. 20×1年与业务员丁建签订的劳动合同要求他三年内通过考试取得注册会计师资格,至20×5年他考试仍未通过,致使原劳动合同无法履行,经当事人双方协商后不能就变更劳动合同达成协议而解除劳动合同,该所发给他离职补偿金10 000元。

5. 其他6人离开事务所另谋职业,因其未完成合同而要求解职,事务所不承担任何责任,不发给他们离职补偿。

根据上述情况,编制支付给离职者的工资和离职补偿金的会计分录如下:

借:人力资源离职成本

　　——其他人员离职补偿成本　　　　　　　　　31 000

　贷:银行存款　　　　　　　　　　　　　　　　　　　31 000

(二)人力资源离职管理活动成本核算

20×5年1月该事务所管理人员与上述10名离职职工进行谈话协商,与每人面谈前的准备时间平均为2小时,与每人面谈所需时间平均为1小时,面谈者工资平均为50元/小时,假定管理人员面谈前的准备工作和面谈时间都占用其非工作时间;离职员工的平均工资为4 400元/月;办理离职手续需要支付的管理费用平均每人为100元。这些费用计算如下:

　　　　面谈时间成本费=(2+1)×50×10=1 500(元)
　　　　离职员工的时间费=1×4 400/22/8×10=250(元)
　　　　与离职有关的管理活动费用=100×10=1 000(元)
　　　　离职管理费合计=1 500+250+1 000=2 750(元)

根据上述离职管理费用的计算,编制如下分录:

借:人力资源离职成本

　　——其他人员离职管理成本　　　　　　　　　2 750

　贷:银行存款　　　　　　　　　　　　　　　　　　　2 750

(三)离职前的效率损失成本

这是一种机会成本,一般在传统会计中不需要计算,在单独设账核算的条件下可以考虑这种成本。本例不考虑离职前的效率损失成本。

(四)空职成本

这也是一种机会成本,一般在传统会计中也不需要计算,在单独设账核算的条件下可以考虑这种成本。本例不考虑空职成本。

(五)结转本月人力资源离职成本

根据上述计算,月末将人力资源离职成本转入"人力资产"账户,其会计分录如下:

借:人力资产
　　——其他人员离职成本　　　　　　　　　　33 750
　贷:人力资源离职成本
　　——其他人员离职补偿成本　　　　　　　　31 000
　　——其他人员离职管理成本　　　　　　　　2 750

(六)冲销本月离职人员人力资产价值

假定1月离职10名人员的人力资产价值为75 000元,已经摊销价值为25 000元,本期应该摊销记入人力资产费用的价值为33 750元,则人力资产离职损失50 000元。编制以下会计分录:

借:人力资产摊销　　　　　　　　　　　　　　25 000
　人力资产费用　　　　　　　　　　　　　　33 750
　人力资产损益　　　　　　　　　　　　　　50 000
　贷:人力资产　　　　　　　　　　　　　　　108 750

六、月末分摊本期人力资产费用

每月末,根据"人力资产"账户的年初余额摊销记录本年的人力资产费用,假定年初"人力资产"账户余额6 900 000元,其中总经理成本600 000元,副总经理成本900 000元,部门经理成本900 000元,注册会计师成本1 800 000元,其他人员成本2 700 000元。各组人员情况不同,摊销年限也不同,一般应根据合同使用年限摊销,本例假定总经理合同年限为5年,副总经理合同年限为4年,部门经理合同年限为2年,注册会计师合同年限为3年,其他人员合同年限为3年。根据上述资料各月编制如下分录:

借:人力资产费用
　　——总经理费用　　　　　　　　　　　　10 000
　　——副总经理费用　　　　　　　　　　　18 750
　　——部门经理费用　　　　　　　　　　　37 500

——注册会计师费用	50 000
——其他人员费用	75 000
贷：人力资产摊销	191 250
——总经理成本摊销	10 000
——副总经理成本摊销	18 750
——部门经理成本摊销	37 500
——注册会计师成本摊销	50 000
——其他人员成本摊销	75 000

同时每月末，根据"人力资产"账户的本月发生额记录，结转本月的人力资产使用成本和保障成本。例如，根据10月会计记录，编制以下结转人力资产维持成本和养老保障成本会计分录：

借：人力资产费用	
——人力资产使用和保障成本	
——总经理	62 500
——副总经理	100 000
——部门经理	100 000
——注册会计师	176 500
——其他人员	187 500
——新职工	33 000
贷：人力资产摊销	659 500

七、月末结转人力资源损失成本

20×5年1月10名职工离职所造成的人力资产损失50 000元，转入当月利润计算盈亏，编制如下分录：

借：本年利润	50 000
贷：人力资产损益	50 000

八、登记账簿

根据上述全年的人力资源成本会计分录，分别登记人力资产（表3-6）、人力资源取得成本（表3-7）、人力资源开发成本（表3-8）、人力资源使用成本（表3-9）、人力资源保障成本（表3-10）、人力资源离职成本（表3-11）、人力资产费用（表3-12）、人力资产摊销（表3-13）、人力资产损益（表3-14）的各总账账簿和明细账簿（表3-15至表3-20）。由于篇幅所限，各账簿中重复的记录采用删节号省略。

第三章 人力资源成本会计

表3-6 人力资产总账
20×5年1—12月

账户名称：人力资产　　　　　　　　　　　　　　　　　　　　　　　　　　　第1页

20×5年		摘要	借方					贷方	余额
月	日		取得成本	开发成本	使用成本	保障成本	离职成本	合计		
1	1	期初余额								6 975 000
	31	结转使用成本			510 000			510 000		
	31	结转保障成本				127 500		127 500		
	31	结转离职成本					33 750	33 750		
	31	转销离职成本账面原始成本							108 750	7 537 500
2	28	结转使用成本			510 000			510 000		
	28	结转保障成本				127 500		127 500		8 175 000
3	31	结转使用成本			510 000			510 000		
	31	结转保障成本				127 500		127 500		8 812 500
4	30	结转使用成本			510 000			510 000		
	30	结转保障成本				127 500		127 500		9 450 000
5	31	结转使用成本			510 000			510 000		
	31	结转保障成本				127 500		127 500		10 087 500
6	30	结转取得成本	76 660					76 660		10 164 160
	30	结转使用成本			510 000			510 000		
	30	结转保障成本				125 750		125 750		10 801 660

续表

20x5年		摘要	借方					贷方	余额
月	日		取得成本	开发成本	使用成本	保障成本	离职成本	合计		
7	31	结转使用成本			501 200			501 200		11 438 610
	31	结转保障成本				135 750		135 750		
8	31	结转使用成本			501 200			501 200		12 075 560
	31	结转保障成本				135 750		135 750		
9	30	结转使用成本			481 200			481 200		12 692 510
	30	结转保障成本				135 750		135 750		
	30	结转开发成本		14 200				14 200		12 706 710
10	31	结转使用成本			523 750			523 750		13 366 210
	31	结转保障成本				135 750		135 750		
11	30	结转使用成本			532 750			523 750		14 025 710
	30	结转保障成本				135 750		135 750		
12	31	结转开发成本		214 650				214 650		
	31	结转使用成本			523 750			523 750		15 983 360
	31	结转使用成本			709 500			709 500		
	31	结转保障成本				509 750		509 750	108 750	15 983 360
本年合计			76 660	228 850	6 824 350	1 953 500	33 750	9 117 110		

注：9月份使用成本为481 200元（= 510 000元−20 000元A部门经理−8 800元门经理讲课费）。

表 3-7 人力资源取得成本总账

账户名称：人力资源取得成本
20x5年1—12月
第2页

20x5年		摘要	借方					贷方	余额
月	日		招聘成本	选拔成本	录用成本	安置成本	合计		
1	1	期初余额							—
3	1	招聘新职工	14 810				14 810		14 810
4	30	选拔人员		8 750			8 750		23 560
5	30	录用人员			50 600		50 600		74 160
6	30	安置人员				2 500	2 500		76 660
	30	结转新职工取得成本	-14 810	-8 750	-50 600	-2 500	-76 660	76 660	—
		期末余额	0	0	0	0	0		0

表 3-8 人力资源开发成本总账

账户名称：人力资源开发成本
20x5年1—12月
第3页

20x5年		摘要	借方			合计	贷方	余额
月	日		上岗前教育成本	岗位培训成本	脱产培训成本			
7	31	新职工岗前培训	48 800			48 800		48 800
8	31	新职工岗前培训	48 800			48 800		97 600
9	30	新职工岗前培训	48 800			48 800		146 400
	30	部门经理脱产培训费			14 200	14 200		160 600

续表

20×5年		摘　要	借　方			合　计	贷　方	余　额
月	日		上岗前教育成本	岗位培训成本	脱产培训成本			
10	30	结转经理脱产培训费			14 200		14 200	146 400
10	31	新职工岗位培训		22 750		22 750		169 150
11	30	新职工岗位培训		22 750		22 750		191 900
12	31	新职工岗位培训		22 750		22 750		214 650
12	31	结转开发成本					214 650	—
		本期发生	146 400	68 250	14 200	228 850	228 850	
		期末余额	0	0	0	0	0	0

表3-9　人力资源使用成本总账

20×5年1—12月

账户名称：人力资源使用成本　　　　　　　　　　　　　　　　　　第4页

20×5年		摘　要	借　方			合　计	贷　方	余　额
月	日		维持成本	奖励成本	调剂成本			
1	1	期初余额						—
1	31	本月使用成本	510 000			510 000		
1	31	结转本月使用成本					510 000	
2	28	本月使用成本	510 000			510 000		
2	28	结转本月使用成本					510 000	

续表

20×5年		摘要	借方			合计	贷方	余额
月	日		维持成本	奖励成本	调剂成本			
3	31	本月使用成本	510 000			510 000		
	31	结转本月使用成本					510 000	
4	30	本月使用成本	510 000			510 000		
	30	结转本月使用成本					510 000	
5	31	本月使用成本	510 000			510 000		
	31	结转本月使用成本					510 000	
6	30	本月使用成本	510 000			510 000		
	30	结转本月使用成本					510 000	
7	31	本月使用成本	501 200			501 200		
	31	结转本月使用成本					501 200	
8	31	本月使用成本	501 200			501 200		
	31	结转本月使用成本					501 200	
9	30	本月使用成本	481 200			481 200		
	30	结转本月使用成本					481 200	
10	31	本月使用成本	523 750			523 750		
	31	结转本月使用成本					523 750	
11	30	本月使用成本	523 750			523 750		
	30	结转本月使用成本					523 750	

续表

20x5年		摘要	借方			贷方			余额
月	日		维持成本	奖励成本	调剂成本	合计			
12	31	本月使用成本	523 750			523 750		523 750	
	31	结转本月使用成本							
	31	本月奖励成本		510 000		510 000		510 000	
	31	结转本月奖励成本							
	31	本月调剂成本			199 500	199 500		199 500	
	31	结转本月调剂成本							
		本年合计	6 114 850	510 000	199 500	6 824 350			—

表 3—10 人力资源保障成本总账

20x5 年 1—12 月

账户名称：人力资源保障成本　　　　　　　　　　　　　　　　　　　　　　　　　　　　　　　　第 5 页

20x5年		摘要	借方					贷方	余额
月	日		劳动事故保障成本	健康保障成本	养老保障成本	医疗保险成本	失业保障成本	合计	
1	1	期初余额							—
	31	社会保障			76 500	45 900	5 100	127 500	
	31	结转社会保障成本							127 500①
2	28	社会保障			76 500	45 900	5 100	127 500	
	28	结转社会保障成本							127 500	—

续表

20×5年		摘要	借方					贷方	余额
月	日		劳动事故保障成本	健康保障成本	养老保障成本	医疗保险成本	失业保障成本	合计		
3	31	社会保障			76 500	45 900	5 100	127 500		
	31	结转社会保障成本							127 500①	—
4	30	社会保障			76 500	45 900	5 100	127 500		
	30	结转社会保障成本							127 500	—
5	31	社会保障			76 500	45 900	5 100	127 500		
	31	结转社会保障成本							127 500	—
6	30	社会保障			76 500	45 900	5 100	127 500		
	30	结转社会保障成本							127 500	—
7	31	社会保障			81 450	48 870	5 430	135 750		
	31	结转社会保障成本							135 750②	—
8	31	社会保障			81 450	48 870	5 430	135 750		
	31	结转社会保障成本							135 750	—

① 127 500＝510 000×15%＋510 000×9%＋510 000×1%＝76 500＋45 900＋5 100
② 135 750＝543 000×15%＋543 000×9%＋543 000×1%＝81 450＋48 870＋5 430

续表

20x5年		摘　　要	借　方					合　计	贷　方	余　额
月	日		劳动事故保障成本	健康保障成本	养老保障成本	医疗保险成本	失业保障成本			
9	30	社会保障			81 450	48 870	5 430	135 750	135 750	—
	30	结转社会保障成本							135 750	—
10	31	社会保障			81 450	48 870	5 430	135 750	135 750	—
	31	结转社会保障成本							135 750	—
11	30	社会保障			81 450	48 870	5 430	135 750	135 750	—
	30	结转社会保障成本							135 750	—
12	31	社会保障			81 450	48 870	5 430	135 750		
	31	健康保障		374 000				374 000		
	31	结转社会保障、健康保障成本							509 750	—
本年合计			—	374 000	947 700	568 620	63 180	1 953 500	1 953 500	—

注：企业1~6月工资总额510 000元，7~12月工资总额543 000元。

表 3-11 人力资源离职成本总账

20×5年1—12月

账户名称：人力资源离职成本 第 6 页

20×5年		摘要	借方				贷方	余额
月	日		离职补偿成本	离职管理活动成本	离职前效率损失成本	空职成本	合计		
							合计		
1	1	期初余额							—
1	31	离职补偿	31 000				31 000		
1	31	离职管理费		2 750			2 750		
1	31	结转离职成本						33 750	
		本年合计	31 000	2 750		—	33 750	33 750	—

表 3-12 人力资产费用总账

20×5年1—12月

账户名称：人力资产费用 第 7 页

20×5年		摘要	借方					贷方	余额
月	日		总经理	副总经理	部门经理	注册会计师	其他人员	新职工	合计		
1	31	费用摊销	10 000	18 750	37 500	50 000	75 000		191 250		191 250
1	31	离职成本					33 750		33 750		225 000
1	31	使用成本	50 000	80 000	80 000	15 0000	150 000		510 000		735 000
1	31	保障成本	12 500	20 000	20 000	37 500	37 500		127 500		862 500

续表

20×5年		摘要	借方						贷方	余额
月	日		总经理	副总经理	部门经理	注册会计师	其他人员	新职工	合计	
	31	结转费用								—
2	28	费用摊销	10 000	18 750	37 500	50 000	75 000		191 250	191 250
	28	使用成本	50 000	80 000	80 000	150 000	150 000		510 000	701 250
	28	保障成本	12 500	20 000	20 000	37 500	37 500		127 500	828 750
	28	结转费用								—
…	…	…	…	…	…	…	…	…	…	…
7	31	费用摊销	10 000	18 750	37 500	50 000	75 000		191 250	191 250
	31	使用成本	50 000	80 000	71 200	150 000	150 000		501 200	692 450
	31	保障成本	12 500	20 000	20 000	37 500	37 500	8 250	135 750	828 200
	31	结转费用								—
…	…	…	…	…	…	…	…	…	…	…
9	30	费用摊销	10 000	18 750	37 500	50 000	75 000		191 250	191 250
	30	使用成本	50 000	80 000	51 200	150 000	150 000		481 200	672 450
	30	保障成本	12 500	20 000	20 000	37 500	37 500	8 250	135 750	808 200
	30	结转费用								—
10	31	费用摊销	10 000	18 750	37 500	50 000	75 000		191 250	191 250
	31	使用成本	50 000	80 000	80 000	139 000	150 000	24 750	523 750	715 000

贷方：862 500； …； 828 750； …； 828 200； …； 808 200； …

续表

20×5年		摘要	借方					贷方	余额
月	日		总经理	副总经理	部门经理	注册会计师	其他人员	新职工	合计		
	31	保障成本	12 500	20 000	20 000	37 500	37 500	8 250	135 750		850 750
	31	结转费用	…	…	…	…	…	…		850 750	—
11	30	…	…	…	…	…	…	…	…		…
12	31	费用摊销	10 000	18 750	37 500	50 000	75 000		191 250		191 250
	31	使用成本	50 000	80 000	80 000	139 000	150 000	24 750	523 750		715 000
	31	保障成本	12 500	20 000	20 000	37 500	37 500	8 250	135 750		850 750
	31	奖励成本	50 000	80 000	80 000	150 000	150 000		510 000		1 360 750
	31	调剂成本	17 166	27 666	28 668	55 000	65 000	6 000	199 500		1 560 250
	31	健康保障	12 000	12 000	20 000	150 000	150 000	30 000	374 000		1 934 250
	31	结转费用								1 934 250	—
		本年合计	949 166	1 544 666	1 732 268	3 172 000	3 548 750	159 750	11 106 600	11 106 600	—

注:"本年合计"栏有关计算如下:
949 166 =(72 500×12)+50 000+17 166+12 000;
1 544 666 =(118 750×12)+80 000+27 666+12 000;
1 732 268 =(137 500×6)+(128 700×2)+108 700+(137 500×3)+80 000+28 668+20 000;
3 172 000 =(237 500×9)+(226 500×3)+150 000+55 000+150 000;
3 548 750 = 33 750+(262 500×12)+150 000+65 000+150 000;
159 750 =(8 250×3)+33 000×3+6 000+30 000。

表 3-13 人力资产摊销总账

账户名称：人力资产摊销
20×5 年 1—12 月
第 8 页

20×5年		摘要	贷方						借方	余额
月	日		总经理 1人/5年	副总经理 2人/4年	部门经理 4人/2年	注册会计师 10人/3年	其他人员 40人/3年	新职工 30人/3年	合计	
1	1	期初余额	10 000	18 750	37 500	50 000	100 000		216 250		216 250
	31	离职冲账					-25 000		-25 000		191 250
	31	费用摊销	10 000	18 750	37 500	50 000	75 000		191 250		382 500
	31	使用成本	50 000	80 000	80 000	150 000	150 000		510 000		892 500
	31	保障成本	12 500	20 000	20 000	37 500	37 500		127 500		1 020 000
⋮	⋮	⋮	⋮	⋮	⋮	⋮	⋮	⋮	⋮	⋮	⋮
6	30	⋮	⋮	⋮	⋮	⋮	⋮	⋮	⋮	⋮	5 163 750
7	31	费用摊销	10 000	18 750	37 500	50 000	75 000		191 250		5 355 000
	31	使用成本	50 000	80 000	71 200	150 000	150 000		501 200		5 856 200
	31	保障成本	12 500	20 000	20 000	37 500	37 500	8 250	135 750		5 991 950
⋮	⋮	⋮	⋮	⋮	⋮	⋮	⋮	⋮	⋮	⋮	⋮
8	31	⋮	⋮	⋮	⋮	⋮	⋮	⋮	⋮	⋮	6 820 150
9	30	费用摊销	10 000	18 750	37 500	50 000	75 000		191 250		7 011 400
	30	使用成本	50 000	80 000	51 200	150 000	150 000		481 200		7 492 600
	30	保障成本	12 500	20 000	20 000	37 500	37 500	8 250	135 750		7 628 350
10	31	费用摊销	10 000	18 750	37 500	50 000	75 000		191 250		7 819 600

续表

20×5年		摘要	贷方						借方	余额
月	日		总经理 1人/5年	副总经理 2人/4年	部门经理 4人/2年	注册会计师 10人/3年	其他人员 40人/3年	新职工 30人/3年	合计		
	31	使用成本	50 000	80 000	80 000	139 000	150 000	24 750	523 750		8 343 350
	31	保障成本	12 500	20 000	20 000	37 500	37 500	8 250	135 750		8 479 100
	30	⋮	⋮	⋮	⋮	⋮	⋮		⋮	⋮	9 329 850
11											
12	31	费用摊销	10 000	18 750	37 500	50 000	75 000		191 250		9 521 100
	31	使用成本	50 000	80 000	80 000	139 000	150 000	24 750	523 750		10 044 850
	31	保障成本	12 500	20 000	20 000	37 500	37 500	8 250	135 750		10 180 600
	31	奖励成本	50 000	80 000	80 000	150 000	150 000		510 000		10 690 600
	31	调剂成本	17 166	27 666	28 668	55 000	65 000	6 000	199 500		10 890 100
	31	健康保障	12 000	12 000	20 000	150 000	150 000	30 000	374 000		11 264 100
		本年合计	959 166	1 563 416	1 769 768	3 222 000	3 590 000	159 750	11 264 100	0	11 264 100

注:"本年合计"栏有关计算如下:

959 166=10 000+(72 500×12)+50 000+17 166+12 000=10 000+949 166;

1 563 416=18 750+(118 750×12)+80 000+27 666+12 000;

1 769 768=37 500+(137 500×6)+128 700×2+108 700+137 500×3+80 000+28 668+20 000;

3 222 000=50 000+(237 500×9)+226 500×3+150 000+55 000+150 000;

3 590 000=100 000−25 000+(262 500×12)+150 000+65 000+150 000;

159 750=(8 250×3)+33 000×3+6 000+30 000;

借方发生额25 000以负号记入贷方"其他人员"栏内,因此本栏为0。

表3-14 人力资产损益总账

20×5年1—12月

账户名称：人力资产损益　　　　　　　　　　　　　　　　　　　　第9页

20×5年		摘要	借方				贷方	余额
月	日		总经理	副经理	部门经理	注册会计师	其他人员		
1	1	期初余额							—
	31	离职10人损失成本					50 000		50 000
	31	结转本月损失	—	—	—	—		50 000	—
		本年合计					50 000	50 000	—

表3-15 人力资产明细账

20×5年1—12月

账户名称：总经理(1人)　　　　　　　　　　　　　　　　　　　　第1页

20×5年		摘要	借方					贷方	余额
月	日		取得成本	开发成本	使用成本	保障成本	离职成本	合计		
1	1	期初余额								600 000
	31	使用成本			50 000			50 000		650 000
	31	保障成本				12 500		12 500		662 500
2	28	使用成本			50 000			50 000		712 500
	31	保障成本				12 500		12 500		725 000
3	31	使用成本			50 000			50 000		775 000
	31	保障成本				12 500		12 500		787 500

续表

表 3-16 人力资产明细账

20×5 年 1—12 月

第 2 页

账户名称：副总经理（2人）

20×5年		摘 要	借 方				贷 方	余 额
月	日		取得成本	开发成本	使用成本	保障成本	离职成本	合 计		
1	1	期初余额	…	…	…	…	…	…	900 000
	31	使用成本			80 000			80 000	980 000
	31	保障成本				20 000		20 000	1 000 000
…		…	…	…	…	…	…	…	…
12	31	使用成本			187 666				2 187 666
	31	保障成本				32 000			2 219 666
		本年合计	—	—	1 067 666	252 000	—	1 319 666	2 219 666

（上接表）

20×5年		摘 要	借 方				贷 方	余 额
月	日		取得成本	开发成本	使用成本	保障成本	离职成本	合 计		
…		…	…	…	…	…	…	…	…
12	31	使用成本			117 166				1 404 666
	31	保障成本				24 500			1 429 166
		本年合计	—	—	667 166	162 000	—	829 116	1 429 166

表 3-17 人力资产明细账

账户名称:部门经理(4人)　　20×5 年 1—12 月　　第 3 页

20×5 年		摘要	借方						贷方	余额
月	日		取得成本	开发成本	使用成本	保障成本	离职成本	合计		
1	1	期初余额								900 000
	31	使用成本			80 000			80 000		980 000
	31	保障成本				20 000		20 000		1 000 000
…	…	…	…	…	…	…	…	…		…
7	31	使用成本			71 200			71 200		1 571 200
	31	保障成本				20 000		20 000		1 591 200
8	31	使用成本			71 200			71 200		1 662 400
	31	保障成本				20 000		20 000		1 682 400
9	30	使用成本			51 200			51 200		1 733 600
	30	保障成本				20 000		20 000		1 753 600
	30	脱产培训		14 200				14 200		1 767 800
10	31	使用成本			80 000			80 000		1 847 800
	31	保障成本				20 000		20 000		1 867 800
11	30	使用成本			80 000			80 000		1 947 800
	30	保障成本				20 000		20 000		1 967 800
12	31	使用成本			188 668					2 156 468
	31	保障成本				40 000				2 196 468
		本年合计	—	14 200	1 022 268	260 000	—	1 296 468		2 196 468

表 3-18 人力资产明细账

账户名称：注册会计师(10人)　　　　　20×5 年 1—12 月　　　　　第 4 页

20×5年		摘要	借方					贷方	余额
月	日		取得成本	开发成本	使用成本	保障成本	离职成本	合计		
1	1	期初余额								1 800 000
	31	使用成本			150 000			150 000		1 950 000
	31	保障成本				37 500		37 500		1 987 500
…	…	…			…	…	…	…		…
9	30	使用成本			139 000					3 487 500
10	31	保障成本				37 500				3 626 500
11	30	使用成本			139 000					3 664 000
	30	保障成本				37 500				3 803 000
12	31	使用成本			344 000					3 840 500
	31	保障成本				187 500				4 184 500
						600 000				4 372 000
		本年合计	—	—	1 972 000	600 000	—	2 572 000		4 372 000

表3-19 人力资产明细账

账户名称：其他人员（40人）
20×5年1—12月　　　　　第5页

20×5年		摘要	借方						贷方	余额
月	日		取得成本	开发成本	使用成本	保障成本	离职成本	合计		
1	1	期初余额								2 775 000
	31	离职成本					33 750			2 700 000
	31	冲销							108 750	2 700 000
	31	使用成本			150 000			150 000		2 850 000
	31	保障成本				37 500		37 500		2 887 500
	⋮	⋮			⋮	⋮		⋮	⋮	⋮
12	31	使用成本			365 000			365 000	4 762 500	5 027 500
	31	保障成本				187 500		187 500		5 315 000
		本年合计	—	—	2 015 000	600 000	33 750	2 648 750	108 750	5 315 000

表 3-20 人力资产明细账

账户名称：新职工（30人） 20×5年1—12月 第6页

20×5年		摘要	借方				贷方	余额
月	日		取得成本	开发成本	使用成本	保障成本	离职成本	合计	
1	1	期初余额							—
6	30	取得成本	76 660					76 660	76 660
7	31	保障成本				8 250		8 250	84 910
8	31	保障成本				8 250		8 250	93 160
9	30	使用成本			24 750			24 750	101 410
10	31	保障成本				8 250		8 250	126 160
		使用成本			24 750			24 750	134 410
11	30	保障成本				8 250		8 250	159 160
		使用成本							167 410
12	31	开发成本		214 650				214 650	382 060
		使用成本			24 750			24 750	406 810
		调剂成本			6 000			6 000	412 810
		保障成本				8 250		8 250	421 060
		健康保障				30 000		30 000	451 060
		本年合计	76 660	214 650	80 250	79 500	—	451 060	451 060

表 3-21 资产负债表

编制单位：RLy 会计师事务所　　20×5 年 12 月 31 日　　单位：元

资产	序号	年末数	年初数	负债及所有者权益	序号	年初数	本年数
流动资产				流动负债			
货币资金		3 505 000	1 004 000	短期借款		1 500 000	600 000
短期投资		300 000	400 000	应付票据		472 500	488 500
应收账款		2 600 000	2 000 000	应付账款		1 000 000	1 000 000
存货		15 000	26 000	应付工资		510 000	523 750
待摊费用		80 000	70 000	应付福利费		640 000	709 500
				应付养老保险基金		76 500	81 450
				应付医疗保险基金		45 900	48 870
				应付失业保险基金		5 100	5 430
				应交税金		500 000	25 7750
流动资产合计		6 500 000	3 500 000	流动负债合计		4 750 000	3 715 250
				长期负债			
非流动资产				长期借款		1 000 000	1 000 000

续表

资产	序号	年初数	年末数	负债及所有者权益	序号	年初数	本年数
人力资产		6 975 000	15 983 360	应付债券			
减：人力资产摊销		216 250	11 264 100	风险准备		1 000 000	1 500 000
人力资产净值		6 758 750	4 719 260	其他长期应付款		8 750	4 010
长期投资		500 000	500 000	长期负债合计		2 008 750	2 504 010
				所有者权益			
固定资产		1 000 000	1 100 000	实收资本			
固定资产折旧		500 000	600 000	中方		1 000 000	1 500 000
固定资产净值		500 000	500 000	外方		1 000 000	1 500 000
其他长期资产		—	—	资本公积		500 000	900 000
				盈余公积		1 000 000	1 100 000
				未分配利润		1 000 000	1 000 000
非流动资产合计		7 758 750	5 719 260	所有者权益合计		4 500 000	6 000 000
资产总计		11 258 750	12 219 260	负债及所有者权益总计		11 258 750	12 219 260

九、人力资源成本会计报表

本例填报的人力资源成本会计报表有资产负债表(表3-21)、损益表(表3-22)、人力资产成本变动及总成本表(表3-23)、人力资产分类成本表(表3-24)共计四张。具体编制内容详见各表。其中,资产负债表(表3-21)"人力资产"项目的年末金额15 983 360元,"人力资产摊销"项目的年末金额1 126 410元,"人力资产净值"项目的年末金额4 719 260元,分别等于人力资产成本变动及总成本表(表3-23)的"人力资产期末余额"项目本年累计金额15 983 360元,"人力资产累计摊销金额"项目的本年累计金额1 126 410元,以及"人力资产期末净值"项目的本年累计金额4 719 260元;同时应分别等于人力资产分类成本表(表3-24)的"人力资产总成本"栏的本年合计15 983 360元,"累计成本摊销额"栏的本年合计数1 126 410元,以及"人力资产成本净值"栏的本年合计数4 719 260元。人力资产成本变动及总成本表和人力资产分类成本表是资产负债表上有关人力资产项目的详细说明。

表3-22 损益表

编制单位:Rlzy 会计师事务所　　　20×5年12月31日　　　　　　　　　　单位:元

项　目	行次	本月金额	本年累计金额
一、营业收入		2 000 000	20 000 000
减:营业成本			
材料费用		100 000	500 000
折旧费用		25 000	100 000
人力资产费用		714 505	8 584 065①
其他费用等		150 000	1 250 000②
营业税金及附加(税率5%)		100 000	1 000 000
二、营业毛利润		910 495	8 565 935
减:管理费用			
人力资产费用		210 189	2 522 265③
其他费用		50 000	485 160
财务费用		20 000	250 000④
三、营业净利润		630 306	5 308 510
加:投资收益		20 000	100 000
营业外收入		—	—
人力资产收益		—	—
减:营业外支出		—	(50 000)
人力资产损失		—	(50 000)⑤

续表

项 目	行次	本月金额	本年累计金额
四、利润总额		650 306	5 358 510
减:所得税(税率33%)		214 601	1 768 308
五、企业净利润		435 705	3 590 202

①人力资产费用=11 106 330-2 522 265=8 584 065
②1 250 000元为该事务所办公用的房屋租金。
③管理费用中人力资产费用包括:
总经理的50%费用=959 166×50%=479 583(元)
两位副总经理的50%费用=1 544 396÷2=772 198(元)
一位部门经理的100%费用=1 769 768÷4=442 442(元)
④250 000元为该事务所借款利息。
⑤50 000元为该事务所1月10名离职职工损失。

表3-23 人力资产成本变动及总成本表

编制单位:Rlzy会计师事务所　　20×5年12月31日　　单位:元

人力资产项目	行次	本月发生金额	本年累计金额
人力资产期初余额	1	14 025 710	6 975 000
加:本期增加额	2	1 957 650	9 117 110
其中:人力资源取得成本	3	—	76 660
其中:招聘成本	4	—	14 810
选拔成本	5	—	8 750
录用成本	6	—	50 600
安置成本	7	—	2 500
人力资源开发成本	8	214 650	228 850
其中:岗前培训成本	9	146 400	146 400
岗位培训成本	10	68 250	68 250
脱产培训成本	11	—	14 200
人力资源使用成本	12	1 233 250	6 824 350
其中:维持成本	13	523 750	6 114 850
奖励成本	14	510 000	510 000
调剂成本	15	199 500	199 500
人力资源保障成本	16	509 750	1 953 500

续表

人力资产项目	行次	本月发生金额	本年累计金额
其中:劳动事故保障成本	17	—	—
健康保障成本	18	347 000	374 000
养老保险成本	19	81 450	947 700
医疗保险成本	20	48 870	568 620
失业保险成本	21	5 430	63 180
人力资源离职成本	22	—	33 750
其中:离职补偿成本	23	—	31 000
离职管理成本	24	—	2 750
离职前效益损失成本	25	—	—
空职成本	26	—	—
减:本期离职人员人力资产成本	27	—	108 750
其中:人力资产摊销	28	—	25 000
人力资产费用	29	—	33 750
人力资产损失	30	—	50 000
人力资产期末余额	31	15 983 360	15 983 360
减:人力资产累计摊销金额	32	11 264 100	11 264 100
其中:总经理	33	959 116	959 116
副总经理	34	1 563 416	1 563 416
部门经理	35	1 769 768	1 769 768
注册会计师	36	3 222 000	3 222 000
其他人员	37	3 590 000	3 590 000
新职工	38	159 750	159 750
人力资产期末净值	39	4 719 260	4 719 260

注:本表有关计算如下:
2 行数字＝3 行数字+8 行数字+12 行数字+16 行数字+22 行数字;
27 行数字＝28 行数字+29 行数字+30 行数字;
31 行数字＝1 行数字+2 行数字-27 行数字;
32 行数字＝33 行数字+34 行数字+35 行数字+36 行数字+37 行数字+38 行数字;
39 行数字＝31 行数字-32 行数字;
表中数字说明本期及本年累计人力资产成本增减变动情况。

表 3-24 人力资产分类成本表

编制单位：Rlzy 会计师事务所　　　　　　20×5 年 12 月 31 日　　　　　　单位：元

行次	人力资产项目分类	取得成本	开发成本	使用成本	保障成本	离职成本	人力资产总成本	累计成本摊销额	人力资产成本净值
1	总经理								
2	人力资产总成本						1 429 166		
3	减：累计摊销额							959 166	
4	人力资产成本净值								470 000
5	副总经理								
6	人力资产总成本						2 219 666		
7	减：累计摊销额							1 563 416	
8	人力资产成本净值								656 250
9	部门经理								
10	人力资产总成本						2 196 468		
11	减：累计摊销额							1 769 768	
12	人力资产成本净值								426 700
13	注册会计师								
14	人力资产总成本						4 372 000		
15	减：累计摊销额							3 222 000	
16	人力资产成本净值								1 150 000
17	其他人员								
18	人力资产总成本						5 315 000		
19	减：累计摊销额							3 590 000	
20	人力资产成本净值								1 725 000
21	新职工								
22	人力资产总成本						451 060		
23	减：累计摊销额							159 750	
24	人力资产成本净值								291 310
25	人力资产成本合计						15 983 360	11 264 100	4 719 260

注：本表计算如下：
各类人员人力资产总成本(A)栏-累计成本摊销(B)栏=人力资产成本净值(C)栏。
人力资源成本各明细栏目的数据从略。

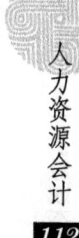

【本章关键概念】

人力资源成本会计　　人力资源使用成本　　人力资源成本计量方法
人力资源取得成本　　人力资源保障成本　　人力资源成本会计报告
人力资源开发成本　　人力资源离职成本

【复习思考题】

1. 什么是人力资源成本会计？人力资源成本计量方法有哪两种思路？
2. 什么是人力资源成本对象？人力资源成本项目包括哪些内容？
3. 人力资源成本会计的一般计量方法有哪几种？各有什么优缺点？
4. 如果将人力资源成本纳入传统会计核算，有哪两种方法？两者有什么区别？

【讨论案例 3-1　EEC 电子公司(A)①】

EEC 电子公司成立于 1975 年，主要生产新型家庭电子娱乐产品，如音响设备。

哈瑞斯先生是 EEC 公司董事长，由于公司产品受到美国客户欢迎，其市场份额不断增加。从 1975 年成立到 1980 年，公司快速成长。1975 年公司销售额为 60 万美元，到 1980 年已经超过了 2.4 亿美元，员工数量增加到大约 1 000 人，包括 100 名经理人员，而且工人大都技术熟练。哈瑞斯先生认为公司已经形成了高度有效的团体，他说："我们在头几年是非常成功的，不仅利润大幅增长，而且具有一级水平的管理层和劳动力，我们的员工是最有价值的资产。"

1981 年，公司的销售额开始下降，全年销售额预计为 2.2 亿美元，另外，公司的成本不断增加。3 月，哈瑞斯先生对利润下降表示了关切，他说："如果利润继续下降，我们应该进行公司内部改革，应削减一些固定成本如工资，可以解雇一些员工，从而使剩余的员工提高工作效率。"

5 月，公司的经营情况还没有得到改善，哈瑞斯先生请公司的总经理分别对 3 个星期、6 个星期、9 个星期之内解雇 10% 员工节省的工资费用做出估计。总经理的估计结果见表 3-25。据估计，公司在第 12 周到第 14 周销售额将增加，届时，大部分员工将被重新雇用。

在做出决定之前，1981 年 5 月 12 日哈瑞斯先生召开高层管理会议，财务总监同意总经理的估计，认为解雇员工 9 个星期将提高公司本年的利润。

---

① FLAMHOLTZ E G. Human resource accounting[M]. Devon, UK: Kluwer Academic Publishers, 1999:63.

他说:"解雇10%的员工9个星期可以节约工资费用27万美元,这可以使今年的净收益更合理。"然而,人事部门经理巴克先生不同意解雇员工,他认为:"解雇员工从长远来说对公司的损失将大于公司的收益。我们已经建立了一个良好的组织结构,解雇员工会伤害员工士气。另外,在8月底公司会需要这些员工,到那时这些员工已经找到了其他工作,如果我们再招聘新人,需要重新培训,成本很高。"

总经理认为:"巴克先生说得有道理,但巴克先生的观点还不能得到证实。公司解雇10%的员工9个星期可以节约工资费用27万美元,但是重新聘用员工的成本我们不清楚。我想在做最后决定时,必须考虑无形成本的因素。"

表3-25 解雇10%员工节省的工资费用估计

单位:美元

解雇时间(星期)	3	6	9	12
节省的工资费用	90 000	180 000	270 000	360 000

问题

(1)根据现在为管理层提供的信息,你同意解雇员工3个星期、6个星期、9个星期或12个星期吗?请说明理由。

(2)你认为总经理所说的解雇员工"无形成本"的计量需要哪些信息?

【应用案例3-1 A企业】

1. 案例目的:练习人力资源取得成本、人力资源开发成本、人力资源保障成本、人力资源离职成本的核算。

2. 资料:20×1年9月初,A企业准备招聘10名新职工。

(1)9月5日,招聘人员劳务费为6 000元。9月10日,为选拔新员工,企业支出的材料费为500元,体检费2 000元。9月25日,决定录用10名员工,每人支付的录取手续费为50元。

(2)该企业从10月起指定一名培训教师对10名新员工进行为期5天的岗位培训,培训教师指导期间的平均工资为960元/天。被培训员工每人培训材料费20元。

(3)该企业自10月起每月为10名新员工缴纳养老保险金和医疗保险金。其中,养老保险金为企业职工上年月平均工资的15%,医疗保险金为平均工资的10%。(企业上年职工月平均工资为3 000元)

(4)本年年底发工资之前,新招聘的员工罗菲与企业协商一致解除劳动合同,企业同意支付给她本月及下月工资共计5 000元。

3. 要求:

(1)根据上述人力资源取得成本经济业务,编制相关会计分录。

(2)登记人力资源取得成本、人力资源开发成本、人力资源保障成本、人力资源离职成本的总账账簿和明细账簿。

【应用案例3-2　LLU律师事务所(A)】

1. 案例目的:练习人力资源取得成本会计核算。

2. 资料:假设北京LLU律师事务所20×7年计划招聘一批大学刚毕业的新职工30人,人事部门负责此项工作。3~6月份发生以下与人力资源取得有关的经济业务和成本。

(1)3月1日开始筹备人员招聘工作。招聘工作为期一个月,包括发布广告、举办招聘会议、到业务定点学校宣传讲演等。3月份发生的招募人员的直接劳务费工资和福利费用共计5 000元。3月10~17日该事务所参加招聘会,直接业务费包括招聘洽谈会议费800元,差旅费200元,招聘广告费500元,宣传材料费1 200元,办公费800元,办公用水电费等300元。间接管理费用包括分摊行政管理费250元,招聘会临时场地设施使用费5 000元。上述费用以银行存款支付。应负担本批职工奖学金费用2 500元,该费用是为了吸引未来可能成为事务所的成员而向本批新职工就学大学预付的奖学金,该费用冲减预付奖学金。

(2)4月16—19日,进行4天招聘新职工的笔试和面试,然后进行改卷、调查、分析等选拔工作。选拔成本主要包括以下几个方面:

①进行初步口头面谈,选拔人员实行一对一面试,其工资率30元/小时,面试人数为招聘人数的3倍,面谈前的准备时间为每人2小时,面谈所需时间为每人0.25小时。选拔者面谈的时间费用应冲减管理费用。

②汇总申请资料费用,包括印发每份申请表资料费1元,每人资料汇总费1元,选拔人数90人,冲减管理费用。

③进行书面和口语测试,平均每人的材料费4元,平均每人书面测试的评分成本书面测试8元,口语测试评分成本5元,人数90,书面和口语测试各一次,其中材料费冲减管理费用,剩下的费用支付现金。

④人事部门分别请三个部门代表进行各种调查和比较分析,人事部门人员1名,其工资率30元/小时,每位部门代表的工资率平均35元/小时,讨论3次,每次与一名部门代表讨论3小时,该费用冲减管理费用。

⑤根据候选人员资料、考核成绩、调查分析评论意见,召开负责人会议讨论决策录用方案2次,均有4位经理参加,每次1小时,其工资率为60元/小时,冲减管理费用。

⑥最后的口头面谈,与候选人讨论录取后职位、待遇等条件,费用200元,冲减管理费用。

⑦获取有关证明材料,通知30位候选人体检,每人费用为8元,冲减管

理费用。

⑧体检,在体检后通知30位候选人录取,体检及其他费用每人40元,以银行存款支付。

(3)6月份决定录用已经选拔出来的30名员工,企业在录用这些职工时支付的录取手续费15元/人,应冲减管理费用;调入需要为10人支付学校培养费4 500元/人,应以银行存款支付学校,无其他费用。

(4)6月30日,为安置7月份开始上岗的已录取30名职工到具体的工作岗位上,安置新职工的工作所必须发生的各种行政管理费用共计1 500元;以及录用部门在安置人员时所损失的时间成本为20元/小时,共计安置时间为4小时;为新职工提供工作所需要的各种办公用品费用60元/人。上述费用冲减管理费用。

(5)6月30日,该批职工安置完毕,将人力资源取得成本转入"人力资产"账户,编制结转本月人力资源取得成本分录。

3. 要求:

(1)根据上述资料,为每笔经济业务编制相关的会计分录。

(2)登记与人力资源取得成本相关的各总账账簿和明细账簿。

【应用案例3-3 LLU律师事务所(B)】

1. 案例目的:练习人力资源开发成本会计核算。

2. 资料:接上述【应用案例3-2】的资料。

(6)上述新职工7月1日进入该律师事务所之后,为了进行职业道德教育,使其熟悉事务所的总体工作环境和工作程序,事务所各部门经理对他们进行为期3个月的上岗前培训。10月份新职工上岗后,为了使其熟悉岗位工作情况,提高工作效率,各部门的律师对他们进行为期3个月的岗位培训。9月份该事务所由于业务扩展的需要,对其一名部门经理进行1个月的脱产培训。20×7年7月1日,30名新职工进入事务所开始进行上岗前教育,每个新职工的工资60元/日,每日4小时讲座,4小时作业或模拟实习事务所工作,每月按照22天计算。培训教师是事务所内部的各部门经理,每日由一名部门经理上课,工资按照每小时平均120元的工资率计算,假定培训期间教师离岗的人工损失费用为50%,教育管理费为每月1 800元,资料费用平均每人每月100元,教育设备折旧费用2 000元/月。8月、9月费用同上,所编制的分录也同上。

(7)该事务所从10月开始,对新职工进行为期三个月的岗位培训。岗位培训由10个律师分别进行,每个律师分配3个徒弟,平均每天用2小时进行指导,每个律师在指导期间的平均工资250元/日,假定本例不考虑培训引起的离开原岗位工作损失费用,新职工工资平均每日60元,每月平均按照22天计算。被培训职工不熟练工作对事务所造成的损失平均为每月每人30元，培训材料费用每月每人20元，各种管理费用每月1 000元。20×7年11月、12月人力资源开发费用计算同上，所编制的分录同上。

(8)9月份该事务所由于业务扩展，委托外单位对其一名A部门经理进行1个月的脱产培训。所发生的费用为：①委托外单位培训费6 000元；②被培训的A部门经理月薪60 000元/人（培训期间工资按照40%发放）；③被培训人员往返差旅费4 000元/人；④被培训人员资料费500元/人。假定本例不考虑被培训人员离岗损失费用。

(9)20×7年9月30日结转A部门经理脱产培训的开发成本。

(10)20×7年12月31日，该批新职工培训完毕，将人力资源开发成本转入"人力资产"账户。

3. 要求：
(1)根据上述资料，为每笔经济业务编制相关会计分录。
(2)登记与人力资源开发成本相关的各总账账簿和明细账簿。

【应用案例3-4 LLU律师事务所(C)】

1. 案例目的：练习人力资源使用成本会计核算。
2. 资料：接上述【应用案例3-3】的资料。

(11)上述律师事务所7月份招聘的新职工，从10月份开始上岗进行部分工作，其7—9月工资全部记入开发成本，10—12月工资部分记入开发成本，部分计入使用成本。计算10月该批新职工的工资，记入人力资源使用成本，假定各种福利费用第一年暂不计算，年终也暂不分红。

(12)假定该所总经理年工资960 000元人民币；副总经理2名，年工资每人840 000元人民币；部门经理4名，年工资每人720 000元人民币；专职律师10名，每人年工资240 000元人民币；其他人员30名，平均工资每人年30 000元人民币。分别计算20×7年1~6月人力资源使用成本，20×7年7—8月人力资源使用成本，20×7年9月人力资源使用成本，20×7年10—12月人力资源使用成本。

(13)20×7年12月31日，上述律师事务所发放年终奖金，其中：总经理年奖金80 000元人民币；副总经理2名，年奖金每人70 000元人民币；部门经理4名，年奖金每人60 000元人民币；专职律师10名，每人年奖金20 000元人民币；其他人员30名，年终奖金平均每人每年3 000元人民币。7月份招聘的新职工，从10月份开始上岗工作，没有奖金。

(14)20×7年12月31日，核算该事务所本年应摊销的调剂成本包括：职工娱乐及文体活动费用开支为：①原有职工每人400元，共47人；新职工每人200元，共30人。②职工定期休假制度规定：休假每人每年15天（不包括节假日),休假期间工资照发,同时支付休假工资,20×7 年待摊休假费用为月工资总额的 1/4,新职工 20×7 年无休假。

(15) 将本年 1—12 月各月人力资源使用成本中的维持成本转入"人力资产"账户。

(16) 将 20×7 年 12 月 31 日人力资源使用成本中的奖励成本和调剂成本转入"人力资产"账户

(17) 20×7 年 12 月 31 日,该律师事务所提取企业健康保障基金,用以应付日常医药费开支。其中总经理应提取 10 000 元人民币;副总经理 3 名,每人应提取 5 000 元人民币;部门经理 4 名,本年平均每人应提取 5 000 元人民币;律师 10 名,每人应提取 12 000 元人民币;其他人员 30 名,平均每人应提取 3 000 元人民币;7 月份招聘的新职工,医药费平均每人应提取 1 000 元人民币。计算 20×7 年该律师事务所健康保障成本,并记入应付福利费账户。

(18) 20×7 年每月该律师事务所应为其职工缴纳养老保险、医疗保障、失业保障基金,其中:养老保险基金为其职工当月平均工资收入的 20%,按月提取存储;为其职工缴纳的医疗保险金为其职工当月平均工资收入的 10%,按月提取存储;为其职工缴纳的失业保险金为其职工当月平均工资收入的 1.5%,按月提取存储。计算各月应付的三项保险金。

(19) 每月末,将本月人力资源保障成本转入"人力资产"账户。本例设计的健康保障成本只在 12 月计提,其中总经理 10 000 元,副总经理每人 5 000 元,部门经理每人 5 000 元,专职律师每人 12 000 元,其他人员每人 3 000 元,新职工每人 1 000 元。因此,其他月份结转人力资源保障成本时,没有健康保障部分。

3. 要求:

(1) 根据上述资料,为每笔经济业务编制相关会计分录。

(2) 登记与人力资源使用成本、人力资源保障成本相关的各总账账簿和明细账簿。

【应用案例 3-5 LLU 律师事务所(D)】

1. 案例目的:练习人力资源离职成本会计核算。

2. 资料:接上述【应用案例 3-4】的资料。

(20) 20×7 年 1 月发工资之前,该所有 10 名职工办理手续先后离开,原因如下:

①办事员李红,经劳动合同当事双方协商一致解除劳动合同,事务所同意用银行存款支付给她本月及下月的工资共计 5 000 元。

②事务所秘书程明明由于患病,医疗期满后不能从事原工作,也不能从事由事务所另行安排的工作,因此她退职离开事务所。事务所用银行存款

支付她离职补偿金 12 000 元表示关心。

③律师助理王玲因不能胜任工作，经过培训或调整工作岗位，仍不能胜任工作，经研究决定让其另谋职业，按照合同规定用银行存款发给她离职补偿金 6 000 元。

④20×3 年与业务员丁建签订的劳动合同要求他三年内通过考试取得律师资格，至 20×7 年他仍未通过考试，不符合签订的劳动合同的规定，致使原劳动合同无法履行，经当事人双方协商后，不能就变更劳动合同达成协议而解除劳动合同，该所发给他离职补偿金 15 000 元转入该职工银行存款账户。

⑤其他 6 人离开事务所另谋职业，因其未完成合同而要求解职，因此事务所不承担任何责任，不发给他们离职补偿。

(21)20×7 年 1 月，该事务所管理人员与离职职工进行谈话协商，与每人面谈前的准备时间平均为 3 小时，与每人面谈所需时间平均为 1 小时，面谈者工资平均为 60 元/小时，假定管理人员面谈前的准备工作和面谈时间都占用其非工作时间，离职员工的平均工资为 6 600 元/月，办理离职手续需要支付的管理费用平均每人为 100 元，以上款项均用银行存款支付。

(22)根据上述计算，将 1 月人力资源离职成本转入"人力资产"账户。

(23)假定 1 月离职 10 名人员的人力资产成本为 85 000 元，已经摊销价值为 25 000 元，本期应该摊销计入人力资产费用的价值为 41 775 元，则人力资产离职损失 60 000 元，冲销本月离职人员人力资产价值。

3. 要求：

(1)根据上述资料，为每笔经济业务编制相关会计分录。

(2)登记与人力资源离职成本相关的各总账账簿和明细账簿。

【应用案例 3-6　LLU 律师事务所(E)】

1. 案例目的：练习人力资产费用摊销和人力资源成本结转会计核算。

2. 资料：接上述【应用案例 3-5】的资料。

(24)每月末分摊本期人力资产费用。每月末，根据"人力资产"账户的年初余额摊销记录本年的人力资产费用，假定年初"人力资产"账户余额 6 900 000 元，其中总经理成本 600 000 元，副总经理成本 900 000 元，部门经理成本 900 000 元，专职律师成本 1 800 000 元，其他人员成本 2 700 000 元。根据各组人员情况摊销年限不同，一般应该根据合同使用年限摊销，本例假定总经理合同年限为 5 年，副总经理合同年限为 4 年，部门经理合同年限为 2 年，专职律师合同年限为 3 年，其他人员合同年限为 3 年。根据上述资料，计算各月应摊销的人力资产费用，并编制各月人力资产费用摊销分录。

(25)每月末，根据"人力资产"账户的本月发生额记录，结转本月的人力资产使用成本和保障成本。

(26)结转人力资源损失成本。由于20×7年1月10名职工离职所造成的人力资产损失60 000元,转入当月利润计算盈亏。

3. 要求:

(1)根据上述资料,为每笔经济业务编制相关会计分录。

(2)登记并计算人力资产(假定人力资产总账期初余额为6 900 000元)、人力资源取得成本、人力资源开发成本、人力资源使用成本、人力资源保障成本、人力资源离职成本、人力资产费用、人力资产摊销(假定人力资产摊销总账期初余额为216 250元,其中各明细账户期初余额为:总经理10 000元,副总经理18 750元,部门经理37 500元,专职律师50 000元,其他人员100 000元)、人力资产损益的各总账账簿和明细账簿的本期发生额以及期末余额。

(3)借鉴本章资产负债表(见表3-21)①、损益表(见表3-22)②、人力资源成本计算表(见表3-23和表3-24)编制20×7年12月31日LLU律师事务所人力资源会计的资产负债表、损益表、人力资源成本计算表。

---

① 假定表3-21中,除人力资产部分应付工资、应付福利费、应付养老保险金、应付医疗保险金、应付失业保险金需要重新变更外,应交税金年初数为425 000元,应交税金本年数为220 750元,其他长期应付款本年数为15 333元。

② 假定表3-22营业收入(本月为4 000 000元,本年累计为100 000 000元),除人力资产费用和需要计算的栏目外,其他给定金额:材料费用、折旧费用、其他费用、财务费用、投资收益项目金额不变。

第四章 人力资源价值会计

第一节 研究人力资源价值会计的意义

人力资产不同于其他资产,作为其载体的人本身具有自主性。人力资产的效用既取决于企业在人力资产方面的投资,也取决于企业的管理倾向和组织结构、生产条件,更取决于个人的能力、性格、欲望、观念、对群体的适应性,甚至生活习性和社会境遇。每个人的贡献都是这些因素综合作用的结果,而企业的整体人力资源效益又是众多职工相互影响、协调、使用或制约的综合结果。这种结果又和企业内其他资源运用的结果融合在一起,表现为企业的最终经营成果。所以说,融合在企业最终经营成果里的人力资源因素与企业在人力资源上的投资并无必然联系。而传统会计的方法除确认人力资源投资外,很少有别的方法能以定量的形式来揭示人力资源的信息。例如,美国的一些企业在试行人力资源会计时,多数是把对人力资源的投资,即人力资源成本作为首先反映的内容。因此可以说西方早期创造的是以反映人力资产投资为主要内容的人力资源成本会计,而"融合在企业最终经营成果里的人力资源因素",需要引入人力资源价值的概念进行反映。

一、人力资源价值的概念

（一）价值、劳动力价值和人力资源价值

在经济学范畴内,价值是指凝结在商品上的一般人类劳动。任何商品都具有使用价值和交换价值。使用价值表现为某种商品或资源的用途,即物的有用性;交换价值表现为一种商品或资源交换或购买其他商品的能力,即商品所包含的物化劳动量。经济学中主要讨论商品的交换价值,因此,无特别说明时,价值一般是指交换价值。

劳动力是一种特殊的商品,作为商品,劳动力也具有使用价值和交换价值。同其他商品一样,劳动力的交换价值是由生产和再生产劳动力的社会必要劳动时间决定的。劳动力的价值包括:第一,维持劳动力自身生存所必要的生活资料的价值;第二,养活劳动力家属和子女所必需的生活资料的价值;第三,一定的教育或培训费用。马克思曾指出:"劳动力的价值,是由生产、发展、维持和延续劳动力所必需的生活资料的价值来决定的"。① 笔者认为,马克思以上阐述的"劳动力的价值"是劳动力所创造的必要劳动价值,即人力资源的必要劳动价值,也就是人力资源的交换价值,可称为狭义的人力资源价值。

劳动力作为商品也具有使用价值。与其他商品不同的是,劳动力商品有特殊使用价值。劳动力的使用就是劳动,劳动能创造价值,是价值的源泉。劳动力在消费过程中即在劳动过程中能创造出比自身价值更大的价值,也就是说,它能够创造价值和剩余价值。正如恩格斯所说,劳动力"这个商品具有一种独特的特性:它是一种创造价值的力量,是一种产生价值的源泉,并且——在适当使用的时候——是一种能产生比自己具有的价值更多的价值的源泉"②。因此,本书在研究人力资源价值的过程中,除了研究人力资源的必要劳动价值外,还研究人力资源的剩余劳动价值。人力资源的必要劳动价值是决定人力资源价值的依据和基础。人力资源的使用价值应该是劳动力的必要劳动价值和剩余劳动价值之和,或称为广义的人力资源价值(见图4-1)。

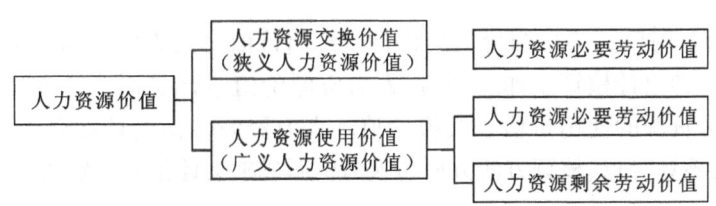

图4-1 人力资源价值分类

因此,人力资源价值是指作为商品的劳动力的价值,包括其交换价值和使用价值。其中,交换价值是人力资源价值的计量基础,其价值量是由生产、发展、维持和不断再生产出劳动力所耗费的物质资料和劳务费用(劳动耗费)的总和确定的。随着社会政治、经济和文化的发展,一些现代经济学家已不再将人力资源看作一般商品,而逐渐倾向于将人力资源看作一种资本性资源,研究如何从技术上确定人力资源的价值量。

(二)人力资源价值的特性

在研究人力资源价值时,应该注意到人力资源与其他商品或资源的本质区别之一是他的使用权和所有权是相互分离的。对于其他商品或资源,一旦被企业购入,就是买断它的使用权和所有权,而企业雇用劳动力为企业

---

① 马克思恩格斯选集[M]. 2卷. 北京:人民出版社,1972:181.
② 马克思恩格斯选集[M]. 1卷. 北京:人民出版社,1972:347.

工作或劳动,支付其工资报酬,实际上只是购买了人力资源的使用权,而不能购买人力资源的所有权。人力资源的所有权是属于人力资源自己的。因此,人力资源即劳动者(包括体力劳动者和脑力劳动者)不仅可以将自己作为"资本"投入企业,而且可以向自己投资进行开发,改善或提高自身的价值。由此,人力资源可以在企业之间或组织之间不断流动,流动的方向一般是向实现其自身更大价值的企业或组织流动。也就是说,一般情况下,人力资源在其使用年限内,其价值在不断增值。

人力资源与其他资源的另一个本质区别是人力资源的使用价值大于人力资源的交换价值,即人力资源不断为企业创造比其自身报酬更大的价值,即剩余价值。如果将人力资源使用价值在企业内所形成的积累作为人力资本看待,那么人力资本作为一种投入资本也应该像其他投入资本一样从企业得到投资回报。因此,本章除研究人力资源价值的确认、计量、记录和报告外,还将探讨人力资源作为一种资本性投资的可能性和将人力资源使用价值在企业所形成的积累部分作为"生产者权益"的会计处理方法。

二、人力资源价值会计与人力资源成本会计的区别

如前所述,人力资源价值会计是以产出价值对人力资源的经济价值所进行的一种会计核算工作。同时,人力资源价值会计是以会计方法定量地研究人力资源的使用价值和交换价值。人力资源价值会计在会计目标、核算角度、核算时点、核算方法方面与人力资源成本会计是有区别的。

(一)会计目标不同

人力资源价值会计核算的主要目标是为企业内部人力资源管理和生产经营决策服务的,是根据企业内部管理的不同需求,建立不同计量模型,进行人力资源价值的核算、分析或报告。一般来说,人力资源价值数据收集是与传统会计的历史成本计量原则相违背的,因此不便于纳入传统会计核算。从这个意义上说,人力资源价值会计主要是一种管理会计。

人力资源成本会计核算的主要目标是为企业外部投资人、债权人、相关政府部门等财务报表阅读者进行投资决策、宏观管理服务的。它是根据企业外部投资者、债权人、政府部门等的需求而建立模型进行核算的,而且人力资源成本数据收集方式与传统会计历史成本计价原则下的方式基本相同,因此比较容易纳入传统会计核算。从这个意义上说,人力资源成本会计主要是一种财务会计。

(二)核算角度不同

人力资源价值会计是从产出角度核算人力资产的价值,即交换价值和使用价值。企业人力资产与其他长期资产不同,其交换价值一般是以每月

工资的形式表现的,该交换价值类似于固定资产折旧。如果将人力资产作为长期资产计算其总价值,则人力资产的交换总价值可以看成是从劳动力以劳动交换工资开始日至丧失劳动能力不能领取工资时止累计发放的工资及其他收入的总额,这也是人力资产的产出价值。当人力资源进入企业时,人力资产的价值是一种预计未来人力资产可提供的服务总值的现值。

人力资源成本会计是从投入角度核算企业对其人力资产的取得、开发、使用、保障、离职等方面所花费的本钱,即核算企业人力资源成本价值。

(三)核算时点不同

两种人力资源会计核算角度不同,导致其在核算时点的选择上有所不同。

人力资源价值会计要对企业内部人力资源价值进行事前预测。人力资源价值会计是以企业对其人力资源的预计价值估计其人力资产,是企业按照人力资源的预期总经济价值,对其人力资产进行事前的反映,是一种反映预期价值的会计方法。

人力资源成本会计要对企业人力资产的投入进行事后核算。人力资源成本会计是按照传统会计方法记录企业的人力资产。企业对其人力资源的投资形成企业的人力资本,企业对其人力资源的投资成本形成企业的人力资产。

(四)核算方法不同

由于人力资源价值会计是事前对企业内部人力资源价值进行预测性核算,因此它的计算结果是带有主观性的,而且所使用的一些会计原则与传统会计原则相违背,如使用机会成本、估计价值,违背历史成本概念。如果将其纳入传统会计核算有一定的困难。因此,人力资源价值会计更多的是采用管理会计的方法进行人力资源价值分析,本书也引入传统会计核算中账务处理方法收集数据,进行人力资源价值信息的确认、计量、记录、报告等会计处理。但是,这种人力资源价值会计资料一般应独立于传统会计而单独设置账簿进行会计处理。

而人力资源成本会计主要是采用财务会计的方法进行人力资源成本数据的确认、计量、记录和报告等会计处理。

当然,人力资源会计的两种方法也是有联系的,人力资源成本会计为人力资源价值会计提供可参照的基础数据,将其与人力资源价值会计信息进行比较分析,可以共同反映企业人力资源状况。而且对同一个或一组人力资产,人力资源成本会计的累计数据将随着该人力资产使用期间的延长而逐渐接近人力资源价值会计对其的预期估计价值。

三、研究人力资源价值会计的意义

在开始研究人力资源价值会计方法之前，首先要解决为什么要研究人力资源价值会计的问题，说明研究该问题的作用或意义。从目前的研究来看，研究人力资源价值会计至少有以下几方面的现实意义：第一，为人力资源的投资决策提供有用的数据。企业进行任何投资之前都应该进行投资决策分析，对人力资源投资之前也应该如此。投资决策的依据是投资报酬率的高低。如果投资报酬率高于投资资本利息率，则投资是可行的；如果投资报酬率低于投资资本利息率，则投资是不可行的。人力资源价值会计的目的之一就是预测人力资源的使用价值，包括人力资源为企业创造的剩余价值。通过分析由人力资源投资所引起的人力资源价值的变化，可以计算人力资源投资的报酬率。因此，人力资源价值会计数据是计算人力资源投资报酬率的依据。

第二，为人力资源的有效利用提供有益的数据。由于人力资源所有权属于个人，而且人力资源具有完全的独立主权，其个人并不属于任何其他个人或组织所有。因此人可以相对自由地为一个组织提供服务，也可以相对自由地取消这些服务。从企业角度来讲，企业获得的某个人所提供的服务，有可能小于他所拥有的提供服务的潜能。也就是说企业只获得该人的有限服务，而不是全部服务。为了有效利用企业人力资源，可以利用人力资源价值会计资料，通过分析人力资源预期可实现的价值和预期有条件价值，分析人力资源的利用情况，以便改善人力资源管理和提高人力资源的利用效果。

第三，为人力资源的投资收益分析提供依据。企业对人力资源投资收益的分析，要求通过人力资源使用价值的分析确定其收益额，人力资源会计的计算数据是分析的基础。通过对某一会计期间人力资源使用价值数据的估计和计算结果，将其与同期人力资源成本会计累计的数据相比较，其差额可以相对准确地反映该期间人力资源收益额。将此结果与人力资源投资预测效果相比较，可以观察预期投资效益的实现情况。

第四，为人力资本的投资回报提供计量依据。人力资源在使用中为企业创造了剩余价值。企业的各种资源的所有者即投资者、债权人按照投资比例以股利或其他形式从企业分得一部分利润。那么人力资源的所有者也应该按照比例以"生产者权益"或"劳力股"等其他形式，从企业得到一部分应该属于人力资本的投资回报。近年来我国一些企业尝试按照人力资源投资分红，寻找比较合理的人力资源价值计量方法。人力资源价值会计的研究可以为这些企业提供一种可行的方法。比如，在计算人力资本投资回报时，利用企业人力资源价值总额，计算人力资本占总资本的比例，按照比例计算因使用人力资源而为企业形成的积累额，也就是应分但未分配给人力资源的剩余利润所形成的积累或股份，按照积累的数量或股份的数量计算分配红利或股利。

根据以上分析,可见人力资源价值会计的研究对加强人力资源管理,发挥人力资源的潜力,更加有效地利用人力资源有一定意义。

第二节 人力资源价值计量的一般理论

人力资源价值计量的一般理论包括以下几种:人力资源价值计量方法分类、计量基础的选择、工资作为人力资源价值计量基础的理论依据。

一、人力资源价值计量方法的一般分类

人力资源价值的计量方法一般可分为货币计量方法和非货币计量方法。货币计量方法是用货币单位计量人力资源的价值。非货币计量方法则主张采用非货币单位计量人力资源,认为人力资源无法用货币来计量,只能采用非货币形式对其进行计量和说明。

在人力资源会计尤其是人力资源价值会计中,我们认为应有非货币性的计算、分析和说明,尤其是在无法用货币性方法计量人力资源时,用非货币性计量方法代替货币性方法具有重要意义。而且人的行为和习性、人的潜能和适应能力、群体的配合习惯和工作气氛等绝不是货币指标所能揭示的。这里需要说明的是,非货币分析并不是随心所欲的,应重视发展专门的方法和工具,达到高度的逻辑性和规范化,并要有一些能被普遍接受的专门依据和表达方式,只有这样,非货币性分析才能令人信服,为人们所接受。本章研究人力资源价值会计时,主要侧重研究如何以货币性方法计量人力资源的价值。

二、货币性人力资源价值计量方法的分类

人力资源价值的货币性计量方法多种多样,各种方法是由于对人力资源价值认识不同,对人力资源价值会计的目的认识不同,对人力资源会计数据的用途认识不同而产生的。可以说各种方法都反映了人力资源价值的一个侧面。因为人力资源价值是一个含义很广泛的概念,用会计方法反映人力资源价值首先要确定计量基础,其次才是各种具体计量方法。

根据人力资源价值计量的依据不同、详细程度不同,可以将人力资源价值划分为不同类型,从而使其计量方法分为不同种类。

我们可以将人力资源价值划分为人力资源交换价值、人力资源剩余价值和人力资源使用价值。由此,各种人力资源价值的计量方法可以分为人力资源交换价值的计量方法、人力资源剩余价值的计量方法和人力资源使

用价值计量方法(见图4-2)。人力资源交换价值的计量方法以人力资源的工资为计量依据;人力资源剩余价值的计量方法以人力资源所创造的收益为计量依据;人力资源使用价值计量方法以人力资源的工资和人力资源所创造的收益为计量依据。

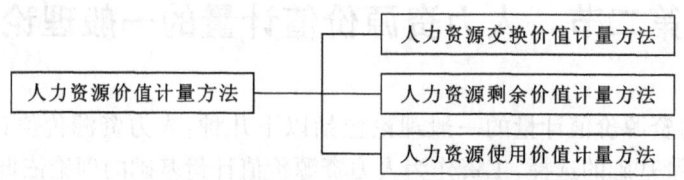

图4-2 人力资源价值计量方法分类一

根据人力资源价值计量的详细程度不同,可以将人力资源的价值划分为个别人力资源价值、群体人力资源价值、某组织全部人力资源价值。其中,个别人力资源价值是某个人作为一个社会、一个组织或一个企业的成员,在为其工作期间所提供的各种未来服务的现值;群体人力资源价值是某个群体作为一个社会、一个组织或企业的组成部分,在为其工作期间所提供的各种未来服务的现值;某组织全部人力资源价值是该组织对社会或企业所提供的未来服务的现值。因此,人力资源价值的计量方法又可以划分为个别人力资源价值的计量方法、群体人力资源价值的计量方法、某组织全部人力资源价值的计量方法(见图4-3)。

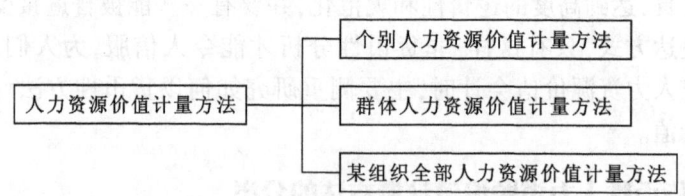

图4-3 人力资源价值计量方法分类二

一般来说,人力资源交换价值计量方法大多是采用个别人力资源价值计量方法;人力资源剩余价值计量方法大多是采用群体人力资源价值计量方法,或某组织全部人力资源价值计量方法;人力资源使用价值计量方法则是分别采用个别人力资源价值计量方法、群体人力资源价值计量方法,或两者综合的计量方法。

三、选择人力资源价值计量基础的条件

计量人力资源的价值,首先应解决用什么量作为人力资源价值的计量基础。一个量作为其他量的计量基础应该满足以下几个条件:

第一,可操作性。在会计上可操作的量首先必须是能用货币计量的量,相反,不能用货币计量的量,在会计账务处理上是不可以反映的,是难以操作的。其次,在人力资源价值会计中可操作的量,应该与人力资源价值是相关的,而且是相对稳定的。如果一个量与人力资源价值变化无关,或与人力资源价值变化间的关系无一定规律,则这个量就不能作为人力资源价值的计量依据。

第二,合理性。作为人力资源价值计量依据的量还应该合理反映人力资源价值的大小。也就是说,该量的计算从经济学理论上讲是合乎道理的,是被大多数经济理论学派所认可的。相反,如果这个量从经济学理论上讲是很难统一认识的,争议很大,则不应该作为人力资源价值计量的依据。

第三,公允性。所谓公允性,是指人力资源价值的计量依据是可以公正地反映人力资源所有者和使用者的意愿,是能够被他们所接受的。使用这种量作为人力资源价值的计量基础计算出来的数据用于对人力资源投资方案分析、人力资源使用效益分析、人力资源积累分配分析,其结论才是公正可行的。

第四,合法性。所谓合法性,是指人力资源价值的计量依据受到法律、法规的认可和保护。依据有合法性的量计算出来的人力资源价值才是有现实意义的量,才可以成为有实际应用价值的数据。

在人力资源价值计量中符合上述四个条件的基础量,就是工资。工资是劳动力价值的货币表现,也是人力资源价值的计量基础。

四、工资成为人力资源价值计量基础的理论依据

为了进一步阐述工资与人力资源价值的关系,在这里讨论各经济学派对工资本质的认识,以及影响工资水平的各种因素。

(一)劳动力价值理论与边际产品理论

1891年恩格斯在为马克思《雇佣劳动与资本》一文重新校定出版所写的导言中指出:"我所做的全部修改,都归于一点。在原稿上是,工人为取得工资向资本家出卖自己的劳动,在现在这一版上则是出卖自己的劳动力。"[1]并对为什么这样修改做了说明,该文明确了劳动力价值的观点。

马克思在揭示劳动力价值的时候指出,劳动力的价值是由生产、发展、维持和延续劳动力所必需的生活资料的价值决定的。马克思在揭示工资本质时得出的结论是:工资不是劳动的价值或价格,它只是劳动力价格的货币表现。工资是雇主支付给劳动者的劳动报酬,它是劳动者生产出的维持其

---

[1] 马克思恩格斯选集[M]. 1卷. 北京:人民出版社,1972:341.

所需生活资料的价值,也是劳动力的必要劳动价值。

现代经济理论在确定劳动力价值时引入了边际收益的概念,认为劳动力的价值是生产边际产品的市场价格。

现代经济学家保罗·A.萨缪尔森和威廉·D.诺德豪斯在其所著《经济学》一书①中详细阐述了劳动力价值的生产边际产品理论。他们认为,所谓某一投入(如劳动投入)的边际产品,就是指在其他投入保持不变时,增添一单位的该种投入(如劳动力的投入)所增加的额外产量和产出。例如:服装厂的产品是衬衣,假定该企业对厂房、设备等的投入保持不变,只改变劳动力的投入即工人的数量,由于工人数量的变动会引起产量的变动。假定该企业工人由99人增加到100人,则衬衣的产量增加了10件。那么第100名工人的边际产品为10件衬衣。如果把上述劳动力变化与产品产量变化之间的关系用函数式来表示,则可给出劳动力变化的生产函数。

由经济理论分析可知,在一定条件下,生产函数遵循收益递减的规律,即在保持其他条件不变的情况下,随着某一投入量的增加,每一单位的该种投入的边际产量会下降,因而边际收益产品也会下降。所谓边际收益产品,是指由每增加一单位投入所引起的产出增长的货币值,用公式表示为:

$$边际收益产品 = 价格 \times 边际产品$$

投入劳动力的边际收益产品是指,在其他投资不变的条件下,每增加一个劳动力所增加的收益。当投入劳动力的边际收益产品与投入劳动力成本(工资)相等时,再增加劳动力投入就没有意义了。

根据收益递减规律,劳动力的价值是指在其他条件不变时,随着收益递减而投入增加的最后一名劳动力所产生的边际收益产品,其价值就是劳动力的价格,即劳动力的工资。

由此可见,不同经济理论的共同认识是:劳动力的价值与劳动力的产出是密切相关的。劳动力的工资是劳动力的价格,是与劳动力的价值密不可分的。

(二)市场经济下的工资水平

在完全竞争的劳动市场内存在数量庞大的劳动力和雇主,这时劳动力的供给与需求决定了劳动力的工资水平。在一个工作相同、劳动者相同的市场里,竞争会使小时工资率严格相等。没有一个雇主愿意为一个劳动力付出高于其他具有相同技能的劳动力的工资。

工资水平的高低是由劳动需求的要素,即劳动投入量和劳动产出量决定的。在一定时期内,一定技术状况下,劳动投入量和劳动产出量之间存在一定的关系。按照收益递减规律,每增加一个单位的劳动力投入量,增加的

---

① 萨缪尔森,诺德豪斯. 经济学[M]. 14版. 北京:首都经济贸易大学出版社,1997.

产出越来越少,当其增加的产出与支付劳动力的工资相等时,企业就不会再增加劳动力。因此,将企业增加最后一个劳动力所增加的产出定义为边际生产力,即企业劳动力的平均工资水平。劳动力的需求不是无限的,是由劳动力的边际产品即边际生产力决定的。

劳动边际产品依赖于劳动投入的质量,生产中与之配合的各种生产要素的数量和质量,以及技术和工程知识的利用水平。当高质量的劳动力、先进的技术和资本的积累相结合,导致劳动生产率和劳动需求的大幅度提高时,也就导致工资水平的提高。

(三)工资差异的因素

在现实生活中,不同的劳动者、劳动群体之间存在工资的差异。造成工资差异的因素有非人力资源投资对工资差异的影响和人力资源投资对工资差异的影响。其中,人力资源投资对工资差异的影响更大。

1. 非人力资源投资对工资差异的影响。非人力资源投资对工资差异的影响主要是补偿差异。所谓补偿差异,是指各种职业中用于吸引人才的补偿性的工资差异或非货币性差异。各种职业的吸引力是不同的。因此,需要提高工资待遇以使人们进入吸引力较小的行业,比如:工作环境较差的清洁工等环境卫生行业工资待遇较高,工作较危险的行业工资待遇较高,受传统观念影响人们不愿意接受的工作工资待遇较高,等等。

2. 人力资源投资对工资差异的影响。人力资源投资对工资差异的影响具体表现在:

(1)劳动质量差异。由于劳动质量上的差别,会出现某些日常生活中可见的极大的工资差异。这是工资悬殊的另一个关键因素,即劳动力本身质量上的差异。引起劳动力质量上的差异的重要因素是人力资本。人力资本是由在教育和训练过程中建立和积累起来的有效的和有价值的知识构成的。知识的积累过程是长期投资的结果,这些投资是以支付学费和放弃工资收入等形式花费大量资金和长时间学习的努力换取的。因此,高质量劳动者的高工资应视为他们在人力资源开发上投资获得的回报,即对受过高水平训练的工人成为专门技术人才或接受高等教育的人才的教育回报。

(2)劳动市场分割。工资差异的另一个原因在于劳动市场分割为一些非竞争性群体。在劳动力市场中,按照职业的不同划分成不同的市场,一个职业的成员要想进入另一个职业领域是非常困难的,而且代价是昂贵的。这是由于进入这个领域并熟练地工作需要进行大量时间和金钱的投入才成为可能。一旦人们在特殊岗位上专门化之后,他们就成为一个特殊的劳动力市场中的成员。他们受该种专门技能的供给与需求的影响,并且可以发现他们自己劳动收入的提高和降低依赖于该职业产业的状况。由于这种分割,某一职业的工资和其他职业的工资可能相差悬殊。

劳动质量差异、劳动市场分割对人力资源价值的影响实质上完全是由于人力资本的差异造成的，完全取决于人力资源投资的多少。

（四）工资确认的契约因素

由于劳动力所有权归劳动者所有，因此，劳动力的使用者只能用工资去交换劳动力的劳动。这样劳动者和雇主之间一定要有某种形式的谅解合同以便确定劳动时间、劳动条件和工资；同时，国家为了保护劳动者的权利，制定了一系列法律和法规，要求企业或雇主遵守。因此，工资最后的确定是在法律法规的指导和约束下，由劳动力供求双方通过协商，在双方自愿的条件下，依据市场经济规律进行的。这种工资是受法律保护和承认的。

通过以上分析可知，各种劳动力价值理论都从劳动力产出的角度进行研究，承认工资是劳动力的价格，与人力资源的价值密不可分。"工资"作为人力资源价值计量的基础是合理的和公允的，是合法的，也是可操作的。

五、消费者剩余、经济剩余和人力资源使用价值

（一）消费者剩余

任何商品都有交换价值和使用价值。如前所述，商品的交换价值表现为一种商品或资源交换或购买其他商品的能力，即商品所包含的物化劳动量。在市场经济的条件下，商品的交换价值具体表现为商品的市场价格。

商品的使用价值是指商品的总效用量，它表示一个消费者从某种商品的消费中得到的有用性或满足的量。对于同一个商品，使用目的的不同，其使用价值有很大区别。例如小汽车，对于出租车司机和乘客来说，其使用价值明显不同。小汽车对于出租车司机的使用价值是为消费者带来直接收益；小汽车对于乘客的使用价值是为消费者带来交通的快捷和便利。

人们是按照商品的市场价格而不是商品的使用价值购买商品，生产者也不会因为使用者使用目的的不同而改变商品的价格。商品的价格对任何消费者都是一样的。而商品的使用价值或经济价值对不同消费者是不同的，商品的使用价值或经济价值不等于其货币价值或商品数量乘以价格，而等于其总效用量。

商品的总效用量与其市场总价值之间的差额可称为消费者剩余。消费者剩余是由于消费者消费某种商品所得大于所支付的代价。消费者剩余归消费者所有，与生产者无关。消费者剩余可以看作是社会总剩余价值的再分配。

（二）企业的经济剩余

对于一个企业来说，它既是生产者又是消费者。作为生产者，企业为社会提供商品和劳务，创造财富，创造价值。作为消费者，企业在其生产过程中不断消费各种资源、厂房和设备、各种材料以及劳动力等。企业消费的目的是生产产品,创造超过其所消费的价值的剩余价值。这种剩余价值可以看成是企业的经济剩余。

从宏观的角度看,所有的剩余价值都是劳动者创造的。但是对于个别企业来说,企业的剩余价值并不都是由该企业的劳动者创造的。企业的经济剩余实际上包括两部分内容,一部分是消费者剩余,另一部分为生产者剩余。

企业的生产者剩余是指生产者获得超过他们生产成本的收益。这是由企业劳动者创造的。企业的消费者剩余是各种生产资料、厂房设备等对于消费者(企业)的价值或效用超过这些商品的购买价格。企业的消费者剩余实质上是投资者所买入的,由社会其他企业创造的,在本企业的生产过程中实现的。

企业的经济剩余是企业的消费者剩余和生产者剩余的总和,它表示企业经济所得的总效用超过其生产成本。企业的经济剩余的大小不仅与企业的各项资源有关,而且与企业各项资源的投入比例和利用效率有关。

(三)人力资源使用价值

从上述对企业经济剩余的分析,可以看出企业人力资源所创造的剩余价值是企业经济剩余的一部分(即生产者剩余),而不是全部。因此,人力资源使用价值是由人力资源的交换价值和人力资源创造的生产者剩余构成的。

企业在生产经营过程中耗费和使用厂房、设备、工具等生产资料是以市场价格购买的。在生产经营过程中,记入生产成本的费用是由企业各种耗费的购买价格而不是其使用价值构成的。会计所反映的生产过程的物质等价转移实质上是"等价格"转移,而不是"等价值"转移。在企业按照历史成本和销售收入计量的企业增值中实际上隐含了企业消费这部分物质的消费者收益。因此,企业人力资源所创造的生产者剩余是企业全部收入扣除生产资料的历史成本即生产资料的价格外,还应扣除企业的消费者剩余。也就是说,企业全部剩余价值是企业生产过程中全部资产共同作用的结果。因此,只有按生产要素分配企业经济剩余,才能合理地归集人力资源所创造的生产者剩余。

企业的生产要素是由劳动者、劳动工具、劳动对象三要素构成的。具体到一个企业,生产三要素可分为劳动力、厂房设备、各种生产材料。

从经济理论研究可知,在一定技术条件下,投入要素的不同组合可以改变企业的经济剩余。各生产要素对企业的影响都可以用边际产品的方法进行分析。一种要素的边际产品是指其他要素不变时,每单位该种要素的追加投入产生的物质产品单位。企业对任何一种要素投入的需求都不是无限的,当企业对某一要素需求的边际收益产品等于其投入单位价格时,这种投入的增加就没有意义了。企业为了取得最大经济剩余,对于生产要素必须按照合理的比例关系进行配置。

如果用货币形式表示生产三要素,可分为劳动者工资、固定资产、流动资产。在使用货币计量的条件下,三种要素的投入单位均可以用等效价格来计价。等效价格是每一个会计期间企业使用各种生产要素所付出的代价。每一个会计期间劳动力的等效价格是市场平均工资;每一个会计期间固定资产的等效价格可以是折旧或租金(如果企业使用的土地不是企业的而是租入的,则土地的使用价格是土地使用费);流动资产的等效价格是企业使用该流动资金的利息。前两项的交换价格比较容易理解,而流动资产的等效价格是否可以看成是使用流动资金的利息呢?答案是肯定的。其逻辑推理是这样的:可以将流动资产全部看成是企业用货币资金购买的,在企业初创时该资金一部分是企业所有者投入的,一部分是企业从债权人处借入的,使用该流动资金的代价是支付股利或支付借款利息。因此可以将流动资产的等效价格抽象地看成是企业使用流动资金的利息。那么,固定资产的等效价格为什么看成折旧呢?因为固定资产使用的折旧率一般高于借款利息率。

用等效价格计算各种生产要素,是将企业的经济剩余按生产要素进行分配计量的基础。在此基础上,可以合理地计量企业人力资源所创造的生产者剩余。如果把人力资源看作企业购入的商品,则企业生产者剩余亦可以看作企业的一种消费者剩余。这样企业的全部经济剩余等同于企业三种要素的消费者剩余。把企业经济剩余按照一个会计期间的消费品的价值(等效价格×数量)分配到各种生产要素上,便得出各生产要素的消费者剩余。企业人力资源的使用价值也可看作人力资产的交换价格及人力资源消费者剩余之和。

综上所述,本节在对人力资源价值计量方法的一般分类、货币性人力资源价值计量方法的分类的基础上,讨论了选择人力资源价值计量基础时,应符合可操作性、合理性、公允性、合法性等条件;还讨论了工资作为人力资源价值计量基础的理论依据——劳动力价值理论和边际收益产品理论,认为工资是计量人力资源价值的首选依据。在使用工资作为人力资源价值计量依据时,应该考虑市场工资水平和工资差异,同时分析产生工资差异的原因、工资确认的因素。上述分析是导出人力资源价值的通用计量公式的理论基础。最后分析消费者剩余、企业经济剩余产生的原因,得出人力资源使用价值内涵的结论,该结论即是本书建立人力资源价值计量模型的理论依据。

第三节 人力资源价值计量的货币性方法

像所有其他资源一样,人力资源之所以具有价值,是因为能够提供未来的用途和服务,具有创造经济收益的潜在能力。因此可以用"人力资源预计未来服务量的现值"来确定人力资源的价值量。确定人力资源预计未来服务量的基础有多种选择,根据上述对工资本质的分析,首选的人力资源价值计量基础应该是工资。本书所建立的人力资源价值模型就是以工资为基础的。

一、以工资为基础的人力资源价值计量方法

以工资为基础的人力资源价值计量方法很早就有人进行过研究。其中最有影响的研究应该是"未来收益或工资报酬折现模式",有人也把它译为"未来工资报酬折现模式"。因为该模式主要是以职工工资为依据,预测人力资源从最初为企业提供劳务起至退休或死亡时止的总使用价值的折现价值。

(一)对未来收益或工资报酬折现法的评论

1971年巴鲁克·列夫(Baruch Lev)和阿巴·施瓦茨(Aba Schwarts)在《会计评论》(*Accounting Review*)杂志上发表文章,题为《论人力资源的经济概念在财务报表中的应用》(*On the Use of Economic Concept of Human Capital in Financial Statements*),提出职工未来收益或工资报酬折现模式。他们主张以职工的未来收益或工资报酬的现值作为企业人力资产的价值。因为一个职工的人力资源价值是该职工在剩余受雇期未来收益或工资报酬的现值,即将一个职工从录用起到退休或死亡停止支付报酬为止预计支付的报酬,按一定的折现率折成现值,作为人力资源的价值。职工的人力资源价值的计算公式为:

$$V_n = \sum_{t=n}^{T} \frac{I(t)}{(1+r)^{t-n}} \tag{4-1}$$

式中:V_n为一个n年龄职工的人力资源价值;$I(t)$为该职工退休前年度平均工资;r为适用于该职工的收益折现率;T为退休年龄。

严格地说,公式4-1是人力资源价值的事后计算结果,因为只有在职工退休之后,一系列的$I(t)$值,即该职工退休前年度平均工资才可以确知。为了能将事后价值的表示方法转换为事先预测人力资源价值的模型,应该将公式中的$I(t)$,即该职工退休前年度平均工资的历史价值以$I^*(t)$即预计的未来年度收益额来取代。这样,该n年龄职工的预计人力资产价值为:

$$V_n^* = \sum_{t=n}^{T} \frac{I^*(t)}{(1+r)^{t-n}} \qquad (4-2)$$

公式 4-2 忽略了职工退休前偶然死亡的可能性,若考虑这一因素,它可以转换为下述模型:

$$E(V_n^*) = \sum_{t=n}^{T} P_n(t+1) \cdot \sum_{i=n}^{t} \frac{I_i}{(1+r)^{t-n}} \qquad (4-3)$$

式中:$E(V_n^*)$ 为一个职工的人力资本的期望值,$P_n(t)$ 为该职工在年龄 t 死亡的概率。

上述价值模型考虑了在计算人力资源价值时职工为企业服务的年限,但它最大的局限性在于忽略了个人可能因为其他原因离开企业而不是由于他退休或死亡。该模型的应用会过高估计个人的预期服务年限,由此高估人力资本价值。这就是说,所谓职工的人力资源预期价值的计量,实际上是一种职工的人力资源有条件的预期价值。其隐含条件是职工将为企业终生服务直到死亡或退休。但是,职工有各种理由离开企业,如返回学校深造、找到更好而且工资更优厚的工作等。没有理由忽视这个因素。因此,不仅应该考虑职工的人力资源预期价值,更应该考虑职工预期可实现的人力资本价值。而且,该公式的计算基础数据同样也没有考虑人力资源社会保障因素。

上述模型的第二个局限性是它也忽略了在职工的工作期间将会改变角色的可能性。模型实际上假定一个人在一个企业中会终身从事一个职业。实际上情况会是有变化的。例如:现在许多工程师学习管理专业,并且转向管理部门工作。由于各种原因,如年龄、教育、技术、情况需要等,人们一生可能会多次改变他们的职业。因此,价值模型应该考虑到这个因素。

上述价值模型的第三个局限性是并未考虑企业收益之间的差别是由于人力资源的差别造成的。职工未来收益或工资报酬折现模式忽略了"效率系数"这一复杂因素对人力资源价值的影响,这种方法仅以职工工资作为计算人力资源价值的基础,实际上人力资源创造的价值应该高于或低于其工资。因此,企业经营效益的波动会影响职工未来收益或工资报酬折现模式计算结果的准确性。

虽然巴鲁克·列夫和阿巴·施瓦茨认为这种模型适用于个人、群体或企业全部人力资产的计量,但是这种方法不能简单地将单个职工人力资源价值结果相加汇总求出人力资源的群体价值。因此,这种方法主要是用于计量人力资源的交换价值。

(二)人力资源价值计量的通用公式

在实际应用未来收益或工资报酬折现法计算人力资源价值时,由于人们对人力资源价值的定义不同,使用该方法计算出的人力资源价值与人力资源实际价值差异较大。例如,在考虑工资与职工实际从企业得到的收入、工资与企业增值、工资浮动与效益等的关系时,就应该对上述公式的计算结果进行修正。根据人力资源价值的不同定义,对上述公式进行修正时会产生不同的修正系数。以下讨论几种人力资源价值的定义公式。

1. 工资与职工实际收入。人力资源的交换价值表现为企业职工的工资收入。但是企业职工的工资收入与职工从企业得到的实际收入是不一致的。企业职工的实际收入除工资外,还有根据有关法律、法规由企业支付的其他收入,如职工福利费、医药费及由企业支付的归个人所有的各种保险基金以及其他补贴。企业在支付这些资金时,往往以企业的工资总额或以职工个人工资的比例计算提取,这个比例可以称作工资收入修正系数。因此,企业人力资源的交换价值应该定义为企业职工实际收入,公式可表述如下。

人力资源交换价值 = 企业职工实际收入
= 企业职工工资收入 × (1+工资收入修正系数)

或

$$= I(t) \times (1 + K_1)。$$

式中:$I(t)$为工资收入,K_1为工资收入修正系数。

因此,在计算人力资源交换价值时,应该把工资以外的企业职工实际收到的其他收入包括在内,即以职工实际收入为基础计算人力资源价值。

2. 工资与企业收益。人力资源的使用价值应包括人力资源的交换价值和人力资源所创造的利润部分,或人力资源的剩余劳动价值。对于人力资源所创造的利润部分应该有多大比例记入本企业的人力资源价值之中还存在争议。由于不同的经济理论的代表人物对人力资源的使用价值有不同看法,产生了不同的人力资源价值的定义,因此需要引入人力资源所创造价值占企业利润的比例系数 K_2,将人力资源的使用价值的不同定义统一表示如下:

人力资源的使用价值 = 企业工资总额 + 利润 × K_2　($K_2 \leq 1$)

当系数 K_2 小于 1 时,表示在利润中只有一部分是人力资源创造的,只有该部分才应记入人力资源使用价值;当系数 K_2 等于 1 时,表示企业全部利润都是人力资源创造的,都应记入人力资源使用价值;系数 K_2 不可能大于 1。这样,无论对于人力资源所创造的利润部分应该有多大比例记入本企业的人力资源价值之中,其价值计算都可以统一在上述定义公式中。

3. 浮动工资与人力资源价值。在计算人力资源价值时,还应该考虑企业职工工资的实际计量方法。例如,为了调动职工的积极性,许多企业将其效益与职工的工资收入挂钩,则工资还会随企业效益浮动。如果考虑这个因素,该类企业人力资源价值应以职工的浮动工资为基础进行计算。因此,利用浮动工资为基础计量人力资源价值需要引入浮动工资系数 K_3,则人力资源价值可以用以下公式定义。

人力资源价值＝企业核定工资总额×$(1+K_3)$ （$K_3<1$）

企业工资浮动系数 $K_3 = \dfrac{本年利润-上年利润}{本年利润}$ （$K_3<1$）

上述讨论虽然只列举了一些情况，但是可以发现，尽管人力资源价值的定义不同，各种人力资源的价值定义公式都与企业工资之间存在一定的比例关系。因此，在以工资为基础计算人力资源价值时，可以将人力资源的价值抽象地定义为工资与修正系数的乘积。在此基础上可以推出人力资源价值计量的通用公式。

4. 人力资源价值计量的通用公式。一般情况下，人力资源价值可以表示为以工资为基础的修正值。用数学公式可以将工资表示为一个工资收入函数 $S(t)$，将修正值表示为一个价值调整函数 $K(t)$，则人力资源价值计量公式可以表示如下：

$$人力资源价值 = 工资收入函数 \times 价值调整函数 \quad (4-4)$$
$$= S(t) \cdot K(t)$$

式中：$S(t)$ 和 $K(t)$ 都是时间的函数，$K(t)$ 根据不同情况、不同的信息需求选择不同的值。

公式 4-4 可以称为人力资源价值计量的通用公式，将 $K(t)$ 定义为人力资源的价值调整函数，$S(t)$ 定义为工资收入函数。该通用公式的关键问题是如何确定 $S(t)$ 和 $K(t)$ 的值。$S(t)$ 和 $K(t)$ 的取值不同，所得到的人力资源价值不同。

（三）两个函数 $S(t)$ 和 $K(t)$ 的取值原则

在使用通用公式 4-4 时，每个函数的量都是可变的，都需要根据不同情况、不同的信息需求做出选择。工资函数 $S(t)$ 和价值函数 $K(t)$ 的取值是随不同条件变化的，以下分别讨论函数 $S(t)$ 和 $K(t)$ 的取值原则。

1. 工资函数 $S(t)$ 取值的原则。影响工资函数 $S(t)$ 取值的因素很多。在对工资函数 $S(t)$ 取值时，应该考虑基础数据选择的可靠性、相关性、可比性、一贯性等几个方面。

（1）工资函数 $S(t)$ 的取值应该符合会计数据的可靠性、相关性原则。工资函数 $S(t)$ 的取值可以选择实际工资，该数据最符合会计数据的可靠性原则。从会计数据的相关性考虑，如果计算个别人力资源价值，则工资函数 $S(t)$ 可采用个人年度工资；如果计算群体或组织人力资源价值，则工资函数 $S(t)$ 可采用群体或组织的年度工资总额。

（2）工资函数 $S(t)$ 的取值应该符合会计数据的可比性原则。计算人力资源价值的目的是管理企业的人力资源，充分利用企业的人力资源。因此计算数据就应该可以在企业之间进行比较。如果考虑人力资源价值的社会可比性，工资函数 $S(t)$ 应该选择行业实际平均工资，即以市场工资作为计量基础。

(3)工资函数 $S(t)$ 的取值应该符合会计上的一贯性原则。为便于分析各期人力资源价值的计算结果,不论选择哪种工资作为计量基础,一般情况下所选定工资函数 $S(t)$ 的计算基础不应该改变。如果改变,应该加以说明。

2.价值函数 $K(t)$ 的取值原则。价值函数 $K(t)$ 实际上是用于调整以工资计算出来的人力资源价值。因为工资不等于人力资源的价值。而且从不同的人力资源价值理论考虑,人力资源的价值内涵不同。因此,价值函数 $K(t)$ 的取值原则是相关性、必要性,即 $K(t)$ 的取值应与人力资源价值理论相关,是某种人力资源价值理论所必需的。如果选择人力资源交换价值理论,则价值函数 $K(t)$ 的取值应该与实际工资相关;如果选择人力资源使用价值理论,则价值函数 $K(t)$ 的取值应该与工资和企业增值相关。不同的人力资源价值理论,会导致选择不同的价值函数 $K(t)$ 的值。

(1)以企业人力资源交换价值理论为基础选择价值函数 $K(t)$ 的值,所计量的人力资源价值应该是某人从开始工作直至死亡领取的工资的总和与实际收入的函数。如果认为人力资源的价值应该等于他所提供的未来服务应得工资总额,其目前的价值就是该人力资源所提供的未来服务应得工资总额的现值。由于工资往往不能反映人力资源的真实收入,如企业按照工资标准计算的职工工资与职工实得工资之间有差异,则因前者不包括职工的各种福利费用等,它不能完全反映人力资源的实际收入。为使其更能接近实际,需要对用工资计算出来的人力资源价值进行调整,即用价值函数 $K(t)$ 进行调整。

$K(t)$ 的取值可根据计量的目的选择企业、行业、群体、个人实际平均工资为基础计算,也可以根据企业、行业、群体、个人实际工资总额为基础计算。实际发生额即实际平均工资或实际工资总额的选择,可以是过去若干年的实际发生额或过去若干月的发生额,其计算结果是一个比例数。在市场竞争条件下,各种方法计算的 $K(t)$ 值应该趋于一致,$K(t)$ 计算公式如下:

$$K(t) = \frac{平均实际收入}{平均工资收入} \text{ 或 } K(t) = \frac{实际总收入}{工资总额}$$

(2)以企业人力资源使用价值理论为基础选择价值函数 $K(t)$ 的值,所计量的人力资源的价值应该是工资与企业增值的函数。如果认为人力资源的价值应该等于他所提供的未来服务总额,包括人力资源创造的交换价值和生产者剩余,则其目前的价值就是该人力资源所提供的未来服务应得工资总额加上生产者剩余的现值。因此价值函数 $K(t)$ 应以企业新增全部产值和资本使用价格(或资金使用价格,由于我国习惯用资金代替资本,本书两词可以互换)为基础进行计算。

所谓资产使用价格,是企业全部资产使用费用的价格合计,其中企业使用人力资产的价格可以看作工资,使用其他资产的价格可以看作是资本的利息。但是当固定资产的折旧、资源的使用费高于资本的使用利息时,可以用固定资产的折旧、资源的使用费代替资本利息。因此,资产使用价值可以等于企业工资总额、固定资产折旧、流动资金及其他资金利息、资源使用费的总和。

由此,以企业人力资源使用价值理论为基础选择价值函数 $K(t)$ 值的计算公式如下:

$$K(t) = \frac{企业新增产值}{资产使用价格}$$

$$资产使用价格 = 工资总额 + 固定资产折旧 + 流动资金及其他资金利息 + 资源使用费$$

在选择数据时,应该考虑选择同一会计期间的数据,例如,在选择某年企业新增全部产值做分子时,则应选择同期的资本使用价格做分母。

(3)以企业人力资源积累价值理论为基础选择价值函数 $K(t)$ 的值,所计量的人力资源的价值应该是工资与企业人力资产积累价值的函数。所谓人力资产积累价值,是指生产者剩余。企业经济活动所产生的经济剩余即企业的生产者剩余和消费者剩余之和,是企业以全部资源创造的、向社会提供的可以用于积累的价值。而企业的生产者剩余才是人力资源创造的可供企业或社会积累的价值。因此,在计算人力资产积累价值时,价值调整函数 $K(t)$ 的取值应以企业可提供的全部积累价值与资产使用价格为基础进行计算。

其中,企业可提供的全部积累价值等于企业新增产值与资产使用价格的差。企业新增产值等于企业全部产值与生产中消耗的购入材料的差。资产使用价格如上所述,是企业使用其全部资产的价格,等于企业工资总额、固定资产折旧、流动资金及其他资金利息、资源使用费的总和。以企业人力资源积累价值理论为基础选择价值调整函数 $K(t)$ 的计算公式如下:

$$K(t) = \frac{企业新增产值 - 资产使用价格}{资产使用价格}$$

$$资产使用价格 = 工资总额 + 固定资产折旧 + 流动资金及其他资金利息 + 资源使用费$$

3. 群体人力资源和个别人力资源的价值。在应用通用公式 4-4 计量具体企业人力资源价值时,可以按照计量范围的不同,分别计算群体人力资源的价值和个别人力资源的价值,同时考虑该企业职工工资收入的具体时间范围,公式 4-4 可以加入一些相关的变量,分为计算个别人力资源价值的通用公式和计算群体人力资源价值的通用公式两类。

(1)计算群体人力资源价值的公式。计算群体人力资源价值应该以某一企业或企业内某一群体为单位,计算其未来工资收入的现值。因为,不可能在职工离开企业时再计算人力资源价值,而且某一企业或企业内某一群体的人力资源的需要量是相对稳定的。因此,计算群体人力资源价值的公式可以表示如下:

$$V_n = \sum_{t=n}^{T} \frac{S(t) \cdot K(t)}{(1+r)^{t-n}} \tag{4-5}$$

式中:V_n 为预计平均年龄为 n 的职工群体人力资源价值的现值;$S(t)$ 为该职工群体退休前第 t 年度工资总额;$K(t)$ 为该职工群体第 t 年度的价值调整函数;r 为适用于该职工群体的收益折现率;T 为退休年龄。

利用上式在计算群体人力资源价值时,可以忽略人力资源的死亡、流动和升迁等变化因素。因为一个群体所需各种人员是按照比例配置的,某个人的离职是会由其他人来补充的。各种职位的人员是相对稳定的,各种人员的退休年龄也是相对固定的。

(2)计算个别人力资源价值的公式。上述公式也可以用于计算个别人力资源价值,但是由于个别人力资源价值的变化较大,在使用公式4-5时,需要考虑增加若干变量对其进行调整。例如,如果考虑职工退休之前离开企业的可能性,则应加入职工离职的概率 $P_n(t)$,则公式4-5可以改写为计算个别人力资源价值的公式:

$$E(V_n) = \sum_{t=n}^{T} P_n(t+1) \cdot \sum_{i=n}^{t} \frac{S_i \cdot K(t)}{(1+r)^{t-n}} \tag{4-6}$$

式中:$E(V_n)$ 为一个年龄为 n 职工的人力资本预期价值的现值;$P_n(t)$ 为表示该职工在年龄 t 离开企业的概率;S_i 为该职工第 i 年的年度平均工资函数;$K(t)$ 为该职工第 t 年的价值调整函数;r 为适用于该职工的收益折现率;T 为职工退休年龄或离开企业的年龄。

由于职工离职的时点选择为 t,则 $S(t)$ 的取值区间为 $n \sim t$,而不是 $n \sim T$,因此可以用 S_i 来取代 $S(t)$。当然,如果还需要考虑影响人力资源价值的其他因素或其他变量,上述计量个别人力资源价值的公式还可以增加其他变量。这就需要引入计量以工资为基础的人力资源价值的随机变量公式。

(四)以工资为基础的个别人力资源价值计量的随机变量公式

现实社会中影响个别人力资源价值变动的因素很多很复杂,需要综合考虑各种变量后,才能制定出比较接近实际的人力资源价值计量模型。因此,首先要分析影响人力资源价值的诸变量,然后才能制定出可行的模式。

从经济学的角度分析,人力资源与其他资源一样,之所以有价值,是因为他能够提供未来的用途和服务。那么,人力资源的价值就是其将来提供的用途或服务的现值,反映了人力资源为一个组织机构提供服务的能力,反映了人力资源为一个组织机构提供的服务量超过其自身耗费的差额。

个人价值可以分为两种形式:个人预期附条件价值(expected conditional

value)和个人预期可变现价值(expected realizable value)。个人预期附条件价值是指假定某人在其全部生产力使用期限内一直是某组织机构的成员,该组织会得到他的全部潜在劳务的合计金额;个人预期可变现价值是指考虑某人离职可能性后的实际预期得到的合计金额。人力资源价值会计主要是寻找计量人力资源预期可变现价值的模式,而个人预期可变现价值的计量需要考虑个人预期附条件价值和个人作为组织成员的概率两个变量。

个人预期附条件价值是由其生产能力、调动和晋升三个变动因素综合确定的。所谓生产能力(productivity),是指某人在目前职位上可望提供的一系列服务;所谓调动(transferability),是指某人在本组织机构内调动到另外部门的相同等级岗位上任职可望提供的一系列服务;晋升(promotability)指某人在组织机构内调任到较高级岗位上任职时所提供的一系列服务。上述三因素构成个人预期附条件价值的基本要素。其中生产能力是最主要的因素,其他两个因素受其制约。

个人预期附条件价值上述三因素又分别由个人和组织两方面的条件所决定。个人条件包括"技术能力"(skills)和"活力水平"(activation level);组织条件是组织为某人提供的位置,即某人在组织中的"角色"(role)和组织提供给个人的报酬。个人在组织中的技术能力表明他为组织提供服务的潜能,包括技术、管理和人际交往三方面的能力。个人在组织中的活力是由社会和心理因素决定的。个人的技术能力是靠其活动水平或工作积极性发挥出来的。若一个人的活动水平或工作积极性低,就不可能将他的技术能力最大限度地发挥出来;相反,如果一个人的活动水平或工作积极性能充分发挥出来,即使技术能力低也可以得到弥补。个人在组织中的角色同样制约个人向组织提供服务的份额和机会,也就是说,即使一个人有很高的技术能力,工作积极性也很高,但是在组织机构中没有适当的位置或扮演适当的角色,也会影响其最大限度发挥积极性。另外,虽然组织为某人提供了很适当的位置,但工资报酬很低也会影响其发挥作用的积极性。

个人作为企业或组织成员的概率是计量人力资源价值应考虑的又一个必要因素。因为一个人如果脱离其企业或组织机构,他对该企业或组织来说就没有任何价值。个人作为企业或组织成员的概率是由个人需要的满足程度决定的。一般调查认为,个人需要的满足程度与其离开企业或组织的可能性成反比。综上所述,影响个人预期可变现价值的各种变量可用图 4-4 加以综合说明。

根据上述分析,可以建立计量个人预期可变现价值的数学模型如下:

$$ERV = ECV \times P(R)$$
$$P(R) = 1 - P(T)$$
$$OCE = ECV - ERV$$

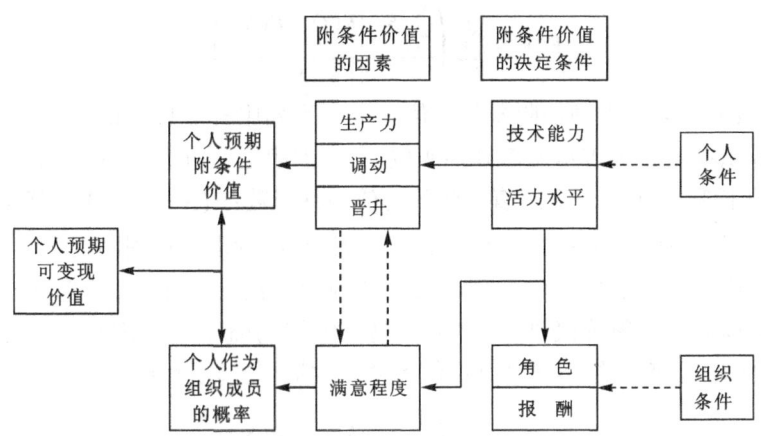

图 4-4 影响个人预期可变现价值的各种变量

式中:ERV 为预期可变现价值;ECV 为预期附条件价值;P(R) 为继续作为组织成员的概率;P(T) 为离职的概率;OCE 为离职的机会成本。

上述模型也可以用于计量群体或企业全部人力资源的价值。人力资源问题专家可以使用这些变量分析离职管理的成本和利润,或按预计离职机会成本分析不同管理类型的不同效率。例如,假定一个大型工业企业的分部的人力资源附条件价值在某年初为 10 000 000 元,而且离职的概率为 10%,那么离职的机会成本将为 1 000 000 元。具体计算如下:

$$ERV = 10\ 000\ 000 \times (0.9) = 9\ 000\ 000(元)$$
$$OCE = 10\ 000\ 000 - 9\ 000\ 000 = 1\ 000\ 000(元)$$

如果该企业在期初制定了一个离职管理项目,并将离职率从 10% 降低至 5%,该企业将节约 500 000 元。该模型提供分析人力资源活动一个更宽范围的变量框架,以计算人力资源的价值,它能够用来验证根据影响管理决策的关键变量——ERV,ECV 或 OCE 制定的人力资源管理策略和活动的效率。

上述公式中,ERV,ECV 价值计量是关键的核心内容,它所代表的价值由许多随机变量构成,例如,人对组织提供的服务量,包括生产能力、调动、晋升及作为该组织成员的可能性;服务量取决于在组织内担任的角色和实际担任该角色的可能性。一个人在一个组织机构内担任某职位的可能性是随机的,在这种随机过程中人所提供的服务是对组织的报偿,因此这是一个有报偿的随机过程。根据这个过程建立的人力资源价值模型称为"随机报偿价值模型(the Stochastic Rewards Valuation Model)"。利用这种模型可以计量个人的预期附条件价值和预期可变现价值。以工资收入函数 $S(t)$ 和价值调整函数 $K(t)$ 为基础的随机报偿价值模型的计算公式为:

$$ECV = \sum_{t=1}^{n}\left(\frac{\sum_{i=1}^{m-1} S_i \cdot K(t) \cdot P(S_i)}{(1+r)^t}\right) \qquad (4-7)$$

式中：ECV 为某个人预期附条件价值；i 为一系列服务职位（如高级、副高级、中级等职称）；m 为表示所离开的职位；S_i 为该职工从所占据的各种职位 i 中得到的工资；$K(t)$ 为该职工第 t 年的价值调整函数；$P(S_i)$ 为某人担任某种职务的概率；T 为时间（从 1 到 t）；$(1+r)^t$ 为折算成货币的贴现因素。

上述公式假定某人在其全部服务期内绝不离开某组织，如果计算他对组织的预期可实现价值时，应该加上离开组织的概率这一因素。因此可计算出全部服务期内绝不离开某组织的个人预期可实现价值公式为：

$$ERV = \sum_{t=1}^{n}\left(\frac{\sum_{i=1}^{m} S_i \cdot K(t) \cdot P(S_i)}{(1+r)^t}\right) \qquad (4-8)$$

只有在某职工在全部服务期内绝不离开某组织的情况下，个人的预期附条件价值才会等于个人预期可实现价值。由于职工有离开组织的自由，因此个人的预期附条件价值一般总是大于个人预期可实现价值。上述公式也可以用来计量群体人力资源价值或某企业的全部人力资源价值，但在使用时应该考虑影响群体和企业人力资源整体价值的特殊变量。

二、人力资源价值计量的其他方法评价

人力资源价值计量的其他方法，包括人力资源价值计量的调整未来收益或工资报酬折现法、未来收益或工资报酬折现法、人力资源价值的综合计量模型——随机报偿价值模型、非购入商誉法、企业未来收益模型等。以下介绍除"未来收益或工资报酬折现法"外的各种方法，并对其进行评价。

（一）调整后的未来工资报酬折现模型

1964 年，美国的赫曼森在美国密歇根州立大学发表题为《人力资产会计》的论文，提出调整后的未来工资报酬折现模型，以计算人力资源价值。他主张以效率因素作为未来工资报酬的调整值，用于计算企业职工的人力资本价值，并将他的公式称为"调整后的现值模型"，进一步将其更详细地称为"调整后的未来工资报酬折现模型"。根据企业之间盈利水平的差异主要是由于人力资产素质的不同所造成的这一理论依据，将职工的未来工资报酬的现值乘以一个效率系数，用该系数计量给定企业人力资源的相关效率。赫曼森认为，从理论上讲，效率系数取决于在给定期间内以某企业盈利水平与本行业平均盈利水平相比计算出的投资报酬率。因为一个企业收益的差别取决于人力资源，他认为计量人力资源价值的方法之一应根据该效率系数调整后的工资报酬计量，而该效率系数应根据过去 5 年公司净收益的加权

平均值计算,其公式为:

$$E = \frac{5\frac{RF_0}{RE_0} + 4\frac{RF_1}{RE_1} + 3\frac{RF_2}{RE_2} + 2\frac{RF_3}{RE_3} + 1\frac{RF_4}{RE_4}}{15}$$

式中:E 为效率系数;RE_0 为现实年度全行业企业资产的收益率;RF_0 为现实年度某企业资产的收益率;……RE_4 为现实年度前推的第 4 年度全行业企业资产的收益率;RF_4 为现实年度前推的第 4 年度某企业资产的收益率。

值得注意的是,该效率系数是根据前 5 年的收益来计量的。当前年度收益的权数为 5,往前推一年收益的权数为 4,往前推两年收益的权数为 3,以此类推。这样计算的目的是用更多年的综合业绩来评价企业人力资源的价值,但是在计算中更强调当前年度的业绩,因此当前年度的权数最大,为 5,往前推 4 年收益的权数为 1。然后用该效率系数调整预计未来 5 年工资报酬的现值以得到人力资源价值的近似值。理论上,该公式可以计算个人、群体,或一个组织机构的总人力资源价值。

计算调整后的未来工资报酬折现值分为三个步骤。首先,在使用效率系数调整未来工资报酬之前,以 6% 的年贴现率计算预计未来五年工资报酬的现值如表 4-1。

表 4-1　预计未来 5 年工资报酬的现值　　　　（单位:元）

年度	预计未来各年工资额	以 6% 计算每年末支付每 1 元的现值	以 6% 的折现率计算未来工资的现值
1	100 000	0.943	94 300
2	120 000	0.890	106 800
3	135 000	0.840	113 400
4	140 000	0.792	110 880
5	150 000	0.747	112 050
合　计	645 000		537 430

表 4-1 计算预计未来报酬的结果为 537 430 元。第二步计算效率因素。由于计算复杂,假定该比率为 1.4,这意味着该公司人力资源投资回报率为 1.4。第三步以该效率系数调整未来工资报酬的现值,即 537 430×1.4＝752 402 元。根据该模式计算的人力资源价值为 752 402 元。

赫曼森提出计算人力资源价值的模型,以说明如何应用工资报酬计算人力资源价值的近似值。该模型以工资为基础进行人力资源价值计量是比较公正合理的,但它有一定的局限性。首先,该公式没有考虑未来 5 年企业职工职位或工作岗位的变化,即公式实际上是假定企业职工仅从事固定的工作。这与客观实际不符合;其次,职工为企业服务的年限并非5年,因此公式权数的确定也是主观的;最后,使用工资报酬折现没有考虑人力资源补偿价值中还包括其社会保障的支出。如果考虑这些因素,公式的变量应该增加,同时公式的基础数据应该加大,计算结果也会相应提高。因此,可以说该模型仅提出一种计量人力资源价值的方法,可计算出各种企业人力资源价值的相对数值,便于同一行业不同企业之间的相互比较。可以说,赫曼森的模型仅是向企业外部投资者报告信息,而没有关注企业内部管理的需要。

(二)弗兰姆霍尔茨的随机报偿价值模型

1985年,弗兰姆霍尔茨在他的《人力资源会计》一书中介绍了"随机报偿价值模型"。他认为人对于组织的价值在于他能够提供未来的用途和服务。人对组织提供的服务量由人的生产能力、调动、晋升及作为该组织成员的可能性等因素决定。这些服务量取决于人在组织内目前和未来所担任的角色和实际担任该角色的可能性。一个人在一个组织机构内担任某职位的可能性是随机的,在这种随机过程中,人所提供的服务是对组织的报偿,故弗兰姆霍尔茨把这种过程称为有报偿的随机过程。根据上述随机报偿理论设计的计量个别人力资源价值的方法称为随机报偿价值模型。利用这种模型可以计量个人预期附条件价值和个人预期可实现价值。

具体计算步骤如下:第一,确定职工可能占据的服务职位及离开的可能。可以将一系列的服务职位表示为 i,其中 $i=1,2,3,4,\cdots m$,m 是离开组织的地位符号。第二,确定这些服务的价值,即个人占据每种服务职位的价值,用符号 R_i 表示,所有可能担任的服务职位就是 $R_1+R_2+R_3+\cdots+R_m$,其中 R_m 的值为零。因为当某人离开组织时,他为组织提供的服务必然为零。第三,估计个人在组织中供职的年限及占据该职位的概率。可以将某人提供各种服务的时间概率设为 $P(R_i)$,则个人对组织的价值为 $P(R_1)+P(R_2)+P(R_3)+\cdots+P(R_m)$。第四,将所计算的将来价值折算为现值。利用这种模型可以计量个人的预期附条件价值 ECV 和预期可变现价值 ERV。其公式如下:

$$ECV = \sum_{t=1}^{n} \left(\frac{\sum_{i=1}^{m-1} R_i \cdot P(R_i)}{(1+r)^t} \right)$$

式中:ECV 为个人预期附条件价值;i 为一系列服务职位;m 为离开职位;R_i 为组织从该职工可占据的各种职位 i 中得到的价值;$P(R_i)$ 为某人担任某种职务的概率;T 为时间(从 1 到 t);$(1+r)^t$ 为折算成货币的贴现因素。

利用上述公式计算个人预期可变现价值 ERV 公式如下:

$$ERV = \sum_{t=1}^{n} \left(\frac{\sum_{i=1}^{m} R_i \cdot P(R_i)}{(1+r)^t} \right)$$

只有某职工在全部服务期内绝不离开某组织的情况下,个人的预期附条件价值才会等于个人预期可实现价值。由于职工有离开组织的自由,因此个人的预期附条件价值一般总是大于个人预期可实现价值。上述公式也可以用来计量群体人力资源价值或某企业全部人力资源的价值,但在使用时应该考虑影响群体和企业人力资源整体价值的特殊变量。

上述随机报偿价值模型与调整后的未来工资报酬折现模型及未来收益或工资报酬折现模型的区别在于,前者是用人力资源为企业提供的服务所创造的价值(收益)来计算人力资源的价值,而后者是用企业支付的工资来计算人力资源的价值。其次,该模型在计算过程中所考虑的因素更加系统全面,数据计算比较客观,用其估算的人力资源价值更容易被接受。但是这种方法也有一些局限性。其一是 R_i 值是人力资源的价值,其本身是一个未知数,以未知数计算未知数显然是困难的。其二是忽略了其他资产对企业收益的影响,将企业的全部收益归结为人力资源所创造的价值,因此有可能高估企业人力资源的价值。

(三)对弗兰姆霍尔茨公式的修正——调整后的随机报偿价值模型

本人曾在《会计研究》1997 年第 6 期发表了一篇题为《人力资源价值模型的评价》的文章,在对上述弗兰姆霍尔茨的人力资源随机报偿价值模型进行评价的基础上,提出一个"调整后的随机报偿价值模型"。弗兰姆霍尔茨的随机报偿价值模型是根据企业收益计算人力资源价值;本人的讨论则是假定仍以企业收益作为衡量人力资源价值的基础,且提出不同看法,并建立本人最初设想的模型。未涉及工资作为人力资源价值计量基础的问题。

根据经济学理论关于一切生产过程都是由资本资源、自然资源、人力资源三种基本资源相互结合、相互作用的结果的论断,人们通常用生产函数式表示生产过程和这三种生产要素的相互关系:

$$生产量 = F(资本,土地,劳动)$$

因此,在分析企业效益时应考虑这三种资源的相互作用,以及人力资源在三种资源中所占的比重。人力资源是影响企业效益的重要因素,但不是唯一因素,比如,在使用电脑的条件下,职工的工作效率会大大提高,会给企业带来更高的效益,但这种效率的增加主要是由于采用先进的技术设备而创造的,人力资源的作用很少。因此,在计算人力资源价值时,应该剔除其他资源为企业创造的价值,即设备、资金等资源的投入为企业带来的效益。根据该推论,应该引入"人力资产报酬系数",调整上述随机报偿价值模型,使计算结果更接近于人力资源的价值。

设计"人力资源报酬系数"公式,关键在于确定企业人力资源占企业全部资源的份额,即:

$$人力资源份额 = \frac{人力资源总价值}{企业全部资源总价值}$$

$$\begin{matrix}企业全部\\资产总价值\end{matrix} = \begin{matrix}自然资源\\总价值\end{matrix} + \begin{matrix}资本资源\\总价值\end{matrix} + \begin{matrix}人力资源\\总价值\end{matrix}$$

在上述计算中,人力资源的价值是未知数,不能直接用人力资产的份额作为系数来调整随机报偿价值模型。因此做如下调整:

人力资源年度总价值 = K_1 × 人力资源年度总报酬

资本资源年度总价值 = K_2 × 固定资产折旧 + K_3 × 流动及其他资本利息

自然资源年度总价值 = K_4 × 自然资源年度占用费

据此,企业全部资产年度总价值可以表示为下述公式:

$$\begin{matrix}企业全部\\资产年度总价值\end{matrix} = \begin{matrix}自然资源\\年度总价值\end{matrix} + \begin{matrix}资本资源\\年度总价值\end{matrix} + \begin{matrix}人力资源\\年度总价值\end{matrix}$$

因此,可以将人力资源占总资产的份额表示为下述公式:

$$人力资源份额 = \frac{人力资源年度总价值}{企业全部资源年度总价值}$$

在具体计算时,可以将 K_1, K_2, K_3, K_4 看作权数,令 $K_1 + K_2 + K_3 + K_4 = 1$。$K_1, K_2, K_3, K_4$ 的取值可以根据不同企业采用不同的值,则人力资源份额系数公式可以表示如下:

$$人数资源份额系数(K_i) = \frac{K_1 \times 工资和福利费用}{K_1 \times 工资福利费 + K_2 \times 厂房设备折旧 + K_3 \times 流动及其他资金利息 + K_4 \times 资源消耗费}$$

将上述随机报偿价值模型调整为下述公式,即调整后的随机报偿价值模型:

$$ECV = \sum_{t=1}^{n} \left(\frac{\sum_{i=1}^{m} R_i \cdot K_i \cdot P(R_i)}{(1+r)^t} \right)$$

弗兰姆霍尔茨的随机报偿价值模型是以人力资源所创造的收益为计量基础而设计的,不是以工资为计量基础。因而本人对该公式的修正是基于对其原有公式的扩展,是最初的设想。当然,本人认为以工资为基础的人力资源计量公式是较理想的、可操作的,也是可行的。

(四)非购入商誉法

非购入商誉法最早在1969年由赫曼森提出。赫曼森认为,企业过去若干年的累计超过同行业平均收益的一部分或全部都可看成是人力资源的贡献,这部分超额利润应通过资本化程序确认为人力资源的价值。这种方法类似于企业确认非购买商誉价值的方法,因此将其称为"非购入商誉法"。其计算分为以下几个步骤:

第一,根据本行业一定时期全部非人力资源资产总额及同期行业净收

益总额,计算该行业投资报酬率;

第二,根据本企业同期全部非人力资源资产总额及本行业投资报酬率,计算本企业该期应实现的正常净收益;

第三,根据本企业已实现净收益,计算其与按照行业投资报酬率计算的本企业应实现正常净收益的差额,该差额反映了企业的额外收益(可看作"企业非购买商誉");

第四,以本企业的额外收益除以本行业投资报酬率,其计算结果是该企业人力资源的价值。用公式可以表示如下:

$$\frac{\text{人力资源}}{\text{的价值}} = \frac{\text{本企业实际净收益(净利润)} - \text{企业总资产} \times \text{行业投资报酬(利润)率}}{\text{行业投资报酬率(行业投资利润率)}}$$

上述公式可以改写为:

$$\text{人力资源的价值} = \frac{\text{本企业实际净收益(净利润)}}{\text{行业投资报酬率(行业投资利润率)}} - \text{企业总资产}$$

该公式表明,将行业投资报酬率与本企业实现的净收益相比所折算的资产,与企业实际占用资产之间的差额,应是人力资源价值。例如:某企业20×6年总利润为 600 000 元,总资本为 5 200 000 元,本行业 20×6 年总资本 30 000 000 元,本行业总利润 3 000 000 元,本行业投资利润率平均为10%,则行业投资报酬率为:

$$3\,000\,000 \div 30\,000\,000 = 0.1$$

企业人力资源价值为:

$$[600\,000 - (5\,200\,000 \times 10\%)] \div 10\% = 600\,000 \div 10\% - 5\,200\,000$$
$$= 800\,000(元)$$

这种方法是一种将企业的超额利润,按照资本化程序确认为人力资源价值的方法,而不是计算人力资源的交换价值的方法。按照这种计算方法,某企业实际利润等于或低于同行业正常利润时,该企业人力资源就没有价值或为负价值。这种计算方法是一种低估人力资源价值的方法。同时,这种计算结果违背了人力资源是一种重要的经济资源的原理。

(五)企业未来收益模型

企业未来收益模型又称为"经济价值法(economic value model)",是计量人力资源群体价值的方法,该方法认为,人力资源的价值在于其能够提供未来收益,因此将企业未来各期收益折现,然后按照人力资源投资占全部投资比例,将企业未来收益中人力资源投资获得的收益部分作为人力资产的价值。其公式为:

$$V_n = \left(\sum_{t=n}^{T} \frac{Rt}{(1+r)^{t-n}} \right) \times H$$

式中: V_n 为以未来盈余现值表示的群体人力资产价值; r 为折现率; Rt 为第 t

期的企业未来净收益;H为人力资产投资占总资产投资的比例。

用上述公式计量群体人力资产价值时,第一步,计量企业人力资产投资占总资产的份额,如企业人力资产投资为1 200 000元,企业总资产投资为6 000 000元,则企业人力资产投资占总资产的比例为1/5;第二步,计算企业未来净收益的现值,假定企业未来净收益的现值为12 000 000元;第三步,计算人力资产价值,则企业人力资产价值为企业未来净收益现值的1/5,即2 400 000元。

用上述公式计量群体人力资产价值,优点是人力资产价值反映了人力资源所创造的经济剩余,缺点是未反映人力资产的交换价值,即工资部分,它低估了人力资源的价值。而且该公式仅适用于群体人力资产价值的计量。

(六)未来净产值折现法

1996年,东北财经大学出版社出版的《走向21世纪的现代会计(中)》一书中,文善恩提出一种计算人力资源群体价值的"未来净产值折现法"。其数学模型如下:

$$GV = \sum_{t=n}^{T} \frac{V_0(1+g_1)^t + M_0(1+g_2)^t}{(1+r)^t}$$

式中:GV为人力资源群体价值;V_0为必要劳动创造的价值;M_0为剩余劳动创造的价值;(V_0+M_0)为基期的预期净产值;g为净产值每期平均增长率;n为时期数;r为贴现率。

该公式的创造者假定V和M是同步增长的。随着科学技术的不断进步,V的增长一般慢于M的增长,需用g_1、g_2进行调整。式中V_0和M_0具体表示为工资和利润的总额。因此,该公式计算出的人力资源价值是以企业全部剩余价值为计算基础的,这种计算人力资源价值的方法可以说是一种全部剩余价值法。

综上所述,各种人力资源价值的其他计量模型的主要优点是可以反映企业人力资源的经济价值,可以为决策者提供相关的会计信息;缺点是由于它们不是完全根据客观数据计算的,在某些情况下是根据主观估算或趋势推算的,计算很难不带有某种主观性。各种计量模型的选择应该尽量避免主观性,以求尽可能客观反映人力资源的真实价值。

第四节 人力资源价值计量的非货币性方法

人力资源价值的计量方法除了货币性计量方法外,还应有非货币性的计量方法。因为,一些决定人力资源价值的特殊因素不能完全用货币量表现出来,此时使用非货币计量方法计算、分析和说明人力资源价值具有更重要的意义。比如人的行为和习性、人的潜能和适应能力、群体的配合习惯和工作气氛等不是货币指标所能揭示的。而且人力资源价值的非货币性分析对企业人力资源管理工作具有十分重要的意义。例如,在制定一些不需要计量人力资源货币价值的决策时,如做出临时的、个别的裁员决策或者评价不同职工级别时,都需要使用非货币性的人力资源价值计量方法。另外,有些人力资源价值的非货币性计量方法所提供的数据是货币性计量的基础数据,如人力资源的离职概率等。本节试图从逻辑上建立人力资源价值非货币计量方法的体系。

人力资源价值的非货币计量方法的逻辑思路应该是从人力资源技能信息库存资料分析开始,然后利用这些信息进行人力资源价值的技术指标统计分析和评价,再对人力资源价值的主观自我评价进行分析,同时结合人力资源价值的客观评价资料进行比较分析,最后利用这些综合信息得出某个人价值或某一群体价值的非货币性数据的综合结论。根据以上推论,人力资源价值非货币性计量方法可以分为人力资源价值信息库法、人力资源价值技术指标统计分析法、人力资源价值主观期望效用评议法和人力资源价值客观实际效用评议法。在进行上述分析时,可以利用人事管理理论研究和企业人事管理实践通常使用的方法,如技能一览表法、工作绩效评价法、潜力评价法、工作态度测定法等,作为非货币性人力资源价值衡量的方法。

一、人力资源价值信息库法

这是指将人力资源技能信息、人才资源特殊信息等记录存储在信息库中,通过电脑程序整理汇总各种人力资源价值管理和评价所需的资料,为人力资源价值管理决策提供信息的方法。企业的人力资源价值信息可分为企业人力资源技能信息和企业人力资源特殊信息。对于这两类信息,可以分别采用企业人力资源技能信息库法和企业人才资源特殊信息库法,分别编制信息汇总表进行人力资源技能与特殊人才资源信息管理与分析。

(一)人力资源技能信息库法

人力资源技能信息库法,是用非货币化的方法将人力资源技能信息记录储存入信息库,经过整理汇总,对某一企业人力资源价值进行评价、管理的最基本方法。这种方法是将各个组织成员所具备的能力或技术详细地排列出来,包括年龄、受教育水平、知识水平、工作经验、技术等级以及技术职称等。通过编制各种职工技能一览表,可以得到企业人力资源可能为企业提供服务能力的各种情况。职工技能一览表可以分为职工技能一般资料记录表和职工技能专门资料汇总表。

1. 职工技能一般资料记录表。职工技能一般资料记录表是记录企业职工价值基本情况的表格。表中记录了企业人力资源价值的一般资料,该表是分析企业人力资源价值的信息储备报表。将其储存在电脑之中,按照企业人力资源信息的特征编号,以便在需要时按照一定程序和专门的格式要求,自动形成人力资源价值管理所需报表。职工技能一般资料记录表可以有多种格式,各种表的格式可以按照管理的需求设计。表 4-2 是一种简化的报表格式,可以作为参考。

表 4-2 职工技能一般资料记录表

编写单位: 年 月 日 填报人:

编号	姓名	年龄	工龄	性别	学位	学历	专业	技术职称	技术等级

表 4-2 中编号栏可以根据有关部门规定的专业序号、个人身份证号以及技术职称、技术等级设计,以便进行资料的汇总。上述表格也可以按照工人、管理人员、技术人员、高级技工、高级管理人员、高级技术人员分别编制,也可以增加某些需要的栏目。

根据表 4-2 的基本资料,可以按照人力资源价值管理的不同要求,汇总出不同的具有专门用途的职工技能报表。

2. 职工技能专门资料汇总表。职工技能专门资料汇总表是记录企业人力资源技能价值的具有专门用途的汇总资料表格。表中所记录的企业人力资源价值专门资料是按照管理需要设计的,是在职工技能一般资料表的基础上,经过电脑设定程序汇总、整理,按照人力资源管理的一定需求编制的,以便在分析企业人力资源价值时形成某些非货币信息。表 4-3 是用美国一家公司的职工技能一览表,说明职工技能专门资料汇总表的一般格式。

表 4-3　职工技能专门资料汇总表①

编写单位:ABT 联合公司　　　　1971 年 12 月 31 日　　　　　　　　单位:人

专业	领域	教育水平			工作年限				
		本科	硕士	博士	0-2	3-5	6-10	11-15	16-25
社会科学	经济学	21	5	3		9	1	1	
	教育学	7	8	2	11	17	8	2	3
	法律			6		3	1		
	政治学	26	8	3	2	1	4	2	
	心理学	4	3	3	2	1	1	1	
	社会学	13	8	2	6	15	5	1	2
	城市学	2	1			3	1		
管理科学	商业管理		22		2	5	4	4	
	市场学	1			2	5	2	1	1
	计划学				1	5	3	1	
	公共关系				2	3	4		
自然科学	计算机科学	4	3	1	2	5	1	1	1
	工程学	7	4	1		6	5	1	1
	数学	3							
	物理学	9	2	2		2			
人文科学	古典文学	1							
	英语	5	1		1	1			
	法语	2							
	西班牙语	1							
	历史	16	3			2			
	哲学	4							
	新闻	1	3						
	艺术	1				1	2		
	大学文科	5	1						
	总计	132	72	23	31	84	43	15	8

注:有 24 名员工至少受过两种不同专业领域的训练,因此具有跨专业的技能(原资料有误,本书摘引时做了修改)。

---

① FLAMHOLTZ E G. Human resource accounting [M]. 3rd Edition. Devon, UK: Klurwer Academic Publishers, 1999: 222.

从表 4-3 大体上可以看出该企业的工作人员可能为组织提供的潜在服务。它是一个较简单的技能一览表，其来源为 1971 年美国 ABT 公司年度报告中的职工技能一览表。当然，还可以根据管理的不同信息需求设计不同的表格，汇总出其他人力资源价值的非货币性资料。

如果将人力资源信息按照工作岗位汇总，可以了解企业各岗位人员配备情况，将其与企业核定人员配备情况进行比较，会了解各岗位人员结构的合理性。例如，我国水利部对宁夏回族自治区水利职工文化专业素质进行调查时编制的干部岗位设置状况汇总表(见表 4-4)和工人岗位设置状况汇总表(见表 4-5)[1]，可以从另一个侧面说明该企业的职工素质。

表 4-4　干部岗位设置状况汇总表　　　　　　单位：人

干部职务	综合管理	水文勘测	水利建设	水利管理	农水与水保	水电站	科研管理	财会	统计	医务	无线电管理	其他	合计
部门	…	…	…	…	…	…	…	…	…	…	…	…	…
干部岗位总数	774	296	213	349	502	97	64	233	44	22	4	201	2 799

表 4-5　工人岗位设置状况汇总表　　　　　　单位：人

工人岗位	工程测量	地质勘探	水文勘测	灌区管理	水土保持	乡水管员	机电运行	机电检修	钢筋混凝土工	石工	电工	木工	钳铆焊工	司机	其他	合计
部门	…	…	…	…	…	…	…	…	…	…	…	…	…	…	…	…
总数	167	95	115	1 310	79	663	702	170	237	108	182	60	271	433	1 898	6 490

这种汇总表格可以采用绝对数字，也可以采用相对数字。例如，在宁夏回族自治区水利职工文化专业素质调查中，可将有关干部、工人文化结构的数据整理汇总为表 4-6。

表 4-6　干部、工人文化结构汇总表

	大学本科	大部专科	中等专科	高中	初中	其他
干部	21%	12.8%	6.3%	8.3%	18.9%	32.7%
工人	0.05%	1.4%	3.2%	23.5%	52.8%	19.05%

---

[1] 周京梅. 认清人才开发的严峻现实[J]. 中国水利,1997(1).（注：原资料有误，本书摘引时做了修改）。

从表4-6中可见,其干部队伍文化结构呈马鞍型,说明中等专业人才相对不足,与岗位对中等专业人才的需求不相适应。工人文化结构基本呈梯形,整体文化素质较差,初中以下人员占一半以上,说明这支队伍亟待提高文化素质。

(二)人才资源价值特殊信息库法

人才资源特殊信息库法是利用电脑信息库归集和汇总企业人才资源的特殊信息的方法。可以通过编制各种一览表的方法,汇总人力资源管理部门所需要的专门信息。一览表的格式可以按照特殊要求设置专栏,也可以按照职工技术水平等级或发明、发现、发表论文或专著等情况分别设计。

若按照职工掌握的技术水平设计汇总表格,可将企业各类职工掌握的外语水平、计算机技术水平、各种职业水平如会计职业水平、会计师资格等证书取得情况,以及这些职工在企业任职情况进行专门汇总,使各级管理人员对企业职工技术水平一目了然。表格的具体设计如表4-7所示。

表4-7 职工技术水平取证一览表

编写单位:　　　　　　　　　年　月　日　　　　　　填报人:

编号	姓名	外语证书	计算机证书	驾驶证书	经济师证书	会计师证书	工程师证书	任职情况	将来意愿

通过这些资料,可以了解企业有哪些具备专长的人力资源,哪些人被安排在专门岗位上,发挥了其专长,哪些人没有按其专长安排在专门岗位上,未发挥专长。同时还可以利用这些数据预测企业的哪些职工将会产生流动的愿望,企业可否按照其意愿发挥其作用。如果不能人尽其才,发挥其最大潜力,有可能造成人才流失,则企业应该制定哪些相应对策。

若按照企业职工、科技人员发明创造、为企业创造声誉等情况分别设计汇总表格,可以将企业职工、科技人员发现、发明、取得专利、撰写论文、著书立说等情况,以及全国、全省、全地区范围内的企业名人、劳动模范等设立专栏,汇总每一位专门人才为企业创造的效益,计算其人力资源的特殊价值。同时汇总这些专门人才的工作环境、工资待遇、职称职位、住房条件、医疗福利待遇等,比较其贡献与所得,掌握企业对其的关心程度,以及其继续为企业服务的意愿和潜力等。

二、人力资源价值技术指标统计分析法

人力资源价值技术指标统计分析法是利用统计方法,计算一些有利于人力资源价值计算和分析的人力资源价值技术指标的方法。所得到的数据，有些可以用于人力资源价值的货币性计算之中，有些可以作为人力资源价值的非货币性计量的指标，辅助说明货币性计算的数据。非货币性的人力资源技术指标有很多种，只要有利于人力资源价值分析，都可以加以利用。本书仅列出一些常用的人力资源技术指标，如职工离职概率、职工年龄结构变动、职工工时利用率、职工岗位变动率等。除此之外，管理人员可以根据需要增加其他有利于人力资源价值分析的必要指标。

（一）职工离职概率

建立货币性人力资源价值随机模型需要职工离职概率的数据进行计算。职工离职概率不是一个货币性指标，但是可以辅助货币性人力资源价值的计算。该指标可以按照企业人力资源信息库中职工离职的历史数据，预测出将来企业职工流动的实际概率；也可以根据管理人员的主观判断，预测企业职工离职的主观概率。根据人力资源价值计量的不同需求列出职工离职概率的随机模型，计算人力资源离开企业的概率或继续留在企业的概率。

职工离职实际概率可以分别按照企业各年职工流动历史情况，预测每个职工年度离职概率，或按照某人职位的变动曲线，计算某人离开某职位的概率等。一般情况下，每个职工年度离职概率是以企业职工定额人员总数与离职人数为基础计算的，其计算公式一般如下：

$$每个职工年度离职概率 = \frac{企业年末离职人数}{企业年度职工定额总数}$$

在计算职工离职概率时，可以将职工按照不同群体分类，分别计算不同群体中不同工种的职工离职概率。因此，将上述公式分子、分母的数据取值范围略加改变，可以得到某个群体中某个职工离职的概率。如果再将这些数据按照年度分别计算，可以得出某个职工离职概率的曲线图或流动概率分布表。

在测定某个职工离职概率时，往往要参照该职工岗位变动率即他所在岗位的变动情况综合分析。职工离职有时是因为所从事的工作岗位发生变化。由于工作经验的增长，老职工比新职工有较高的人力资本。老职工可以向企业要求高于新职工的工资。如果企业不能给予他相应的待遇，不仅不可能调动他的积极性，而且有可能使熟悉工作的职工从企业流出。因此，职工在企业工作岗位的变化，某种程度上也可以说明其价值的变化。职工岗位变动概率是测试职工离职概率的一个辅助指标。

以下举例说明某个职工离职概率和职工岗位变动概率的计算。假设某会计师事务所一名执业会计师从 20×1 年至 20×7 年职位变动和离职的概率计算如表 4-8。

表 4-8　某会计师事务所一名执业会计师职位变动概率计算表

编写单位：×会计师事务所　　　　20×1 年 12 月 31 日　　　　　　　　填报人：××

职位	今后占据各种职位的概率						
	20×1	20×2	20×3	20×4	20×5	20×6	20×7
执业会计师	0.57	0.25	0.06	0.01	0	0	0
高级会计师	0.15	0.27	0.30	0.23	0.13	0.05	0.02
经理	0	0	0.01	0.05	0.09	0.11	0.11
合伙人	0	0	0	0	0	0	0
调动	0.03	0.05	0.06	0.07	0.07	0.08	0.08
离开	0.25	0.43	0.57	0.64	0.71	0.76	0.79

表 4-8 给出了该会计师事务所 20×1 年一名执业会计师在以后各年内继续任执业会计师以及升任高级会计师、经理、合伙人甚至离开该事务所等各种概率的数值。例如，到 20×3 年末，他仍然做普通执业会计师的概率是 0.06，而离开该事务所的概率则是 0.57。

此外，还可以利用管理人员主观估测的方法得出企业职工职位变动的主观概率。具体做法是用数字方式表示对某一事件发生可能性的主观估计概率。主观估计概率可以采用不同的方式，其中最简单的方式是问答法，即管理人员向某职工提出"你认为自己明年提职的可能性有多大？"等问题，然后请该职工回答并将结果记录下来，结合管理人员掌握的情况加以整理分析，得出主观概率。

(二) 职工年龄结构变动

企业人力资源价值的货币性计算结果与企业职工在企业的服务年限有直接关系。但是企业人力资源年龄结构变动情况不能体现在以货币计量的人力资源价值之中，因此，需要用非货币性信息辅助说明企业人力资源价值情况。

企业各种职位职工年龄结构可以反映企业的经营实力、企业人力资源价值潜力。如果企业年龄结构非常老化，会呈现出后继无人的发展趋势。相反，如果年龄结构过分年轻化，虽然企业充满活力，但经营经验可能不足，企业应付市场变化的能力、承担经营风险的能力较差。较为合理的年龄结构是一个职位有几种不同层次年龄的人，企业平均每年进出人员数量相对稳定。

企业职工为企业提供的未来服务潜力是随其年龄的增长而递减的。也就是说,刚进入企业的人为企业服务的潜力最大,而准备退休的人为企业提供服务的潜力最小。假定企业退休年龄为60岁,一个18岁的新徒工进入工厂以后,他有为企业提供42年服务的潜力。而一个59岁即将退休的职工只有为企业提供1年服务的潜力。但这并不是说准备退休的职工对企业年度贡献最小。

职工对企业的累计贡献一般来说应该是随着年龄增长而递增的,即企业人力资源为企业提供的使用价值或做出的贡献一般呈现直线上升的趋势。比如律师、注册会计师、高级工程师等,为企业提供的贡献一般是随着年龄的增长而递增的。但有些企业的职工对企业的年度贡献或人力资源的年度服务能力随着年龄的增加呈现一种类似正态分布的趋势。所谓职工贡献正态分布,是指职工刚进入企业时,年纪较轻年度贡献较小;随着年龄增长和工作经验的增加,对企业的年度贡献越来越大,其贡献曲线呈上升趋势;大约在该曲线上升到其贡献的最高点后,职工年龄逐渐增加但对企业的年度贡献曲线会逐渐降低,直到他退休降至较低点(但是新老职工的年度贡献最低点一般都不会为零)。例如,足球运动员、舞蹈演员、体力劳动者等都有一个最佳服务年龄段,他们对企业的贡献一般是随着年龄的增长达到最高点,而之后如果不改变工作岗位,其服务能力将随年龄递增而递减。

职工年龄结构可以根据企业人力资源信息库的资料,按照不同年龄段和不同职务层次分别计算,然后编制表格汇总进行反映。例如,我国水利部宁夏回族自治区水利职工专业素质调查,该区水利行业正式职工9 289人,干部2 799人,工人6 490人(详见表4-4、表4-5),其职称与年龄结构状况表(表4-9、表4-10)即属此列。根据各表数据,可以计算出专业技术人员占职工总数的24%,其中,高级专业技术职工占专业技术人员总数的比例是5.3%,中级专业技术职工的比例是23.4%,初级专业技术职工的比例是71.3%。从年龄结构上看,高级技术人员大都是46岁以上,中级、初级技术人员大都在35岁~46岁之间,而初级专业技术职工中64%是35岁以下的专业技术人员。可见其专业技术职工队伍平均年龄比较年轻。另据调查,该区水利科研、设计和水文等技术性强的部门缺少学科带头人,出现明显的青黄不接现象。因此,对于这些人员专业技术的拓展、实践经验的积累、知识更新等方面的继续教育是必要和紧迫的。

表4-9 专业技术人员职称与年龄结构状况表　　　　　　单位:人

年　龄	技术等级			
	专业技术人员总数	高级	中级	初级
35岁以下	1 161	0	136	1 025

续表

年龄	技术等级			
	专业技术人员总数	高级	中级	初级
36~45岁	566	42	184	340
46~55岁	405	32	173	200
56岁以上	103	44	31	28
合计	2 235	118	524	1 593

表4-10 工人技术等级与年龄结构状况表

年龄	技术等级				
	专业技术人员总数	3级以下	4~6级	7~8级	8级以上
35岁以下	3 617	1 959	1 547	110	1
36~45岁	1 226	139	916	168	3
46~55岁	684	20	242	382	40
56岁以上	71	17	36	18	0
合计	5 598	2 135	2 741	678	44

从表4-6和表4-10可见，该区技术工人占工人总数的83.3%，是水利第一线的主力军。调查发现，该队伍的特点是：年龄越大，文化程度越低，而技术等级越高。老工人多属经验型，实践能力较强，理论水平较低；青年工人相对来说，既缺少经验积累，又无系统的专业理论知识和实际操作技能。因此，对中、青年工人进行专业基础理论培训和实际操作技能培训是非常必要的。

(三)职工工时利用率

计算人力资源价值并不能解决职工出工不出力的问题。需要利用职工工时利用率指标说明企业职工在有效时间内的工作效率，说明企业人力资源价值的发挥情况。

职工工时利用率可以通过职工实际工时记录与核定的标准工时定额的比例计算求得。如果某职工实际使用工时大于标准工时定额，说明该职工没有充分利用工作时间，或其操作技术存在问题，需要对该职工的工作进行调整。如果某职工实际使用工时小于标准工时定额，说明该职工的工作效率高，或者是工时定额存在问题。

职工工时利用率的计算公式可以分为工时利用率和工时损失率两种。

工时利用率是考核职工工时利用效率,分析职工价值发挥情况的指标。工时损失率是考核企业下达生产计划工时是否饱满的指标,是分析企业职工岗位工作时间利用效率,考核企业是否充分发挥职工价值的指标。其计算公式如下:

$$工时利用率 = \frac{实际工时}{标准工时定额}$$

$$岗位工时损失率 = \frac{岗位工时定额 - 生产计划工时}{岗位工时定额}$$

(四) 人员结构比率

企业各类人员结构比率可以反映一个企业人力资源价值的整体水平。人员结构比率可以通过人力资源信息库的一览表资料计算求得。人员结构比率可以分别从人才智力结构和职称结构两方面计算。人才智力结构比率的历史资料比较容易得到,计算比例也较方便。例如,依据表4-3可计算该企业的人才结构——学士、硕士、博士的比例是132:73:23。职称结构比率也可以根据人力资源信息库的一览表资料计算求得。但是,企业各类人员结构的最佳比率难以预测,只能根据若干企业若干年的经验数据推算。

三、人力资源价值主观期望效用评议法

人力资源价值主观期望效用评议法是通过企业职工自我评价,掌握职工对企业安排的工作满意程度、个人工作能力发挥情况、个人对自己工作业绩评价等资料,分析企业人力资源价值情况。利用人力资源价值主观自我评议的资料与人力资源价值客观评议结果进行比较,可以分析企业人力资源价值的发挥情况。进行人力资源价值主观期望效用评议可分别采用个人工作绩效等级自我评价、内部招聘、个人工作满意程度测定等方法。

(一) 个人工作绩效等级自我评价

工作绩效是某人在担任某角色时期内已经为企业做出的贡献。个人工作绩效等级自我评价法是通过企业职工个人填写有关自己工作业绩情况的问卷,对自己在企业的工作成绩、工作动力和效率进行打分或写出评语,确定其工作状况到底属于何种水平的办法。通过了解企业职工个人对自己工作情况所持的态度,以及对今后工作所寄予的期望,评价企业职工价值发挥的情况。

(二) 内部招聘法

内部招聘法是通过在企业内部招聘所需的人员,了解企业人力资源使用价值发挥情况的方法。将企业所空缺的职位公之于众,请职工参加内部招聘会公平竞争,同时进行职工个人主观期望实现价值情况调查以及职工

个人潜力的调查,在招聘过程中进行企业人力资源价值的评价。以上工作都是在企业职工个人对自己进行主观评价的基础上进行。

1. 内部招聘会。内部招聘会是一种了解企业人力资源使用情况、人力资源使用潜力的极好机会。在内部招聘会之前,通知企业职工哪些职位空缺需要补充,申请该职位的人应具备的条件。招聘程序包括填报申请资料,参加有关考试,进行大会答辩,进行小范围答辩,最后张榜公布所录用的人员。

通过招聘可以发现过去未发挥作用的有关人才,也可以发现其他职工对自己工作能力的评价和期望,为更加有效地调动人的积极性、充分发挥企业人力资源的作用、预测企业人力资源流动性等积累有用资料。

2. 主观期望实现价值法。主观期望实现价值是个人主观预期可能为企业提供的最终可实现的价值。可以采用人事评价的级别排列法来计量这种价值。这就是说,职工根据自己对个人在工作中的发展和职务提升的可能性,将自己进入企业的时间长短和相应的希望实现的工作位置一一排列成序。例如,一个新职工进入企业之后,企业可以让他填写主观期望实现价值表,可能他对自己的设计是希望一年后转为正式学徒工,两年后成为一级工,三年后成为二级工,等等。而一个大学本科会计专业的毕业生进入企业之后,所填写的主观期望实现价值表中,可能他对自己的设计是希望一年后转为助理会计师,五年后成为会计师,十年后成为高级会计师,等等。

这样排列的结果是企业一方面可以掌握某人对自己前途的设计,另一方面可以按顺序计量某人能为企业提供的潜在服务量,即个人主观期望实现的价值,也就是个人对企业的总价值。以此数据为基础,计量该人力资源的使用价值或经济价值,用以反映他对企业提供的净服务量。

(三)个人工作满意程度测定法

个人工作满意程度测定法是请职工个人回答有关其工作任务、工作报酬、工作环境等的满意程度的问题来测试企业人力资源价值实现情况的方法。个人工作满意程度测定可以采用问卷调查法,观察分析职工个人态度,以衡量企业职工的满足程度。具体说就是综合企业的全面情况,设计问卷,提出一系列问题,请企业职工回答。所列问题的范围可以包括:工作任务、工作报酬、与上下级之间的关系、工作环境、同级职工情况、提升的机遇等,以确定每个职工对这些方面是否满意。然后根据问卷分析企业人力资源对其工作的满意程度,并按照不同情况汇总列出各类人员的比例,满意哪些方面,不满意哪些方面,哪些问题是影响企业人力资源发挥最大效用的关键,以便进一步提高企业人力资源的使用价值。

四、人力资源价值客观实际效用评议法

人力资源价值客观评议法是请管理人员、专家或群众等对其他人的工作成绩、工作态度、工作潜力等做出他们自己评价的方法。由于人力资源价值主观评价带有个人对自己的偏向,而且他们可能不知道其他人各方面的价值,无法与其他人进行比较,其评价结果难免与其实际价值有一定的差距。因此,需要结合人力资源价值客观实际效用评议法的结果进行综合分析。

(一)工作绩效客观评价法

工作绩效客观评价法是由企业管理人员对职工的工作成绩和效率进行评价的方法。利用它评价企业人力资源价值的具体计量方法主要有工作绩效等级评价和工作绩效级别排列法。

1. 工作绩效等级评价法。工作绩效等级评价法是确定企业某职工的工作状况属于何种水平的方法。例如,一位管理人员如果想了解自己所管理的工作人员的工作绩效,他可以给这些工作人员智力水平、一般知识水平、专业技术知识水平、工作动力的大小、人际交往能力高低、判断能力高低等打出分数,进行具体的比较分析。

2. 工作绩效级别排列法。工作绩效级别排列法,是将影响职工工作绩效的各种因素分为不同等级,按重要程度的一定顺序排列好,给每个职工进行级别排列的方法。这种级别排列可以按单一标准排列,也可以按综合标准排列。例如,企业管理人员可以将其下属工作人员的"领导潜力"按顺序予以排列。按工作人员的工作绩效级别进行排列的具体方法有多种。最简单、最常用的方法是逐个排列法,即管理人员只将某一个需要评价的标准分成最高、次高、再次高等,形成一个从高到低的排列顺序;然后将需要评价的职工依次填入这个序列,从而了解所管理的职工工作效率高低的方法。

另一种方法是高低点筛选排列法,即在全体被排列的职工中,每次挑选出价值级别最高的工作人员和价值级别最低的工作人员各一名,然后在余下的职工中重复第一轮的挑选过程,选出这些人中价值级别最高和最低的两人。这样重复进行下去,直到全部人员被排列完毕。采用这种方法可以简化选择判断过程,比第一种方法要更可靠一些。

(二)工作态度客观测定法

工作态度客观测定法主要是管理人员用来评价企业职工工作态度的方法。管理人员衡量企业职工工作态度,可以分别从管理人员和职工的角度填写问卷,主要目的是了解管理人员对企业职工工作的评价与企业职工对于工作中的某些客观事物的感情倾向两者之间的差别。通过对企业职

工工作态度的汇总分析,有关管理部门可以估计出这些人员对他们所从事的工作、报酬、环境以及整个企业的看法,从而明确企业职工对什么满意,对什么不满意。

工作态度客观测定法可以采用问卷调查方式进行。在问卷上列出若干问题,例如,问卷上写入"我对自己的工作感到单调"等类项目,然后请答卷人选择"是"或者"不是"作为答案。有时也可以将答案分成几类,如"我认为应该采用弹性工作时间",可以将选择答案分为"非常赞成""赞成""不能肯定""不赞成""很不赞成"等等,由答卷人做出选择。这些回答一般可以从最肯定的回答起分别为 5 分、4 分、3 分……排列,以便管理人员汇总分析。

工作态度客观测定法可以测试个人的活力水平,以及个人的工作态度。例如,可以请他们回答诸如"我对自己的工作充满热情"、"我厌烦自己的工作"这一类问题,以测试企业职工的工作动力。这里需注意的是,所设计的一切问题都必须能够既可靠又有效地反映出要分析的量或要素,而且要将答案明确分成不同度量级别。

(三)潜力评价法

职工潜力是指个人将来可望为企业做出的贡献,即某人在某企业中将会担任责任更重大的职务时的潜在能力。潜力评价法是用于确定企业某职工在工作中的成长和职务提升可能性的方法,其目的是计量某职工能为企业提供的潜在服务能力。评价职工个人潜力的主要方法是素质评估。所谓素质评估,是将职工从事某项工作应具备的各种素质分解,然后再具体评估处于此职位上的职工是否具备这些素质,以及其工作表现的优劣程度,并预测这些职工将来为企业提供服务的发展前景。对职工素质的评估,可以利用管理人员的直接判断或对职工的心理测试来进行。

在企业中,管理人员普遍采用潜力评价法来衡量职工个人的潜力。企业管理者将各类职工的个人特点,如智力和知识水平、创造力、判断力、领导才能等分成不同等级,根据这些资料,企业管理者估计某职工提升的总体可能性,以及该职工目前可以担任何种职务,评估何种职位能够调动该职工的积极性。

(四)专家打分法

专家打分法是一种聘请专家根据一定标准和专家的经验,对企业人力资源价值进行判断的方法。专家打分可以面对面进行,也可以背对背进行。

1. 面对面专家打分法。面对面专家打分法通常采用答辩的形式进行。被评审人对设定项目进行论证或演说,由专家根据有关标准当场打分确定企业人力资源某方面的价值。设定项目可以是事前准备好的,也可以是即席发挥的;一般由三人以上的专家组成专家组,分设主席和评委;打分表的项目是事前设计好的,由专家组认可的标准或根据以往经验的标准组成。任职资格答辩会、技术表演现场答辩会等均可采取这种方法。

2. 背对背专家打分法。背对背专家打分法通常是由企业职工自己填写专门的个人情况表格,对个人工作情况进行总结和评价,并提出准备申请的职位要求,然后由专家组进行评审打分,对申请人资格予以确认的一种方法。这种方法通常用于职称、职务提升晋级,或申请国家、企业资助项目;所聘请的专家与申请人往往不是同一个企业或单位的同事,但是应是申请人的同行或相近专业的知名度较高的高级专家。另外,背对背专家打分法也可以对被打分对象进行期望实现价值的打分、工作绩效打分、职工潜力打分等。

(1)期望实现价值的打分。期望实现价值是个人期望对企业能够最终实现的价值,通常采用人事评价的级别排列法来计量这种价值。专家根据企业某些职工可望实现的价值将其排列成序。这里的专家可以是上级管理人员,也可以是企业之外的专门人员。排列的结果是按顺序计量出的职工个人期望实现效用,即个人对企业的总价值。以此数据为基础计量职工个人的经济价值,可以反映其为企业提供的净服务量。

(2)工作绩效的打分。这是由专家对职工的工作成绩和效率进行打分评价的方法。职工工作绩效可以根据企业技术指标衡量,也可以根据专家评估指标衡量。例如,根据企业技术指标衡量生产能力时,可以通过检查企业职工生产产品的数量、质量、生产效率、废品率以及完成工作计划的能力等进行考核。另外,还可以根据专家评估指标,以及对企业职工工作绩效等级分类、等级排列情况的打分,评估职工个人的工作业绩。

(3)职工潜力的打分。这是指采用专家评估打分的方法评价职工个人将来可望为企业做出的贡献,即在某企业中将会担任责任更重大的职务的潜在能力。可以将职工潜在能力如智力和知识水平、创造力、判断力、领导才能等分成等级,在进行职工心理测试的基础上请专家进行打分,以便在各个不同的人员之间进行比较。

(五)群众打分法

群众打分法是一种邀请群众根据设计好的问卷内容,对企业人力资源价值进行打分的方法。群众打分可以面对面进行,也可以背对背进行。所采用的方法与专家打分类似,可以设计的问题较为普通,不像请专家打分专业性那么强,要让各类群众容易回答;也可以对企业目前管理人员的情况、将来的管理人员人选及其他有关企业人力资源价值的问题进行打分。

五、个体或群体价值的非货币性衡量方法

上一节讨论影响人力资源个人价值的各种变量,如期望实现价值、期望

条件价值、离职概率、生产能力、转移、提升可能性、个人对工作的满意程度、个人技能、工作能力以及个人在企业的角色和报偿等。这些变量有的可以用货币计量，有的不能用货币计量。但是它们都可以用人力资源价值非货币性的各种方法进行分析和说明。

对决定群体人力资源价值的各个非货币性因素的变化情况，可以采用全面观察评价法分析，即提出一系列问题，请企业成员回答，然后对答案进行分析，确定企业的各个成员在社会心理学意义上对该企业各种状况的感觉，从而考核企业人力资源群体价值发挥情况。在全面观察评价企业工作氛围时，可采用的衡量标准范围很广，是一种综合性的标准，其中包括领导程序、工作驱动力量的特征、组织成员交流程序、组织成员互相影响作用程序、决策过程、建立目标过程以及控制过程等。

下面所列的22个问题是美国密歇根大学社会研究所为全面观察评价企业或其他组织氛围而设计的一系列问题中摘选出来的[①]：

(1)该组织是否能迅速利用经过改进的工作方法？
(2)该组织是否真正关心在这里工作的人们的福利和快乐？
(3)该组织是否尽力改善工作环境？
(4)该组织是否具有明确合理的目标和工作方向？
(5)该组织是否切合实际地组织人们开展工作？
(6)你是否可以获得有关该组织内其他部门和其他工序工作运转的足够信息？
(7)你的上级是否能接受你的意见和建议？
(8)你是否能从最好的途径得知如何做好自己的工作？
(9)该组织是怎样处理各部门间产生的分歧的？
(10)该组织的工作人员为什么而努力工作？
(11)该组织中是否存在能够激励你努力工作的事物或人、政策、环境等等？
(12)低层管理人员(领班、工长等)对你所在部门的工作影响如何？
(13)高层管理人员(经理、副经理、大部门的负责人等)对你所在部门的工作影响如何？
(14)一般雇员(指没有下属人员的那些职工)对你所在部门的工作影响如何？
(15)中层管理人员(部门经理等)对你所在部门的工作影响如何？
(16)该组织的目标是如何建立的？

---

① FLAMHOLTZ E G. Human resource accounting[M]. 3rd Edition. Devon, UK: Kluwer Academic Publisher, 1999:227.

(17) 该组织的各项决策是否能够依据最恰当准确的信息制定出来？
(18) 在制定决策时提出建议的人要受到什么影响？
(19) 制定决策的人是否能得到所在组织成员所了解的信息？
(20) 该组织内不同单位和部门是否能共同努力协作？
(21) 该组织内不同单位和部门之间的问题是怎样得以解决的？
(22) 你在工作中所必须使用的设备和各种资源是否适宜、有效，并且经过很好的维修保养？

在回答这些问题时，要求每人必须在五种不同程度的答案中进行选择，如回答"上级是否能接受你的意见和建议"这个问题，要在"极大程度上接受"、"很大程度上接受"、"一定程度上接受"、"很小程度上接受"以及"极小程度上接受"五种答案中选择一种，其目的是要了解回答问题的人的真实感觉，从而准确地分析、确定企业的工作氛围。

第五节　人力资源价值的会计核算及报告方法

本节研究建立在生产者剩余基础上的人力资源价值会计核算体系，主要讨论人力资源价值会计单独设账的原因、核算体系、账户设置、账务处理及财务报告。

一、人力资源价值会计单独设账的原因

人力资源成本会计的资料纳入传统会计核算体系相对容易，因为它是历史数据的一种重新归集和分配，而人力资源价值会计核算的资料纳入传统会计核算体系就比较困难。因此，本节是按照人力资源价值会计单独设账构想的。人力资源价值会计单独设账核算的原因如下。

（一）人力资源价值计量数据不符合传统会计基本假定和一般原则

人力资源价值会计单独设账核算的原因主要是人力资源价值会计确认、计量、记录、报告方法不符合传统会计基本假定和一般原则。例如，人力资源价值会计使用估计数据，不符合传统会计历史成本核算原则，与传统会计核算的其他数据没有可比性。而且传统会计都是事后核算，即在货币已经支付或应该支付的时点确定后核算，而人力资源价值会计是事前预测。人力资源价值会计核算主观估计的因素太多，为了不影响传统会计核算数据的客观性、一致性，又可以在账面上反映人力资源价值信息，单独设账比较理想。

（二）人力资源价值会计单独设账可以灵活处理一些数据

人力资源价值会计单独设账进行核算，不受各种会计准则、会计制度的

限制,会计人员可以根据企业具体管理要求灵活地设账、灵活地处理一些数据。因为人力资源价值计量的数量要有利于人力资源价值管理部门进行工作,而不同部门对人力资源价值资料的需求不同。人力资源价值会计单独设账核算可以满足企业各方面对人力资源价值会计信息的需求。

(三)在人力资源价值会计方法成熟之前,单独立账核算有利而无害

人力资源价值会计在传统会计之外设置账簿进行单独核算,既不破坏传统会计数据的整体性,又可以反映企业人力资源的价值情况。在人力资源价值会计核算方法成熟之前,单独设账核算有利而无害。当然,不排除在未来会有企业将人力资源价值数据列入传统会计核算范围的可能性。正如成本会计核算在产生初期也曾经是在账外核算,但经过理论界30多年的讨论和实践经验积累,核算方法逐渐趋于成熟,可以纳入传统会计核算体系一同核算。人力资源价值会计也应该有这样一个发展过程,因为任何理论研究都具有超前性,与实际推广应用有一定距离。

二、建立在生产者剩余基础之上的人力资源价值会计核算体系

所谓建立在生产者剩余基础之上的人力资源价值会计核算体系,是根据企业的经济剩余扣除企业的消费者剩余等于人力资源创造的生产者剩余的理论,将生产者剩余作为人力资源价值会计核算主要目标的体系。第三节已经讨论了将生产者剩余记入人力资源价值的方法,本节以工资为基础,利用随机变量公式计量人力资源价值,其价值包括人力资源工资、人力资源福利费、职工社会保障、属于人力资源的生产者剩余部分。在核算时应先单独预测人力资源总价值,并在此基础上,讨论如何建立一个账户体系,将人力资源价值、人力资源累计实现价值、人力资本、生产者剩余等记录在账面上。

(一)建立在生产者剩余基础上的人力资源价值会计等式

生产者剩余是属于生产者所有的,生产者应该享有对其的要求权,它属于生产者的权益。因此,生产者权益应该是生产者作为人力资源所有者而享有的对企业占有的生产者剩余的要求权。建立在生产者剩余基础上的每年的人力资产实现价值、年度人力资产投资成本摊销、年度实现的生产者剩余应符合以下等式关系:

$$\text{年人力资产实现价值} - \text{年人力资产投资成本摊销} = \text{年度实现的生产者剩余}$$

年人力资产价值是每年末根据本年资料计算出来的人力资产实际价值,即本年企业人力资产创造的全部使用价值,或年度企业人力资产的全部产出。年人力资产投资成本摊销是每年末根据本年资料计算出来的已经摊

销的人力资产投资成本,即企业本年度对其人力资产的投资。每个年度末所计算出的本年人力资产实现价值减去本年所摊销的人力资产投资成本,即人力资源本年所创造的价值,即本年度实现的生产者剩余。

生产者剩余是人力资源创造的增值部分,包括用于职工集体福利和用于扩大再生产两部分。用于职工集体福利部分相当于企业公益金,这部分不能用于职工分红,也不能用于扩大再生产。而生产者剩余中用于扩大再生产积累部分,过去都被投资者、债权人无偿占有,实际上它是属于生产者的剩余。生产者未从企业拿走的生产者剩余相当于生产者对企业的投资,是属于生产者的权益。这部分用于企业积累的生产者剩余是人力资源价值的一部分,可以作为企业计算年度生产者股本的理论基础。由此,上述公式可以改写为:

年度实现的生产者剩余=年人力资产实现价值-年人力资源投资成本摊销
　　　　　　　　　=年度生产者权益的增加额
　　　　　　　　　=年度生产者福利+年度生产者股本等
　　　　　　　　　=年度企业公益金+年度生产者股本等

(二)建立在生产者剩余基础之上的人力资源价值会计账户体系

根据上述人力资产价值等式,建立在生产者剩余基础之上的人力资源价值会计,应该符合"非人力资产+人力资产投资+人力资产价值=负债+生产者权益+所有者权益"的会计等式。会计科目体系应该以上述会计等式为基础,分为资产、负债、生产者权益、所有者权益、收入和成本费用六类。这样可以利用人力资产价值计量生产者股本。应该以人力资产价值和生产者权益为主线设计账户,账户结构体系可以设计如表4-11。

表4-11 人力资源价值会计核算账户体系

行号	序号	资产账户	行号	序号	负债+生产者权益+所有者权益
1	1	资产类	1	2	负债类
2	11	流动资产类	2	21	流动负债类
3	……	……	3	……	……
4	……	……	4	22	长期负债类
5	12	非流动资产类	5	……	……
6	120	人力资产	6	3	生产者权益类
7	1201	人力资产投资	7	31	人力资本预测
8	1202	累计人力资产投资摊销	8	32	应付工资

续表

行号	序号	资产账户	行号	序号	负债+生产者权益+所有者权益
9	1203	人力资产价值	9	33	应付福利费
10	1204	累计人力资产实现价值	10	34	应付奖金
11	……	……	11	35	生产者福利(公益金)
12	121	长期投资	12	36	生产者股本
13	122	固定资产	13	37	生产者分红
14	123	……	14	38	生产者奖励基金
15	……	……	15	4	所有者权益类
16	……	……	16	5	收入类
17	……	……	17	6	成本费用类
18	……	……	18	……	……

三、人力资源价值会计核算的账户内容

人力资源价值会计核算的账户设置,可以在人力资源成本会计的基础上,增设"人力资产价值""累计人力资产实现价值""人力资产投资""人力资本预测""生产者福利""生产者股本""生产者分红""生产者奖励基金"等账户进行人力资产价值、人力资产投资成本和生产者权益的核算。

（一）"人力资产价值"账户

设置"人力资产价值"账户,主要目的是核算预测的人力资产在使用过程中创造的总经济价值,即企业人力资产可以为企业提供的服务潜力的预测总价值。"人力资产价值"账户借方反映人力资产价值的增加;贷方反映人力资产价值的减少;账户期末借方余额是企业人力资产的总预测价值。

企业在取得人力资产时按照预测的总经济价值,借记"人力资产价值"账户,贷记"人力资本预测"账户。人力资产离开企业时按照其预测价值做相反分录。在对企业人力资产价值重新估价时,按照重估价差额,同时调整"人力资产价值"和"人力资本预测"账户。

"人力资产价值"明细分类账是按不同群体和个人如一般管理人员、高级管理人员等设置的,应与"人力资产投资"账户的明细分类科目设置一致。"人力资产价值"账户内可以设置"预测工资""预测福利""预测社会保障基金""预测生产者剩余"等专栏,分别反映人力资产的各种预测价值。

(二)"累计人力资产实现价值"账户

设置"累计人力资产实现价值"账户,记录每年末计算的人力资产年度实现价值,用来对"人力资产价值"账户的预测值进行调整。人力资产年度实现价值是根据本年企业实现利润,计算出本年人力资产修正比率 $K(t)$ 值,再乘以本年人力资产的工资费用计算求得的。该账户借方反映本年因人力资产离职、调动、重新估价而使其价值减少的金额;贷方反映本年人力资产累计实现价值的增加额;期末贷方余额反映已经实现的人力资产价值累计数。

年末将人力资产因提升、调动、离职等引起的变化及年度人力资产实现价值按照实际情况计算出来,如果是增加额,则贷记"累计人力资产实现价值"账户,同时借记"人力资本预测"账户。如果是减少额,则编制相反的分录,相应调整"累计人力资产实现价值"及"人力资本预测"账户的账面记录。

(三)"人力资产投资"账户

设置"人力资产投资"账户,其核算内容与人力资源成本会计中的"人力资产"账户的核算内容相同,应核算企业对其人力资源投资成本的增减变化。"人力资产投资"账户借方反映本期企业对人力资产增加投资而使人力资产成本增加的金额;贷方反映因本期人力资产离职等原因而使人力资产投资减少的金额;期末借方余额反映企业对人力资产的累计投资额。

"人力资产投资"明细分类账的设置与人力资源成本会计中的"人力资产"账户相同,可以按不同群体和不同个人,如一般管理人员、高级管理人员等设置。在"人力资产投资"账户中还应设置"人力资产取得成本""人力资产开发成本""人力资产使用成本""人力资产保障成本""人力资产离职成本"等专栏。

(四)"人力资本预测"账户

"人力资本预测"账户不是真正意义上的资本账户,企业生产者不能按照该账户金额享有与其他资本一样的要求权。因为预测的人力资本中包括企业对其人力资源的投资,如开发费用等;也包括企业人力资源已经从企业拿走的工资部分。只有那些由人力资源创造又没有从企业拿走的生产者剩余,才是企业劳动者应该享有的,具有与其他资本享有相同要求权的人力资本。因此,本书使用"人力资本预测"账户。

"人力资本预测"账户是与"人力资产价值"账户相对应的账户,用来相应记录预测的人力资本,每年末冲减本年人力资产实现价值,进行账面数据的调整。该账户借方反映由于本年人力资产价值实现而冲减的人力资本金额;贷方反映因取得人力资产而使人力资本预测价值增加的金额,以及因人力资产价值重估而调增的金额(调减用红字);期末"人力资本预测"账户贷方金额反映未实现的预测的人力资本净值或人力资本的价值重估值。

"人力资本预测"账户内可以设置"预测工资""预测福利""预测社会保障基金""预测生产者剩余"等专栏或明细账,分别反映人力资本的各种预测价值。

"人力资本预测"账户是介于负债和资本账户之间的账户。它反映企业人力资产将为企业提供的服务潜力的预测净值,不包括已经实现的价值部分。而"人力资产价值"账户反映企业人力资源将为企业提供的服务潜力的总预测价值;"累计人力资产实现价值"账户反映企业人力资产已经为企业提供的实现价值。企业人力资产预测总价值减去企业人力资产累计实现价值应该等于企业人力资产预测净值,即人力资本预测净值。

(五)"生产者福利"账户

设置"生产者福利"账户用来核算应该从利润中提取的属于生产者的各种福利的增减变动情况。该账户借方反映生产者福利因使用而减少的金额;贷方反映提取的生产者福利的增加额;期末账户贷方余额反映已经提取尚未使用的将用于企业人力资源福利方面的基金。

"生产者福利"账户的明细账户应该按照各福利基金分别设置,如职工住房福利基金、职工医疗福利基金等。

(六)"生产者股本"账户

设置"生产者股本"账户,反映年度人力资产成本与年度人力资产实现价值之间的差额以及生产者股本的增加与减少。该账户借方反映生产者股本的减少额,贷方反映生产者股本的增加额;期末账户贷方余额反映企业生产者积累的股本总额。

"生产者股本"账户的明细账户应该建立台账,按照各生产者分别设置,以便期末进行分红。

(七)"生产者分红"账户

设置"生产者分红"账户,反映年度按照生产者股本份额分配给生产者的红利的增减变动情况。该账户借方反映因本年支付给生产者红利而冲减的金额,贷方反映本年分配给生产者应得红利的增加值;期末账户无余额。

"生产者分红"账户的明细账户应该与"生产者股本"账户相对应并建立台账,按照各生产者分别设置,以便记录各期分红情况。

(八)"生产者奖励基金"账户

设置"生产者奖励基金"账户,反映年度按照企业管理部门规定的标准发给生产者的奖金的增减变动情况。该账户借方反映因本年支付给生产者奖金而冲减的金额;贷方反映本年分配给生产者应得奖金的增加额;期末账户无余额。

"生产者奖励基金"账户的明细账户应该按照各生产者分别建立台账,以便记录各期生产者的奖金发放情况。

(九)其他账户的核算内容

其他与人力资源成本会计核算有关的账户,如"人力资产取得成本""人力资产开发成本""人力资产使用成本""人力资产保障成本""人力资产离职成本""人力资产费用""累计人力资产投资摊销""人力资产损益"账户,其核算内容与第三章所述相同,此处不予赘述。

建立在生产者剩余基础上的人力资源价值会计核算体系,是在人力资源成本会计核算体系的基础上,增加"人力资产价值""累计人力资产实现价值""生产者福利""生产者股本""生产者分红""生产者奖励基金""人力资本预测"等账户。同时将第三章人力资源成本会计中的"人力资产"账户改名为"人力资产投资"账户,以便与"人力资产价值"账户相配合,说明企业人力资源投资与价值情况。人力资源成本会计核算部分的内容不变。

四、人力资源价值会计核算的账务处理

人力资源价值会计核算的账务处理,可以连同人力资源成本会计核算内容全部设置在传统会计核算之外,也可以将人力资源成本会计核算内容设在传统会计核算账内,把人力资源价值会计资料设在账外。本节采用第二种办法,仅将人力资源价值会计内容单独设在账外核算,有关传统会计核算和人力资源成本核算的资料都假定是已知的,可以直接从已经有的记录中取得。

(一)人力资源价值会计核算业务举例

1. 投入、取得人力资产时,先预测出其全部经济价值。

借:人力资产价值　　　　　　　　　　　(预测全部价值)
　　贷:人力资本预测　　　　　　　　　　(预测全部价值)
　　　　——预测工资
　　　　——预测福利
　　　　——预测社会保障基金
　　　　——预测生产者剩余

2. 人力资产投资成本及成本费用分配的核算。投入、取得、开发人力资产及其保障、离职的投资成本,以及成本费用分配仍然按照第三章人力资源成本会计核算的业务处理内容,在有关的人力资源成本会计账户上做相关记录,本章不予赘述。

3. 年末计算人力资产实现价值。年末,根据人力资产实现价值冲减人力资本预测值,编制下述分录:

借:人力资本预测　　　　　　　　　　　　　　　　（年度实现价值）
　　贷:累计人力资产实现价值　　　　　　　　　　　（年度实现价值）

4.年末实现收益。年末实现收益时,按照生产者剩余进行分配。如果本年人力资产投资小于本年人力资产实现价值,则企业一般是盈利,在计算所积累的生产者福利、股本、奖金或分红后,编制下述分录:

借:利润分配
　　贷:生产者福利
　　　　生产者股本
　　　　生产者分红
　　　　生产者奖励基金

如果年末计算收益时,本年人力资产投资大于本年人力资产实现价值时,则做相反的分录。

5.人力资产价值的重新估价。如果因为重新调整工资水平或利率变动使人力资产价值计算的基础和折现比率变动较大,就需要对人力资产价值预测值进行重新估价,对于应调整增值部分,则编制以下分录:

借:人力资产价值
　　贷:人力资本预测——预测工资
　　　　　　　　　　——预测生产者剩余等

对于人力资源价值重新预测估价结果是减值的部分,则做相反分录进行调整。

6.人力资产的消失。对因职工离职、调动等原因引起的人力资产消失,除了在人力资源成本会计核算中调整"人力资产投资"账户之外,还要销减"人力资产价值"账户的预测总价值,注销"累计人力资产实现价值",同时按照未实现人力资产价值占全部预测总价值的比例转销相应的"人力资本预测"账户的数额,其会计分录如下:

借:累计人力资产实现价值　　　　　　　（累计已实现价值）
　　人力资本预测　　　　　　（原账面价值×未实现价值比例）
　　贷:人力资产价值　　　　　　　　　　（原入账预测总价值）

(二)总分类账的账务处理

上述人力资源价值会计核算主要业务所需要使用的主要总账户之间的关系见图4-5。

五、人力资源价值会计核算的财务报告

(一)人力资源价值会计资产负债表

在人力资源价值会计资产负债表的资产方,单列"人力资产价值"项目,

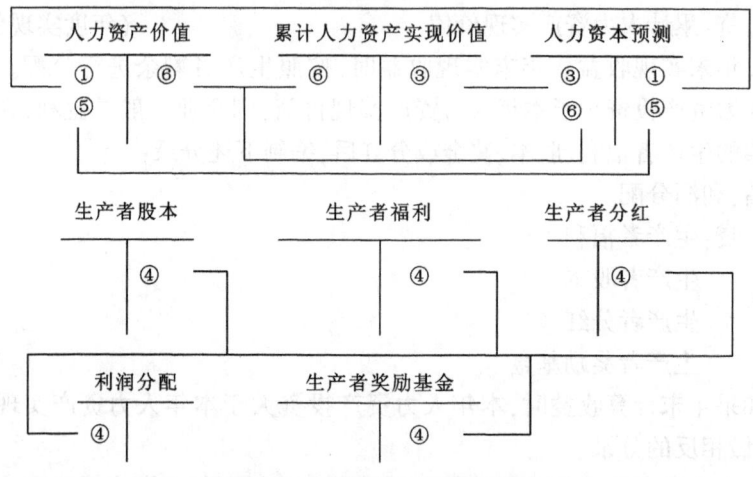

图 4-5 主要账户之间的关系

该项目下列减"累计人力资产实现价值"项目,两者相抵后的差额为人力资产账面价值净额,即未实现的人力资产价值,应与"人力资本预测"账户期末余额相等。

  人力资产价值   ×××

  减:累计人力资产实现价值   ×××

   人力资产账面价值净额   ×××

人力资源价值会计的资产负债表格式可以设计如表 4-12。

表 4-12 人力资源价值会计资产负债表

编制单位: 年 月 日   单位:元

资产	行次	年初金额	年末金额	负债+生产者权益+所有者权益	行次	年初金额	年末金额
流动资产	1			流动负债	1		
……	2			……	2		
非流动资产	3			长期负债	3		
人力资产	4			……	4		
人力资产投资	5			生产者权益	5		
减:累计人力资产投资摊销	6			人力资本预测	6		
人力资产投资净值	7			应付工资	7		

续表

资产	行次	年初金额	年末金额	负债+生产者权益+所有者权益	行次	年初金额	年末金额
人力资产价值	8			应付福利费	8		
减：累计人力资产实现价值	9			应付社会保障基金	9		
人力资产未实现价值	10			应付奖金	10		
	11			生产者福利（公益金）	11		
长期投资	12			生产者股本	12		
固定资产	13			生产者分红	13		
固定资产原值 减：累计折旧	14			生产者奖励基金	14		
固定资产净值	15			生产者权益合计	15		
待处理固定资产	16				16		
固定资产合计	17				17		
	18			所有者权益	18		
无形资产	19			实收资本	19		
	20			资本公积	20		
	21			法定盈余公基金	21		
无形资产合计	22			未分配利润	22		
其他资产	23			所有者权益合计	23		
总计	24			总计	24		

表 4-12 的传统会计和人力资源成本数据可以直接从传统会计和人力资源成本会计账户核算中取得。人力资源价值会计的数据可以从人力资源价值会计核算资料中取得。

如将本年人力资产成本与本年人力资产实现价值相比较，还可得出人力资产创造的生产者剩余数额，以供进行人力资源价值和成本分析。

年度人力资产实现价值 ×××
减：同期年人力资产投资摊销 ×××
该年人力资产创造的生产者剩余 ×××

（二）人力资源价值会计损益表

本书以生产者剩余为核心设计人力资源价值会计的核算。根据生产者剩余设计的人力资源价值会计损益表中,将企业实现的收益分为人力资产要素剩余和非人力资产生产要素剩余,即生产者剩余和消费者剩余,分别计算其创造的价值。将人力资产费用和非人力资产费用区别开来,作为销售收入的减项,并将人力资产损益、本期人力资产实现价值分别记入企业收益,最终计算出企业的净收益。人力资源价值会计的损益表格式设计详见表4-13。

表4-13　人力资源价值会计损益表

编制单位:　　　　　　　　　　年　月　日　　　　　　　　　　单位:元

项目	行次	本期发生额	本年累计金额
一、营业收入			
减:材料费用			
营业税金及附加			
减:本期人力资产实现价值			
二、非人力资产要素实现的价值			
减:折旧费用			
其他费用			
财务费用			
非人力资产管理费用			
三、非人力资产要素剩余(消费者剩余)			
加:本期人力资产实现价值			
减:人力资产费用			
人力资产管理费用			
人力资产损失			
四、营业利润			
减:非人力资源要素剩余			
五、人力资产要素剩余(生产者剩余)			
加:非人力资产要素剩余			
六、营业利润			
加:投资收益			
营业外收入			
减:营业外支出			
七、企业利润总额			
减:所得税			
八、企业净利润			

根据损益表计算的企业净收益,可以按照生产要素分别进行人力资产剩余利润和非人力资产剩余利润的分配。企业净利润分配可以根据董事会的要求,分别编制利润分配表,也可以合并编制。如果采用分别编制利润分配表的形式,则人力资产剩余分配表或生产者剩余的分配表设计详见表4-14。非生产者剩余利润分配表与传统会计利润分配表格式差异不大,本书不予赘述。非生产者剩余利润分配表也应该根据董事会的决议进行列报。

表 4-14 人力资产剩余利润分配表

编制单位:　　　　　　　　　年　月　日　　　　　　　　单位:元

项　目	行次	本期发生额	本年累计金额
一、人力资产剩余分配 　　减:所得税			
二、可分配人力资产剩余 　　其中:本期生产者福利 　　　　本期生产者股本 　　　　本期生产者分红 　　　　本期生产者奖励基金			
三、未分配的人力资产剩余利润			

第六节　人力资源价值会计应用案例

人力资源价值会计可以在很多方面得到应用,本节仅介绍计算人力资源为企业提供服务潜能的价值、应用人力资源价值计算劳动者权益、根据人力资源价值招聘人才三个方面的案例。

一、计算人力资源为企业提供服务潜能的价值

(一)假设案例

本节仍以第三章案例中的 Rlzy 会计师事务所为假设案例,具体进行人力资源价值会计的核算。假定该事务所 20×5 年开始建立人力资源价值会计核算体系,该事务所与每人签订的劳动合同是以 5 年为期限,则其人力资源价值以 5 年的使用期限为标准进行计算。而且假定该事务所的职工一般每 5 年可以得到一次提升的机会。各职位工资 $S(t)$、折现系数 r 以及调整系数 $K(t)$ 值的资料,详见人力资源数据及价值表(表 4-15)。

表 4-15 人力资源数据及人力资源价值预测表

20×5 年

职位	项目						
	总经理 (1人)	副总经理 (2人)	部门经理 (4人)	注册会计师 (10人)	其他人员 (30人)	新职员 (30人)	合计
年每人工资 $S(t)$值/元	600 000	480 000	240 000	180 000	60 000	18 600	
工资合计	600 000	960 000	960 000	1 800 000	1 800 000	558 000	6 678 000
折现系数 r值	10%	10%	10%	10%	10%	10%	
调整系数 $K(t)$值/元	2.1	2.1	2.1	2.1	2.1	2.1	
预测5年的人 力资产价值	4 776 408	7 642 253	7 642 253	14 329 224	14 329 224	4 442 059	53 161 421
年金现值系数(折现系数10%)							
年数	1	2		3	4		5
年金现值系数	0.909 1	1.735 5		2.486 9	3.169 9		3.790 8

利用人力资源价值公式计算上述各职位人员的预测 5 年的人力资源价值后,将其加总则是企业今后 5 年人力资源总价值——53 161 421 元。

如果总经理第 5 年末离职调任其他职务的概率,即 $P(t)$ 值为 50%,则第 6 年预测总经理的价值就应该考虑离职概率。假定总经理现年 35 岁,第 6 年 40 岁,其 6 年的总价值计算如下:

$$\text{总经理6年的人力资产价值} = \sum_{t=n}^{T} P_n(t+1) \sum_{i=n}^{t} \frac{S_i \cdot K(t)}{(1+r)^{t-n}}$$

$$= \sum_{35}^{40} P_n(t+1) \sum_{35}^{40} \frac{600\,000 \times 2.1}{(1+10\%)^{40-35}}$$

$$= 4\,776\,408 + (5\,487\,678 - 4\,776\,408) \times 50\%$$

$$= 4\,776\,408 + 355\,635$$

$$= 5\,132\,043(元)$$

4 776 408 元是总经理 5 年的人力资产价值的现值,若不离职,则 5 487 678 是总经理 6 年的人力资产价值的现值。两者的差额是第 6 年总经理的人力资产价值的现值。由于他离职的可能性是 50%,因此将两者的差额 711 270 乘以 50%,则该事务所总经理 6 年的人力资产价值的折现值是 5 132 043 元。

(二)账务处理

1.预测人力资产年全部价值。20×5 年该会计师事务所其后 5 年的人力资产价值预测估价情况如表 4-15 所示,按照预测出的全部经济价值 53 161 421 元,编制下述分录:

借:人力资产价值　　　　　　　　　　　　　　　53 161 421
　　贷:人力资本预测　　　　　　　　　　　　　　　　53 161 421

2. 人力资产投资成本及成本费用分配核算。投入、取得、开发人力资产及其保障、离职的投资成本,以及成本费用分配仍然按照第三章人力资源成本会计核算的业务处理内容,在有关的人力资源成本会计账户上做相关记录,本章不予赘述。

3. 年末计算人力资产实现价值。根据本年收入、费用计算人力资产实现价值比例为2.2(计算详见下列公式),乘以本年工资总额6 118 450元(该工资总额计算详见第三章案例中"人力资产使用成本总账"的有关内容),为人力资产实现价值。具体计算如下:

根据第三章案例损益表的本年收入20 000 000元、材料费用500 000元,营业税金1 000 000元,人力资源使用成本账户的本年实际支出工资费用6 118 450元,资产负债表的总资本11 258 750元,长期投资500 000元,房屋租金费用1 250 000,以及流动资金利息率10%计算人力资源价值修正比率$K(t)$如下:

(20 000 000−500 000−1 000 000)/[6 118 450+(11 258 750−500 000
−1 250 000)×10%+1 250 000]=18 500 000/(6 118 450+9 508 750+1 250 000)
=18 500 000/8 319 325=2.22

　　　　人力资源实现价值=6 118 450×2.22=13 582 959(元)

按照计算结果冲减人力资本预测值,编制下述分录:
借:人力资本预测　　　　　　　　　　　　　　　13 582 959
　　贷:累计人力资产实现价值　　　　　　　　　　　　13 582 959

4. 年末收益分配。年末实现收益时,根据人力资产实现价值13 582 959元和本年人力资产费用11 106 330元(数字来源可见表3-12),计算出生产者剩余为2 476 629元,将其减去人力资产损失50 000元,为2 426 629元(数字来源可见表3-12),再减去所得税800 788元,可以记入生产者权益的生产者剩余是1 625 841元。以此进行分配,假定根据有关规定,生产者福利费按本年净利润的15%计提,生产者股本按不含所得税的生产者剩余扣除生产者福利后的60%计提,余下的40%作为生产者奖励基金。其计算过程如下:

生产者剩余(含所得税)= 13 582 959 − 11 106 330 = 2 476 629(元)
生产者权益= 2 476 629−50 000−(2 476 629−50 000)×33%
　　　　　= 2 426 629−800 788=1 625 841(元)
生产者福利= 3 590 202(本年净利润)×15%=538 530(元)
生产者股本=(1 625 841−538 530)×60%=1 087 311×60%=652 387(元)
生产者奖励基金=1 087 311×40%=434 924(元)

根据计算结果编制下述分录:
借:利润分配　　　　　　　　　　　　　　　　　1 625 841
　　贷:生产者福利(公益金)　　　　　　　　　　　　　538 530

生产者股本　　　　　　　　　　　　652 387
生产者奖励基金　　　　　　　　　　434 924

　　如果企业已经有生产者股本,年末计算收益时还应该根据董事会分红方案为生产者股本分红。本例假定无生产者分红。如果本年人力资产投资成本等于本年人力资产实际价值,则企业生产者权益为零;如果本年人力资产投资成本大于本年人力资产实际价值,则企业生产者权益为负数,根据计算数值做相反的分录,冲减已经计提的生产者剩余。

　　另外,本例人员离职引起的人力资产消失是在1月份核算企业人力资产价值之前。本例人力资产价值预测计算已将这10名离职职工排除在外,不涉及人员离职问题。如果在建立人力资源会计之后再出现离职问题,则除了在人力资源成本会计中核算外,还要销减"人力资产价值"账户的预测总价值,注销"累计人力资产实现价值",同时按照未实现人力资产价值占全部预测总价值的比例转销相应的"人力资本预测"账户的数额,编制会计分录如下:

借:累计人力资产实现价值　　　　　　　(累计已实现价值)
　　人力资本预测　　　　　　　　　(原账面价值×未实现价值比例)
　贷:人力资产价值　　　　　　　　　　　(原入账预测总价值)

　　上述业务账户对应关系见图4-6。

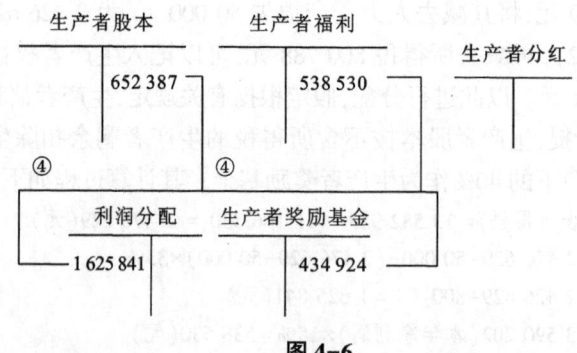

图 4-6

(三)财务报告

　　根据上述资料编制人力资源价值会计财务报表见表4-16、表4-17、表4-18。

表 4-16 人力资源价值会计资产负债表

编制单位：RIxy 会计师事务所　　　　20×5年12月31日　　　　单位：元

资　产	行次	年初金额	年末金额	负债+生产者权益+所有者权益	行次	年初金额	年末金额
流动资产		3 500 000	6 500 000	流动负债①		3 587 250	2 346 250
非流动资产				长期负债		2 008 750	2 504 010
人力资产：				生产者权益			
人力资产投资		6 975 000	15 983 360	人力资本预测		—	39 578 462
减：累计人力资产投资摊销		216 250	11 264 100	应付工资		510 000	523 750
人力资产投资净值		6 758 750	4 719 260	应付福利费		640 000	709 500
人力资产价值		—	53 161 421	应付养老保险基金		76 500	81 450
				应付医疗保险基金		45 900	48 870
减：累计人力资产实现价值		—	13 582 959	应付失业保险基金		5 100	5 430
				应付奖金		—	—
人力资产未实现价值		—	39 578 462	生产者福利（公益金）②		100 000	638 530

① 流动负债根据表 3-21 数字减应付工资、应付福利费、应付社会保障基金等计算。

② 生产者福利（公益金）一部分是从表（3-21）盈余公积中分离出来的，如生产者福利（公益金）期初金额栏的 100 000（=1 000 000-900 000）；一部分是本年计提的，如生产者福利（公益金）本期金额栏的 638 530 元（=期初 100 000+本期 538 530）。

续表

资　产	行次	年初金额	年末金额	负债+生产者权益+所有者权益	行次	年初金额	年末金额
长期投资		500 000	500 000	生产者股本		—	652 387
固定资产		1 000 000	1 100 000	生产者分红		—	—
减:累计折旧		500 000	600 000				
待处理固定资产		—	—	生产者奖励基金		—	434 924
固定资产合计		500 000	500 000	生产者权益合计		1 377 500	42 673 303
				所有者权益			
无形资产及递延资产		—	—	实收资本		2 000 000	3 000 000
				资本公积		500 000	900 000
其他资产		—	—	法定盈余公积		900 000	1 000 000
				未分配利润		1 000 000	1 000 000
利润分配			1 625 841	所有者权益合计		4 400 000	5 900 000
总计		11 258 750	53 423 563	总计		11 258 750	53 423 563

表 4-17 人力资源价值会计损益表

编制单位：Rlzy 会计师事务所　　　20×5 年 12 月 31 日　　　单位：元

项　目	行次	本期发生额	本年累计金额
一、营业收入			20 000 000
减：材料费用			500 000
营业税金及附加			1 000 000
减：本期人力资产实现价值			13 582 959
二、非人力资产要素实现的价值			4 917 041
减：折旧费用			100 000
其他费用			1 250 000
财务费用			250 000
非人力资产管理费用			485 160
三、非人力资产要素剩余（消费者剩余）			2 831 881
加：本期人力资产实现价值			13 582 959
减：人力资产费用			8 584 065
人力资产管理费用			2 522 265
人力资产损失			50 000
四、营业利润			5 258 510
减：非人力资产要素剩余			2 831 881
五、人力资产要素剩余（生产者剩余）			2 426 629
加：非人力资产要素剩余			2 831 881
六、营业利润			5 258 510
加：投资收益			100 000
营业外收入			——
减：营业外支出			——
七、企业利润总额			5 358 510
减：所得税（见表 3-22）			1 768 308
八、企业净利润			3 590 202

表 4-18 人力资产剩余分配表

编制单位：Rlzy 会计师事务所　　　　20×5 年 12 月 31 日　　　　　　　　单位：元

项目	行次	本期发生额	本年累计金额
一、人力资产剩余分配			2 426 629
减：所得税			800 788
二、可分配人力资产剩余			1 625 841
其中：本期生产者福利			538 387
本期生产者股本			652 387
本期生产者分红			—
本期生产者奖励基金			434 924
三、未分配的人力资产剩余利润			—

二、利用人力资源价值计算劳动者权益

（一）阎达五教授的"劳动者权益会计"

阎达五教授在《会计研究》1996 年第 11 期上发表了题为《关于人力资源会计的框架——以劳动者权益会计为中心》的论文，文中提出以劳动者权益为中心，建立人力资源会计框架的设想。阎教授将劳动者权益划分为两部分："与传统财务会计融合基础上的创新的核算形式，以及与传统管理会计融合基础上增加的管理内容。"

阎达五教授提出了确立劳动者权益的设想。他认为"劳动者权益是劳动者作为人力资源的所有者享有的相应权益，包括两部分：一是人力资本，二是新产出价值中属于劳动者的部分。"他提出了人力资源、人力资本以及劳动者权益等概念，并引入会计等式，将会计等式改写为下列公式：

$$物力资产+人力资源投资+人力资产=负债+劳动者权益+所有者权益$$

同时，阎教授还提出劳动者权益会计资产负债表各有关项目的排列顺序见表 4-19。

表 4-19 劳动者权益会计资产负债表

资产	负债+劳动者权益+所有者权益
流动资产	负债
……	……
人力资源投资	劳动者权益：
……	人力资本
人力资产	应付工资

续表

资　　产	负债+劳动者权益+所有者权益
长期投资	应付福利费
固定资产	职工教育基金
	劳动保险基金
无形资产及递延资产	失业保险基金
……	学校经费基金
其他资产	未付奖金
……	公益金
	劳动者权益分红
	劳动者收益分成
	劳动者权益公积
	所有者权益
	……

(二)利用人力资源价值计算劳动者股份实例

将劳动者的生产者剩余折合成劳动股份,列入所有者权益进行计算,是一种体现劳动者权益的典型办法。实行劳力股的方法在中国不仅现在有,解放初期合作社时代也有,而且新中国成立前晋商和阎锡山的西北实业公司都实行过"顶身股"的办法。在国外如德国也采用类似劳力股的办法。这些从实践中创造的经验都可以看成是人类探索人力资源价值的努力。

利用人力资源价值计算劳动者股份的企业在中国有很多家,比较有代表性的是山西省大同秦嘉实业集团股份有限公司实行的"劳力股"。该公司在山西省左云县秦家山村党支部书记傅英(后任公司董事长)的带领下,使一个贫穷落后的山村变成富裕的经济联合体。该村从1978年开始组织群众开发煤炭产业,经过18年的艰苦奋斗,1996年工农业总产值达到3.4亿元,实现利税3 300万元,人均纯收入7 100元。总产值比1978年翻了将近12番。中共大同市委和中共左云县委在联合调查报告中对秦嘉实业集团股份有限公司的评价是:"秦嘉山在经济发展过程中,最有价值最有意义的经验是通过股份制把大量外来雇佣劳动力转变为公司的股东,卓有成效地消除了雇佣劳动的负面影响,防止了两极分化,实现了共同富裕,……"当时,中央和山西省有关领导都肯定了他们的做法。

该公司是从秦家山村的集体煤炭企业发展起来的,其"劳力股"的采用体现了人力资源价值在企业的实现。在秦家山村1989年组建股份公司时，股份构成分三部分：资产股、资金股、劳力股。每股1 000元，各股数额分别是：资产2 000股，资金800股，劳力1 000股。各股所占的比例分别是52.6%、21.1%和26.3%。劳力股中，外地劳力110人，折271.4股，占7.1%。

该公司章程规定："鼓励户籍不在本村的煤矿工人折劳力股"；"凡在本公司有劳力股者，均属本公司股东，享有与本村户籍股东的同等权利"。这种方法对于稳定职工队伍、实现同工同酬起了关键作用。该公司劳力股的具体做法是从1983年开始补算。从1989年开始每年出勤300天以上折1股，每年出勤200天以上折半股，连续折到10股不再增加。当时的劳力股仅限于煤矿生产岗位，并且规定"本人中途退出公司，或不从事本公司的煤矿工作，股份自行取消"。

1995年后，集团公司对劳力股进行了重新规定和计算，把原来仅限于煤矿生产岗位的劳力股扩展到全公司所有职工，把原来1股1 000元改为和资金股、资产股一样的1股10元。以职工的出勤为依据计算劳力股。劳力股折股分为三种情况：

第一类是直接参与公司管理的经营管理者，即副经理以上人员。

第二类是参加一线工作的体力劳动者。

第三类是参加集团公司管理的二线管理、勤杂人员。

各类人员股份确定标准如表4-20。

表4-20 秦嘉实业集团股份有限公司劳力股分配标准

出 勤	高级管理人员	第一线体力劳动者	第二线管理、勤杂人员	备 注
年200~260天		60股/600元		
年260天以上		100股/1 000元		
年250~300天		60股/600元		30股/300元
年300天以上		100股/1 000元		60股/600元

年底按照当年的税后利润分配计算劳力股的分红数量。例如，1991年12月31日一个第一线体力劳动者，年出勤260天以上，则得到100股，他根据100股分红，如果每股分红2元，则分到200元红利。第二年该第一线体力劳动者仍然年出勤260天以上，又得到100股，1992年12月31日根据累计的200股分红。如果每股3元，则当年分红600元。如果第三年该第一线体力劳动者年出勤未达到260天但高于200天，则得到60股，1993年12月31日根据累计的260股分红。如果每股4元，则当年分红840元。

外来劳力股累计达到1 500股后与村民同股时就不再增加，也就是说，每个劳动力的劳力股数量上封顶。劳力股没有继承权。秦家山村的模式是将人力资源价值按照劳动时间(天数)折合为资本,再按照人力资本分红。

三、根据人力资源价值招聘人才实例——足球俱乐部招聘球员

自从1995年中国足协开始允许运动员转会以来,中国的足球运动员开始在足球俱乐部之间流动,足球运动员开始有了市场价值,人的价值有了市场上的明码标价。这种社会现象是人力资源价值会计运用的一种特例。

1997年,成功转会球员的最高开价是八一队的郝海东,他转会到大连万达队的转会费是220万元人民币。2023年底,搜狐网(体育版)刊登的部分成功转会球员名单摘录如表4-21。

表4-21　2023年中超国内球员成功转会前10名名单一览①

2023年2月　　　　　　　　　　　　　　　单位:欧元(人民币)

排名	球员	转出	转入	德转数据	转会日期
1	张呈栋	北京国安	河北华夏幸福	2 044万(1.58亿)	2017-1
2	赵宇豪	浙江绿城	河北华夏幸福	1 070万(1.37亿)	2017-3
3	王永珀	山东鲁能	天津权健	1 244万(9 637万)	2017-2
4	崔　民	延边富德	深圳佳兆业	1 150万(8 909万)	2017-1
5	赵明剑	山东鲁能	河北华夏幸福	1 095万(8 483万)	2017-2
6	金洋洋	广州富力	河北华夏幸福	1 083万(8 390万)	2016-2
7	任　航	江苏苏宁	河北华夏幸福	1 070万(8 289万)	2016-9
8	张文钊	山东鲁能	广州恒大	1 040万(8 057万)	2016-7
9	毕津浩	河南建业	上海申花	988万(7 647万)	2016-1
10	张　鹭	辽宁	天津权健	980万(7 585万)	2016-1

1994年《运动员转会条例》公布转会身价公式是年薪乘以系数,该系数可以是俱乐部系数,也可以是明星队员系数。但是实际转会费并非严格按照上述公式计算,主要是双方协商定价。

2003年,经中国足协注册办修订后的《转会细则》对球员身价的计算方法进一步细化。虽然主要的计算结构仍然是"球员底价乘以相关系数",但具体的计算方法比过去更加细致。球员底价的计算方法是:该球员的基本工资+训练津贴+奖金+出场费。而系数的确定则更加全面,基本系数的确定是甲A冠军3.4,按照球队名次顺减0.1;甲B和乙级冠军都是2.2,按照球

---

① 资料来源:https://sports.sohu.com/,标题:中国足球本土球员转会费排行榜前十球员现状,下载时间:2023-08-17

队名次顺减0.1。球员年龄在25岁到28岁之间的基本系数是1,每增加一岁递减0.1,每减少一岁递增0.1。代表国家队出战过重要比赛的球员系数增加1.2,国奥主力的系数增加0.8,国青主力的系数增加0.5。而且三项不得叠加,取其中最高标准计算。①

2014年中超本土球员身份榜前10名见表4-22。

表4-22 2023年中超本土球员身价榜前10名

排名	姓名	球队	年龄	身价(欧元)
1	武 磊	上海上港	31	2 000 000
2	张玉宁	北京国安	26	850 000
3	蒋光太	上海海港	29	800 000
4	谢鹏飞	武汉三镇	29	700 000
5	蒋圣龙	上海申花	22	600 000
6	戴伟浚	深圳队	23	550 000
7	颜骏凌	上海海港	32	500 000
8	王上源	河南队	30	500 000
9	邓涵文	武汉三镇	28	500 000
10	高准翼	武汉三镇	27	500 000

资料来源:https://www.sohu.com/,2023年8月17日下载。标题:"中国球员身价榜:武磊200万欧第一 张玉宁跌至85万欧",发表时间:2023年6月27日。

一般而言,国内外足球运动员的身价是由以下因素决定的:
①自然条件:年龄、身体素质、技术水平、临场发挥、贯彻教练意图等;
②各种比赛中的表现:是否主力队员、体育品德、敬业精神、犯规情况;
③知名度:参加过什么重大比赛,如世界杯、奥运会、洲际杯等,有什么表现及作用;
④获得的荣誉:"足球先生"、金球奖、金靴奖、世界杯名次、奥运会名次、洲际杯冠军及本国联赛名次;
⑤是否本国强队的队员或国脚等。

截至2023年,足坛转会费前10名球员排行榜见表4-23。

---

① 张卫. 足协修正身价计算方法,新政想把纠纷扼杀在摇篮里[OL]. http://www.sports.tom.com. 2003-11-21.

表4-23 世界足坛转会费前10名球员排行榜（截至2023年1月）

单位：欧元

排名	球员	转会费	赛季	转入俱乐部
1	内马尔	22 200	2017/2018	巴黎圣日耳曼
2	姆巴佩	18 000	2018/2019	巴黎圣日耳曼
3	登贝莱	14 000	2017/2018	巴塞罗那
4	库蒂尼奥	13 500	2017/2018	巴塞罗那
5	若昂·菲利克斯	12 720	2019/2020	马德里竞技
6	格里兹曼	12 000	2019/2020	巴塞罗那
7	杰克·格雷利什	11 750	2021/2022	曼城
8	C罗	11 700	2018/2019	尤文图斯
9	阿扎尔	11 500	2019/2020	皇家马德里
10	卢卡库	11 300	2021/2022	切尔西

资料来源：网址：https://www.shujujidi.com/，标题："足球运动员转会费排名（截至2023年1月）"，下载时间：2023-08-17

曾经的球王马拉多纳之所以在当时价值连城，身价值1 000万美元，而且没有任何人提出异议，就是因为他很好地具备了上述各项条件。通过球员转会可见人力资源价值计算方法的又一种特例，其计算方法是按照人的自然条件和所具备的特殊条件，如赢得的信誉、荣誉、品德等，当然还包括讨价还价的商业谈判技巧、商业竞争等。

【本章关键概念】

人力资源价值会计　　　　　　　人力资源价值会计特性
经济剩余　　　　　　　　　　　人力资源价值计量的通用公式
消费者剩余　　　　　　　　　　以生产者剩余为基础的
生产者剩余　　　　　　　　　　人力资源价值会计

【复习思考题】

1. 简述人力资源价值会计与人力资源成本会计的区别和联系。
2. 简述人力资源价值会计应用的主要范围。
3. 简述人力资源价值计量的理论基础。
4. 简述以生产者剩余为基础的人力资源价值会计的内容及其人力资源价值的计量公式。

5. 简述其他人力资源价值计量模式的理论或案例。

6. 你认为哪些方面有碍于人力资源价值会计纳入现行财务会计体系？

【讨论案例 4-1　巴特汽车有限公司[①]】

巴特汽车有限公司是覆盖全国的汽车供应商，至 1968 年底，其多伦多分部开始盈利。多伦多人口增长迅速并向周边地区扩展，需要提供大量的汽车服务。巴特汽车有限公司不得不在扩大现有分部和将多伦多分部划分为两个分部之间做出选择，最后决定将多伦多分部划分为两个销售中心。巴特汽车有限公司将这两个分部称为东多伦多分部和西多伦多分部。西多伦多分部由原来多伦多分部的销售副经理管理。

1969 年 12 月 31 日和 1970 年 12 月 31 日的两分部的业务成果和财务状况如表 4-24、表 4-25 所示。

表 4-24　多伦多分公司的利润表　　　　　　　　　　单位：美元

	东多伦多分部（12月31）		西多伦多分部（12月31）	
	1969	1970	1969	1970
产品销售收入	1 600 000	2 000 000	1 200 000	1 800 000
减：产品销售成本	910 000	1 070 000	750 000	1 000 000
毛利润	690 000	930 000	450 000	800 000
减：管理费用	290 000	430 000	390 000	710 000
税前净收益	400 000	500 000	60 000	90 000
减：所得税	200 000	250 000	30 000	45 000
净收益	200 000	250 000	30 000	45 000

表 4-25　多伦多分公司的资产负债表　　　　　　　　单位：美元

	东多伦多分部（12月31）		西多伦多分部（12月31）	
	1969	1970	1969	1970
流动资产：				
现金	10 000	10 000	10 000	10 000
应收账款	160 000	255 000	120 000	180 000
存货	80 000	150 000	60 000	90 000
总的流动资产	250 000	415 000	190 000	280 000

---

① FLAMHOLTZ E G. Human resource accounting [M]. Devon, UK: Kluwer Academic Publishers, 1999: 202.（本书为了便于理解有所改动）。

续表

	东多伦多分部(12月31)		西多伦多分部(12月31)	
	1969	1970	1969	1970
仓库(净值)	400 000	390 000	400 000	390 000
	650 000	805 000	590 000	670 000
应付账款	150 000	205 000	90 000	170 000
应付总公司	500 000	600 000	500 000	500 000
	650 000	805 000	590 000	670 000
投资收益率	30.8%	31.1%	5.1%	6.7%

由于西多伦多分部处于人力资源培训开发过程之中,从表4-24中可见其业绩并不乐观。巴特汽车有限公司对西多伦多分部的业绩十分失望,甚至考虑重新合并两个分部。在讨论合并的可能性的过程中,他们知道由于开创第二分部而产生了新的销售量,如果真的合并了两个分部,相当一部分销量可能会转移给竞争对手,他们不希望这种事发生。他们决定聘请考文咨询顾问集团公司对多伦多公司的业务进行分析。

考文咨询顾问集团公司对多伦多分部的情况感同身受,因为他们以前也面临相似情况。与之不同的是最初多伦多东部的销售人员都是来自原有的多伦多公司,拥有强大的销售力量。而多伦多西分部在1969年建立时,仅分部经理有巴特公司业务经验。多伦多西分部处于发展其综合销售力量的过程中,并导致大量的支出。而多伦多东分部不需要这些开支,但是他们没有保留原始记录,证明他们在开发人力资源的开始阶段没有花费。

人力资源的评估:考文咨询顾问集团公司的麦克·马丁先生了解到多伦多问题的特殊性,他决定采用费用成本的方法去核算多伦多西分公司目前的销售人员成本,而且采用现实价值方法核算东多伦多分公司销售人员目前的价值。

为了评价东多伦多分公司的人力资源价值,麦克·马丁先生设计了一个建立在如下三个因素基础上的现实价值方案:①未来五年的工资总额;②最近年度经济状况下,基于自有资产收益率的贴现率;③公司的效益比率和行业平均收益率相比之下的公司的收益率。他认为,销售人员的工资与他们对公司的价值之间存在十分重要的关系,因为销售人员的报酬通常与其业绩相关(以较低的成本费用销售,包括赊销损失和销售费用)。因此,麦克·马丁先生认为这种方法是核算东多伦多分公司销售人员经济价值的一种合理的方法。

经过与东多伦多分公司经理、副总裁以及巴特公司财务人员的共同努力,麦克·马丁先生核算出销售人员的报酬总额,如表4-26所示。

表 4-26　东多伦多分公司销售人员的预期报酬　　　　　　单位：美元

年份	估计的预期报酬
1970	70 000
1971	80 000
1972	90 000
1973	100 000
1974	110 000
1975	120 000

根据权威机构最新统计报告，1969 到 1970 年之间的平均自有资产收益率是 8%，报告中行业的收益率 1969 年是 24%，1970 年是 20%。利用分公司最初的报表，麦克·马丁先生计算出东多伦多分公司的效益比率，1969 年为 31/24＝1.29，1970 年为 31/20＝1.55。他使用这些数据计算东多伦多分公司的人力资源经济价值，见表 4-27。

表 4-27　东多伦多分公司人力资源的经济价值估算表　　　　单位：美元

8% 折现率因素	预期的报酬		预期报酬的现值	
	1969	1970	1969	1970
0.926	70 000	80 000	64 820	74 080
0.857	80 000	90 000	68 560	77 130
0.794	90 000	100 000	71 460	79 400
0.735	100 000	110 000	73 500	80 850
0.681	110 000	120 000	74 910	81 720
			353 250	393 180

经济价值＝现值×效益比率
1969：353 250×31/24＝456 300（取整数为 450 000）
1970：393 180×31/20＝609 400（取整数为 600 000）

西多伦多分公司仍然打算将它的销售队伍发展为一个紧密团结的群体，麦克·马丁先生认为费用成本是评估西多伦多分公司人力资源价值的切实可行的方法。他对过去两年西多伦多分公司报告进行了详细的分析，提出一些关于人力资源的信息，见表 4-28 至表 4-31。麦克·马丁先生提议修正人力资源资本化的记录，因为西多伦多分公司仍然处于发展阶段，他不主张一次摊销人力资产的价值。

表 4-28 西多伦多分公司对人力资产的投资　　　　　　　　单位：美元

年份	描述	支出
1969	发生在培训、熟悉业务、个人能力发展等方面的支出	60 000
		20 000
		80 000
1970	发生在培训、熟悉业务、个人能力发展等方面的支出	30 000
		60 000
		90 000

表 4-29 损益表　　　　　　　　单位：美元

	东多伦多分部(12月31)		西多伦多分部(12月31)	
	1969	1970	1969	1970
产品销售收入	1 600 000	2 000 000	1 200 000	1 800 000
减：产品销售成本	910 000	1 070 000	750 000	1 000 000
毛利润	690 000	930 000	450 000	800 000
减：管理费用	290 000	430 000	390 000	710 000
税前净收益	400 000	500 000	60 000	90 000
减：所得税	200 000	250 000	30 000	45 000
净收益	200 000	250 000	30 000	45 000

(1) 多伦多西部估计的应征的所得税收入

	1969	1970
税前净收益	140 000	180 000
减：可资本化的人力资源	80 000	90 000
应征的所得税收入	60 000	90 000
(假设所得税税率为50%)		

表 4-30 资产负债表　　　　　　　　单位：美元

	东多伦多分部(12月31)		西多伦多分部(12月31)	
	1969	1970	1969	1970
流动资产：				
现金	10 000	10 000	10 000	10 000
应收账款	160 000	255 000	120 000	180 000
存货	80 000	150 000	60 000	90 000
总的流动资产	250 000	415 000	190 000	280 000

续表

	东多伦多分部(12月31)		西多伦多分部(12月31)	
	1969	1970	1969	1970
仓库(净值)	400 000	390 000	400 000	390 000
人力资源	450 000	600 000	80 000	170 000
	1 100 000	1 405 000	670 000	840 000
应付账款	150 000	205 000	90 000	170 000
应付总公司				
短期	500 000	600 000	500 000	500 000
资本	450 000	600 000	80 000	170 000
	1 100 000	1 405 000	670 000	840 000

表4-31 投资收益率的修正计算

	多伦多东部(12月31)		多伦多西部(12月31)	
	1969	1970	1969	1970
净收入(美元)	200 000	250 000	110 000	135 000
总资产(美元)	1 100 000	1 405 000	670 000	840 000
资产收益率	18.2%	17.8%	16.4%	16.1%

问题

1. 你认为考文咨询顾问集团用于评估东、西多伦多分公司的方法是否合理稳健？请说明理由。

2. 如果有需要，巴特公司的经营者在顾问团提供的数据基础上应该做什么？

【讨论案例4-2　Rdc 零售商品开发有限公司[①]】

1970年12月，Rdc 零售商品开发有限公司举行了一个回顾过去和计划未来的年会，参加年会的人员包括：总部各部门主管、各分部人事部主管，以及东、西两个分部的经理。西分部经理估计1971年他可以将净收入提高280 000美元，为了实现这一目标，他需要增加10个人，这10个人由目前被东分部雇用的工程师、建筑师、内部设计师组成。东分部经理回答说，如果失去了这些人，他的利润将下降200 000美元，理由是他得负担一笔额外的

---

① FLAMHOLTZ E G. Human resource accounting[M]. Devon, UK: Kluwer Academic Publishers, 1999:211. (本书为了便于理解有所改动。)

支出，重新雇用并训练另一批人代替他失去的职工。

总部各位主管都赞赏能将收入增加 80 000 美元的建议，但他们感到困难的是如何组织安排人员的调动，同时仍能满足每个分部经理的要求。他们决定聘用考文咨询顾问集团公司的麦克·马丁先生找到一个合理的解决方案。

麦克·马丁先生认为这是一个如何分配稀缺资源，为整个公司获得最大经济收益的问题。他决定采用基于投标的机会成本方法。麦克·马丁先生的计划是采用一系列可供选择的投标价，而不是以单一价格将一组人都调到西分部，麦克·马丁先生给 Rdc 零售商品开发有限公司管理层的报告中包括表 4-32 中的数据。

表 4-32　每个分部的人力资本价值的计算表　　　　　　单位：美元

	东部	西部
人力资源的现值估计	5 000 000	3 000 000
净收入	750 000	240 000
投资收益率		
实际	15%	8%
目标	10%	10%
增加 10 个人的预期净收益	—	520 000
减少 10 个人的预期净损失	520 000	—
达到目标边际收益的最大投资额	2 000 000	2 800 000
达到目标收益的最大总投资额	2 500 000	2 200 000

这个报告中的数据说明如下。

1. 西部分部为了达到 10%的目标收益率，可能对 10 个员工的投资出价为 2 200 000①。由于该分部目前的实际投资收益率为 8%，将导致实际投资出价提高到 3 500 000②。但是，西分部经理估计投资于 10 个员工所得到的净收益是 280 000。因此，为了维持 10%的目标收益率，他不会使增加人力资源的投资出价超过 2 800 000（2 800 000 的 10%=280 000）。

2. 东部分部经理估计，如果失去 10 个员工，则该分部利润将会降低

---

①　增加投资后的净收入 280 000 美元，则总的净收入为 520 000 美元（240 000+280 000），按照目标投资收益率 10%，则对人力资源的总投资额为 5 200 000 美元。扣除原有人力资源的估计现值后，对增加 10 人的净投资出价金额应该为 2 200 000 美元。

②　按照 8%的投资收益率计算，净收入达到 520 000 美元的人力资源投资为 6 500 000（520 000÷8%）美元，则增加 10 人而增加的投资为 3 500 000 美元（6 500 000－3 000 000）。

200 000，为了不改变分部净收入，他会为重新获得这些员工的服务追加的投资出价为 2 500 000① 美元，并且仍然达到 10% 的目标收益率（即 7 500 000×10%＝750 000 美元）。另外，追加这 2 500 000 美元人力资源投资的前提是为了获得 8% 的投资收益或者是为了获得 200 000 美元的净收入（即 2 500 000×8%＝200 000 美元）。显然，这个数据低于按目标收益率 10% 计算的数值。因而，东分部经理可能认为 2 000 000 美元是维持他的人力资源投资目标收益率的较好出价（即 2 000 000×10%＝200 000 美元）。

麦克·马丁先生要求这两个分部的经理最终必须为 10 个员工的服务出价。如果东部经理出价较高，那么这 10 个员工将留在他的分部里。东部分部经理必须在其分部投资的基础上加上他们增加的资产价值（获胜的出价）。如果西部经理出价较高，他将有权为 10 个员工提供一个聘书标明出价，如果他们接受了这一出价，西部经理将在其分部投资的基础上增加他出价的总量。同时，东部人力资产账户应该减少 10 个员工的资产账面金额。然而，东部必将发生另外的人力资源的投资支出，如雇用和培训新员工来代替转向西部分部的 10 个员工。

问题

1. 这一方法是不是用会计方法去评估人力资源的价值？说明原因。
2. 总部是否应该分配 10 个员工组成的团体去东部或者西部？说明原因。
3. 你在做出人员从一分部转移到另一分部的决策时是否感到困难？说明原因。
4. 如果这一团体转移了，你是否会弥补东部的损失？如果是，怎么弥补？

【应用案例 4-1 A 律师事务所】

1. 案例目的：计算人力资源为企业提供服务潜能的价值。
2. 资料：

假定 A 律师事务所 20×5 年开始建立人力资源价值会计核算体系，该事务所与每人签订的劳动合同是以 5 年为期限，则其人力资源价值以 5 年的使用期限为准进行计算。而且假定该事务所的职工一般每 5 年可以得到一次提升的机会。各职位工资 $S(t)$、折现系数 r 以及调整系数 $K(t)$ 值的资料详见人力资源数据及人力资源价值预测表 4-33。

---

① 减少投资净收入 200 000 美元，不减少总的净收入为 750 000 美元，按照目标投资收益率 10%，则对人力资源的总投资额为 7 500 000 美元。扣除原有人力资源的估计现值 5 000 000 美元后，对减少 10 人应该追加的投资出价金额应该为 2 500 000 美元。

表 4-33　人力资源数据及人力资源价值预测表　　　　　　　　20×5 年

项　目	职位						合计
	总经理 （1人）	副总经理 （3人）	部门经理 （4人）	律师 （10人）	其他人员 （30人）	新职员 （30人）	
年每人工资 $S(t)$/元	960 000	840 000	720 000	240 000	30 000	30 000	
工资合计	960 000	2 520 000	2 880 000	2 400 000	900 000	900 000	10 560 000
折现系数 r 值	10%	10%	10%	10%	10%	10%	
调整系数 $K(t)$值/元	2.1	2.1	2.1	2.1	2.1	2.1	
预测 5 年的人力资产价值							
年金现值系数（折现系数 10%）							
年数	1	2	3	4	5		
年金现值系数	0.909 1	1.735 5	2.486 9	3.169 9	3.790 8		

3. 要求：

（1）计算并预测该事务所 5 年的各类人力资产价值及总价值。

（2）假定总经理第 5 年末离职调任其他职务的概率，即 $P(t)$ 值为 50%，则第 6 年预测总经理的价值就应该考虑离职概率。假定总经理现年 35 岁，第 6 年 40 岁，计算该企业总经理 6 年的人力资产价值的折现值。

（3）编制该事务所 20×5 年预测人力资产年全部价值的会计分录。

【应用案例 4-2　B 企业】

1. 案例目的：计算年末人力资产实现价值。

2. 资料：

假定 B 企业本年收入 25 000 000 元，材料费用 500 000 元，营业税金 1 250 000 元，人力资源使用成本账户的本年实际支出工资费用 9 624 090 元，资产负债表的总资本 11 269 750 元，长期投资 500 000 元，房屋租金费用 1 000 000 元，以及流动资金利息率 10%。

3. 要求：

（1）根据本年收入、各种费用、税金计算人力资源价值修正比率 $K(t)$。

（2）根据人力资产实现价值比例，计算人力资产实现价值。

第五章 人力资源供给与需求预测

人力资源供给预测是人力资源规划中的核心内容,是预测在某一未来时期,组织机构内部所能提供的(或经由培训可能补充的)及外部劳动力市场所提供的一定数量、质量和结构的人员,以满足企业为达成目标而产生的人员需求。

人力资源需求预测是指根据企业的发展规划和企业的内外条件,选择适当的预测技术,对人力资源需求的数量、质量和结构进行预测。

企业对于人力资源的需求是一个动态过程。随着生产经营的变化,职工年龄的增长,科学技术的发展,企业对人力资源的需求会发生变化。如职工因退休、离职而离开企业;有些不适合企业生产要求的人员要被企业淘汰;由于企业生产结构改变、工艺改变,有些人员需要下岗;而企业生产发展又需要增加新人等等。这些原因都会使企业需要对人力资源进行调剂。在市场经济条件下,人力资源市场必然会越来越活跃。人力资源市场预测和人力资源投资决策的量化分析将成为人力资源会计的重要组成部分。

第一节 人力资源市场的形成与发展

一、人力资源市场形成的条件

新兴人力资源市场是随着市场经济的发展而形成和完善的。新兴的人力资源市场同奴隶社会的奴隶市场有本质的区别。新兴的人力资源市场,是自由劳动者与劳动力雇用者供需见面的场所,是一种以职业介绍为主要目的的人力资源交换市场。

人力资源市场的形成,必须具备以下几个条件:

第一,劳动者可以自由流动。劳动者一方面可以在企业之间流动;另一方面,劳动者也可以在城乡之间流动。劳动者要有流动的自由,也就意味着劳动者有辞职和应聘的双重权利。

第二,用人单位有招聘和辞退劳动者的权利。如果用人单位没有招聘和辞退劳动者的自主权,劳动者辞去工作和应聘的双重权利也同样不能存在。

第三,劳动力的总供给大于总需求。也就是说,在人力资源市场中,总有一定量的人力资源储备,即待业者。

第四,必须有健全的法律、法规等来规范人力资源市场的运行。这些法律、法规包括用人单位对职工的招聘、辞退的法规,职工的应聘和辞职的法规,以及相应配套的社会保障制度,如退休养老、失业、病残的保障制度等。

第五,职业介绍的服务机构。即需要有一个人力资源供需见面的场所和办理人员招聘手续、裁决劳动纠纷的中间机构。

只有具备了以上几个条件,才有可能形成人力资源市场。

二、人力资源市场的发展

随着市场经济和高科技的发展,人力资源市场会从质量和数量两个方面得到发展。

从质的方面看,计算机网络已逐步进入人力资源市场,人力资源的供给信息和使用人力资源单位的需求信息通过计算机网络存储、分析,使人力资源供需双方都能得到最大的满足,提高了人力资源的配置效益。同时计算机网络的应用可以跨地区进行人力资源信息的交换,有利于形成具有一定规模的人力资源市场,增加人力资源供求选择的机会,形成人力资源健康流动的环境。

人力资源市场的发展必然要逐步形成人力资源市场交换的价值标准。社会公认的人力资源的分类、等级差别等标准也将日渐成熟统一。这样,各种人力资源的市场价格会逐步趋于合理,单位和个人会根据自己的情况和市场的情况正确评价人力资源的价值,进行更加合理的取舍。

第二节 人力资源的市场预测——供求分析

人力资源的市场预测,主要是对人力资源市场供求关系的预测。通常利用供求关系曲线或供求关系表,预测人力资源市场的供求状况。

一、影响人力资源市场供求关系的因素

影响人力资源市场供求关系的因素主要有自然因素、经济发展因素和社会因素等。

(一)自然因素

自然因素是指人口增长的因素,它是由人口的自然出生、死亡状况和移民数量来决定的。由于人口的自然增长,每年都要有一定比例的人进入人力资源市场,如每年的大、中专毕业生,每年新增的城乡劳动力。由于人口

的增长是一个缓慢、渐变的过程,所以由自然因素造成的劳动力增长和人口的增长有一定的比例关系。但从发达国家来看,随着经济的发展,人口的自然增长率会下降到零,即劳动力的供给量趋于一个常数。

(二)经济发展的因素

经济发展的因素对人力资源供求关系的影响是很复杂的。它主要表现在两个方面:一是扩大再生产,由增加投入而形成经济发展的影响。这种发展会提供更多的就业机会,增加对人力资源的需求。另一方面是采用先进技术所形成的经济发展的影响。由于技术的进步,会使许多生产岗位减少对人力资源的需求,或者改变对人力资源素质的要求。这将使低素质的人力资源被淘汰,而对高素质的人力资源需求增加。科学技术的发展会使许多低素质的人力资源或富余的人力资源失去就业机会。另外,随着经济的发展,也会产生一些新的行业,特别是服务行业。新行业的产生和发展,又会对人力资源的数量和质量提出新的要求。

(三)社会因素

社会因素主要是国家政策法规,如劳动者法定工作时间的改变,会改变对人力资源的需求;国家人口迁移政策的变化,会改变城乡人口的流量;国家人口政策的变化,会改变每年新增劳动力的数量;国家教育投资政策的变化,会影响人力资源的素质等。

以上这些都是影响人力资源市场供求关系变化的宏观原因,而最后决定人力资源供求关系的还是市场的供给与需求关系。

二、人力资源供给与需求分析

(一)需求分析

人们购买一种商品的数量往往取决于它的价格,人力资源的需求也同它的供给价格密切相关。人力资源供给价格越低,所需求的数量就越大。在其他条件相同时,人力资源的价格与对人力资源需求量之间存在一定的关系,这种价格与需求量之间的关系一般是通过需求表或需求曲线进行分析的,见表5-1和图5-1。

表5-1 人力资源需求表

工资(元)	650	450	280	200	150
需求量(人)	5	10	15	20	25

从需求曲线可以看出,该曲线向下倾斜,这一重要性质被称作需求向下倾斜。也就是说,人力资源价格上升时,如果其他条件不变,对人力资源的

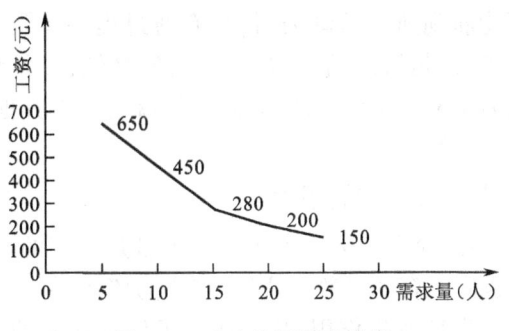

图 5-1 人力资源需求曲线

需求将会减少。之所以会产生这样的现象,有两个原因:一个是替代效应,即当人力资源价格上涨时,可以用增加其他投资来替代对人力资源的使用;第二个是收入效应,即使用更多的高价人力资源会减少企业的利润,企业为了维持利润,只能减少对人力资源的使用。

(二)供给分析

人力资源的供给是表示其供应量和市场价格的关系。通常,一种工作的工资越高,愿意从事这项工作的人也就越多。可见,愿意从事某项工作的人力资源供给数量和工资之间存在一定的关系。因此可以将这种一般规律表示为一种函数关系,即供给表 5-2 和供给曲线图 5-2。

表 5-2　人力资源供给表

	A	B	C	D	E
工资(元)	650	450	280	200	150
供给人数(人)	25	20	15	10	5

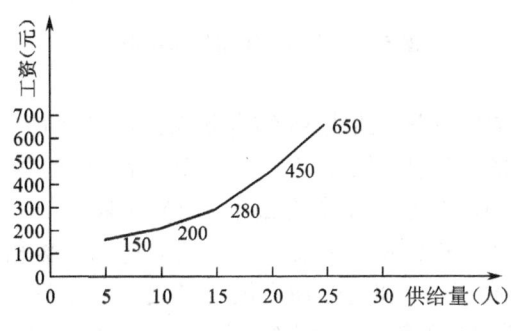

图 5-2　人力资源供给曲线

供给曲线是向上倾斜的,说明如果企业需要人来完成一项工作,那么当企业用低工资不能雇到所需劳动力时,只有通过提高工资来吸引人。从劳动力应聘的角度来看,是否应聘,一是看工资的高低;二是看工作环境的好坏。当应聘者认为工资和工作条件不理想时,就会选择其他工作,这样就出现了上述人力资源供给规律。

(三)供给曲线与需求曲线的均衡

从以上论述可见,企业对人力资源的需求量是工资的函数。同样地,劳动力应聘的数量也是工资的函数。这样,当人力资源供求双方相遇时,供给和需求的力量通过市场发生作用,从而产生了供求均衡的价格和均衡的数量。这就是人力资源的市场均衡规律,见表5-3和图5-3。

表5-3 人力资源市场供需表

	可能价格(元)	需求量(人)	供给量(人)	市场状态	对价格的影响
A	650	5	25	剩余	向下
B	450	10	20	剩余	向下
C	280	15	15	均衡	中立
D	200	20	10	短缺	向上
E	150	25	5	短缺	向上

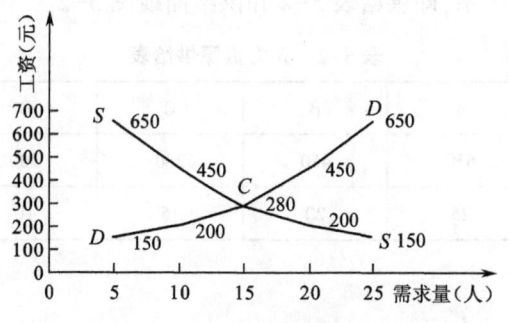

图5-3 人力资源市场供需曲线

把供给曲线 DD 和需求曲线 SS 结合起来,由于这两个图在横轴和纵轴采取了完全相同的单位,因此,交点就是需求量等于供给量的价格水平。从图5-3可以看出,在 C 点(即工资为280元时),可雇到15个劳动力,即企业愿意聘用的人数及工资价格与愿意以该工资应聘的人数相等,则 C 点为供需均衡点。工资高于 C 点时,劳动力供给量大于需求量,迫使工资价格下降,使劳动力供需回到平衡点;工资价格低于 C 点时,结果亦然。因此,当劳动力短缺时,企业必须提高工资以满足生产对劳动力的需求;当劳动力剩余时,由于劳动者相互竞争,使企业可以用较低的工资雇用到所需要的劳动力。

(四)影响人力资源供求平衡的主要因素

1. 人力资源市场供给的数量。不同质量的人力资源市场供给的数量是有限的,特别是需要较长时间才能培养出来的技术人员,供给往往滞后于需求,因此经常会出现短缺。当出现供给不足时,人力资源的价格必然上涨,供给曲线向左移动。

2. 人力资源自身价格的自我判断。人力资源自身价格的自我判断是由多方面因素决定的,它与人们的生活水平、文化水平有关。特别是与政府制定最低工资标准有关。因此,有些方面的人力资源尽管供大于求,但人们对自身价格的判断并不会无限降低。这就是为什么一方面有大量的失业人口,另一方面却有很多无人愿意干的工作的原因。

3. 企业对人力资源的需求。企业对人力资源的需求是有限的,也是有条件的。这就决定了企业对人力资源使用不是盲目的,而是有计划的,稳妥的,有选择的。这就是为什么一方面有大量的失业人口,另一方面企业却不能雇用到合乎要求的劳动力的原因。

4. 企业所能承受的人力资源价格。企业愿意支付的人力资源价格与企业的经济效益直接相关。对于企业急需的或能为企业带来更多收益的人力资源,企业往往愿意为其付出较高的价格。当然,企业总是希望用尽量低的价格来取得自己所需要的人力资源。而对于企业不需要的人力资源,企业不愿意为其多付一分钱。

5. 可替代资源的影响。随着科学技术的进步,人力资源所能从事的绝大部分工作逐渐会由相应的物资设备来完成。可替代资源会使人力资源的供求平衡点向左下方移动,也就是说替代资源造成对人力资源需求数量的减少和价格的下降。相反,对那些不可替代的高素质的人力资源,平衡点会向右上方移动,即需求数量增加和价格上升。

第三节　企业人力资源需求预测

企业人力资源需求预测是保证企业在正确的时间和工作地点获得质量和数量都合适的人员,同时保证所获得人员用合理的成本效益,完成企业生产经营任务的一项工作。企业对人力资源的需求主要是由两个方面引起的,一是替代需求,二是生产变动需求。

一、人力资源替代需求预测

人力资源替代需求预测是一种预测由于企业劳动者离职和退休,造成企业人力资源流失,而需要用新的劳动力补充流失的劳动力需求的方法。一般来说,这种需求不改变企业的生产结构和工艺结构。人力资源替代需求预测主要有两种方法。

(一)离职率分析

所谓离职率,是企业离职人数占职工人数的比率。在对离职率进行分析时,应尽量划小分析范围或单位,可按班组、工种来进行分析。这样可以分析出职工离职原因。如果某工种离职率高,则要考虑工种的待遇和工作环境的影响。如某生产单位离职率高,则应考虑该单位的组织管理和生产环境对离职的影响。

$$职工离职率 = \frac{离职人数}{职工人数} \times 100\%$$

(二)职工年龄结构分析

老年职工退休,对企业来讲是正常的人员流失。但应该看到,退休工人一般都有一定的技术和生产经验,这往往不是新工人能很快具备的。因此要对职工的年龄结构进行分析,使职工队伍保持一个合理的年龄结构,尽量减少老职工退休给生产或经营带来的影响。一般来说,企业各主要生产经营环节的人员构成中,老、中、青三者应有一个合理的比例,各种年龄段的人不要过分集中,以免在某年龄段职工退休时,给企业生产造成影响。

通过对职工离职、退休情况的分析,可预测企业每年所需补充的劳动力数量和质量要求。

二、人力资源生产经营变化需求预测

企业生产经营发生变化,必然要引起人力资源需求的变化。人力资源是属于企业的可变投入,调整人力资源的投入而改变企业产品的数量和质量,也是一种风险最小的投资。

所谓生产经营变化,是指企业生产产品或劳务产品的变化,生产工艺改变,生产技术的革新和经营规模的改变。

生产经营的改变不仅需要资本、劳力,还需要时间。考虑到时间在生产和成本中所起的作用,应把生产经营变化的时间划分为三个不同的时期。

瞬期——指生产不能做出任何调整的时期。

短期——指企业只能通过改变可变要素(如原料和劳动),但并不足以调整所有投入的期间。即在短期内生产固定要素如厂房和设备等,不能得到充分调整。

长期——指企业使用的所有固定的和可变的生产要素,包括劳动、原料和资本都能得到充分调整的期间。

在进行人力资源生产变化需求预测时,可通过对生产的短期变化和长期变化分别加以研究,进行短期人力资源需求预测和长期人力资源需求预测。

(一)生产函数

生产函数在企业人力资源需求预测中具有十分重要的作用。我们首先对生产函数予以简单的介绍。对于任何一个企业,在任何一个时点上,在给定的可使用的技术知识、可使用的劳动力和资本的条件下,只能生产出一定数量的产品。这种生产所需要的投入量和能够得到的产出量之间的关系称为生产函数。

企业生产函数可表示为:

$$TQ = F\{C, L, R, T, A\} \tag{5-1}$$

式中:TQ 为总产量;C 为流动资金;L 为劳动力;R 为材料;T 为技术;A 为设备及固定资产。

公式 5-1 说明,产量是由流动资金、劳动力、材料、技术、设备及其他固定资产等生产要素决定的,即产量是各生产要素变量的函数。

生产函数可以指出企业能够生产出来的最大产量与生产这一产出所需要的投入之间的关系。生产函数是一定技术知识的界定,它能够描述一个企业如何能够生产出它的产品组合,它也是决定企业生产成本曲线的重要因素。

企业从生产函数出发,可以计算出三个重要的产量概念,即总产量、平均产量和边际产量。

总产量是指企业生产出来的,用实物单位衡量的产出总量。

平均产量是指企业生产的总产量除以投入的单位数量。如总产量除以投入的资金为单位资金平均产量,总产量除以投入的人力为单个人的平均产量。

边际产量是在其他投入保持不变时,添增一单位该种投入所增加的额外产量。如在其他投入保持不变时,增加一个人的投入所增加的额外产量,即是投入该人的边际产量。

人力资源的需求预测就是要通过分析这三种产量与人力资源投入的关系,确定对人力资源的需要量。

(二)短期人力资源需求预测——单变量生产函数

所谓短期人力资源需求预测,就是通过分析企业生产短期变化所引起的人力资源需求的变化,预测企业人力资源需求量的方法。本书主要讨论单变量生产函数法及其在短期人力资源需求预测中的应用。

1. 短期人力资源单变量生产函数。由对短期的定义可知,生产短期变化时,除可变因素变化外,固定要素是不变的。为分析简便起见,假定只改变劳动力因素而不改变其他因素。许多经济学家分析单变量生产函数时,得出一致的结论是生产函数通常遵守收益递减规律。由此,可以把短期人力资源为单变量的生产函数近似地表示成对数函数。

$$Q = a \cdot \ln L + b \tag{5-2}$$

式中:Q 为生产量;L 为劳动量;a、b 为常数;a 为人力资源投入产量增长系数;b 为最初($L=1$)劳动量投入的边际产量。

这个生产函数(公式5-2)反映了企业的产出量与生产这一产出所需要的劳动力投入之间的关系,是一个近似的函数式。由此可以近似地求出,在其他生产条件不变时,劳动力投入与总产量、平均产量和边际产量的关系。

劳动力投入的总产量,是指其他条件不变时,由劳动力投入而产生的用实物单位衡量的产出总量,我们用 TQ 表示。

劳动力投入的平均产量是指总产量 TQ 除以劳动力投入的单位数 L,用 AQ 表示。

$$劳动力平均产量 = \frac{总产量}{劳动人数} \text{ 或 } AQ = \frac{TQ}{L}$$

劳动力投入的边际产量是在其他投入不变时,增添一个单位的劳动力投入所增加的额外产量。用 MQ 表示劳动力投入的边际产量,即

$$MQ = Q_{L+1} - Q_{(L)}$$

MQ 为劳动力由 L 变化到 $L+1$ 时,总产量 TQ 的变化。

下面,将利用人力资源为变量的生产函数(公式5-2)的变化情况来预测人力资源的需求变化。

2. 总产量与人力资源需求。若企业调整生产结构的目的是短期内增加产量,以满足市场需求,则在现有资本不变的条件下,只能通过增加人力资源投入来增加产量。总产量与人力资源需求的关系可用公式5-3这一函数式表示。

由公式5-2: $Q = a \cdot \ln L + b$

可求出:
$$L = B \cdot e^{dQ} \tag{5-3}$$

式中:B、d 为常数;Q 为产量;L 为劳动力需求量。

根据以往的生产总量和劳动者数量的统计资料,可以求出 B、d 值。这样,根据计划生产总量,用公式5-3就可以预测出所需劳动者的数量。

3. 劳动力平均产量及人力资源需求预测。当企业调整生产结构的目的是提高劳动生产率时,可以用劳动力平均产量法,可具体表述为公式5-4。

$$劳动力平均产量 = \frac{Q}{L} = \frac{a\ln L + b}{L} \tag{5-4}$$

利用上述公式可以分析人力资源变化对平均产量的影响。当 a、b 值确定后,随 L 的增大,Q/L 值逐渐减小。也就是说,在其他条件不变的情况下,减少劳动力是提高劳动力平均产量的最好方法。如我国煤矿行业改革采取的减员增效,就是以减少劳动量的投入数量来改变企业的生产效益。

4. 边际产量及人力资源需求预测。当企业调整生产结构的目的是通过改变劳动力来使企业取得最大的收益时,在现有条件不变的情况下,可以用边际产量来预测劳动力的需求量。边际产量与人力资源需求可以表示为公式 5-5。

由生产函数 $Q=a\ln L+b$ 和边际产量的公式 $MQ=Q_{(L+1)}-Q_{(L)}$,可得出 $MQ=a[\ln(L+1)-\ln(L)]$,则

$$MQ=a\ln\frac{L+1}{L} \qquad (5-5)$$

公式 5-5 反映出随劳动力投入增加而产生的边际产品产量递减规律。

从经济理论分析可知,在其他投资条件不变时,企业增加劳动力投入可为企业取得最大经济收益的条件是:劳动力的成本 C 和边际产量 MQ 的市场价格相等,即:$C=MQ\cdot p$(其中 p=单位价格)。将公式 5-5 代入 $C=MQ\cdot p$,有以下公式:

$$C=a\cdot p\cdot \ln\frac{L+1}{L}$$

则:

$$L=\frac{1}{(e^{c/ap})-1} \qquad (5-6)$$

式中:C 为劳动力成本;a 为常数;p 为产品价格。

当 C,a,p 确定后,根据公式 5-6 可求出企业在其他条件不变时,取得最大收益所需的劳动力人数。从公式 5-6 可以看出:企业为了取得更大收益,当产品价格上升和劳动力成本下降时,企业对劳动力的需求应该增加。

从边际收益递减理论可知,当企业劳动力的边际产品价格低于劳动力成本时,再增加劳动力投入虽有可能提高产量,但要减少企业的利润。

(三)长期人力资源需求预测

长期人力资源需求预测,是通过分析企业生产长期变动对人力资源需求的影响,预测企业人力资源需求量的方法。企业生产的长期变动意味着各种资源投入的重新组合。在这种条件下,进行人力资源需求预测需要考虑多个生产要素变化的相互影响。在对人力资源投入进行预测时,也要考虑到企业的规模收益和技术变革。在进行长期人力资源需求预测时,可采用柯布-道格拉斯(Cobb-Douglas)生产函数和回归分析法。

1. 柯布-道格拉斯生产函数。在分析生产长期变动时,主要考虑资本和

人力需求的变化。在经济学中常用的生产函数是柯布-道格拉斯生产函数。其常用公式可表述如下：

$$Q_t = A \cdot L^\alpha \cdot K^\beta$$

式中，A 是常数，K 是生产长期变动中所利用的资本总额，L 是生产变动中所利用的劳动力，Q_t 是表示生产长期变动的计划产量。变量 α 和 β 分别表示产出对于劳动力和资本的弹性系数，即当劳动力或资本有少量的额外投入下生产水平的边际增量。一般情况下，有 $|\alpha| \leq 1$，$|\beta| \leq 1$；在劳动力和资本有互补性的情况下，$\alpha + \beta = 1$。

对公式取对数，得一阶回归方程：

$$\ln Q_t = \ln A + \alpha \cdot \ln L_t + \beta \cdot \ln K_t + \ln U_t \qquad (5-7)$$

$$\ln L_t = (-1/\alpha)\ln A + (1/\alpha)\ln Q_t - (\beta/\alpha)\ln K_t - (1/\alpha)\ln U_t$$

式中，$\ln U_t$ 为求回归方程时的误差修正系数，也称为对数正态分布误差项。公式 5-7 给出了人力资源的需求量与投资和计划产量的关系。

2. 企业的规模收益。在生产短期调整中所提出的投资效益递减的规律是指当所有其他投入保持不变时，产出增加量对于单项投入增加的效应是递减的。从柯布-道格拉斯生产函数可以推出当人力资源和资本都增加时，边际产量呈正数增长的趋势。因此，投资效益递减的规律在生产长期变动中是不适用的。

对公式 $Q_t = A \cdot L^\alpha \cdot K^\beta$ 求导，可推出当 L、K 增加时，边际产量 MQ 可用公式 5-8 表示。公式 5-8 说明边际产量函数式不是一个递减函数。

$$MQ = A \left(\frac{\alpha K + \beta L}{L^\alpha \cdot K^\beta} \right) \qquad (5-8)$$

式中：$\alpha + \beta = 1$，$|\alpha| < 1$，$|\beta| < 1$。

从以上分析可推出：大规模的投入和生产不会降低生产率。但企业的规模越来越大，管理和协调的问题也会日益难以处理。尽管技术上可能产生规模收益递增，但对管理和监督的需求可能最终导致大企业的规模收益递减。因此，确定企业的适度规模是十分重要的。

在研究生产长期变动对人力资源需求的影响时，首先要通过分析企业的规模收益，确定企业的投资规模，计算确定企业投资的总量；其次，根据投资总量寻找企业各种投资的最佳配置，以便确定企业对人力资源的需求规模。在企业投资总量确定之后，可以用最低成本法确定各种投资的比例关系。

3. 最低成本法。企业扩大生产规模的和改变生产方式的目的都是要追求生产成本最低化，取得最大利润。企业生产的长期调整，就是要在给定的各种投入价格的情况下，如何选择最小的成本组合，取得最大的经济收益。

在存在许多可能的投入组合时，可以首先计算各种投入的单位投入成本;然后计算每一种投入的边际产品。当每一元投入的边际产品对于各种投入都相等时,就得到了公式5-9表示的最低成本组合。

即:

$$\frac{L\text{的边际产品}}{L\text{的价格}} = \frac{A\text{的边际产品}}{A\text{的价格}} = \frac{C\text{的边际产品}}{C\text{的价格}} = \cdots \cdots \quad (5-9)$$

式中:L为劳动力的投入;A为资产的投入;C为资本的投入。

公式5-9表示的是最低成本规则,即为了以最少成本生产出一定数量的产品,企业应该进行各种投入,直到花费在每一投入上的每一元的边际产品相等为止。

最低成本规则的另一个推论就是替代原则,即如果一种要素的价格下降,而所有其他要素的价格保持不变,那么企业现在要用更便宜的要素代替其他要素是有利可图的。

例如,劳动力价格的下降会提高MP_L/P_L(MP_L=劳动力边际产品;P_L=劳动力价格)的比例,从而使MP_L/P_L高于其他比率。这样,根据效益递减的原则增加劳动力的雇用量,从而降低劳动力的边际产品,使MP_L/P_L比率下降,使得每单位劳动力的边际产品重新与其他要素的比率相等。这一过程也就是在长期调整中预测人力资源需求的过程。

4. 技术变革及人力资源的需求预测。技术变革是指新产品的开发、旧产品的革新以及生产工艺和劳动方式的改变。企业在采用新工艺和技术时,在相同投入的情况下能取得更大的产出,或者减少投入能保持原产出不变。生产函数是代表一定管理技术水平条件下投入与产出的关系。因而,技术的改变一定会产生新的生产函数,必然要引起各种投入相应的改变。技术变革引起的人力资源投资的变化,主要是对人力资源素质要求的改变,即人力资源技术上的变化。这就要求用适应新技术要求的人力资源来替代那些不适应新技术要求的人力资源。因此,提出了由技术变革而要求的人力资源替代预测。

对于技术变革引起的人力资源需求的预测,常用定性分析法确定,其主要工作程序是:

(1)编制企业职工技术状态表,以准确反映企业现有人员的素质情况、年龄结构、岗位设置情况。

(2)根据技术变化后的情况,编制出新的生产条件下对各类人员素质的要求,包括技术要求、岗位设置情况。

(3)通过比较二者之间的差别做出需求预测。即要增加哪些类型的人力资源,淘汰哪些人力资源,需求与淘汰的数量是多少。

(4)研究被替代人力资源的安排,确定新增人力资源的取得方式。即:确定是通过对原有人力资源进行离职培训,还是从企业外部招聘取得符合要求的劳动力。

(5)对不同方案进行投资效益分析,以确定最佳方案。

5. 人力资源需求预测的定性分析法。人力资源需求预测的定性分析方法是与定量分析方法相对应的一种方法,当不便采用定量分析方法时,人力资源需求预测不可避免地要运用定性分析方法。定性分析方法主要有:收集管理部门意见法、专家意见法、工作研究法。

(1)收集管理部门意见法。管理部门最了解工作负荷的各种变动、工艺变动、组织机构的变动。管理部门根据企业生产经营的变化情况,将所需的各类职工人数及其类型预测出来。这些预测可以通过收集最高管理层意见提出整个企业的人力资源需求预测,也可以通过收集各部门经理意见提出各部门人力资源需求预测。

(2)专家意见法。此法又称德尔菲(Delphi)法,是20世纪40年代美国兰德(Rand)公司提出来的。该法是通过一定的组织途径收集专家意见,并得出有关结论的方法。其工作程序是先由一个研究小组提出关于某个议题的未来发展的某些问题,例如某种规模企业对人力资源的需求量。参与者无记名回答征询意见表上的问题。每一个参与者既不知道其他参与者为何人,也不知道其他参与者的答案。在每下一轮中,每一位参与者得到的信息是由小组提供的上一轮的各种答案,包括最主要的争论,以及他本人提供的答案。这个办法继续进行下去,一直到各种答案意见趋于一致为止。即希望每个专家和他的同事们的意见较为集中,则可以预见意见是收敛的。该法的主要特点是:参与者互相不通名,以免受某些专家意见影响。而且专家们不需要同时出席,可以详细地对问题进行研究。

(3)工作研究法。这是人力需求预测最详细的方法。这种预测方法的使用条件是:如果生产水平或技术等发生了变化,则某些工作职能的内容必然随之改变。该方法是研究工作内容的变化对人的数量和质量的需求。工作研究法是一种很细致的方法,必须给定预期的生产水平,研究人员通常知晓生产过程(或提供劳务的过程)和企业的组织结构。要根据工作研究的各项原则,制定出为完成不同任务所需人员的年薪和人数的各种标准。这些标准必须不断结合企业的执行情况和效率等加以检验。由于提出标准和分解各种任务取决于人的意志,也可以把工作研究法看成是一种直观方法。但这种方法的主观性小于上述两种方法,因为各种技术标准在工作研究中起重要的作用。

通过预测,可以确定未来时期所需要的各类职工的人数和素质要求。在此基础上,再参考未来时期的工资增长率,就可以编制将来的工作计划,为正确编制成本计划、财务计划打下良好的基础,有利于管理部门控制和安排人力资源成本的开支。

【本章关键概念】

人力资源需求预测　　　　　单变量生产函数法
人力资源供给预测　　　　　长期人力资源需求预测
劳动力平均产量　　　　　　柯布-道格拉斯生产函数法
边际产量　　　　　　　　　最低成本法
人力资源替代需求预测　　　定性分析法
短期人力资源需求预测

【复习思考题】

1. 概述人力资源市场形成的条件。

2. 人力资源需求主要由企业生产规模派生需求和替代需求两部分构成，请解释分析这两部分在企业人力资源需求预测中的地位及作用。

3. 思考如何选择适当的函数关系来体现企业生产短期变化所引起人力资源需求相应变化。

4. 为什么要进行短期或长期人力资源需求预测？

5. 短期或长期人力资源需求预测定量方法有哪些？

6. 短期或长期人力资源需求预测定性方法有哪些？

【讨论案例 5-1　EEC 电子公司（B）】

1. 案例目的：分析人力资源供给、需求。

2. 资料：同 EEC 电子公司（A）。详见**讨论案例 3-1**，请再次阅读，然后分析该公司的人力资源供给与需求问题。

问题

请再次思考讨论案例 3-1 最后所列的两个问题。

第六章 人力资源投资收益及投资决策分析

本章通过对社会人力资源投资收益特性以及人力资源投资收益一般分析方法的论述,讨论如何进行企业人力资源投资收益分析,并举例说明企业人力资源投资收益分析方法的应用。在企业人力资源投资收益分析的基础上讨论企业人力资源投资决策。

第一节 社会人力资源投资收益特性

本节主要讨论社会人力资源投资及投资收益特性,以及各种社会人力资源投资,如教育投资、健康投资、人口的迁移投资及其收益的特性。

一、社会人力资源投资及投资收益特性

社会人力资源投资是指用于改变人力资源质量,提高人的生产能力的投资。它包括用于教育、在职培训、健康保健、积累经济信息、人口迁移等方面的费用。人力资源投资的直接成果就是形成人力资本。

人力资本是人的健康、知识、能力等方面的存量储备。它不是人们天生所具有的,而是人类对其自身进行投资的结果,这种投资的数量也是非常巨大的。

人力资源的特性表现为数量和质量两个方面。人口的数量、投身于有用工作的人口比例及实际劳动量是其数量特征。劳动人口的技术、知识及影响人的生产能力的属性是人力资源的质量特征。社会人力资源投资主要是用于改变人力资源质量的费用。精确地计算人力资源投资,在某些条件下是可行的,但更多的情况下是十分困难的。对于人力资源来说,区分消费支出和投资支出,无论从理论上还是实际处理上都是困难的。

所谓人力资源消费支出,是指满足消费偏好而丝毫不提高人的生产能力的支出。所谓人力资源投资支出,是指提高人的生产能力而丝毫不满足有关消费偏好的开支。但是,通过对人类各种开支的分析,发现大量的开支是介于上述二者之间,即这种开支部分是投资、部分是消费。

现以食物的作用为例加以说明。当食物仅够维持劳动者生存时,食物具有生产原料的性质,它的支出是人力资源的投资性支出。然而,当食物消

费量增加时,食物的这种性质就变弱了,而且逐渐达到再增加食物就变成了纯粹消费的时刻。这就说明在通常条件下,严格区分消费支出和投资支出是非常困难的。

那么,如何才能估算出人力投资的大小呢？分析发现:由于提高人的生产能力的费用可以增加人类活动的生产能力的价值,所以它们将产生一个正数收益率。这样,人们在估算人力投资时,往往采用一种可供选择的方法,就是用它的产出而不是用它的投入或成本来计算。

人力资源投资收益实质上是人力资本的增加,即人的生产能力的增加。由人力资源投资而形成的全部能力都变成了人的能力或劳动能力的一部分,从而使它不能出卖。但是它却通过对人们所挣工资和薪金产生影响的方式与市场保持着联系。因此,增加劳动者收入是这类投资收益的最终表现,可以通过计算劳动者收入的变化评价人力资源投资的收益。

二、教育投资及其收益特性

教育成果提高了人力资本的质量。教育是一种为了增加受教育者未来收入和未来满足而进行的投资。长期以来,人们一直把教育看成是一种纯消费支出,这是错误的。一方面我们可以把教育看成是一种消费支出,因为教育的目标之一是发展文化;另一方面也应该把教育看成是增加人力资本的投资性支出,因为它能够提高一个民族的管理能力、工作能力、技术能力。教育给受教育者带来的收益是由未来的货币收入和非货币性的满足构成的。

教育所能带来的收益是文化上和经济上的双重收益。教育投资的成本一般来说应该包括两部分:一部分是开办学校所需要的费用,它是由社会和学生的家庭所负担的。另一部分则是学生上学期间所放弃的收入,它是由受教育者支付的。

教育投资的收益有以下特点:

第一,间接性。对教育方面的投资,并不直接用于生产过程,也不直接生产物质财富。这种投资不能直接从生产过程中得到补偿,投资收益也无法直接通过物质生产过程反映出来。即投资的直接结果,不是经济收益而是人力资源质量得到提高。

教育收益间接性的另一方面是教育本身所创造的经济收益很难收回教育投资。教育收益更多是非经济性的,是社会性的,只能通过受教育者对社会提供更多的经济利益来补偿。

第二,滞后性。对教育的投资是一种长期的投资,培养一个具有一定知识和技能的专门人才一般需要十几年,甚至更长的时间。而这种投资收益只有在受教育者就业后才能产生。所以,投资与这种投资的回收期之间的间隔大大超过了物质投资的间隔。

第三，长效性。教育投资的效益是长远的，它的收益期是很长的。因为学生所学到的能力是其整个一生的一部分，会在其就业后一直发挥作用。

第四，时效性。随着经济发展，技术水平的不断提高，知识更新的速度会越来越快。对于高技术的需求变化会导致人力资本的老化和废弃，因此，教育形成的人力资本存在时效性。只有通过终身教育，也就是不断进行教育投资，才可保证人力资本的完整性。

第五，社会性。教育投资收益更多的是全社会的收益，而不仅仅是受教育者本人所占有。比如由于人类教育水平提高而出现的一些重大发明和发现，其收益远远超出了发明者本人的范围，为全社会所享有。

三、健康投资及收益特征

每个人的健康状况都是人力资本的一部分，即健康资本。它是通过人的健康服务来发挥作用的；它是由健康时间，或者说是由可以用来进行工作、消费以及闲暇活动的无病时间所组成。

健康投资是指获得和维持健康状况所必须付出的成本，包括抚养子女、营养、衣服、住房、医疗保健和自我照管所需的费用。健康投资所带来的收益直接表现为劳动力健康状况的改善，死亡率下降和人口平均寿命延长。健康投资直接改善劳动者的身体素质，增加人力资本的存量，同时它还可以使人力资源其他方面的投资发挥更好的作用。健康投资的经济收益主要反映在以下三个方面：

一是劳动者健康状况的改善，不论是生命的延长，即劳动时间的延长，还是因病暂时或永久退出劳动岗位的时间减少，都会使社会劳动供给量增加。

二是劳动者的健康状况的改善能够增强人们的体力、持久力和工作中的注意力。提高劳动力健康水平必然会使劳动者单位时间的产出增加，生产效率提高。

三是人口预期寿命的增加使教育投资的收益期同时增加，教育投资对人们的吸引力更大。劳动者寿命的延长，更加充沛的体力，更加健康的身体，以及增加收入的可能，会使人们越来越重视获得某种工作经验和上学受教育，同时也会促使人们更多地投资于子女或自身的教育及培训。这将有助于经济与社会的良性循环。

四、人口的迁移投资及收益特性

人口迁移或人力资源流动实质上是一种人力资源的合理配置。劳动力流动的过程也是人力资源有效配置的过程，它使劳动者与生产资料之间更加合理地结合,对提高劳动生产率,避免浪费有积极的作用,从而对经济发展产生积极的影响。例如,根据美国有关资料统计,1963年美国农业劳动力向非农业部门转移直接产生的贡献占国民收入增长额的0.34%。[①] 此外,根据我国专家对乡镇企业的估算,该类企业每增加1.22个就业岗位和4100元固定资产,可以增加1万元总产值。这是我国劳动力从农业部门转移到非农业部门所带来经济效益的一个方面。

人力资源流动是对市场薪金的一种反应,其主要动机是改善自身的境遇。促进人类迁移的真正动力通常是经济上的净收入及其与非货币性满足的某种组合。所谓经济上的净收入,就是扣除掉进行迁移所花费的成本之后所得到的货币量,且迁移成本具有在人力资本上进行自我投资的性质。迁往新地方之后所获得的货币和非货币性的好处是未来的利润,从投资收益的角度来看,这是一种直接的有利于投资者并能短期见效的投资。

第二节 投资收益分析的一般方法

投资净收益在数量上一般等于投资额与产出额的差额。由于货币的投入和投资项目的产出有时间上的差异,在评价投资收益时,往往还要考虑到货币的时间价值,用投资和收益的现值进行分析。

一、净现值法

净现值法是用净现值作为评价方案优劣的指标。所谓净现值,是指投资方案未来现金流入的现值和未来现金流出的现值之间的差额。按照这种方法,所有未来现金流入、流出都要按预定的贴现率折算成现值,然后再计算差额。

(一)净现值法所依据的原理

净现值法所依据的原理是:假设预计的现金流入在年末肯定可以实现,并把原始投资看成是按预定贴现率借入的现金。当净现值为正数时,偿还本息后该投资项目仍有剩余收益;当净现值为零时,偿还本息后一无所获;当净现值为负数时,该项目投资的收益不足以偿还本息。净现值的计算公式如下:

$$净现值 = \sum_{t=1}^{n} \frac{I_t}{(1+r)^t} - \sum_{t=1}^{n} \frac{Q_t}{(1+r)^t}$$

式中:n为投资所涉及的年限;I_t为第t年的现金流入量;Q_t为第t年的现金

---

① 陈宇,等.人力资源经济活动分析[M].北京:中国劳动经济出版社,1991:271.

流出量；r 为预定的贴现率。

(二)用现金流量评价投资收益的原因：

用现金流量来评价投资收益有以下几个原因：

一是整个投资有效年限内利润总计与现金净流量总计是相等的，所以现金净流量可以取代利润作为评价净收益的指标。

二是利润在各年的分布受折旧方法的人为影响，而现金流量的分布不受这些人为因素的影响，可以保证评价的客观性。

三是在投资分析中现金流动状况比盈亏状况更重要。有利润的年份不一定能产生多余的现金来进行其他项目的投资。一个项目能否维持下去，不取决于一定期间是否有盈利，而取决于有没有现金用于各种支付。现金一旦支出，不管是否消耗，都不能用于别的目的。只有将现金收回后，才能用来进行再投资。

(三)净现值法的贴现率选择

净现值法的适用性很广，其主要问题是如何确定贴现率。有两种方法可供选择：第一种方法是根据资金成本法来确定，主要以银行存款利率或贷款利率为依据。第二种方法是根据企业要求的最低利润率来确定，即根据资金的机会成本来确定。这种方法使用较多，也更为合理。

二、现值指数法

现值指数是未来现金流入现值与现金流出现值的比率，亦称现值比率、获利指数、贴现后收益-成本比率等。现值指数法是用来预测投资成本和投资收益的比率，以确定投资收益的方法。现值指数计算公式如下：

$$\text{现值指数} = \sum_{t=1}^{n} \frac{I_t}{(1+r)^t} \Big/ \sum_{t=1}^{n} \frac{Q_t}{(1+r)^t}$$

式中：n 为投资所涉及的年限；I_t 为第 t 年的现金流入量；Q_t 为第 t 年的现金流出量；r 为预定的贴现率。

当现值指数大于 1 时，投资收益大于投资成本，说明方案是可行的。

三、内含报酬率法

所谓内含报酬率，是指能够使未来现金流入量现值等于未来现金流出量现值的贴现率，或者说是使投资方案净现值为零的贴现率。内含报酬率所计算出的是方案本身的投资报酬率。

内含报酬率通常用逐步逼近来计算。首先估计一个贴现率，用它来计算投资方案的净现值。如果净现值为正，说明投资方案本身的报酬率超过估计的贴现率，应提高贴现率后进一步测试。如果净现值为负数，说明投资方案本身报酬率低于估计的贴现率,应降低贴现率后再进一步测试。

这样经过几次反复,找出使净现值接近于零的贴现率,即为内含报酬率。使用内含报酬率法,可根据内含报酬率排定独立投资方案的优先次序,并根据资金成本率或最低报酬率来判断方案是否可行。

四、投资回收期法

投资回收期是指投资引起的现金流入量与投资额相等所需要的时间。计算时不考虑贴现值,即不考虑货币的时间价值。投资回收期法是测算投资回收时间的方法。

$$投资回收期 = \frac{投资额}{每年现金净流入量}$$

回收期的计算方法简便,易为决策人正确理解。但由于忽略了时间价值,对投资回收期长的投资方案的分析误差较大。

五、会计收益法

会计收益法是通过计算每年原始投资净收益或几年的平均净收益来分析投资效益的方法。会计收益可以采用绝对数值或相对数比率进行分析,其计算公式如下:

$$会计净收益 = 投资总收益 - 原始投资$$

$$会计收益率 = \frac{投资净收益}{原始投资}$$

$$平均会计收益率 = \frac{各年平均投资净收益}{原始投资}$$

从绝对数值分析,一般当会计净收益额大于 0 时,投资才有效益;从相对比率分析,一般当收益率大于投资的资金成本率时,投资才有效益。

六、经验公式法

所谓经验公式,是通过相关物理量的实际观测数据而确定的函数形式。实际观测数据推导经验公式的过程称作回归分析,所采用的方法是曲线拟合。

从数学理论可知,若 x,y 都是被观测的物理量,并且 y 是 x 的函数,则函数关系由理论曲线公式 6-1 给出。

$$y = f(x, a_1, a_2, \cdots, a_m) \tag{6-1}$$

该曲线的函数形式已经确定。但是其中含有 m 个未知数值的参数 a_1, $a_2, \cdots, a_m$,因而理论曲线的具体形状是未知的。为了测定理论曲线,对不同的 x 测量 y 的数值。总共测得 x 和 y 的 n 对观测值,即得到 xy 平面上的 n 个观测点 $(x_1, y_1), (x_2, y_2), \cdots, (x_n, y_n)$。根据这些观测值寻求 $a_1, a_2, \cdots, a_m$ 的最佳估计值,即寻求理论曲线(公式 6-1)的最佳估计值,见公式 6-2。

$$y=f(x,A_1,A_2,\cdots,A_m) \qquad (6-2)$$

公式 6-2 是 x,y 函数关系的经验公式,可以通过已经发生的人力资源投资与收益之间的统计数字,求出人力资源投资与收益之间的经验公式,并用这一公式预测未来投资的经济效益。

第三节 企业人力资源投资收益分析

企业用于人力资源的投资主要是为提高企业的生产率,改善企业经营管理能力、提高管理水平而服务的。

一、企业人力资源投资特征及范围

(一)企业人力资源投资特征

由于企业不是学校,不是社会福利单位,也不是医院,所以企业用于人力资源的投资更注重经济实效。也就是说,狭义的企业人力资源投资同广义的社会人力资源投资收益的特征是不同的。企业人力资源投资的特征有:

第一,短期实效性。即投资必须能够带来现实的利益,要求短期内取得成效。

第二,具体目的性。即投资往往是针对解决具体问题来进行的,即目标明确。

第三,可计量性。即要求投入的货币资金是可以计量的。除了特殊原因和特殊目的的投资外,企业对其人力资源投资产生的收益必须能抵偿投资。所谓特殊原因的投资,是指国家法律规定的投资,如劳动保护投入和职工福利投入以及社会保障投入。特殊目的的投资是指类似提高职工文化水平、满足职工业余文化生活、增强企业凝聚力的投资。

(二)企业用于人力资源投资的内容

企业用于人力资源的投资内容主要有以下几个方面。

1. 职工招聘投资。职工招聘投资是指企业招聘所需的劳动力、技术人员、管理人员时的投资。招聘是企业取得人力资源的一种捷径,需要支付必要的费用。

2. 职工培训投资。职工培训投资是企业对于在职人员进行技术培训,以满足企业自身经营特点需求的投资,既包括对在职职工的培训,也包括对新聘人员的培训。

3. 劳动力配置投资。劳动力配置投资指企业内部机构调整、劳动力的合理配置和企业间人员流动的投资。

4. 经济、技术信息系统投资。经济、技术信息系统投资是企业为及时掌握经济、技术信息而对建立和管理该信息系统进行的投资。随着科学技术的高速发展和市场经济的竞争日益激烈,企业没有经济信息的收集和分析系统是无法正常经营的。企业人力资源只有掌握大量的经济、技术信息,才可以为企业创造更大的经济效益。

5. 医疗保健投资。医疗保健投资是由国家法律规定的投资,一方面可以给企业带来间接收益,另一方面也是为了保护劳动者的权益。

6. 职工福利及社会保障投资。职工福利及社会保障投资是企业用于人力资源福利及社会保障方面的投资。这种投资一部分是国家法律规定的,另一部分是企业为了增加其凝聚力和吸引人才流入的能力对职工福利方面进行的投入。

上述企业在人力资源方面的投资,第1,2,3项投资成本和投资收益是可以用货币计量的,第4,5,6项投资收益是很难用货币计量的。而企业在后三项上的投入是为了给企业带来长远的利益和遵守国家法律的要求。

二、企业人力资源投资收益分析的程序和基础

对于企业人力资源投资,也要像其他投资一样进行投资的经济效益分析评价。特别是对人力资源招聘、培训和流动方面的投资收益率进行估算和分析评价。

(一)企业人力资源投资收益分析的一般程序

企业人力资源投资收益分析评价的一般程序包括以下四个步骤:

第一步,准确估算其投资方案的现金流出量。

第二步,确定资本成本的一般水平。

第三步,确定投资方案的收入现值。

第四步,通过收入现值和所需投资支出比较,评价投资收益。

其中,对投资项目现金流量的准确分析是人力资源投资收益分析的基础工作。

(二)投资现金流量的确定

所谓现金流量,是指一项投资引起企业的现金支出和现金收入的增加数量。现金流量包括现金的流出量、流入量和现金净流量三部分。一个项目现金的流出量是指对项目的投入;现金流入量是指该项目的产出;二者之差则为现金净流量。在确定与投资方案相关的现金流量时,应遵循的基本原则是现金流量与项目的相关性原则,不能高估或低估收入与成本。

所谓相关性原则,是指只有那些由于采纳某个项目引起的现金支出增加额,才是与该项目相关的现金流出;只有那些由于采纳某个项目引起的现金流入增加额,才是与该项目相关的现金流入。

在进行相关性判断时,要注意以下四点。

1. 区分相关成本和非相关成本。相关成本是指与特定投资决策相关的,在分析评价时必须加以考虑的成本。而与特定投资决策无关的,在分析评价时不必加以考虑的成本是非相关成本。

如企业人力资源培训投资,对于短期培训来说,教员和受训者的工资是相关成本,而教室的建筑费用就是非相关成本。但是如果企业为培训职工而建造了培训中心,由于培训中心是为职工培训而建造的,培训中心的建造费就成了人力资源培训投资的相关成本。

2. 不要忽视机会成本。在投资方案选择时,如果选择了一个投资方案而必须放弃其他投资机会,则其他投资机会可能取得的收益即为实行本投资方案的一种代价,被称为这项投资的机会成本。

如用于对职工进行培训的投资,也可以用于生产设备的增加或用于其他投资。一般来说,企业通常把这笔投资用于其他投资的期望最低报酬率作为对于职工进行培训投资的机会成本。

3. 要考虑投资方案对其他部门的影响。人力资源投资方案有时会对其他部门产生影响。例如,进行职工培训,要从生产车间抽调教员,或让新职工到生产车间进行实习等,这些都会对车间生产产生影响。这种影响可能是有利的,也可能是不利的,在考虑职工培训的投资收益时,对此也应加以考虑。

4. 对净营运资金的影响。人力资源投资方案有时也会对企业净营运资金产生影响。例如,在招聘职工时,新增工人必然要增加企业工资总额;新增工人上岗,生产设备、生产原材料占用等都要发生变化,也会引起企业营运资金的变化,企业必须筹措新的资金来满足这些额外需求。企业只有将新增加工人产出的产品售出后,这部分资金才能补偿营运资金,使其恢复到原有水平。因此,企业在分析人力资源投资收益时,对此也应加以考虑。

第四节　企业人力资源投资收益分析应用

根据企业人力资源投资的范围,可以把人力资源投资归为两类。一类是可以比较准确计算人力资源投资收益的,如职工招聘、人员培训、人员流动等投资。另一类是较难计量人力资源投资收益的,如劳保医疗、福利投资等。下面从职工招聘、职工培训、人员流动和劳保医疗几个方面说明企业人力资源投资的收益分析方法。

一、企业人员招聘投资收益分析

企业人员招聘可以有多种方法,如排除法、比较法、档案分析法、印象评价法、扮演评价法、考试法、关键事件法等。不同方法的应用会导致企业人员招聘过程中产生不同的投资收益。如果采用有效方法,会使企业招聘到最佳人选,并在将来受益;如果不能采用有效方法,不仅不能使企业招聘到适用的人员,损失了招聘费用,还会使企业在将来得不到预想的经济收益。因此需要进行企业人员招聘投资收益分析。

常用分析方法是会计收益法,即预测通过招聘能为企业带来的总收益与人员招聘总支出的差额,计算投资净收益,进行投资收益分析的方法。其计算公式如下:

$$预测招聘净收益 = 预测招聘总收益 - 人员招聘总支出 \quad (6-3)$$

其中"预测招聘总收益"可以采用多种方法计算,如第四章介绍的人力资源价值计算方法等;"人员招聘总支出"也可以采用多种方法计算,如第三章介绍的人力资源取得成本计算方法等。

(一)预测招聘总收益的计算公式

由于招聘方法影响公式6-3中预测招聘总收益的取值,在计算预测招聘净收益时应该考虑不同招聘方法的影响。在考虑招聘方法时,应该将预测招聘总收益划分为若干因素,如:实际招聘人数、招聘过程的有效性、应聘后实际工作绩效的差别、被录用者在招聘过程中的平均测试成绩等。如果考虑上述因素,则预测招聘总收益可用公式6-4表示。

$$预测招聘总收益 = N \cdot R \cdot SD_y \cdot Z \quad (6-4)$$

式中:N为实际招聘人数;R为招聘过程有效性指标;SD_y为应聘后实际工作绩效的差别;Z为被录用者在招聘过程中的平均测试成绩。

公式6-4中招聘过程有效性指标(R)是指招聘过程对最佳申请人预测的准确程度,该指标可以通过在人力资源取得过程中收集各种工作绩效不同测定方法的平均有效值取得经验数据。表6-1是可供参考的国外的经验数据。

表6-1 工作绩效不同测定方法的平均有效值

用于录用和培训的方法	相关系数	用于预测将来绩效的方法	相关系数
智力测验	0.53	工作实例测试	0.54
工作试用	0.44	智力测验	0.53

续表

用于录用和培训的方法	相关系数	用于预测将来绩效的方法	相关系数
个人简历	0.37	同事评价	0.49
背景调查	0.26	过去工作中的绩效评价	0.49
实际工作	0.18	专用知识测验	0.48
面试	0.14	评审中心	0.43
培训和实际工作中的成绩	0.13		
学术成果	0.11		
受教育的程度	0.10		
兴趣	0.10		
年龄	0.01		

当有效性指标 R 为 0 时，表示预测结果与申请人实际工作行为不符，其有效性为 0；当有效性指标 R 为 1 时，表示预测结果与申请人实际工作行为完全相符，其有效性为 1。一般情况下，有效性指标介于 0 与 1 之间。实践中准确地计算出有效性指标是十分困难的，只能从工作经验中进行估测，表 6-1 就是经验估算表。

公式 6-4 中应聘后实际工作绩效的差别（SD_y）是不同申请人每年工作绩效的变化程度。SD_y 的取值很难估算，20 世纪 70 年代后期美国经过大量的人事研究得知，不同申请人之间年度工作绩效的差别 SD_y 值约等于年工资的 40%。当然，我国国情与美国不同，因此应该结合我国国情确定 SD_y 值。

公式 6-4 中被录用者在招聘过程中的平均测试成绩（Z）是某个申请人预测分数减所有申请人预测分数的平均值与其标准差之商。根据经验，Z 的取值应该在+3.0 至-3.0 之间变化。预测分数平均值与录取率有关，录取率越低，录取范围越大，则录用者的预测分数平均值越高。

当公式 6-4 中四个因素确定之后，即实际招聘人数、招聘过程有效性指标、应聘后实际工作绩效的差别、被录用者在招聘过程中的平均测试成绩均确定后，即可计算出实施某招聘方法的预测总经济收益。

（二）人员招聘总支出的计算公式

公式 6-3 中人员招聘总支出一般可以根据历史成本记录进行计算。为了便于对不同时期被招聘人员的取得成本进行比较，应该掌握实际录用人员的人均取得成本，以及全部申请人员的人均成本的资料。因此，人员招聘总支出可以分解为申请人数、实际招聘人数、录取过程的人均成本等因素。

其计算公式如下:

$$人员招聘总支出 = 实际招聘人数 \times \frac{全部申请者人均成本 \times 申请人数}{实际招聘人数}$$

$$= 实际招聘人数(N) \times \frac{全部申请者人均成本\ C}{录用率\ SR} \tag{6-5}$$

因此,将公式 6-4、6-5 代入公式 6-3,则考虑不同招聘方法影响的经济收益预测公式 6-6 可以表示如下:

$$U = N \cdot R \cdot SD_y \cdot Z - N \cdot C/SR \tag{6-6}$$

式中:U 为预测招聘净收益;N 为实际招聘人数;R 为招聘过程有效性指标;SD_y 为应聘后实际工作绩效的差别;Z 为被录用者在招聘过程中的平均测试成绩;C 为全部申请者人均成本;SR 为录用率。

(三)不同招聘方法的投资收益分析

1. 资料。假定 20×7 年企业在招聘过程中,采用不同招聘方法的经济资料如下:

(1)20×7 年,实际招聘 10 人。

(2)在招聘过程中如果采用两种方法,方法一为面试,其有效性指标根据表 6-1 可知为 0.14;方法二采用测试,其有效性指标为 0.36。

(3)不同应聘者实际工作绩效的差别根据工作记录为 5 250.44 元/年。

(4)被录用者在招聘过程中的平均测试成绩为 1.452 0。

(5)全部申请者人均成本在采用方法一时为 30 元;在采用方法二时为 311 元。

(6)录用率为 18%,即采用方法三的全部申请人都参加两种测试。

2. 计算及分析。根据以上资料分别计算采用方法一"面试"、方法二"测试"、方法三"面试与测试相结合"的招聘方案的投资收益如下。

$$U_1 = 10 \times 0.14 \times 5\ 250.44 \times 1.452\ 0 - 10 \times 30 \div 18\%$$
$$= 10\ 673 - 1\ 667 = 9\ 006(元)$$
$$U_2 = 10 \times 0.36 \times 5\ 250.44 \times 1.452\ 0 - 10 \times 311 \div 18\%$$
$$= 27\ 445 - 17\ 278 = 10\ 167(元)$$
$$U_3 = 9\ 006 + 10\ 167 = 19\ 173(元)$$

从以上计算可知,方法三的经济收益最大,方法二其次,方法一最差。

二、企业职工在职培训投资收益分析

在职培训是企业人力资源投资的重要方面,其投资一般由企业承担,有时职工本人也负担一部分。理论上讲,在职培训的收益是企业和职工个人共同受益。职工个人从在职培训中得到的收益是技术水平提高,而技能的增长成为职工个人能力的一部分。企业的收益是职工技能提高后可以提高生产效率或产品质量。

企业分析在职培训的投资收益时,主要考虑职工在职培训给企业带来的经济收益和非经济收益。目前,在对职工在职培训经济收益的分析评估中,有两种方法是比较成熟的,即直接计算法和间接计算法。

(一)在职培训收益的直接计算法

这种方法是对职工接受培训后的效果直接观察并加以评价。例如,把相同岗位上接受培训的职工和没有接受培训的职工的生产效率进行比较,或将职工接受培训前后的生产效率进行比较,可直接估算出培训的经济效果。这是一种简单的计算方法,它不考虑投资的回收期限、投资的货币时间价值等。

(二)在职培训收益的间接计算方法

在职培训收益的间接计算方法是一种通过对职工在职培训有关指标的计算,研究投资收益的方法,包括净现值法、经验公式法等。

1. 在职培训收益的净现值法。净现值法是成本效益分析的一种常用方法。用净现值法对在职培训投资收益进行分析的主要步骤如下:

(1)确定指标。用净现值法计算净现值指标,其公式为:

$$净现值 = \sum_{t=1}^{n} \frac{I_t}{(1+r)^t} - \sum_{t=1}^{n} \frac{Q_t}{(1+r)^t} \quad (6-7)$$

式中:n 为投资所涉及的年限;I_t 为第 t 年的现金流入量;Q_t 为第 t 年的现金流出量;r 为预定的贴现率。

(2)确定投资成本。假定职工的在职培训是短期培训,职工经过培训后不会影响工资变动,现金的流出量就是职工的培训费用。公式 6-7 后半部分为培训费,即:

$$\sum_{t=1}^{n} \frac{Q_t}{(1+r)^t} = C(培训费)$$

对一批职工进行培训,培训费可按每人计划培训费乘以培训人数计算,也可按实际发生额归集,包括受训人员的工资、教师的工资、占用设备费用、教室的租金、对生产影响的损失和投资的机会成本等。

(3)确定培训受益年限。确定培训受益年限实际是确定公式 6-7 中的 t 值。培训的受益年限与职工在岗的服务年限、培训内容有关,可以假定为 3 年,也可假定为 1 年。

(4)确定现金的流入量。确定现金的流入量是确定公式 6-7 中的 I_t 值。I_t 值应该是培训后和培训前工作成果(现金流入量)的差值。由于每批被培训人员培训前后的工作成果差值不同,为便于计算,可取平均成果差值乘以培训人数进行计算。其计算公式如下:

$$I_t = (I_e - I_c) \cdot N$$

式中：I_e 为已培训者平均工作效率(现金流入量)；I_c 为未接受培训者平均工作效率(现金流入量)；N 为受培训的人数。

2. 经验公式法。国外常用经验公式法对企业职工在职培训的经济效益进行分析计算。经验公式法是一种对企业在职培训收益的间接计算方法。所谓经验公式法，是一种通过对与职工在职培训有关指标的计算，研究投资收益的方法。间接计算方法的种类很多，总的思路是：首先找出影响在职培训收益的因素，然后根据这些指标的相互关系计算投资收益。下面列举的就是国外常用来对企业职工在职培训的净收益进行计算的公式：

$$\Delta U = T \cdot N \cdot d_t \cdot SD_y - N \cdot C \qquad (6-8)$$

式中：ΔU 为培训的净收益；T 为培训将产生效益的时间(年)；N 为受训者数量；d_t 为效用尺度，即接受培训者与未受培训者工作成果的平均差值；SD_y 为未受培训者工作成绩的差别(标准差，根据国外学者的研究，它约等于年工资的40%)；C 为人均培训成本(包括直接成本和误工造成的间接成本)。

公式 6-8 中的 d_t 可由下式计算出：

$$d_t = \frac{\bar{X}_e - \bar{X}_c}{SD \cdot \sqrt{R_{yy}}} \qquad (6-9)$$

式中：$\bar{X}_e$ 为已培训者平均工作效率；$\bar{X}_c$ 为未接受培训者平均工作效率；SD 为未受培训者平均工作效率的标准差；$\sqrt{R_{yy}}$ 为工作效率评价过程的可行性(如不同评价者评定结果的相关程度)。

下面以某厂为例，具体说明公式 6-8 和公式 6-9 的运用。例如：某厂对 100 名质量检验员进行了培训，培训结束时对他们进行测试。方法是让这些人对一个已知缺陷数量的标准件限时间进行检验，找出缺陷位置。同时还选择了 100 名年龄、教育水平等条件基本相同的未接受培训的检验员做同样的测试，这两类人员测试的结果见表 6-2(同时假定培训产生的效果将维持 3 年，检验员年工资为 6 000 元)。

表 6-2 检验员工作情况

项 目	受训者	未受训者
检验人员数量	100	100
已检验出的缺陷平均数量	7.5	5.1
标准差	1.72	2.3
人均培训费用(元)	1 800	—
评价者评分相关程度	0.81	

根据已知条件，代入公式 6-8 和公式 6-9 进行计算得到：

$$d_t = (7.5 - 5.1) / (2.3 \times \sqrt{0.81}) = 1.16$$

$$\Delta U = 3 \times 100 \times 1.16 \times 2\,400 - (100 \times 1\,800) = 655\,200(元)$$

根据上面的计算,如果对100名职工进行在职培训,企业将取得的经济效益约为655 200元,分摊到每个职工,平均每人创造经济效益6 552元,这大约相当于其培训费用(1 800元)的3.64倍,可见这项投资对企业来说是有利的。实践证明,用于职工在职培训的投资一般来说也是卓有成效的。

三、企业人员内部流动投资收益分析

从企业角度分析,人员在企业内部流动是企业做出的一种投资选择,人员流动必然要求获得收益,而且要求流动收益大于流动成本。如果流动收益增长小于成本,企业不会选择人员流动。通常使用投资回报率和净现值法分析人员流动的投资收益。

1. 企业人员内部流动的投资回报率。企业内部人力资源流动可用投资回报率计算。公式6-10是分析企业劳动力在内部流动投资效益的公式。

$$B = \frac{B_i - B_e}{C} \qquad (6\text{-}10)$$

式中:B为劳动力流动投资回报率;B_i为劳动力流入企业i部门的新增收益;B_e为劳动力流出企业e部门的损失;C为劳动力在企业内部流动的费用。

在某些特殊情况下,还可应用公式6-11进行分析。

$$B = \frac{B_i + B_e}{C} \qquad (6\text{-}11)$$

式中,各项参数同公式6-10,只是其中B_e项为劳动力流出企业e部门所得的收益。

2. 企业人员内部流动投资收益的净现值法。企业人员内部流动的投资收益净现值可以用数学表达式表述如下:

$$\text{流动的净收益现值} = \text{流动带来收益的贴现值} - \text{流动引起的成本} \qquad (6\text{-}12)$$

根据公式6-12,可以进一步推导出企业通过人员内部流动获得经济利益的数学表达式如下:

$$MB = \sum_{t=1}^{n} \frac{BN_t - BO_t}{(1-r)^t} - C \qquad (6\text{-}13)$$

式中:MB为人员流动带来的净收益现值;BN_t为第t年新工作产生的收益;BO_t为第t年原工作产生的收益;n为预计从事新工作的时间长度($t = 1,2,\cdots,n$);r为贴现率(或利率);C为流动过程本身的成本(包括直接成本和间接成本)。

显然,人员内部流动净收益值的大小主要取决于新工作和原工作的收益差额,也取决于人员内部流动的直接和间接成本的高低。如果从新的工作中企业可能获得的收益越大,人员内部流动的直接和间接成本越小,企业

从人员内部流动中获得的经济效益就越大。

四、企业医疗健康投资收益分析

企业职工医疗保健的投资是一项法律规定的投资。这一投资可为企业带来经济收益,但更多的是社会效益。企业卫生保健投资的效益很难用货币估量,可以用非货币性的其他分析方法进行评价。

(一)卫生保健服务量法

卫生保健服务量法是对接受企业投资的卫生保健部门所提供的卫生保健服务量进行投资效益评价的方法。在一定的投资规模下,能够提供的卫生保健服务越多、越周到、越全面、服务质量越高,投资获得的经济收益就越大。通常由专家评价和职工评价来判断卫生保健的服务水平。

(二)企业职工发病率变化法

企业职工进入企业时一定要有健康的身体,否则不会被企业录用。企业职工发病率变化法是通过企业职工每年生病率,特别是职业病的发病率来判断企业医疗保健投资经济效益的方法。一般可用发病率进行分析评价,其计算公式如下:

$$一般发病率 = \frac{年病休人数}{职工人数}$$

$$职业病发病率 = \frac{年职业病人数}{职工人数}$$

(三)职工因病损失工时法

企业职工因病缺勤会给企业带来直接经济损失。从因病缺勤的工时统计的变化上,可以直接反映企业医疗保健投资的收益。职工因病损失工时法是用企业职工因病损失工时的统计数字的变化,分析企业医疗保健投资收益的方法。

$$职工因病损失工时变化率 = \frac{本年因病损失工时}{历年平均因病损失工时}$$

$$职工因病损失工时率 = \frac{本年因病损失工时}{本年有效总工时}$$

第五节　企业人力资源投资决策分析的一般依据和程序

一、企业人力资源投资决策分析的概念

企业人力资源投资决策是为了实现企业预定的目标,在科学预测的基础上,结合企业内部条件和外部环境,对未来人力资源投资的各种备选方案进行周密调查研究和分析评价,由企业最高管理层最终做出抉择和判断的过程。

企业人力资源投资决策分析是由人事管理、财务会计等部门,根据企业生产经营决策总目标,在预测人力资源需求量的基础上,根据人力资源成本、价值记录,使用人力资源投资收益等经济分析的专门技术和方法,对每个备选方案可能导致的结果进行比较、分析,做出判断,最终提出最优投资决策分析方案的建议。

企业人力资源投资决策分析是本书各章知识的综合运用。企业人力资源投资决策分析的主要方法有:人力资源成本分析、人力资源价值分析、人力资源供求分析、人力资源投资收益分析。这些方法在本书各章中已经分别介绍过,这里不予赘述。本节主要讨论企业人力资源投资决策分析的一般依据和工作程序。按照企业人力资源投资决策分析的一般依据和工作程序,利用本书有关章节预测、计算、分析的结果,即可做出供企业最高管理部门进行最终抉择的最佳人力资源投资决策分析方案。

二、企业人力资源投资决策分析的一般依据

进行人力资源投资决策分析的一般依据是:企业生产经营现状、企业生产经营发展规划、现代科学技术发展情况、企业内部和外部人力资源成本及价值水平、企业筹资能力等。

(一)企业生产经营现状

人力资源投资决策需要掌握的企业生产经营现状包括:企业现有的生产经营规模、生产经营能力等状况,现有人力资源配置、开发、使用等状况,现有资金储备、利用、周转等情况。通过掌握企业生产经营现状,可以分析企业目前人力资源的质量和数量,需要投资的方面以及企业的投资能力等,为企业人力资源投资决策奠定基础。

进行人力资源投资一般是为改变企业生产经营状况,必须从企业现实经济状况出发,正确地分析企业现有的人力资源配置、利用情况,确定制约

企业发展的人力资源方面的关键问题,找出提高企业经济效益的办法,明确人力资源投资方向。

(二)企业生产经营发展规划

进行人力资源投资还可能是为了实现企业生产经营发展远景目标,这时必须以企业生产经营发展规划为主要依据制定人力资源投资决策方案。企业生产经营发展必然对人力资源的需求提出新的要求。人力资源投资决策需要掌握企业生产经营发展规划内容,掌握该规划对未来人力资源数量和质量的需求情况,对未来人力资源投资的需求量以及需求时间等,以便在制定人力资源投资决策时进行综合分析。

(三)现代科学技术发展情况

现代科学技术发展的必然会促使企业采用先进技术和工艺,要求企业对人力资源进行开发投资或重置性投资,以便提高企业人力资源质量。人力资源投资决策需要掌握的现代科学技术发展情况,包括高科技发展动态、科技发展对人力资源素质的新要求、掌握新技术的时间、培训的费用成本等。

(四)企业内部和外部人力资源成本及价值水平

人力资源投资决策需要掌握的企业内部人力资源成本、价值水平,包括企业人力资源成本的历史资料和企业人力资源现实价值资料;人力资源投资决策需要掌握的企业外部人力资源情况,包括现在和将来人力资源市场供给数量和质量、供给渠道、人力资源市场成本、市场价值等情况,以便根据人力资源需求量,以及人力资源成本、价值水平,估计对人力资源投资的数量等。

(五)企业筹资能力

在进行人力资源投资时,要根据企业的资金筹措能力确定投资规模,量力而行。人力资源投资决策分析需要掌握企业的现有资金的投资能力,从企业外部筹集资金的能力,以及企业在需要资金时有哪些外部资金供应渠道,可提供资金的数量和成本等,以便进行人力资源投资效益分析。

三、人力资源投资决策分析的一般程序

人力资源投资决策分析的一般程序应该包括以下几个步骤。

(一)确定投资目标

人力资源投资目标是进行决策分析的出发点和终结点。确定人力资源投资目标主要是明确该投资需要解决的问题,如是增人还是减人,是招聘还是培训,是提升还是调动等。确定人力资源投资目标的基础是上述决策分

析的一般依据,其中最重要的依据是企业的发展规划。投资决策的目标应该具体、明确,而且尽可能数量化。

人力资源投资的主要目标有:①改变人力资源数量;②改变人力资源质量;③改变人力资源结构;④提高人力资源利用效率;⑤其他与人力资源有关的投资目标。

(二)收集有关人力资源投资决策的资料

收集资料就是针对人力资源投资决策目标,广泛收集尽可能详细的、对决策有影响的各种可计量的和不可计量的资料,特别是预期收入和预期成本的数据。对于收集的资料还要进行加工、筛选处理。其中,汇总企业现有人力资源情况是进行人力资源投资决策所必须进行的。

汇总企业现有人力资源情况包括货币性和非货币性资料。货币性资料包括汇总现有人力资源成本、人力资源价值等方面的报告;非货币性资料包括企业人力资源一般状况,如年龄、工种、技术状况等。需要使用人力资源会计方法提供的资料有:人力资源成本会计方法提供的有关人力资源取得成本、使用成本等资料;人力资源价值会计方法提供的有关本期人力资源实现价值、使用价值、生产者剩余等资料。同时要收集人力资源市场供给资料和企业人力资源需求资料。这些资料的收集是需要反复进行的,是贯穿于各步骤之间的,也是贯穿于整个决策过程中的。

(三)提出人力资源投资的备选方案

根据投资目标、企业现状、所收集的数据,确定人力资源投资方式,提出若干个可行的人力资源投资备选方案,供分析使用。

人力资源投资备选方案有:①取得人力资源的方案,如招聘新职工等;②开发人力资源的方案,如对现有职工进行各种在职培训等;③提高人力资源利用率的方案,如改变现有组织结构,减员、分流,改变人力资源质量结构等。

备选方案的制定需要进行人力资源市场供给预测、企业人力资源需求预测;编制人力资源需求计划,编制企业人力资源需求表;对人力资源所需的人数、质量,按技术类别提出明确的要求;分析人力资源市场情况,确定供需平衡点;根据供需平衡点确定投资成本,匡算人力资源投资收益等。可采用第五章讨论过的人力资源市场预测的供需平衡分析方法、企业人力资源替代需求预测、生产函数法、最低成本分析法等。经过分析计算,初步确定几个可行的人力资源投资备选方案。

(四)通过定量分析对备选方案进行初步评价

根据企业生产经营状况、企业人力资源投资目标、所收集的有关资料,对各种人力资源投资备选方案进行定量分析,做出初步评价。主要是把所

收集的可以计量的数据汇总,对各种备选方案进行投资收益的货币性分析,进行方案的初步评价。具体工作包括:

首先,对各备选方案采用相同方法,进行人力资源投资收益分析,以便进行方案比较或组合。可选用的各种方法有本章介绍的净现值法、现值指数法、内含报酬率法、投资回收期法、会计收益率法、经验公式法等,预测各投资方案的投资效益,计算人力资源价值和投资报酬率。

其次,进行各备选方案的比较分析。将上述采用相同方法计算的,各种可替代的备选方案的投资经济效益结果归类整理,系统排队,进行比较分析,做出初步评价。例如,本章第四节企业职工招聘投资收益分析的三个方案的比较及决策。

最后,进行方案的组合分析。当有几个可以同时并进的方案,但资源总量受到限制时,可将这些方案进行优化组合,提出使综合效益达到最优的新方案。

(五)对备选方案进行定性分析

根据初步评价结果,结合各种非计量性因素的影响,如结合国际、国内政治经济形势的变化,社会需要的变化,人们心理、习惯、风俗等因素的变化等对人力资源投资决策分析的影响,进行投资方案的定性分析。

(六)确定最优方案

综合考虑定量因素和非量化因素的影响,通盘研究,权衡利弊得失,综合比较各投资方案的经济效益和社会效益的高低之后,最后筛选出最佳投资方案,供管理部门做出最终投资决策。

【本章关键概念】

社会人力资源投资　　　人力资源投资收益　　　内涵报酬率法
人力资本　　　　　　　收益分析的净现值法　　投资回收期法
人力资源消费支出　　　现值指数法　　　　　　经验公式法
人力资源投资支出

【复习思考题】

1. 概述各种社会人力资源投资及投资收益的特性。
2. 简述人力资源投资收益分析的一般方法。
3. 简述人力资源投资的特性及范围。
4. 概述企业人力资源投资收益分析的程序和基础。
5. 为什么现金流量的准确分析是企业人力资源投资收益分析的基础?
6. 简述企业人员招聘、在职培训、内部流动、医疗健康投资收益分析的方法。

7. 简述企业人力资源投资决策分析的一般依据和程序。

【应用案例 6-1　EEC 电子公司（C）】

1. 案例目的：分析人力资源成本和效益。
2. 资料：EEC 电子公司（C）

继【应用案例 5-1　EEC 电子公司（B）】资料后，5 月 12 日，EEC 电子公司高层管理人员会议讨论了公司解雇员工的提案，认为这将降低成本，增加利润。但是人事部经理巴克先生认为，如果考虑了所有的成本，这种做法不一定行得通。董事长哈瑞斯先生决定让巴克先生计算成本后再做决定。5 月 19 日的会议上，巴克先生向管理委员会递交了报告。

巴克先生说："我已经对解雇 3 个星期、6 个星期、9 个星期、12 个星期员工所花费的成本做了预算，该预算分为最优方案、最差方案和最可行方案三种情况。"（见表 6-3 至表 6-5 所示。）

该方案的假设条件如下：

(1) 假定销售额将在第 12 个到第 14 个星期有望季节性增长，因此我们解雇员工的时间不超过 12 个星期。

(2) 假定重新雇用一个解雇员工的成本等于其一个星期的工资，这是使员工恢复正常生产率的成本，只是预测数。

(3) 假定重新雇用新员工的成本等于其半年的工资，这包括招聘成本、选择成本和培训成本。这是根据过去的经验粗略计算出的，只是保守估计。

(4) 假定不考虑没有被解雇的员工士气低落而发生的成本，这又是保守估计。

(5) 假定被解雇的员工重新回到公司的概率按照最优方案、最差方案和最可行方案三种情况，分别为 0.10、0.80 和 0.10。

表 6-3　解雇员工后重新训练和重新安置的成本预算表　　　　单位：美元

成本因素		估计退休的员工	再雇用时重新培训的成本*	失去的员工的重置成本**	解雇员工总成本
3 周	最优	95	28 500	37 500	66 000
	最可能	80	24 000	150 000	174 000
	最差	65	20 500	267 500	288 000
6 周	最优	90	27 000	75 000	102 000
	最可能	75	22 500	187 500	210 000
	最差	60	18 000	300 000	318 000

续表

成本因素		估计退休的员工	再雇用时重新培训的成本*	失去的员工的重置成本**	解雇员工总成本
9周	最优	85	25 500	112 500	138 000
	最可能	70	21 000	225 000	246 000
	最差	55	16 500	337 500	354 000
12周	最优	80	24 000	150 000	174 000
	最可能	65	20 500	267 500	288 000
	最差	50	15 000	350 000	365 000

* 假定重新训练雇员的成本等于一个星期的工资。

** 假定重置雇员的成本等于半年的工资。

表6-4 重新雇用员工和预期重置成本计算表　　　　　　单位：美元

解雇时间（星期）	最优		最可能		最差		预期成本
	总成本	可能性	总成本	可能性	总成本	可能性	
3	66	0.10	174	0.80	288	0.10	174.6
6	102	0.10	210	0.80	318	0.10	210.0
9	138	0.10	246	0.80	354	0.10	246.0
12	174	0.10	288	0.80	365	0.10	284.0

表6-5 解雇员工成本和收益的计量表　　　　　　单位：美元

解雇时间（星期）	估计的工资费用的节省额	重新雇佣和重置的成本	净收益（负数为成本）
3	90 000	174 600	−84 600
6	180 000	210 000	−30 000
9	270 000	246 000	24 000
12	360 000	284 300	75 700

巴克先生说："我认为这些数据是有意义的,你们说呢?"

3. 问题:

(1) 假定你是公司的总经理,董事长让你对人事经理的报告予以评论,你会怎么说?

(2) 你同意解雇员工吗？如果同意,是建议 3 个星期、6 个星期、9 个星期、还是 12 个星期？请解释。

(3) 用你学过的知识,分析以上 3 张有关人力资源成本效益报表的计算方法和计算过程,并评价以上 3 张有关人力资源成本效益报表的优劣。

第七章 企业人力资源激励约束机制理论与应用

本章主要介绍近年来比较流行的企业人力资源激励约束机制理论,以及该理论的应用和典型案例分析。

第一节 企业人力资源激励约束机制的理论基础

激励约束机制对人的行为具有激发、推动、加强的作用。对组织而言,激励是指组织通过创造满足组织成员所需的条件,激发动机,调动潜能,使其产生实现组织目标的特定行为的过程;约束是指组织为保障有序运转,规范组织成员行为,对不利于实现组织目标的特定行为进行制约、束缚的过程。激励约束机制是现代经济学、管理学的重要内容。对企业来说,激励机制是指管理者依据法律法规、规章制度、价值取向和文化环境等,对管理对象的行为从物质、精神等方面进行激发和鼓励,以使其行为朝着管理者所期望的方向、目标持续发展的机制;约束机制是指管理者对管理对象的行为进行制约和束缚,以使其行为收敛或改变的机制。激励机制与约束机制常常统称为激励约束机制。

完善的激励约束机制是企业有效激励员工、留住人才的关键。具体有:充分利用员工工资福利因素,通过灵活、有效的分配制度,调动员工的主动性和积极性,使其以更加投入的态度做好自己的本职工作,促使员工自觉主动地不断提升自己的综合能力,以寻求更好的发展。

一、企业人力资源激励约束机制的理论分类

企业高管层与普通员工的分工不同,应该对他们采取不同的激励约束机制进行人力资源管理。因此,建立企业人力资源激励约束机制,应该根据企业员工的不同分工,基于不同的理论基础进行制度设计。例如,企业高管层的激励约束机制可以基于委托-代理理论、人力资本理论、契约理论、分配理论和风险理论,建立股权激励约束机制等;普通员工的激励约束机制可以基于目标设置理论、认知评价理论、公平理论、期望理论,建立岗位激励约束机制等。

二、企业高管层激励约束机制的理论基础

在现代企业中,管理层成为企业最稀缺的资源,其作用日益显著。同时,在所有权和经营权相分离、信息不对称、存在机会主义的条件下,建立一个科学有效的激励约束机制显得越来越重要。建立完善的股权激励机制是解决委托-代理问题的有效激励措施。

(一)委托-代理理论与股权激励

委托-代理理论(principal-agent theory)起源于20世纪30年代。1932年,美国经济学家伯利(Berle)和米恩斯(Means)在他们出版的《现代公司与私有财产》[①]一书中提出,在所调查的200家非金融类公司中,占公司总数量44%、公司总资产58%的企业是由未持有股份的经理人员控制的。因为洞悉企业所有者兼具经营者的做法存在极大的弊端,于是他们提出"委托-代理理论",倡导所有权和经营权分离,企业所有者保留剩余索取权,而将经营权利让渡。此后,大型公司的所有权与控制权分离的问题引起广泛关注。在所有权与控制权分离的情况下,作为委托人的所有者(即股东)和作为代理人的经理的利益是不一致的。委托-代理理论早已成为现代公司治理的逻辑起点。

委托-代理理论是制度经济学契约理论的内容之一,其主要研究的委托-代理关系是指一个或多个行为主体根据一种明示或隐含的契约,指定、雇用另一些行为主体为其服务,同时授予后者一定的决策权力,并根据后者提供的服务数量和质量对其支付相应的报酬。授权者就是委托人,被授权者就是代理人。

股权激励机制是源于现代大企业中物质资本的提供者(资本家)与人力资本的提供者(管理层)职能的分离以及由此导致的委托-代理问题,也就是所有权与经营权分离的问题。亚当·斯密最早认识到这个问题的存在,在《国富论》中,他对执行经理能否以股东利益为决策点深表怀疑。一般说来,所有者希望他们投入的资本实现尽可能大的增值和股票价格的最大化;而经理则可能通过更多的在职消费,降低努力水平,进行超过最优规模的过度投资,以提高其支配能力,甚至通过侵吞股东财产来最大化地增加自身的效用。这种利益的不一致导致代理成本的产生。

代理成本是指股东与高级经营管理人员之间订立、管理、实施那些或明或暗的合同的全部费用。代理成本一般由以下三个部分组成:

1.委托人因代理人代行决策而产生的价值损失。它等于代理者完全以委托人效用最大化为目标进行决策时企业的产出和企业事实上的产出之间

---

① 伯利·米恩斯.现代公司与私有财产[M].甘华鸣,罗锐韧,蔡如海,译.北京:商务印书馆,2005.

的差额。这实际上是一种机会成本,并且是导致代理成本的根源。

2. 委托人的监督成本。即委托人对代理人进行激励和监督,以使后者为前者利益而尽力工作所付出的成本。

3. 代理人的担保成本。即代理人用以保证不损害委托人利益的成本和如果采取了这种行为将给予赔偿的成本。

激励机制的作用就在于控制代理风险,降低代理成本。一种最优的激励机制应该能够使代理成本最小化。管理层人力资本的专有性决定了他们至少部分掌握企业的控制权,而股权激励制度通过让经理人员也成为未来的股东,赋予其剩余索取权,一定程度上解决了控制权和剩余索取权相分离产生的矛盾,使经理人员的目标函数与股东的目标函数尽可能达到一致,减轻了经理人员的道德风险行为和所有者对其进行监督的负担。

(二)人力资本理论与股权激励

人力资本(human capital)理论起源于经济学研究。20世纪60年代,美国经济学家舒尔茨和贝克尔创立了人力资本理论,开辟了关于人类生产能力的崭新思路。该理论认为,物质资本是指物质产品上的资本,包括厂房、机器、设备、原材料、土地、货币和其他有价证券等;而人力资本则是体现在人身上的资本,即对生产者进行教育、职业培训等支出及其在接受教育时的机会成本等的总和,表现为蕴含于人身上的各种生产知识、劳动与管理技能以及健康素质的存量总和。

传统的生产要素理论认为生产要素仅包括土地、劳动和资本;但是人力资本理论扩充了资本的范畴,认为资本不仅包括货币资本、实物资本,还包括人力资本。企业经营中,最重要的人力资本是管理层的才能。在传统经济时代,决定企业生存与发展的主导因素是企业的非人力资本,相应地,非人力资本所有者在企业中占据统治地位,非人力资本所有者的利益高于人力资本所有者的利益。在知识经济时代,人力资本和非人力资本在企业中的地位发生了重大变化,人力资本的地位不断上升,而物质资本的地位相对下降,企业的经济绩效主要决定于人力资本。

舒尔茨指出:"1909—1929年物质资本对经济增长的贡献几乎是科技和教育对经济增长贡献的两倍,但在1929年至1957年间,科技和教育对经济增长的贡献却超过了物质资本。"[①]企业人力资本和非人力资本地位的变迁,导致企业利润的创造在很大程度上取决于管理层管理企业、组织、监督生产等活动,也就是说,企业的一部分利润应当是管理层才能的价格和管理层要素的报酬,管理层有权利享受企业剩余索取权。承认人力资本,就是承认劳动即人力资本作为生产要素,和传统资本一样在企业盈利中有着重要作用。不承认管理者劳动的资本性

---

① 西奥多·W. 舒尔茨(Thodore W. Schults)在美国经济协会年会发表的题为"人力资本投资"的讲演,1960年。

质,剩余索取权的重新安排就无从谈起。管理层拥有股权,实质上是承认了管理层对企业的剩余索取权,股权激励正是对人力资本理论的肯定。

(三)契约理论与股权激励

企业的契约理论由科斯(1937)开创,经哈特等多位经济学家的努力,已成为现代企业理论的主流学派。其核心观点是:企业是一系列契约的有机结合。目前,契约已经成为经济分析的基本范畴,广泛地应用于微观和宏观经济问题和现象。根据不完全契约理论,企业作为一种契约安排,是替代市场直接定价的一种节约交易成本的间接定价方式,或者可以看作一种契约替代另一种契约;对于企业而言,如果仅以经理市场的供求竞争来确定其价格,必定因企业资产所有者(交易的一方)和经理(交易的另一方)存在的信息不对称问题,难免高估或者低估经理人力资本的价格。其中,经理作为拥有大量私人信息的卖方(代理人),无疑在竞争性的经理市场上占据优势;经理在签订契约前可以隐藏信息,而在签订契约后,经理又可以隐藏行为(工作努力和能力)。为了签订一个合理的报酬契约,企业资产所有者不得不搜寻、鉴别、监督经理,这将造成大量的交易成本,加大企业运行的负担。同时,从社会的角度看也是一种资源浪费。实行股权激励,可以弥补企业给经理定价的不足。股权激励有机结合了市场直接定价和企业间接定价;股权激励报酬包含了市场直接定价和由企业和市场共同定价的可变部分,这一部分高度依赖于经理自身素质和经营中的努力,以及市场的自然状态。由于该部分内生地决定于经理的能力和努力,因而具有自我激励、自我履行机制,它基本不需要企业的监督,从而降低了企业运行的交易成本。

(四)薪酬分配理论、风险理论与股权激励

薪酬分配理论按照时间顺序分为:早期的薪酬理论,包括最低工资理论、工资基金理论、工资差别理论[①];近代薪酬理论,包括边际生产率工

---

① 早期的薪酬理论:(1)威廉·配第提出的最低工资理论。最低工资理论认为,薪酬和其他商品一样,有一个自然的价值水平,这一价值就是工人生活的基本消费需求。最低工资不仅是工人维持生存的基本保证,也是雇主生产经营的必要条件。如果低于这一水平,劳动力的再生产就无法进行,社会的稳定和发展就无法维持。正因为如此,政府要立法规定最低工资水平,协调员工与雇主之间的利益冲突。(2)约翰·斯图亚特·穆勒创立的工资基金理论。工资基金理论认为,一个社会一定时期用于支付工资的资本总额是一定的,这就使该社会的"工资基金"取决于工资成本与其他生产成本的比例。在工资基金确定的情况下,一些工人的工资变动必然会导致另一些工人工资的反向变动。同时,如果工资基金非正常增加,会使企业的其他生产资本减少,最终影响生产的发展。工资基金理论认为,通过工会斗争和政府干预来提高工资,这种努力是无济于事的。(3)亚当·斯密创立的工资差别理论。亚当·斯密认为,造成工资差别的原因主要有两大类:一是由于不同的职业性质,二是由于不同的工资政策。现实中,社会组织内部和组织外部的工资差别客观存在。亚当·斯密承认这一客观事实,他所指出的职业性质与工资差别之间的联系,实际上是现代社会组织中职务工资制的基础。

资理论、集体交涉工资理论①；现代薪酬理论,包括激励理论、公平理论、人力资本理论。

本节主要讨论现代薪酬理论。随着对社会组织特别是企业管理的重视和深入研究,人们发现薪酬具有十分重要的激励功能,能够满足人们对生存、安全、尊重和自我发展等方面的要求,能够调动劳动者的工作积极性,提高工作效率和工作质量。这一时期的工资研究大多从社会组织员工的需要和状况出发,而且和组织管理的关系十分紧密。

1. 激励理论。激励是现代管理中一个十分重要的概念。激励理论认为,员工的绩效水平是与激励相关联的,具体表现为：员工绩效＝员工能力×激励程序。这一公式指出：在员工能力一定的情况下,所受到的激励水平越高,其绩效表现水平也越高。激励与人的需求相关；在社会组织中,员工最基本的需求是经济需求,这要通过工资实现。这种工资理论认为,社会组织工资管理的关键,是努力发挥其激励功能。

2. 公平理论。亚当斯提出了公平理论。公平理论认为,员工会将自己的收入与付出与他人的收入与付出进行比较,如果两者的比例相等,就会感到公平；如果两者不相等,尤其是当自己从付出中所得的比率比别人低的时候,就会感到不公平,并会力图纠正它。因此,在一个社会组织中,员工关心的不仅是自己的实际工资水平,而且关心与他人工资的比较。即使一个员工获得了工资增加5%的奖励,但如果绩效不如他的同事也得到了同样的奖励,那么加薪也不能使这个员工满意。所以,这种工资理论关心的是组织内部的工资结构、工资差别和工资关系。

3. 人力资本理论。舒尔茨(Thodore W. Schults)提出的人力资本理论对

---

① 近代薪酬理论。(1)边际生产力工资理论。边际生产力工资理论是近代工资研究的基础理论,主要解释工资的短期波动和长期变动趋势,代表人物是英国的经济学家克拉克。他认为,在一个完全自由的市场中,社会组织特别是企业为获得最大利润,必然要实现生产要素的最佳配置。就劳动力要素来说,表现为雇用工人的边际产出等于付给工人的工资。因此,工资水平取决于员工提供的边际生产率。如果边际生产率大于工资,雇主就会增加雇用人数；如果边际生产率小于工资,雇主就会裁减员工；只有当两者相等时,工资的支付才最有效、最经济。但由于现实中的市场竞争是不完全的,劳动力不能完全自由流动,而且劳动力转移需要成本,因此,在短期内,一个社会组织的工资可能高于、低于或等于劳动力的边际生产率水平。边际生产率工资理论是一种比较流行和有影响力的工资理论,它揭示了工资水平与社会组织劳动生产率之间的关系。(2)集体交涉工资理论。集体交涉工资理论又称集体谈判理论,主要代表人物有英国的经济学家莫里斯·多布、邓洛普等。这一理论认为,工资水平反映社会组织与员工之间的利益关系,由两者之间的力量对比决定,集体谈判就是协调双方利益、决定工资水平的主要方式。集体谈判在一定程度上消除了垄断,而且有助于降低混乱竞争给双方的无谓损失。集体谈判决定工资,表面上似乎谈判结果取决于双方力量对比,实际上其背后仍是经济因素在起作用,各方都要受到经济因素的制约。第二次世界大战以后,工会组织在一些工业化国家得到了广泛发展,集体谈判理论也日渐成熟,强调劳资双方各自的组织程度对双方的力量对比具有重要意义,并直接决定工资水平。显然,集体谈判理论不是一种从经济角度研究问题的工资理论,而是一种从社会政治角度对工资问题的解释。

工资差别的内在原因做出了经济学解释。人力资本理论主要研究人力资本的内容及其形成，以及人力资本投资的收入效应。舒尔茨把人力资本的基本观点归纳为以下几点：第一，有技能的人是所有资源中最主要的资源；第二，人力资本投资的效益大于物力资本投资的效益；第三，教育投资是人力资本投资的主要部分，教育对经济发展有影响；第四，人力资本理论是经济学的重大问题。人力资本理论虽然不是工资决定理论，但对工资的决定有影响，并为之后能力薪酬的形成提供了强有力的理论依据。人力资本理论对社会组织内部员工工资差异问题的解释有很强的说服力，可以较好地解释工业化国家中白领工人和蓝领工人的工资差别。[1]

管理层是一种人力资本的拥有者，也是一种人力资本的投资者。根据现代薪酬分配理论，作为一种特殊资本即人力资本的投资者，管理层可以获得一定的报酬。管理层报酬可以通过多种方式获得，如工资、奖金或者股权。固定工资是对管理层人力资本价值的肯定，是一种事前的契约安排，但是不能真实反映管理层的才能，也不能恰当反应人力资本与物质资本结合所创造的应属于人力资本的价值。奖金是根据管理层当期的经营业绩来评定的，是一种短期激励机制，它容易使管理层更多地关注企业的短期效益，在决策时做出不利于企业长期发展的决策，甚至诱使管理层造假，损害股东利益。股权激励可以更好地激励管理层关注企业的长期发展，可以使其更多地分享企业的经营成果。

依据风险理论，这种激励方式对管理层来说也是有风险的。因为给予了股权激励，就要相应地降低其固定工资及奖金，管理层的收益则更多地依靠企业的经营成果；如果经营不善，其获得的报酬也相应减少，这样就可以使经营过程中的风险归属和报酬相对称。这是以分配理论和风险理论为基础，实际上揭示了股权激励机制发生的直接结果，从这个结果中给予管理层以实质性奖励。

三、企业员工激励约束机制的理论

企业员工的激励约束机制理论主要包括马斯洛需求层次理论、期望理论、归因理论等。

（一）马斯洛的需求层次理论

马斯洛的需求层次理论（Maslow's hierarchy of needs），亦称"基本需求层次理论"，是行为科学的理论之一，由美国心理学家亚伯拉罕·马斯洛

---

[1] 1960年西奥多·W.舒尔茨（Thodore W. Schults）在美国经济协会年会发表题为"人力资本投资"的讲演，首次提出人力资本概念。

(Abraham Harold Maslow)于1943年在《人的动机理论》①一文中提出。该理论把人的多种多样的需求分成生理需求、安全需求、社交需求(友爱和归属的需求)、尊重需求和自我实现需求五大类。而这五种需求可以分为两级,其中:生理上的需求、安全上的需求和感情上的需求都属于低一级的需求,这些需求通过外部条件就可以满足;尊重的需求和自我实现的需求是高级需求,它们是通过内部因素才能满足的,而且,一个人对尊重和自我实现的需求是无止境的。尊重需求得到满足,能使人对自己充满信心,对社会满腔热情,体验到自己活着的用处和价值;人只有干称职的工作,才会使他们感到最大的快乐。了解员工的需求是应用需求层次论对员工进行激励的一个重要前提。不同的组织中、不同时期的员工以及组织中不同的员工的需求充满差异性,而且经常变化。因此,管理者应该经常性地运用各种方式进行调研,弄清员工未得到满足的需求是什么,然后有针对性地进行激励。

(二) 期望理论

期望理论(expectancy theory)又称为"效价-手段-期望理论",是由北美著名心理学家和行为科学家维克托·弗鲁姆(Victor H. Vroom)于1964年在《工作与激励》②中提出来的一种激励理论。人总是渴求满足一定的需要并设法达到一定的目标。这个目标在尚未实现时表现为一种期望,这时目标反过来对个人的动机也是一种激发的力量,而这个激发力量的大小取决于目标价值(效价)和期望概率(期望值)的乘积。意思是:假如一个人把某种目标的价值看得很大,估计能实现的概率也很高,那么,这个目标激发动机的力量就越强烈。也就是说,员工的工作绩效是员工能力和受到激励程度的函数,即:绩效=(能力×激励)。简言之,期望理论就是以三个因素反映需要与目标之间的关系的,要激励员工就必须让员工明确:①工作能提供给他们真正需要的东西;②他们欲求的东西是和绩效联系在一起的;③只要努力工作,就能提高他们的绩效。

(三) 归因理论

归因理论(attribution theory)是人力资源管理和社会心理学的激励理论之一。归因是指观察者为了预测和评价被观察者的行为,对环境加以控制和对行为加以激励或控制,进而对被观察者的行为过程进行因果解释和推论。

归因就是根据行为事件的结果,通过知觉、思维、推断等内部信息加工过程来确认造成该行为事件的结果之原因的认知过程。人们的行为事件的

---

① 马斯洛. 人的动机理论[M]. 北京:华夏出版社,1987.
② 弗鲁姆. 工作与激励[M]. [出版地不详:出版者不详],1964.

原因包括内部原因和外部原因两种。内部原因是指个体自身所具有的导致其行为表现的品质和特征,包括个体的人格、情绪、心境、动机、欲求、能力、努力等;外部原因是指个体自身以外的、导致其行为表现的条件和影响,包括环境条件、情境特征、他人的影响等。对上述任何一个因素的归因,都取决于以下行为信息:一是区别性,是指行动者是否对同类其他刺激做出相同的反应;二是一贯性,即行动者的行为是否稳定持久;三是一致性,是指其他人对同一刺激物是否也做出与行为者相同方式的反应。根据上述三方面的信息,可以将人的行为归因于内在或外在的原因。管理者的不同归因风格,带给行为人的情绪反应和动机状态也不相同。一方面,如果把工作和学习中的成功归因于机遇好这样不稳定的外因,会使人的积极性降低;如果把成功归因于除此之外的其他原因,可以使人的积极性提高。另一方面,如果把工作和学习中的失败归因于智力差、能力低、任务难等内外原因中的稳定因素,会降低人们对成功的期望和信心,难以使其产生坚定的持续努力行为;相反,如果把失败归因于自己不努力、马虎大意等不稳定性的偶然因素,就会使行为者在今后的学习、工作中接受教训,改正不稳定因素造成的影响,增强成功的信心,坚持努力行为,争取成功机会。

第二节 企业人力资源激励约束机制理论的应用

企业人力资源激励约束机制理论的应用可以分为企业高管层激励约束机制的应用和企业员工激励约束机制的应用。

一、企业高管层激励约束机制的应用

首先讨论目前我国比较流行的、以股权激励形式为主的企业高管层激励约束机制及其会计确认问题。

(一)股权激励方式

按照股份支付方式和工具类型,我国将股权激励分为两大类、四小类,包括以权益结算的限制性股票和股票期权,以现金结算的模拟股票和现金股票增值权。

1.以权益结算的股份支付。以权益结算的股份支付,是指企业为获取服务而以股份或其他权益工具作为对价进行结算的交易。以权益结算的股份支付最常用的工具有两类:限制性股票和股票期权。

(1)限制性股票。限制性股票定义为公司为了实现某一特定目标,无偿地将一定数量的股票赠予或者以较低的价格授予某激励对象。只有实现了

预定目标,该激励对象才可将此限制性股票抛出并从中获取利润;反之,如果预定目标没有实现,公司就有权收回免费赠予的限制性股票,或者按照原来较低的授予价格回购。我国上市公司应当在股票激励计划中规定激励对象获授股票的业绩条件和禁售期限,方可授予激励对象限制性股票。

限制性股票与股票期权的本质区别在于:限制性股票是已现实持有的、归属受到限制的收益,而股票期权是未来收益的权利;前者所起的主要作用是留住人,而后者往往可以激励人和吸引人。限制性股票一般适用于成熟型企业以及资金投入要求不是非常高的企业。这种运作是企业无偿给予经营者股票,无法或很少从经营者手中筹集资金。需要特别注意的是禁售期限。激励对象无权支配这些股票;如果持有人在禁售期限内离开公司,限制性股票将被收回。在限制期限内,拥有限制性股票的激励对象可以和其他股东一样获得股息,并拥有表决权。

(2)股票期权。股票期权是一种权利,具体是指公司授予某激励对象在未来一定期限内以预先确定的价格(行权价,exercise price)以及预先确定的条件购买公司一定数量股票的权利。激励对象可以行使这种权利,也可以放弃这种权利,但不能用于转让、质押或者偿还债务。股票期权的最终价值体现在行权时的价差上。该权利的执行就是一种激励,是否起到完全的激励效果,则应由相关持有者是否通过努力提升公司股票价格决定。因为如果股票未来的市价低于行权价,期权将毫无价值。作为上市公司激励机制的股票期权,不同于一般的期权,具体表现为:作为上市公司激励机制的股票期权是单一的买入期权,不可转让交易,原因是激励对象特定且具有严格的行权条件。股票期权是当今国际上最流行的激励类型,具有高风险高回报的特点,适合于成长初期或者扩张期的企业,适合资金紧缺型企业(可以再次融资)。成长初期或扩张期的企业资金需求量大,采用股票期权模式是以股票的升值收益作为激励成本,有利于减轻企业的现金压力。

2.以现金结算的股份支付。以现金结算的股份支付,是指企业为获取服务而承担的以股份或者其他权益工具为基础计算的支付现金或其他资产义务的交易。以现金结算的股份支付最常用的工具有两类:股票增值权和虚拟股票。

(1)股票增值权。股票增值权也是一种权利,是在未来一定时期和约定条件下,公司授予激励对象获得规定数量的股票价格上升所带来收益的权利。发放给被授权人的现金额是被授权人在约定条件下行权,上市公司按照行权日与授权日二级市场股票差价乘以授权股票数量得出的数字。我国境外上市公司多使用股票增值权,激励对象在行权时直接获得当时股价与行权价的价差。拥有股票增值权的所有者不拥有这些股票的所有权,也不能享有分红。股票增值权适用于现金流充裕且发展稳定的公司。股票增值权激励对象的收益由公司用现金进行支付,实质上是公司延期支付奖金的一种方式。为了约束激励对象的短期行为,股票增值权的行权期一般会超过激励对象任期。

(2)虚拟股票。顾名思义,虚拟股票是公司授予一种虚拟的股票给激励对象,该对象可以根据被授予的此虚拟股票的数量享受股价升值收益并且参与公司的分红,但并没有该股票的所有权和表决权,当然也不能转让和出售,并且在离开公司时自动失效。虚拟股票和股票期权的特征和操作方法类似,虚拟股票的资金来源于公司的奖励基金,不是实质性的股票认购权,而且证券市场对激励作用的有效性影响较小,只有在公司效益好时才能获得分红。虚拟股票本质上是将奖金延期支付,其资金来源于公司的奖励基金。在公司效益好时,激励对象总是可以获得分红。

(二)股权激励的会计确认

会计确认是指把某一会计事项作为资产、负债、收入、费用或者利润等正式加以记录,并且计入财务报表的过程。关于股权激励的会计确认,会计界讨论的焦点集中在股票期权方面。对于股票期权的确认,学术界争议最多的是将股票期权报酬的成本确认为一项费用计入损益表还是作为利润分配。费用观指出,企业授予激励对象的股票期权是为了获得激励对象的服务,它是激励对象的劳动所得,应当作为其薪酬的一部分,因此,应将股票期权报酬的成本作为一项费用,在企业财务报表中进行反映;利润观则认为,根据现代企业理论,经理人股票期权的经济实质是经理人参与企业剩余利润的分配,是企业给予经理人的一种激励,因此,应当将股票期权视为一种利润分配。

1972年之前,国际会计准则与美国会计准则并未对股票期权的会计处理进行规定。又因为股票期权费用化会影响损益表的净利润,所以绝大部分美国公司未将股票期权交易相关支出作为费用在损益表中确认。2004年国际会计准则委员会(IASB)颁布了《国际财务报告准则(第2号):以股份支付为基础的支付》,规定将股票期权作为费用入账。同年,美国财务会计委员会(FASB)发布修订了的《财务会计准则公告(第123号)》即SFAS123R,明确将股票期权薪酬成本费用化。我国2006年实施的《企业会计准则(第11号):股份支付》也规定,将股票期权薪酬成本费用化处理,与国际会计准则趋同。将股票期权薪酬成本在损益表中确认为一项费用,可以在一定程度上限制企业夸大收益、虚增利润的行为,更好地反映企业的财务状况。

1.股权激励的计量。当前各国会计准则关于股权激励的计量主要有内在价值法和公允价值法两种。我国会计准则规定以权益结算和以现金结算的股份支付须采用公允价值计量。

(1) 内在价值法。1972年,美国会计原则委员会(APB)之APB25号意见书中首次提出采用员工股票期权的内在价值作为股票期权的计量属性。股票期权的内在价值是指股票市价与行权价格之间的差额。股票价格越高,股票期权的内在价值就越高;反之,股票价格越低,股票期权的内在价值就越低。所以,在不同的计量日,股票期权的内在价值是不同的。实务中,由于大多数国家不允许发放的股票期权的行权价格高于当日股票市价,所以授予日股票期权的内在价值通常为0。当行权价格高于或者等于股票市价时,企业无须确认费用。因此,内在价值法在美国很多企业中大受欢迎。内在价值法虽在美国、丹麦、英国、澳大利亚等国运用比较广泛,但是这种计量方法存在很多问题。首先,内在价值法不能真实反映股票期权的价值。其次,采用内在价值法需要对股票期权的成本进行经常性调整。

(2) 公允价值法。国际会计准则和美国会计准则都规定股票期权以公允价值为基础计量。我国2006年开始实施的《企业会计准则(第11号):股份支付》也规定以权益结算的股份支付应以公允价值为计量基础。股份支付中权益工具的公允价值能够确定的,应当以市场价格为基础。一些股票期权无活跃交易市场的,应当考虑估值技术。通常情况下,企业应当根据《企业会计准则(第22号):金融工具确认和计量》中的有关规定确定权益工具的公允价值,并根据股份支付协议中的条款进行调整。

股票期权公允价值的计价方法有四种,即增长-折现模型、B-S期权定价模型、FASB提议的最小价值法、二叉树模型。我国上市公司较常使用的是B-S期权定价模型和二叉树模型。

2. 股权激励的会计处理。以薪酬性股票期权为例,典型的股份支付主要涉及以下四个环节:授予、可行权、行权、处置。在具体操作执行薪酬性股票期权时会出现5个日期,它们依次是授予日、可行权日、行权日、处置日和到期日。授予日是指企业和员工签订股份支付协议的日期。在授予日,企业与职工就股份支付的协议条款达成一致意见,并获得股东大会或者类似机构的批准。可行权日是指行权条件得到满足,职工或其他方可以从企业获取现金权利或者权益工具的日期。授予日与可行权日之间是行权等待期。行权日是指企业职工或者其他服务方可以获得现金权利或者可以以一定价格购买固定数量企业股票的日期。在行权日与处置日之间有一段禁售期,中国国有控股上市公司的禁售期一般高于两年。处置日是指股票的持有者卖出股票的日期。到期日是指如果员工不行权期权就会失效的日期。不同的时间点,会计处理不同。

(1) 授予日。授予日是指股份支付协议获得批准的日期。其中,"获得批准"是指企业与职工或其他方就股份支付的协议条款和条件已达成一致,该协议获得股东大会或类似机构的批准。在授予日,除立即可行权的股份支付(实务中较少见)外，无论是以权益结算的股份支付还是以现金结算的股份支付，一般都不做会计处理。

(2)等待期内每个资产负债表日。等待期是指可行权条件得到满足的期间。对于可行权条件为规定服务期间的股份支付，等待期为授予日至可行权日的期间；对于可行权条件为规定业绩的股份支付，应当在授予日根据最可能的业绩结果预计等待期的长短。资产负债表日(date of balance sheet)指的是结账日期，即结账和编制资产负债表的日期，通常指年度资产负债表日，在我国会计年度中，资产负债表日一般是指每年12月31日。在等待期的每个资产负债表日，对于换取企业员工服务的股份支付，企业应当以权益工具授予日的公允价值为基础，将当期取得的服务计入当期费用或者相关资产成本，同时计入资本公积。对于换取其他方服务的支付，企业应当以股份支付换取的服务的公允价值为基础进行计量，在取得时计入相关的资产成本或者费用，同时计入资本公积。其会计分录为：

借：管理费用
　　贷：资本公积——其他资本公积

(3)可行权日之后。股票期权计划一般都会规定一个行权限制期，行权限制期满后的当天为可行权日。只有在可行权日之后，员工才能在行权有效期内择期行权。对于股票增值权计划，员工在可行权日也没有取得任何形式的所得，因此，可行权日也不应作为纳税义务发生时间。可行权日后，无须再对已确认的成本费用及所有者权益进行调整。在行权日，股票期权转化为股票，股票期权持有者成为企业的股东。企业的会计处理为：

借：银行存款
　　资本公积——其他资本公积
　　贷：股本
　　　　资本公积——资本溢价

如果高管放弃行权或者行权条件达不到，则需要在行权有效期截止日前，将计入资本公积的权益工具的公允价值从"资本公积——其他资本公积"科目转出，转入"未分配利润"科目中，无须再冲减成本费用。

3.股权激励的披露。为了防止经理人内部操纵股权激励谋取私利，股权激励的披露应当遵循充分揭示的原则。对于股权激励的披露，各国会计准则都要求实施股权激励的企业进行表外披露，即在报表附注中披露有关股权激励的基本状况，以及其对当期财务状况和经营成果的影响。IASB和FASB明确要求实施员工股票期权的企业在报表附注中披露确定公允价值的方法、选择定价模型的方法以及模型中所使用变量的确定依据等。

在中国，企业会计准则要求股权激励的会计信息在临时报告和定期报告中披露。在定期报告中，既要表内披露，也要表外披露。

表内披露与股权激励的会计核算直接相关。股权激励的表内披露主要是通过资产负债表、现金流量表和利润表三大报表向信息使用者提供有用信息。在资产负债表中,需在股东权益的"资本公积"中反映股份支付的成本。在利润表中,需在"管理费用"科目下确认报酬费用。在现金流量表中,股票期权行权时发生现金的流动,需在"筹资活动产生的现金流量"中反映。

关于股权激励表外的披露,我国企业会计准则规定较为模糊。《企业会计准则第11号:股份支付》第十四条规定,企业应当在附注中披露与股份支付有关的下列信息:当期授予、行权和失效的各项权益工具总额,期末发行在外的股份期权或其他权益工具行权价格的范围和合同剩余期限,当期行权的股份期权或其他权益工具以其行权日价格计算的加权平均价格,权益工具公允价值的确定方法;企业对性质相似的股份支付信息可以合并披露。第十五条规定,企业应当在附注中披露股份支付交易对当期财务状况和经营成果的影响,至少包括下列信息:当期因以权益结算的股份支付而确认的费用总额,当期因以现金结算的股份支付而确认的费用总额,当期以股份支付换取的职工服务总额及其他方服务总额。关于公允价值定价模型的选择、相关各参数的取值依据、可行权条件的设计等,中国企业会计准则都没有明确的规定。

二、企业员工激励约束机制的应用

(一) 基于马斯洛需求层次理论的员工激励

基于马斯洛的需求层次理论对员工进行激励的一个重要前提,就是要有针对性地采取相应的措施,以满足员工的不同需求。

1. 采取针对性的激励措施,满足员工的主导需求。马斯洛指出:同一时期,一个人可能有几种需求,但每一时期总有一种需求占支配地位,对行为起决定作用。对于管理者来说,如果能有针对性地采取措施满足员工占支配地位的需求,就会有效地激励员工。例如,职工在同一时期有吃饱、穿暖、住房、看病、休闲等需求,这时职工吃饱、穿暖的需求占支配地位,企业可先以吃饱、穿暖需求为激励手段,鼓励职工努力工作;之后,职工住房可能上升到占支配地位的需求,企业再以住房为激励手段,鼓励职工努力工作,让职工朝着更高的需求目标努力。

2. 实施扬长避短的人员配置原则,满足员工自我实现的需求。马斯洛指出:人只有干称职的工作。才会使他们感到最大的快乐。员工只有干自己喜欢干、能胜任的工作,才能有成就感,才能有自我实现需求的满足,才能将个人理想、抱负和个人的能力发挥到最大程度。企业中每个员工的素质构成不仅各不相同,而且各有长短。这就要求在人员配置时坚持扬长避短的原则,着眼于人的长处,用其所长;同时要敢于大胆起用有缺点但具备某方面突出才能的人,不拘一格放手使用,为最大限度地发挥他们的能力、优势创造条件。

3. 采用艺术性沟通技巧,唤醒员工的需求。根据马斯洛的需求层次理论,管理者应该通过一定的艺术性沟通技巧,唤醒员工的需求,把员工无意识的需求转变为有意识的需求,这样往往可以充分调动员工的积极性,达到沟通的目的。因此,管理者在进行沟通之前,首先应了解员工所期待的需求,然后再进行相应的沟通。

(二)基于期望理论的员工激励

基于期望理论的观点,要充分调动员工的积极性,必须正确处理"个人努力──→个人成绩(绩效)──→组织奖励(报酬)──→个人需求"这一系列关系。可以从以下三个方面采取措施,以最大限度地激励员工。

1. 设置合理的目标及适当的奖金定额,激发员工努力工作。期望理论告诉我们,职工的激励水平与企业设置的目标和可实现的概率有关。因此,企业应重视管理目标的结果和奖酬对员工的激励作用,既充分考虑设置目标的合理性,增强大多数职工对实现目标的信心,又设立适当的奖金定额,使管理目标对职工有真正的吸引力。

2. 创造条件,满足员工不同的需求。同一个企业不同的员工,由于其个性、生活条件等不同,会有不同的需求。如果管理者不顾员工的需求差别,采取千篇一律的奖励,就会降低奖励的效用,达不到预期的效果。因此,管理者在实施奖励时,需要与员工的喜好相匹配,创造条件满足员工的不同需求,以充分发挥奖励的最佳效用。例如,某企业对员工的绩效采取积分形式,并根据积分数划分不同的档次来设置不同的奖品。具体做法是:第一步,按照不同的积分档次,向员工陈列展示各种奖品;第二步,当员工在工作上有优异表现时,经由上级主管或同事提名,就可以获得一个荣誉点数;第三步,集合足够的荣誉点数,就可以向公司兑换现金、奖品。员工也可以将这些点数继续累积,将来兑现更大的满足自己需要的奖品,如家用电器或旅游。这项措施一经推出就成功地吸引了员工的注意,员工为了获得荣誉点数而争先恐后,很快就有98%的员工得到了数目不等的荣誉点数及相应的奖品。实施这样的做法后,企业士气大增,员工积极性充分调动起来了。

3. 对员工的奖励要及时。提高员工期望值,管理者一定要认识到:及时奖励有利于提高员工的期望值,能够大大鼓舞士气;及时奖励是一个企业成功的基石,甚至关系到企业的生死存亡。德国福克斯波罗公司总经理就遇到一个非常棘手的难题。一天半夜,公司一名员工敲开了总经理的办公室,汇报了自己的建议和想法。一个长期没解决的、关键性的技术难题顿时被攻克了。总经理异常兴奋,认为应该给这名员工奖励些什么。总经理看到茶几上有一只香蕉,于是拿起这只香蕉,郑重地说:"太感谢你了,你是好样的,你是最优秀的,这是奖励给你的。"这名员工激动地接过香蕉说:"谢谢总经理,请您放心,我会继续努力工作的!"这个例子说明了企业奖励及时对调动员工积极性所起的作用。

(三)基于归因理论的员工激励

基于归因理论的观点,为充分激励员工,可以从以下两方面着手。

1. 对员工的行为事件要正确归因。对于员工的行为事件,管理者必须从员工的内外因、行为事件表现是否存在区别性、一贯性和一致性等角度去考虑、去分析,从中找出其真正的原因,并采取措施,有针对性地解决问题。例如,某员工晚上加班时睡觉,管理者绝不能简单地认定是因这名员工纪律性差、责任心不强,必须从这位员工的身体状况、工作的环境、晚上上班时间的特殊性、员工这一行为是否具有一贯性、其他员工是否有这种情况存在等方面去考虑,并寻求解决问题的方法,这样才能更好地与员工进行沟通,改变员工的消极行为。

2. 注意引导员工对行为事件正确归因。根据归因理论,一个人的行为的结果要么是达到了其预定的目标取得成功,要么就是没有达到预定目标而失败。根据激励的这种模式,人们会去分析成功或者失败的原因,总结经验或教训,以求得其需求的满足。在实际工作中,每一个人在归因的时候都存在差异,企业管理者要引导员工在归因时尽量归结于自身的努力上,这样员工就会倾向于在以后的工作中增加自己的主观能动性,为完成工作任务和实现组织目标而积极努力。例如,美国一家销售电器的公司销售业绩曾经很不错,公司员工的待遇也很可观,但近年来由于经济疲软,销售不景气,公司利润大大下降。公司决定调低在外销售人员的待遇。接下来几个月,公司销售业绩不断下降。公司总经理史密斯召集分布在全国各地的销售人员回公司开会,会上,他首先听取各地销售人员的工作汇报,所有的销售人员在汇报中都把销售业绩下降归因于经济疲软、消费者购买力下降,没有一个销售人员从自身找原因。听完大家的汇报后,总经理史密斯没有急着发表看法,而是叫一个黑人进到会议厅里,他自己坐在椅子上,让黑人给自己擦皮鞋。这位黑人认真、负责的态度令总经理史密斯非常满意,结果多给他1美元小费。黑人告辞后,总经理史密斯对大家说:"这个黑人由于工作认真、负责,所赚的收入不但养活自己,还养活了全家三口。可他的前任是一个白人,他看不起这份工作,工作服务时马马虎虎,极不负责任,顾客很少,所赚的钱连自己都养活不了。试想:这两个人面对的都是同一市场,为什么会产生不同的结果呢?"听了总经理史密斯的一席话,大家先是低头不语,随即全体销售人员齐声表态:"我们回去一定要全力以赴。"下半年,该公司在极困难的情况下,销售业绩仍创历史最佳。总之,管理者只要善于运用激励理论,科学分析员工的需求,有效地采取各项激励措施,就能充分激励员工。

第三节 企业人力资源激励约束机制实证分析

本节以高管团队和普通员工薪酬差异为对象,以我国 A 股上市公司 2007—2011 年的财务报告数据为样本,进行企业人力资源激励约束机制的实证分析,主要分析我国上市公司高管团队内的薪酬差距与企业绩效之间的关系以及高管/员工薪酬差距与企业绩效之间的关系。

一、高管团队内薪酬差距对企业绩效影响的实证分析

竞赛理论认为,扩大薪酬差距可以改善员工工作态度,促使其努力工作,创造更好的绩效。行为理论则强调合作创造绩效,该理论认为,薪酬差距在一定程度上会损害员工间的合作,从而影响整个组织的绩效。事实上,竞赛理论与行为理论尽管观点和结论不一致,但也未必是两个完全独立的理论,本节将这两种理论结合起来,分析企业内薪酬差距对企业绩效的影响。

竞赛理论认为较大的薪酬差距会对员工产生激励效应,从而提高公司绩效;而行为理论则认为较大的薪酬差距会阻碍员工之间的合作,从而对公司绩效的提高产生负面效应。现实中,这两种效应在公司不是单独而是同时存在的,即薪酬差距在一定程度上会增加员工的工作积极性,带动员工努力工作,但是,一旦超过了一定的差距范围,又会使他们产生不公平的感觉,从而损害他们一起合作的良好关系。

薪酬差距对公司绩效的影响,最终取决于基于竞赛理论而产生的正向激励效应与基于行为理论而产生的负面效应的大小。若激励效应大于负面效应,则竞赛理论占主导,扩大薪酬差距有利于公司绩效的提高;若负面效应大于激励效应,则行为理论占主导,较大的薪酬差距会对公司绩效的提高产生负面影响。对中国的上市公司来说,究竟激励效应更大还是负面效应更大,只有结合中国上市公司的实际情况进行分析,才能深入认识薪酬差距对企业绩效的影响,为薪酬管理实践提供有益的指导。本节分别讨论 2007 年到 2011 年我国 A 股上市公司的高管团队内薪酬差距与企业绩效之间的关系和高管/员工薪酬差距与企业绩效之间的关系。

二、高管团队内薪酬差距对企业绩效影响的实证分析

(一)研究假设、模型构建及变量定义

目前对于高管团队内薪酬差距能提供较合理解释的主要是两种理论,分别竞赛理论和行为理论,而实证结果更支持竞赛理论。竞赛理论认为,扩大高管团队内薪酬差距可以提高企业绩效,所以据此本节提出假设1:

假设1 高管团队内薪酬差距在一定范围内时,与公司绩效呈正相关关系。

根据假设1,提出**模型1.1**:

$$ROA = \beta_0 + \beta_1 GAP1 + \beta_2 Ceopaylo + \beta_3 Industry + \beta_4 Year + \varepsilon$$

假设1的研究变量分三种,分别是自变量、因变量和控制变量,以下将对各个变量进行选择并做出解释。

1. 因变量 ROA。本假设研究的是高管团队内薪酬差距对企业绩效的影响,因变量为企业绩效,因此选择 ROA 作为衡量企业业绩的指标。

2. 自变量 $GAP1$。本研究采用相对薪酬差距指标来衡量高管团队间的薪酬差距,即高管团队内薪酬差距($GAP1$)=核心高管平均薪酬/高管团队非核心成员平均薪酬。其中核心高管平均薪酬=金额最高的前三名高管的总薪酬/3;高管团队非核心成员平均薪酬=(高管团队薪酬总额-金额最高的前三名高管的总薪酬)/(高管团队总人数-3),高管团队包括董事会、监事会、高层管理团队成员。

3. 控制变量:

(1)非核心高管平均薪酬($Ceopaylo$)。现实中,基于人们的心理,不同薪酬水平的高管在看待同样一个薪酬差距时的反应不同。如一个平均年薪6万元的非核心高管在看待其与年薪40万元的高管团队间的薪酬差距时,他的内心所产生的不公感要比一个平均年薪20万元的非核心高管看待这与40万元薪酬间的差距所产生的不公平感强烈得多。因此,需要对这一因素加以控制,该变量等于以10为底的非核心高管平均薪酬的对数。

(2)行业($Industry$)。行业作为一个宏观经济因素,对公司的绩效有着较大的影响,而公司本身也无法控制并排除这种影响。同时,各行业内公司之间的竞争程度是不同的;由于种种原因,部分行业还存在垄断,而另外一些行业则存在激烈的市场竞争,比如,制造业中的竞争就很激烈。还有,每个行业中实行的薪酬制度也不尽相同,这就使得在不同的行业中,公司内部的薪酬差距必然会存在一定的区别。因此需要将行业因素作为控制变量。本节对金融和保险行业之外的农、林、牧、渔业,采掘业,制造业,电力、煤气及水的生产和供应业,建筑业,交通运输、仓储业,信息技术业,批发和零售贸易业,房地产业,社会服务业,传播与文化产业,综合类等12个行业进行研

究,将其中的11个行业的虚拟变量作为控制变量,其回归结果并不显著。我国上市公司大多数集中在制造业,所以,我们将12个行业分为制造业和非制造业进行研究,只引入一个行业虚拟变量控制行业因素的影响。

(3)年份(Year)。本研究样本为5年(2007年到2011年)的数据,对年度设置虚拟变量。以2007年为基准年度,设置2007年、2008年、2009年、2010年和2011年5个虚拟变量。当属于某一年时取1,否则取0,控制年度对于企业绩效的影响。

(二)样本选择与数据来源

本研究以2007年到2011年的沪深两市A股上市公司为样本,进行截面数据研究。相关数据来源于国泰安CSMAR数据库,要求具备模型分析所需的样本数据,同时对这些样本进行以下处理:

1. 剔出ST公司、PT公司。原因:①在ST公司、PT公司中,更易发生盈余管理等非正常的行为,将影响本节相关变量如ROA等的真实性;②ST公司、PT公司情况特殊,企业在制定薪酬方案时可能受到内外部其他因素影响,很大程度上将影响本研究结果;③ST公司、PT公司的数据不全。

2. 剔出金融行业的上市公司。原因:①金融行业的上市公司较少,会导致分行业进行研究时样本量不足,难以说明问题;②金融行业会计处理方法与其他行业相比差别较大,如对相关变量ROA的会计处理等。

3. 鉴于本节研究的是薪酬差距的变化,故特剔除存在以下情况的公司:①未详细披露高管薪酬;②高管团队少于3人;③高管薪酬差距为0和负值(即核心高管薪酬等于或低于其他高管人员薪酬水平);④未公布模型其他变量情况的公司。

4. 剔除高管团队与普通员工薪酬差距为0、负值或净利润为负值的公司。

按照上述条件和指标进行计算和筛选后,符合条件的共有4 518家公司,按照最终控制人的类型,将全部样本分为国有公司和非国有公司,其中国有公司3 182家,非国有公司1 336家。按照地区经济发展水平的不同,将全部样本分为发达地区和次发达地区。根据樊纲和王小鲁(2007)的研究结果,中国市场化程度最高的前10名地区是上海、广东、浙江、江苏、福建、北京、天津、山东、辽宁和重庆,本节将上述10个地区定义为"发达地区",其余地区称为"次发达地区";其中在发达地区的公司有2 687家,次发达地区的公司有1 831家。研究过程中主要使用Excel、SPSS等软件。

(三)实证分析

1. 高管团队间薪酬差距对企业绩效影响的线性关系分析结果(表7-1及表7-2)。

(1)描述性统计:

表 7-1 描述性统计

	Minimum	Maximum	Mean	Std. Deviation
ROA	0	0.477	0.055	0.05
GAP1	1.021	6.997	2.704	0.731
GAP1(国有公司)	1.040	4.775	2.647	0.683
GAP1(非国有公司)	1.021	6.997	2.707	0.734
GAP1(发达地区公司)	1.021	6.997	2.765	0.753
GAP1(不发达地区公司)	1.040	6.996	2.614	0.689
Industry	0	1.000	0.560	0.496
Ceopaylo	4.080	6.255	5.091	0.312

表7-1表明,高管团队间薪酬差距的平均值为2.704倍,最大值为6.997倍,最小值为1.021倍,最大值与最小值之间相差5倍多,这说明:我国上市公司高管团队间的薪酬存在较大的差距;国有公司薪酬差距的平均值为2.647倍,非国有公司高管团队间薪酬差距的平均值为2.707倍,非国有公司的薪酬差距明显大于国有公司的薪酬差距;发达地区公司薪酬差距均值为2.765倍,次发达地区公司的薪酬差距均值为2.614倍,发达地区薪酬差距均值明显高于次发达地区薪酬差距均值。

(2)回归分析:

表 7-2 回归分析

变量	系数	T值	P值
Constant	-0.186	-14.697	0
GAP1	0.007	6.860	0
Ceopaylo	0.045	18.545	0
Industry	0.009	6.497	0
Y1	-0.009	-4.107	0
Y2	-0.010	-4.470	0
Y3	-0.010	-4.471	0
Y4	-0.015	-6.445	0
R^2	0.082		
Adj-R^2	0.080		
F	57.284		
P(F-stat)	0		
VIF	<2		

从表7-2可以看出,模型整体都通过了显著性检验。调整后的R^2值为0.08,说明模型具有一定的解释能力。高管团队内薪酬差距($GAP1$)的系数为正数,且P值为0,说明高管团队内薪酬差距与总资产净利率(ROA)正相关,且通过了显著性检验。这表明高管团队内薪酬差距与公司当年绩效有正相关关系,即高管团队内薪酬差距越大,公司当年的绩效越好。这就验证了假设1。

2. 高管团队间薪酬差距对企业绩效影响的倒"U"形关系分析结果。假设1表明高管团队内薪酬差距越大,公司当年的绩效越好,也就是扩大薪酬差距可以提升的公司绩效,那么,是否可以无限扩大薪酬差距?我国上市公司现在的这种薪酬差距是否合理?依照竞赛理论,进一步提高薪酬差距,可以提高企业绩效;依照行为理论,进一步提高薪酬差距,会破坏高管团队间的合作关系,进而会降低公司的绩效。因此,需要检验高管团队间薪酬差距与公司绩效之间是否存在区间效应,如果存在最优的薪酬差距区间,那么高管团队间薪酬差距和公司绩效之间的关系很可能是二次曲线关系。本节对高管团队内薪酬差距和公司绩效进行了二次曲线估计,在模型1.1的基础上增加高管团队内薪酬差距指标的二次项,若该指标的二次项显著为负,一次项显著为正,则验证了高管团队内薪酬差距与企业绩效成倒"U"形的关系,并且,说明了目前两者关系已到达拐点的位置。**模型1.2**如下:

$$ROA = \beta_0 + \beta_1 GAP1 + \beta_2 GAP1^2 + \beta_3 Empay + \beta_4 Industry + \beta_5 Year + \varepsilon$$

各变量定义与数据的选取与模型1.1一致,具体回归结果如表7-3所示。

从表7-3发现,无论是全部样本、国有企业样本、非国有企业样本还是发达地区样本、非发达地区样本,薪酬差距平方的回归系数都很小,完全不能通过显著性检验。因此我们的这项研究认为,目前我国上市公司高管团队间薪酬差距与公司绩效之间不存在非线性关系,即没有倒"U"形关系。出现上述现象,可能与我国个人收入分配制度的历史演变有关。1978年以前,我国企业长期存在着平均主义的分配倾向,企业内部高管团队间薪酬差距并不明显;从20世纪80年代开始,我国开始对企业分配制度进行改革,高管团队内部的薪酬差距才开始逐渐加大,但与发达国家相比,我国实行市场经济的时间不长,所以高管团队内的薪酬差距较小,因而可能尚未达到高管团队内薪酬差距与企业绩效区间效应中的转折点。

三、高管/员工薪酬差距对企业绩效影响的实证分析

(一)研究假设、模型构建及变量定义

竞赛理论认为,加大薪酬差距可以提高企业绩效。据此,本节提出以下假设:

表 7-3 高管团队内薪酬差距与企业绩效

变量	全部样本			国有企业			非国有企业			发达地区企业			非发达地区企业		
	系数	T值	P值	系数	T值	P值	系数	T值	P值	系数	T值	P值	系数	T值	P值
Constant	-0.198	-13.95	0	-0.124	-2.108	0.036	-0.2	-13.65	0	-0.183	-9.606	0	-0.229	-10.13	0
GAP1	0.015	3.191	0.001	-0.027	-1.004	0.317	0.015	3.214	0.001	0.013	2.229	0.026	0.014	1.797	0.073
GAP1*	-0.001	-1.775	0.076	0.008	1.612	0.108	-0.001	-1.92	0.055	-0.001	-1.46	0.144	0	-0.434	0.664
Ceopaylo	0.045	18.532	0	0.037	3.854	0	0.045	18.177	0	0.042	13.175	0	0.051	13.12	0
Industry	0.009	6.417	0	0.016	2.471	0.014	0.009	6.025	0	0.011	5.881	0	0.006	2.629	0.009
Y1	-0.009	-4.108	0	-0.003	-0.379	0.705	-0.01	-4.178	0	-0.009	-2.96	0.003	-0.011	-2.943	0.003
Y2	-0.01	-4.422	0	-0.011	-1.245	0.215	-0.01	-4.348	0	-0.009	-3.11	0.002	-0.012	-3.348	0.001
Y3	-0.01	-4.432	0	-0.012	-1.313	0.191	-0.01	-4.356	0	-0.009	-3.035	0.002	-0.013	-3.544	0
Y4	-0.015	-6.388	0	-0.014	-1.365	0.174	-0.015	-6.368	0	-0.014	-4.649	0	-0.017	-4.694	0
R^2	0.082			0.132			0.082			0.072			0.102		
$Adj\text{-}R^2$	0.081			0.101			0.081			0.07			0.098		
F	50.541			4.238			47.928			26.148			25.832		
P(F-stat)	0			0			0			0			0		
VIF	<2			<2			<2			<2			<2		

假设 2 高管/员工薪酬差距在一定范围内时,与公司绩效呈正相关关系。

根据假设 2,提出**模型 2.1**:

$$ROA = \beta_0 + \beta_1 GAP2 + \beta_2 Empay + \beta_3 Industry + \beta_4 Year + \varepsilon$$

假设 2 的研究变量分 3 种,分别是自变量、因变量和控制变量。对各个变量进行选择和解释与假设 1 基本相同,见表 7-4。

表 7-4 研究变量

因变量	ROA	企业绩效	研究高管/员工薪酬差距对企业绩效的影响
自变量	GAP2	高管/员工相对薪酬差距	该变量=高管团队内平均薪酬/员工平均薪酬 高管团队内平均薪酬=高管团队总薪酬/高管团队人数 员工平均薪酬=(支付给职工的现金+期初应付职工薪酬-期末应付职工薪酬-高管团队总薪酬)/(职工人数-高管团队人数)
控制变量	Empay	员工平均薪酬	该变量取以 10 为底的,员工平均薪酬的对数
	Industry	行业	12 个行业分为制造业和非制造业,只引入了一个行业虚拟变量来控制行业因素的影响
	Year	年份	样本为 5 年,以 2007 年为基准年度,设 5 个虚拟变量。当属于某一年时取 1,否则就取 0,以此来控制年度对于企业绩效的影响

(二)样本选择与数据来源

本研究以 2007—2011 年沪深两市 A 股上市公司为样本,进行截面数据研究。相关数据来源于国泰安 CSMAR 数据库,这些样本要求具备模型分析所需的数据,同时还对这些样本进行与前面第二部分相同的处理。

(三)实证分析

1. 全部样本下高管/员工薪酬差距对企业绩效影响的分析结果见表 7-5 至表 7-7。

(1)描述性统计:

表 7-5 描述性统计

	Minimum	Maximum	Mean	Std. Deviation
ROA	0	0.477	0.055	0.05
GAP2	1.001	259.434	5.051	6.041
GAP2(国有公司)	1.036	41.203	4.673	4.71
GAP2(非国有公司)	1.001	259.434	5.071	6.105

续表

	Minimum	Maximum	Mean	Std. Deviation
GAP2(发达地区公司)	1.001	259.434	5.262	7.027
GAP2(次发达地区公司)	1.007	50.557	4.742	4.178
Industry	0	1	0.56	0.496
Empay	2.545	6.06	4.772	0.276

表 7-5 的描述性统计表明，全部样本公司资产收益率（ROA）的平均值仅为 0.055，最大值为 0.477（还不到 0.5），最小值为 0，表明我国上市公司整体的业绩较差，盈利能力不强，并且公司之间在盈利能力上存在较大差异；全部样本下，高管/员工薪酬差距的平均值为 5.051 倍，最大值为 259.434 倍，最小值为 1.001 倍，说明在我国上市公司中，高管与普通员工的薪酬存在较大的差距；国有企业中高管/员工薪酬差距的平均值为 4.673 倍，非国有公司高管/员工薪酬差距的平均值为 5.071 倍，非国有公司的薪酬差距明显大于国有公司；发达地区公司高管/员工薪酬差距均值为 5.262 倍，次发达地区高管/员工薪酬差距均值为 4.742 倍，发达地区公司的薪酬差距明显大于次发达地区公司的薪酬差距。

（2）回归分析：

表 7-6 回归分析

变量	系数	T 值	P 值
Constant	-0.119	-8.260	0
GAP2	0.001	10.684	0
Empay	0.035	11.930	0
Industry	0.010	6.493	0
Y1	-0.009	-3.672	0
Y2	-0.009	-3.665	0
Y3	-0.008	-3.317	0
Y4	-0.012	-5.023	0
R^2	0.047		
$Adj\text{-}R^2$	0.045		
F	31.625		
P(F-stat)	0		
VIF	<2		

从表7-6看出,模型整体都通过了显著性检验。调整后的R^2值为0.045,表明模型具有一定的解释能力。高管/员工薪酬差距(GAP2)的系数为正数,且P值为0,说明高管/员工间薪酬差距与总资产净利率(ROA)正相关,且通过了显著性检验。这表明高管/员工间薪酬差距与公司当年绩效有正相关关系,即高管/员工内薪酬差距越大,公司当年的绩效越好。这就验证了假设2。

假设2表明高管/员工内薪酬差距越大,公司当年的绩效越好,也就是扩大薪酬差距可以提升的公司绩效。但是,是否可以无限的不断扩大薪酬差距?也就是说,我国上市公司现在的这种薪酬差距是否合理?是否可以进一步提高薪酬差距?依照竞赛理论的解释,进一步提高薪酬差距,可以提高企业绩效;但是依照行为理论的解释,进一步提高薪酬差距会破坏高管团队间的合作关系,进而降低公司的绩效。因此,需要检验高管/员工薪酬差距与公司绩效之间是否存在区间效应,如果存在最优的薪酬差距区间,那么高管/员工内薪酬差距和公司绩效之间的关系就很可能是一种二次曲线关系。所以,本节对高管/员工内薪酬差距和公司绩效进行了二次曲线估计,在模型2.1的基础上增加高管/员工内薪酬差距指标的二次项,若该指标的二次项显著为负,一次项显著为正,则验证了高管/员工内薪酬差距与企业绩效成倒"U"形的关系,并且还说明了目前两者关系已到达拐点的位置。**模型2.2**如下:

$$ROA = \beta_0 + \beta_1 GAP2 + \beta_2 GAP2^2 + \beta_3 Empay + \beta_4 Industry + \beta_5 Year + \varepsilon$$

各变量定义与数据的选取与模型2.1一致,具体分析结果如表7-7所示。

表7-7 高管/员工薪酬差距与企业绩效

变量	系数	T值	P值
Constant	-0.14	-9.668	0
GAP2	0.003	13.722	0
GAP2*	-9.01E-05	-8.683	0
Empay	0.039	13.114	0
Industry	0.009	6.291	0
Y1	-0.009	-3.985	0
Y2	-0.009	-4.102	0
Y3	-0.009	-3.912	0
Y4	-0.013	-5.724	0
R^2		0.062	
$Adj-R^2$		0.061	
F		37.553	
$P(F-stat)$		0	
VIF		<2	

从表7-7可以看出,模型整体都通过了显著性检验。调整后的R^2值为0.061,表明模型具有一定的解释能力。高管/员工薪酬差距($GAP2$)的系数为正,高管/员工薪酬差距的平方项($GAP2^*$)系数为负,且P值均为0,通过了显著性检验。这表明,随着高管/员工薪酬差距的扩大,企业绩效也在提高;但当高管/员工薪酬差距扩大到一定程度时,企业绩效就会下降了。也就是说,高管/员工薪酬差距与企业绩效呈倒"U"形关系。

通过计算可知倒"U"形拐点所在的具体位置。在全部样本下,高管/员工薪酬差距的拐点为16.7倍,即:当高管/员工薪酬差距小于16.7倍时,加大高管/员工的薪酬差距能够对高管和员工产生正向的激励效应,促使高管和员工努力工作,进而促进企业绩效的提升,此时符合竞赛理论;而当薪酬差距超过16.7倍时,员工就会产生强烈的不公平感,从而产生不合作、不努力工作等消极行为,导致企业绩效的下降,这时符合行为理论。因此,高管/员工薪酬差距对企业绩效的影响存在区间效应,这时就不能简单地用竞赛理论或者行为理论单独来解释高管/员工薪酬差距对企业绩效的影响了。

2. 不同产权性质下高管/员工薪酬差距对企业绩效影响的分析结果:

按照最终控制人的类型,本节将上市公司分为国有公司和非国有公司。虽然经过多年的国有企业制度改革,国有公司已经初步建立了现代企业制度,分配制度的改革也取得了重大的进展,但在国有公司中,还是存在传统的平均分配的思想,如"大锅饭"思想。与非国有公司相对比,国有公司员工不喜欢过大的薪酬差距,反而更加关注薪酬水平的公平性,过大的薪酬差距会伤害国有公司员工的感情,更易引起员工对企业的不满,从而导致员工偷懒、不努力工作,最终使企业的绩效降低,所以国有企业员工能够接受的薪酬差距比较小。因此,本节提出假设3:

假设3 控股股东性质对高管/员工薪酬差距与企业绩效的关系具有显著影响,国有公司高管/员工薪酬差距对企业绩效影响的拐点要小于非国有公司。

所用模型仍为模型2.2,即:

$$ROA = \beta_0 + \beta_1 GAP2 + \beta_2 GAP2^2 + \beta_3 Empay + \beta_4 Industry + \beta_5 Year + \varepsilon$$

具体实证分析结果见表7-8。

表7-8 控股股东性质对高管/员工与企业绩效关系的影响

变量	国有企业			非国有企业		
	系数	T值	P值	系数	T值	P值
Constant	-0.134	-8.972	0	-0.317	-5.089	0
GAP2	0.003	13.473	0	0.003	2.111	0.036

续表

变量	国有企业			非国有企业		
	系数	T 值	P 值	系数	T 值	P 值
GAP2*	$-9.16E-05$	-8.705	0	$-4.95E-05$	-1.024	0.071
Empay	0.038	12.328	0	0.073	5.857	0
Industry	0.009	5.777	0	0.028	4.022	0
Y1	-0.01	-4.025	0	-0.007	-0.768	0.443
Y2	-0.01	-4.006	0	-0.016	-1.8	0.073
Y3	-0.009	-3.763	0	-0.019	-2.012	0.045
Y4	-0.014	-5.611	0	-0.019	-1.944	0.053
R^2	0.061			0.15		
$Adj-R^2$	0.059			0.119		
F	34.825			4.904		
$P(F-stat)$	0			0		
VIF	<2			<2		

从表 7-8 可以看出,模型整体都通过了显著性检验。两个回归调整后的 R^2 值分别为 0.059 和 0.119,表明模型具有一定的解释能力。其中,国有企业高管/员工薪酬差距的系数为正,P 值为 0,其平方项系数为负,P 值也为 0。这表明,在国有企业中,高管/员工薪酬差距与企业绩效呈倒"U"形关系,即:在国有企业中,随着高管/员工薪酬差距的扩大,企业绩效不断提高,但当高管/员工差距扩大到一定程度时,企业绩效反而开始下降。非国有企业高管/员工薪酬差距的系数为正,P 值为 0,其平方项系数为负,P 值也为 0。这表明,在非国有企业中,高管/员工薪酬差距与企业绩效呈倒"U"形关系,即:在非国有企业中,随着高管/员工薪酬差距的扩大,企业绩效不断提高,但当高管/员工差距扩大到一定程度时,企业绩效反而开始下降。所以,不管是国有企业还是非国有企业,高管/员工薪酬差距与企业绩效都是呈倒"U"形关系。

通过计算可知,国有公司高管/员工薪酬差距的拐点为 16.4 倍,而非国有公司的拐点为 30.3 倍,这表明,控股股东性质在高管/员工薪酬差距对企业绩效影响中的确有一定的作用:国有公司中高管/员工最优薪酬差距(16.4 倍)明显低于非国有公司高管/员工最优薪酬差距(30.3 倍)。假设 3 得到了验证。

3. 不同经济发展区域下高管/员工薪酬差距对企业绩效影响的分析结果:

我国地区辽阔,各地区的经济发展水平也不尽相同,存在显著的区域差异,而经济发展水平的差异必定会导致人们思想观念的不同。比如:处于经济发达地区的人们思想较为开放,能够接受较大的薪酬差距,如果在该地区实行较高薪酬差距,不易引发人们的反感,会激发高管和员工工作的积极性,从而提高企业绩效;相比而言,次发达地区的人们思想相对封闭,不太能够接受较大的薪酬差距,如果在该地区实行较大的薪酬差距,可能会引发员工的不满情绪,从而使得员工消极怠工,降低企业的绩效。所以,本节提出假设4(对于"发达地区"和"次发达地区"的界定,见上文的定义):

假设4 经济发展水平对高管/员工薪酬差距与企业绩效的关系具有显著影响,次发达地区的公司,其薪酬差距影响企业绩效的拐点低于发达地区的公司。

所用模型仍为模型2.2,即:

$$ROA = \beta_0 + \beta_1 GAP2 + \beta_2 GAP2^2 + \beta_3 Empay + \beta_4 Industry + \beta_5 Year + \varepsilon$$

具体实证分析结果如表7-9:

表7-9 地区经济发展水平对高管/员工与企业绩效关系的影响

变量	发达地区企业			次发达地区企业		
	系数	T值	P值	系数	T值	P值
Constant	-0.287	-11.198	0	-0.085	-4.496	0
GAP2	0.005	8.517	0	0.002	9.436	0
GAP2 *	-8.95E-05	-4.111	0	-7.94E-05	-6.835	0
Empay	0.07	13.058	0	0.027	7.187	0
Industry	0.007	3.043	0.002	0.01	5.24	0
Y1	-0.011	-3.171	0.002	-0.008	-2.747	0.006
Y2	-0.013	-3.788	0	-0.008	-2.661	0.008
Y3	-0.015	-4.194	0	-0.007	-2.302	0.021
Y4	-0.021	-5.64	0	-0.011	-3.595	0
R^2	0.108			0.048		
$Adj-R^2$	0.104			0.045		
F	27.571			16.749		
$P(F-stat)$	0			0		
VIF	<2			<2		

从表7-9可以看出,模型整体都通过了显著性检验。两个回归调整后的R^2值分别为0.104和0.045,表明模型具有一定的解释能力。其中,发达

地区企业高管/员工薪酬差距的系数为正,P 值为 0,其平方项系数为负,P 值也为 0。这表明,在发达地区企业中,高管/员工薪酬差距与企业绩效呈倒"U"形关系,即:在发达地区企业中,随着高管/员工薪酬差距的扩大,企业绩效不断提高;但当高管/员工差距扩大到一定程度时,企业绩效反而开始下降。次发达地区企业高管/员工薪酬差距的系数为正,P 值为 0,其平方项系数为负,P 值也为 0。这表明,在次发达地区企业中,高管/员工薪酬差距与企业绩效呈倒"U"形关系。即:在次发达地区企业中,随着高管/员工薪酬差距的扩大,企业绩效不断提高,但当高管/员工差距扩大到一定程度时,企业绩效反而开始下降。所以,不管是发达地区企业还是次发达地区企业,高管/员工薪酬差距与企业绩效都是呈"U"形关系。

通过计算可知,发达地区公司高管/员工薪酬差距的拐点为 27.9 倍,而次发达地区公司的拐点为 12.6 倍,这表明:不同地区经济发展水平对高管/员工薪酬差距与企业绩效关系的影响中的确有一定的作用,次发达地区公司中高管/员工最优薪酬差距(12.6 倍)明显低于发达地区公司高管/员工最优薪酬差距(27.9 倍)。假设 4 得到了验证。

四、研究发现、结论和建议

(一)研究发现

本研究选择 2007—2011 年我国 A 股上市公司作为样本,实证分析了高管团队内薪酬差距和高管/员工薪酬差距对企业绩效的影响,并按照最终控制人性质将全部样本分为国有公司和非国有公司,按照公司所在地区的经济发展水平将样本分为发达地区公司和次发达地区公司,探讨不同控股股东性质与经济发展水平下高管团队内薪酬差距和高管/员工薪酬差距对企业绩效的影响。实证分析发现:

1. 高管团队内薪酬差距与公司当年绩效之间存在显著正相关关系,而且不存在区间效应。产生这种结果有两种可能:一种可能是高管团队内薪酬差距和公司当年绩效之间的关系只是线性关系,根本不存在二次曲线关系;还有一种可能是高管团队内薪酬差距和公司当年绩效之间的关系是二次曲线关系,即呈倒"U"形关系,只是目前我国上市公司中高管团队内的薪酬差距还比较小,远未达到倒"U"形曲线的拐点。至于究竟是哪种可能,有待今后进一步研究。

2. 高管/员工薪酬差距对企业绩效的影响是非线性的,呈倒"U"形关系,薪酬差距存在区间效应。目前我国上市公司中,随着高管/员工薪酬差距的不断扩大,企业绩效呈现先上升而后下降的趋势。通过实证分析,本节已经计算出:上市公司高管/员工之间薪酬差距与公司绩效呈倒"U"形曲线关系的拐点为 16.7 倍,即当高管/员工薪酬差距低于 16.7 倍时,薪酬差距的扩大能够对高管和员工产生正向的激励效应,促使高管和员工努力工作,进而促进企业绩效的提升;而当薪酬差距超过16.7倍时,员工就会产生强烈的不公平感,从而产生不合作、不努力工作等消极行为,导致企业绩效的下降。

相对于国有公司而言,非国有公司的员工更能够接受较高的薪酬差距,实证结果也支持了这一观点,如本研究计算出的国有公司高管/员工薪酬差距的拐点为16.4倍,非国有公司的拐点为30.3倍,国有企业的拐点明显低于非国有企业,这表明控股股东的性质的确对高管/员工薪酬差距与企业绩效的关系有影响中。相对经济落后地区而言,经济发达地区的人们由于思想观念会较为开放,能够接受的薪酬差距水平也较大,实证结果同样也支持了这一观点,如本研究计算出的发达地区公司高管/员工薪酬差距的拐点为27.9倍,次发达地区公司的拐点为12.6倍,次发达地区的拐点明显低于发达地区,这表明不同地区经济发展水平的确对高管/员工薪酬差距与企业绩效的关系有影响。

(二)研究结论

根据本节实证研究的结果,我们的研究结论是:

1. 用目前我国上市公司的数据分析得出,高管团队内薪酬差距与公司当年绩效之间存在显著正向关系,而且不存在区间效应。所以本研究认为,目前在我国上市公司中,高管团队内薪酬差距对公司当年绩效的影响,是竞赛理论而非行为理论发生了主要作用。无论是国有企业还是非国有企业,无论是经济发达地区还是次发达地区,企业内部高管团队间的薪酬差距对企业当年的绩效是有正向影响的,目前可以进一步加大高管间薪酬差距,以刺激公司绩效的提高。

2. 由于高管/员工薪酬差距对企业绩效的影响是非线性的,呈倒"U"形关系,薪酬差距存在区间效应,所以不论是竞赛理论还是行为理论,都不能单独解释我国上市公司高管/员工薪酬差距对企业绩效的影响。其中,国有企业高管/员工间薪酬差距与公司绩效呈倒"U"形曲线关系的拐点小于非国有企业高管/员工间薪酬差距与公司绩效呈倒"U"形曲线关系的拐点,次发达地区企业高管/员工间薪酬差距与公司绩效呈倒"U"形曲线关系的拐点小于发达地区企业高管/员工间薪酬差距与公司绩效呈倒"U"形曲线关系的拐点。所以,企业或政府在制定薪酬差距的相关政策时,应该考虑企业的控股股东的性质和企业所在地区的经济发展水平:相对于非国有企业而言,国有企业的薪酬差距不宜过大;相对于发达地区企业而言,次发达地区企业的薪酬差距也不宜过大。

(三)研究建议

根据本节对薪酬差距与公司当年绩效关系的研究结论,提出以下建议:

1. 结合具体情况，确定相匹配的薪酬差距。企业应分别对高管团队间以及高管/员工之间薪酬确定相匹配的薪酬差距。

（1）适当提高高管团队间薪酬差距。目前我国上市公司中高管团队内薪酬差距与公司当年绩效之间存在显著正向关系，且不存在区间效应，适当地提高高管团队间薪酬差距有利于激发高管的积极性，从而提高企业的绩效。

（2）适当控制高管/员工薪酬差距。目前我国上市公司中高管/员工间的薪酬差距对于公司当年绩效的影响是非线性的，呈现一个区间效应，适度的薪酬差距有利于激发企业员工的积极性，也有利于企业绩效的提高，但过大的薪酬差距会使员工产生不公平感和不满情绪，从而消极怠工，影响企业绩效的提高。所以，上市公司在制定内部薪酬方案时，要结合自己企业的具体情况，制定与企业发展相匹配的薪酬制度。比如，可以结合考虑企业控股股东的性质和所处地区的经济发展水平等具体情况。

同时，在研究高管/员工薪酬差距时，可以参考本节得出的几个薪酬差距的拐点，即国有公司高管/员工薪酬差距影响企业绩效的拐点为16.4倍，非国有公司的拐点为30.3倍；发达地区公司高管/员工薪酬差距影响企业绩效的拐点为27.9倍，次发达地区公司的拐点为12.6倍。

2. 在企业年报中披露更加详细的非货币性薪酬。本节研究的薪酬均为货币性的薪酬，因为非货币的薪酬数据不易得到，而非货币性的薪酬对员工的激励作用又不容忽视，有时甚至大于货币性薪酬的激励效用。如无偿向员工提供的住房、车以及企业自己生产的产品等，而现在对于这些非货币性薪酬的会计处理过于分散，不能从企业年度财务报表中明确看出，如无偿向职工提供的住房，根据应提折旧计入资本成本。因此，建议在企业年度财务报告中集中披露职工非货币性的薪酬。

3. 在财务评价指标中增加薪酬差距指标。鉴于企业内部薪酬差距对企业绩效有显著的影响，建议财务评价指标中增加高管团队间薪酬差距的指标和高管/员工薪酬差距的指标，以此监测企业内薪酬差距是否合适。

【本章关键概念】

激励	委托-代理理论	公平理论
约束	人力资本理论	风险理论
激励机制	契约理论	马斯洛需求层次理论
约束机制	薪酬分配理论	期望理论
激励约束机制	激励理论	归因理论
代理成本		

【复习思考题】

1. 简述代理成本的概念及其三个组成部分。
2. 简述委托-代理理论与股权激励的关系。
3. 简述人力资本理论与股权激励的关系。
4. 简述契约理论与股权激励的关系。
5. 简述现代薪酬分配理论和风险理论与股权激励的关系。
6. 简述马斯洛需求层次理论、期望理论、归因理论与股权激励的关系。

【应用案例7-1 甲上市公司(A)】

1. 案例目的:分析人力资源股权激励机制并进行会计处理。
2. 资料:

甲上市公司为奖励并激励高管人员,20×4年1月1日经股东大会批准,与60名高级管理人员签订了股份支付协议。协议规定:①甲公司向60名高级管理人员每人授予10万份股票期权,行权条件为这些高级管理人员从授予股票期权之日连续服务满3年,公司3年平均净利润增长率达到12%;②符合行权条件后,每持有1股股票期权可以至20×7年1月1日起1年内,以每股4元的价格购买1股甲公司的普通股股票,在行权期间内未行权的股票期权将失效。甲公司估计授予日每股股票期权的公允价值为12元。20×4年到20×7年,甲公司与股权期权有关的资料如下:

(1)20×4年4月,甲公司自市场回购本公司股票600万股,共支付4 800万元,作为库存股待行权时使用。

(2)20×4年,甲公司有3名高级管理人员离开公司,本年净利润增长率为11%。该年末,甲公司预计未来两年将有3名高级管理人员离开公司,预计3年平均净利润增长率将达到12%,每股股票期权的公允价值为14元。

(3)20×5年,甲公司有1名高级管理人员离开公司,本年净利润增长率为15%。该年年末,甲公司预计未来1年将有1名高级管理人员离开公司,预计3年平均净利润增长率将达到12.5%,每股股票期权的公允价值为15元。

(4)20×6年,甲公司没有高级管理人员离开公司,本年净利润增长率为16%。该年年末,每股股票期权公允价值为16元。

(5)20×7年5月,56名高级管理人员全部行权,甲公司共收到款项2 240万元,相关股票的变更登记手续已办理完成。

3. 要求:

(1)编制甲公司回购本公司的股票时的相关会计分录。

(2)计算甲公司20×4年、20×5年、20×6年因股份支付应确认的费用,并编制相关会计分录。

(3)编制20×7年甲公司高级管理人员行权时的相关会计分录。

【应用案例7-2 甲上市公司(B)】

1. 案例目的:分析人力资源股权激励机制及会计处理。

2. 资料:

20×4年初,甲上市公司为其100名中层以上职员每人授予100份现金股票增值权,这些职员从20×4年1月1日起在该公司连续服务满3年,即可按照当时股价的增长幅度获得现金,该增值权应在20×8年12月31日之前行使。该公司估计,该增值权在负债结算之前的每一资产负债日以及结算日的公允价值和可行权后的每份增值权现金支出额如表7-10所示。

表7-10 甲上市公司现金股票增值权公允价值和可行权后的现金支出额

年份	公允价值	支出现金
20×4	12	
20×5	15	
20×6	17	13
20×7	18	16
20×8		24

第一年有10名职员离开公司,公司估计三年中还将有8名职员离开;第二年又有6名职员离开,公司估计还将有5名职员离开;第三年又有5名职员离开。第三年末,有30人行使股份增值权取得了现金。第四年末,有20人行使了股份增值权。第五年末,剩余的29人也行使了股票增值权。

3. 要求:

计算20×4年到20×8年每年应确认的费用、应付职工薪酬余额和支付的现金,并编制有关的会计分录。

【应用案例7-3 沪深两市A股上市公司】

1. 案例目的:企业人力资源激励与约束机制实证研究。

2. 资料:我国A股上市公司2014年至2022年年报的数据。

3. 要求:

(1)参考本章第三节案例,设计一个研究企业某项人力资源激励约束机制与企业绩效关系的研究假设、研究模型和研究变量说明的基本框架。

(2)对我国A股上市公司2014年至2022年年报的数据进行样本选择,

并说明数据来源和取样筛选原因。

(3)进行有效数据录入及预处理,并分析模型中各变量的有效性。

(4)进行实证分析,包括描述性统计分析和回归分析等。利用SPSS软件,将获得的各相关变量数据输入模型先进行T检验,然后进行描述性统计分析,再利用回归分析方法进行各变量的相关性分析。

(5)最后提出本次研究的新发现及其结论,并针对发现的问题提出建议。

第八章 事业单位人力资源绩效评价

本章主要介绍事业单位人力资源绩效评价的理论,包括基本理论、人力资源评价指标体系理论模型和人力资源评价具体指标体系设想,以及该理论应用的典型案例的实证分析。本章内容是以本书作者承担的北京市哲学社会科学"十一五"规划项目(项目编号:06BaJG101)最终研究成果《北京市事业单位人事制度改革成本效益实证分析》为基础撰写而成的。

第一节 事业单位人力资源绩效评价的基本理论

本节主要介绍事业单位及其人力资源绩效评价相关的定义,以及事业单位人力资源绩效评价的主要方法和作用等基本理论问题。

一、事业单位人力资源绩效评价的定义

(一)事业单位的定义

本章讨论的事业单位是国有事业单位,是指为了社会公益目的、由各级国家机关举办或其他组织机构利用国有资产依法设立的从事社会公共服务活动的组织,包括经费来源主要由国家各级财政拨款、部分由国家各级财政支持和经费自理的事业单位。

在我国,事业单位是政府利用行政权力成立的为国家和社会提供公共服务的法律实体,其职能一是从事教育、卫生、科技、文化等领域的公共服务活动,二是在特定的情境下,依据法律法规的授权和行政机关的委托,从事一定的社会事务的管理活动。因此,应该注意划分事业单位与政府、企业的职能区域。

1. 事业单位与政府的职能区域划分。事业单位与政府职能的区别在于:政府是社会公共服务事务政策的制定者和监督者;事业单位是社会公共服务政策的具体执行者,通过事业单位的活动,实现政府的公共服务职能目标。

2. 事业单位与企业的职能区域划分。企业是从事商品生产和经营活动的组织,其目的是获得更高的经济利益,并将所获利润作为投资人的回报分

配给组织成员；事业单位是提供公共服务的组织，其目的是满足社会的公共需求，实现国家和社会的公共利益。

3. 事业单位与社会团体及民办非企业单位的职能区域划分。事业单位与社会团体、民办非企业单位都具有非营利性，都从事一定领域的公共服务活动。但社会团体是公民自愿组成，是为了团体成员的共同利益；而民办非企业单位的资金来源是非国有资产，它是政府在发展公共服务事业方面的补充。

（二）人力资源绩效评价的定义

1. 绩效是某单位或个人为了达到某种目标而采取的各种行为的结果。从管理学的角度看，绩效是某单位期望的结果，是某单位为实现其目标而展现在不同层面上的有效输出，它包括个人绩效和单位绩效两个方面。单位绩效的实现应当在个人绩效实现的基础之上，但是个人绩效的实现并不一定保证某单位是有绩效的。如果某单位的绩效按一定的逻辑关系被层层分解到每一个工作岗位以及每一个人，这时只要每一个人都达成了该单位的要求，这个单位的绩效就实现了。

2. 人力资源绩效又称员工绩效，是指为实现某单位的目标，其员工的工作成果。人力资源绩效是考核单位员工工作业绩的一种人力资源管理方法。员工在完成工作的过程中，会表现出一系列行为特征，如工作能力、责任心、工作态度、协作意识等。员工工作业绩受各种主客观因素的影响，如外界环境、员工个体内因等。各单位根据本单位工作的具体目标以及员工的岗位责任进行员工绩效考评，这样不仅更加客观、公平、合理，而且对单位的发展具有实际意义。从这个角度考虑，人力资源绩效是指个体或群体在实现各单位预定目标过程中所采取的有效行为及有效工作成果，即个体或群体的行为表现、工作业绩及其对组织的贡献。

3. 绩效评价是某单位依照预先确定的标准和一定的评价程序，运用科学的评价方法、按照评价的内容和标准对评价对象的工作能力、工作业绩进行定期和不定期的考核和评价。

4. 人力资源绩效评价是通过各单位目标的设立，将战略目标对单位各职能部门及其员工等绩效单元载体进行细分，制定评价标准定期进行评价，以激励员工绩效持续改进并最终实现单位设定目标的一种管理活动。人力资源绩效需要各单位管理者根据管理控制目标，运用科学的定量、定性方法，对所属各职能部门、各层面员工行为的实际效果及贡献、价值等进行评价。

5. 事业单位绩效是指事业单位为了完成其承担的社会公共服务活动而取得的各种成效或效益。评价事业单位绩效的指标包括业务水平指标、经济效益指标、服务质量指标、发展潜力指标等。不同类型的事业单位由于从事的社会服务活动不同,绩效评价可以使用不同的业务水平指标、经济效益指标、服务质量指标、发展潜力指标。

二、事业单位人力资源绩效评价的定义和功能

事业单位人力资源的绩效评价是按照事业单位的组织目标制定一系列绩效标准,采用科学的方法检查和评定组织内部成员所规定的岗位职责的履行程度,确定其工作成绩的管理方法。其主要目的是通过对单位成员进行全面综合的评估,判断他们是否称职,调动员工自我评价自身工作的优劣,并以此作为人力资源管理的基本依据,切实保证他们的报酬、晋升、调动、职业技能开发、激励、辞退等工作的科学性。

绩效评价主要有五种功能,即控制、激励、标准、发展和沟通功能。事业单位人力资源绩效评价的具体功能分析如下。

1. 控制功能。绩效评价、考核是人事管理中主要的控制手段。事业单位通过绩效考核,使工作过程保持在合理的数量、质量进度和协作关系上,使各项管理工作能够按计划进行;对员工本人来说也是一种控制手段,使员工时时记住自己的工作职责,起到促进员工自觉按照规章制度工作的作用。

2. 激励功能。激励功能是指通过绩效评价对员工的工作成绩给予肯定本身就能使员工体验到成功的满足、对成就的自豪感,由此调动员工的积极性。

3. 标准功能。绩效评价为事业单位人力资源管理提供了一个客观而公正的员工绩效考核标准,并依据绩效考核结果决定晋升、奖惩、调配等。进行绩效考核,并按照标准进行奖惩与晋升,会使各单位形成事事按标准办事的风气,使各事业单位人力资源管理标准化。

4. 发展功能。事业单位人力资源绩效评价的发展功能主要体现在两个方面:一方面是组织根据绩效考核的结果,制订正确的培训计划,达到提高全体员工素质的目标,以推动单位事业的发展;另一方面可以发现员工的长处和特点,根据其特点决定培养方向和使用办法,充分发挥个人的长处,促进个人的发展。

三、事业单位人力资源绩效评价的主要方法

人力资源绩效评价是管理科学界的研究热点之一,国内外学者对于事业单位人力资源绩效评价的研究较少,对于各单位整体绩效评价以及人力资源个体业绩计量与评价等相关研究较多。组织整体绩效评价以及人力资源业绩的个体计量与评价两方面的研究,为事业单位人力资源绩效评价奠定了理论基础。本节介绍人力资源绩效评价的五种主要方法。

1. 人力资源成本会计方法。人力资源会计方法是利用财务会计方法,

计量人力资源成本和人力资源价值的会计管理方法。人力资源绩效评价的主要方法是应用人力资源成本会计方法,通过量化各单位对人力资源投入的成本,与人力资源使用绩效加以对比进行绩效评价,在取得、开发、使用、保障、离职等人力资源管理环节,为信息使用者提供准确、及时、完整的决策信息,使各单位人力资源得到更有效的利用。

2. 人力资源计分卡方法。在20世纪90年代哈佛商学院的卡普兰(R. KaPlan)和诺顿(D. Norton)教授所创立的平衡计分卡的理论基础上,Brain E. Becker、MarkA. Huselid及D. Ulrich教授提出了人力资源计分卡的思想,其所开发的因果模型揭示了人力资源价值驱动因素与经营绩效之间的关系。

Catherine D. Fyock提出了人力资源计分卡的指标理念。他认为,人力资源绩效评价的问题在于,只关注与各单位整体战略目标不相关的短期指标,如跳槽率和员工态度等。Catherine D. Fyock提出了两类关键效率指标:核心指标和战略性指标。核心指标是那些对各单位战略实施没有直接关系的指标,战略性指标则评价人力资源管理对各单位战略实施的贡献或功能。

Ray Brillinger又将人力资源计分卡分为领先性指标、滞后性指标以及成本控制和价值创造的衡量指标。具体包括:高绩效的工作系统指标,如后备人才的比率、高绩效者与低绩效者间的激励薪酬的差异、跨职能团队的数量和质量;人力资源绩效指标,如缺勤率、每小时培训的成本、员工的奖惩的成本、员工的跳槽率;人力资源绩效驱动性指标,如员工能力增长、员工对个人目标以及组织目标的认知度、职业发展机会的实现情况等指标。

3. 人力资源评价指标体系方法。即将人力资源绩效分解为一系列相互关联的评价指标体系的方法。例如:Nancy M. Sorensen(1995)提及衡量人力资源传统职能的8方面指标,主要包括员工培训、员工跳槽率、缺席率、薪酬水平、雇用成本及辅助等、年均成本、失业补偿金等、员工的福利(包括休假、医疗补助等);Lawson(2001)提出了PACA评价指标模型,PACA是指作为企业竞争优势来源的人力资源,主要从各单位绩效、顾客满意度、雇员满意度和忠诚度以及人力资源管理活动实施等角度设置评价指标;Edward E. Lawler(2004)指出,各单位人力资源评价指标应包括各单位效应、服务成本、成本收益率、追踪外向型服务的情况、人力资源实施活动对劳动力的效应等。

4. 人力资源个体价值的计量方法。人力资源个体价值的计量方法是应用人力资源价值会计方法进行人力资源绩效评价的方法,它包含五种人力资源价值计量模式:未来工资报酬折现模式、调整后的未来工资报酬折现模式、随机报酬价值模式、调整后的随机报酬价值模式、调整后的完全价值测定模式。

5. 人力资源指数方法。人力资源指数方法是通过各单位员工对15项人力资源管理工作方面的测量，获得对单位人力资源管理绩效和整个组织环境氛围状况的评价。人力资源指数方法最早由 Rensis Likert 提出，20世纪60年代，他在从事人力资源统计时，利用收入报表和收支平衡表，结合人力资源统计和其他财务数据，对人力资源管理不同指标的强度进行评价后，计算出了一系列指标的系数。他用64个问题确定以下15个因素的综合分数：①报酬制度；②信息沟通；③组织效率；④关心员工；⑤组织目标；⑥合作；⑦内在满意度；⑧组织结构；⑨人际关系；⑩环境；⑪员工参与；⑫工作群体；⑬基层管理；⑭群体协作；⑮管理质量。

之后，Mark A. Huselid(1997)等人设计了人力资源指数量表，该表由报酬制度、信息沟通、组织效率、关心职工、组织目标、合作、内在满意度、组织结构、人际关系、组织环境、员工参与管理、工作群体、群体间的协作能力、一线管理和管理质量等15项因素综合而成。人力资源指数分析是测定各单位人力资源实际情况的量化指标体系，这种方法采用问卷调查表的形式对单位各层次管理人员及各类员工进行调查，并结合系统深入的访谈，获取企业人力资源开发与管理的真实数据。

四、事业单位人力资源绩效评价的意义

事业单位人力资源绩效评价是事业单位依据职务标准对员工的工作行为、工作态度、工作结果进行考察、测定、评价的过程，该过程有以下重要意义。

第一，人力资源绩效评价促使被考核者提高工作绩效。人力资源绩效评价使被考核者在心理上受到督促，将自己的评估结果同其他人进行比较，将自己的工作表现同组织要求相比较，从而有效地激发其竞争意识，产生激励作用，促使其改进绩效水平。绩效评价还会对被考核者产生信息反馈，被考核者还会获得有关其绩效需要改进方面的建设性和针对性的指导，从而促进其发展。

第二，人力资源绩效评价为事业单位领导与下属之间搭建沟通的桥梁。事业单位人力资源绩效评价通常离不开沟通。部门员工实际工作表现的考察和评价，下属考核结果的反馈以及各种意见反映、情况说明、申诉等，都需要上级与下级之间的互动和交流。事业单位人力资源绩效考核中的沟通有助于双方增进理解、增强信任、实现期望，促进共同发展。

第三，人力资源绩效评价是提高各单位绩效的重要手段。各单位通过人力资源绩效评价，考核和检查单位目标实现情况，了解各个环节之间的关系是否协调，职工的积极性如何，并有针对性地改进管理，是促进单位目标

实现的重要手段。

第四，人力资源绩效评价是进行事业单位其他人力资源管理活动的基础。事业单位人力资源管理中各类人员的任免、奖惩、工资福利待遇、培训、职位调动、晋升、降职、辞退等人力资源管理活动，都要以绩效评价结果为依据。绩效评价是人力资源管理者做出人事决策的基础，同时，绩效评价也是其他人力资源管理活动开展状况、实施效率的反馈和体现。

第五，人力资源绩效评价有助于公众对事业单位人力资源实施有效监督。事业单位绩效考核制度要求考核内容和标准要公开，考核必须广泛听取群众意见，对担任一定职位以上的人员进行考核时，可以进行民主评议或民意测验。此种规定实际是向社会公众展示了事业单位工作人员的工作标准，使其工作作风、工作效率接受公众的监督和检查。

第二节 事业单位人力资源评价指标体系理论模型

本节主要讨论事业单位人力资源绩效评估的基本步骤、构建事业单位人力资源绩效评价指标体系的原则、事业单位人力资源绩效评估指标体系的主要内容。

一、事业单位人力资源绩效评估的基本步骤

事业单位人力资源绩效评估有四个基本步骤，即建立绩效标准、记录员工绩效、正式评估阶段和反馈评估结果。

首先，建立绩效标准。这是进行人力资源绩效评价的基础和前提条件。员工的工作绩效与某一固定标准相对比才可能得出公平的评价；工作标准越明确，绩效评估才可能越准确。因此，对员工工作绩效实施有效管理的第一步就是审核原有的标准或建立新的标准。工作绩效标准一般应包括两类基本信息：一是员工应该做什么，包括工作任务量、工作职责等关键因素；二是做到何种程度，包括具体的工作要求和工作标准。工作绩效标准一般以职务规范为依据。

其次，员工工作记录，即对员工的工作绩效进行核算、测定和记录，把握和分析员工工作的基本情况，也就是对员工的工作绩效做出测定，知道员工干了什么、干了多少、干得怎样。

再次，正式评估阶段。将比较衡量所设定的标准和员工实际工作绩效，对其加以评估对照，看哪些没有达到标准和要求，哪些达到了，哪些超过了标准，从而做出实事求是的判断，提出评估结果和意见。

最后,反馈评估结果。通常要把评估结果反馈给员工个人,使其了解自己的工作状态与评价,知道成绩与不足,明确努力的方向。必要时,也可以统一公布组织成员的评估结果,使每个人既了解自己,也了解别人,便于对照检查,找出差距。同时,作为组织,也可以通过考评结果的反馈,明确组织差距,比如,对环境因素进行调节,为员工取得良好的工作绩效提供必要的条件,也可以将评估结果用于规划、奖惩、晋升等人力资源的管理活动。

以上四个步骤结合起来,形成了一种控制流程。事业单位人力资源绩效评价一般由基层开始,每一员工的绩效由各部门的主管加以评估。整个单位的绩效则由其较高层主管加以评估。最后,单位高层领导评估整个组织的全面绩效。

二、构建事业单位人力资源绩效评价指标体系的原则

第一,客观性原则。事业单位人力资源绩效评价指标体系的设置要符合人力资源本身的性质和特点。鉴于人力资源的特殊性,评价的方式主要是领导评价与群众评价相结合;对于很难量化的绩效评价指标,应采取定性指标。

第二,全面性原则。事业单位人力资源绩效评价指标体系应能够全面反映人力资源绩效的各个方面,如业务水平、经济绩效、服务质量等方面。

第三,显著性原则。人力资源绩效评价指标的选取应能最大限度地揭示事业单位人力资源之间的差异,对于那些基本类似或指标值相差不大的指标,可适当舍去,以减少指标的冗余。

三、事业单位人力资源绩效评估指标体系的主要内容

事业单位人事制度改革是为了提高事业单位的服务质量,完成国家和社会赋予事业单位的社会责任,其社会服务质量和社会责任完成的情况,可以用事业单位的综合绩效指标进行考核。

改革开放前30年间,为了引入市场型激励机制,国家对事业单位的薪酬制度进行了复杂的改革,总的方向是"增量改革"——改革并没有取消旧的基于资历的固定工资体制,而是添加了一个新的"灵活"的部分,希望以此来使报酬更好地反映业绩。国家对事业单位的人事制度改革不是简单地裁人,而是用更高的代价换取事业单位更好的业绩。因此,事业单位的综合绩效(Y_i)与国家用于人事制度改革的成本(X_i)和用于改革后各事业单位人力资源成本(X_j)之间存在正相关关系。即国家希望对事业单位人事制度改革增加的投资成本能够带来事业单位综合绩效的提高。根据上述分析,可以建立以下基本关系等式。

事业单位综合绩效指标函数 =（人事制度改革成本指标 + 人力资源成本指标）
事业单位某个绩效指标$_1$ = d_1 某种人事制度改革成本$_1$ + r_1 相关人力资源成本$_1$
事业单位某个绩效指标$_2$ = d_2 某种人事制度改革成本$_2$ + r_2 相关人力资源成本$_2$
事业单位某个绩效指标$_2$ = d_2 某种人事制度改革成本$_2$ + r_2 相关人力资源成本$_2$
……
$F\sum($事业单位绩效指标 $Y_i) = d_i \sum$ 人事制度改革成本 $X_i + r_i \sum$ 人力资源成本 X_j

扩展模型：

将上述关系式改写为以下函数表达式：

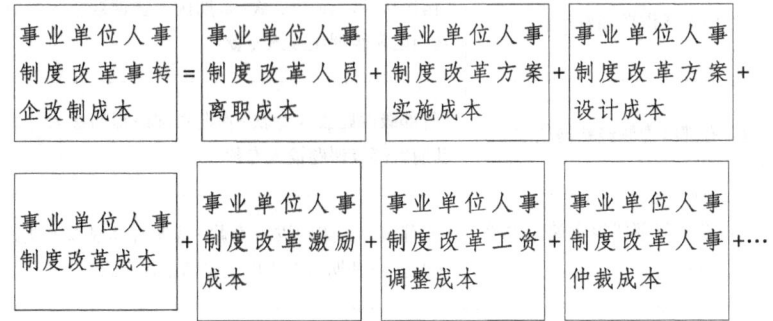

其中，事业单位人事制度改革成本包括很多内容，而且不同的事业单位所支付的改革成本也不同。本书作者经过对北京市教、科、文、卫等事业单位的主管局人事处进行访谈和调研，将人事制度改革成本归纳如下：

事业单位人事制度改革事转企改制成本 = 事业单位人事制度改革人员离职成本 + 事业单位人事制度改革方案实施成本 + 事业单位人事制度改革方案设计成本 +

事业单位人事制度改革成本 + 事业单位人事制度改革激励成本 + 事业单位人事制度改革工资调整成本 + 事业单位人事制度改革人事仲裁成本 + …

第三节　事业单位人力资源评价具体指标体系设想

本节以高等学校、科研单位、医疗卫生、文化、体育等单位为例，设计事业单位人力资源绩效评价的具体指标体系。

一、高等学校人力资源评价具体指标体系设想

高校人力资源绩效评价的具体指标：B_1 教学绩效，B_2 科研绩效，B_3 自筹能力，B_4 资金绩效，B_5 校办产业绩效。各类高校事业单位绩效指标的具体

内容见表8-1。

表8-1 高校人力资源绩效评价指标

一级	二级	三级指标	指标解释
A_1 高校人力资源绩效评价指标	B_1 教学绩效	C_1 师生比	在职教师人数/学生人数
		C_2 生均事业费支出	事业支出/平均学生人数
		C_3 生均财政拨款	财政补助收入/平均学生人数
		C_4 学生生均设备费	(设备购置费+设备维修费)/平均学生人数
		C_5 教职工人均获取经费额	(财政补助收入+事业收入+经营收入)/平均教职工人数
		C_6 教学活动收入增长率	(短训班收入-基期短训班收入)/基期短训班收入
	B_2 科研绩效	C_7 人员经费占总经费比重	人员支出/总支出
		C_8 国家级课题经费增长率	(国家级课题拨入专款-基期国家级课题拨入专款)/基期国家级课题拨入专款
		C_9 省部级课题经费增长率	(省部级课题拨入专款-基期省部级课题拨入专款)/基期省部级课题拨入专款
		C_{10} 获得省部级以上奖励经费增长率	(省部级以上奖励拨入专款-基期省部级以上奖励拨入专款)/基期省部级以上奖励拨入专款
		C_{11} 教师人均科研活动经费	(校拨科研经费+科研专项财政补助收入+课题拨入专款)/平均在职教师人数
		C_{12} 科研活动收入年增长率	(科研活动收入-基期科研活动收入)/基期科研活动收入
	B_3 自筹能力	C_{13} 高校自筹经费占总收入比	自筹经费/总收入
		C_{14} 高校自筹经费年增长率	(自筹经费-基期自筹经费)/基期自筹经费
		C_{15} 高校自筹基建经费占基建经费比重	自筹基建经费/基建经费总收入

续表

一级	二级	三级指标	指标解释
A_1 高校人力资源绩效评价指标	B_4 资金绩效	C_{16} 固定资产增长率	(固定资产-基点固定资产)/基点固定资产
		C_{17} 高校融资收入占银行存款平均余额的比重	
		C_{18} 高校其他对外投资收益率	(附属单位上缴利润+其他投资收益)/高校对外投资及拨款
		C_{19} 高校经营收益年增长率	(短训班经营上交学校收入-基期短训班经营上交学校收入)/基期短训班经营上交学校收入
	B_5 校产绩效	C_{20} 校办产业资本金	∑(各校办产业资本金)
		C_{21} 校办产业投资收益率	校办产业净利润/学校投资额(含拨款)
	B_6 服务质量	C_{22} 学生对教师满意度	∑某院系学评教打分/某院系教师总数量
		C_{23} 社会对教学满意度	∑社会打分/发放问卷数量
	B_7 发展潜力	C_{24} 引进博士以上人才	
		C_{25} 人才培训投入增长率	(培训投入-基期培训投入)/基期培训投入
		C_{26} 将帅人才储备	863计划、973计划项目,重大项目课题组长或首席科学家,国家杰出青年基金获得者,国家级奖励获得者,两院院士及外国国家科学院院士,国际组织任职,享受政府特殊津贴等
		C_{27} 学历结构/职称结构	

二、科研单位人力资源评价具体指标体系设想

科研机构人力资源绩效评价指标分类为:B_1研究与开发绩效,B_2研究开发资本,B_3经济效益,B_4发展潜力,上述各类科研事业单位绩效评价指标的具体内容见表8-2。

表8-2 科研机构人力资源绩效评价指标

一级指标	二级指标	三级指标	指标解释
A_1 科研机构人力资源绩效评价指标	B_1 研究与开发绩效	C_1 人均获得课题数	所获课题数/科研人员数
		C_2 人均发表科技论文数	发表科技论文数/科研人员数
		C_3 人均获奖成果数	获得奖项/科研人员数
		C_4 人均论文引用数	论文被国际上引用篇次/科研人员数

续表

一级指标	二级指标	三级指标	指标解释
A_1 科研机构人力资源绩效评价指标	B_2 研究开发资本	C_5 国家级课题科研经费增长率	(国家级课题拨入专款-基期国家级课题拨入专款)/基期国家级课题拨入专款
		C_6 省部级课题科研经费增长率	(省部级课题拨入专款-基期省部级课题拨入专款)/基期省部级课题拨入专款
		C_7 科研人员人均课题科研经费	各级课题拨入专款/平均科研人员数
		C_8 设备购置经费	当年用于购置仪器设备的支出
		C_9 仪器设备总值	可用科研仪器设备总值
		C_{10} 固定资产增长率	(固定资产-基期固定资产)/基期固定资产
	B_3 经济效益	C_{11} 人均新产品开发项目	新产品开发项目/科研人员数
		C_{12} 成果转化基金增长率	(成果转化基金-基期成果转化基金)/基期成果转化基金
		C_{13} 社会捐赠(万元)	
		C_{14} 技术扩散收入(万元)	单位对外提供技术转让、技术咨询、技术服务、技术培训、技术承包取得的收入
		C_{15} 生产经营收入(万元)	科技成果转让收入、下属独资公司营业收入、与社会资本联合投资的公司营业收入所占股份
		C_{16} 职工人均年收入增长率	(本期职工人均年收入-基期职工人均年收入)/基期职工人均年收入
	B_4 发展潜力	C_{17} 引进硕士以上人才	
		C_{18} 人才培训投入增长率	(人才培训投入-基期人才培训投入)/基期人才培训投入
		C_{19} 将帅人才储备	863计划、973计划项目,重大科技项目课题组长或首席科学家,国家杰出青年基金获得者,国家级奖励获得者,两院院士及外国国家科学院院士,国际组织任职,享受政府特殊津贴等
		C_{20} 学历结构/职称结构	

三、医疗卫生单位人力资源评价具体指标体系设想

医院人力资源绩效评价指标分类为:B_1 业务水平,B_2 经济效益,B_3 服务质量,B_4 发展潜力。上述各类医院事业单位人力资源绩效评价指标的具体

内容见表8-3。

表8-3 医院人力资源绩效评价指标

一级指标	二级指标	三级指标	指标解释
A_1 医院绩效指标	B_1 业务水平	C_1 医护比	医生人数/护士人数
		C_2 平均每名医生门诊人次数	挂号门诊人数/医生人数
		C_3 平均每名医生住院人次数	登记住院人数/医生人数
		C_4 病床使用率	住院人数/医院病床数
		C_5 入院三日确诊率	入院三日后确诊人数/总登记住院人数
		C_6 基础护理合格率	
		C_7 治愈率	治愈人数/病例数
		C_8 医疗差错发生率	治疗差错数/病例数
		C_9 医院内感染发生率	治疗发生感染属/病例数
	B_2 经济效益	C_{10} 人均业务收入	医院每年业务收入/医院职工人数
		C_{11} 平均每次门诊医药费用	门诊所开医药费/门诊人数
		C_{12} 平均每次住院病人医药费	住院病人医药费/住院人数
		C_{13} 药品占业务收入比例	医药费/医院每年业务收入
		C_{14} 医疗成本率	医疗成本/医疗收入
		C_{15} 利润率	年终利润/业务收入
		C_{16} 资产负债率	资产/负债
		C_{17} 职工人均总收入	职工获得的总收入/职工人数
		C_{18} 医生平均业务收入	业务收入/医生人数
	B_3 服务质量	C_{19} 医院每年调查的病人满意度指标	
		C_{20} 社会评议良好率	
	B_4 发展潜力	C_{21} 人均带教进修医生人次数	进修医生人数/医院医生人数
		C_{22} 人均带教实习学生人次数	实习学生人数/医生护士人数
		C_{23} 参加各类培训人数占职工总数比例	参加培训人数/职工总人数
		C_{24} 人均发表论文数	发表论文数/医生护士人数
		C_{25} 人均获得成果数	获得科研成果数/医生护士人数
		C_{26} 总资产增长率	(本年总资产-基期总资产)/基期总资产
		C_{27} 固定资产增长率	(本年固定资产-基期固定资产)/基期固定资产
		C_{28} 科研用资产占固定资产比例	科研用资产/固定资产

四、文化、体育事业单位人力资源评价具体指标体系设想

文化、体育机构人力资源绩效评价具体指标分类为：B_1 业务水平，B_2 经济效益，B_3 服务质量，B_4 发展潜力等。各类文化事业单位绩效指标具体内容见表 8-4。

表 8-4 文化事业单位人力资源绩效评价指标

一级指标	二级指标	三级指标		指标解释
A_1 文化事业单位人力资源绩效指标	B_1 业务水平	C_1 预算完成率		当年预算完成数/当年预算计划数×100%
		C_2 经费自给率		(事业收入+经营收入+附属单位上缴收入+其他收入)/(事业支出+经营支出)×100%
		文物部门	C_3 文物藏品完好率	文物藏品展出数/文物藏品总数×100%
			C_4 文物藏品展出率	文物藏品完好数/文物藏品总数×100%
		体育部门	C_5 体育场馆使用率	场馆开放时间/(365天×8小时)×100%
		曲艺部门	C_6 剧场座位年度利用率	全年观众总人数/365天×剧场座位数×100%
			C_7 剧场使用率	剧场演出时间/(365天×8小时)×100%
	B_2 经济效益	C_8 经营收入增长率		(当年经营收入/上年经营收入-1)×100%
		C_9 事业收入增长率		(当年事业收入/上年事业收入-1)×100%
		C_{10} 经营收入占总收入比率		经营收入/总收入×100%
		C_{11} 事业收入占总收入比率		事业收入/总收入×100%
		C_{12} 资产负债率		负债总额/资产总额×100%
		C_{13} 职工人均年收入增长率		(本期职工人均年收入-基期职工人均年收入)/基期职工人均年收入
	B_3 服务质量	C_{14} 人员支出占事业支出比率		(基本工资+其他工资+补助工资+职工福利费+社会保障费)/事业支出×100%
		C_{15} 公用支出占事业支出比率		(公务费+设备购置费+修缮费+业务费+其他费用)/事业支出×100%
	B_4 发展潜力	C_{16} 引进硕士以上人才		
		C_{17} 人才培训投入增长率		(人才培训投入-基期人才培训投入)/基期人才培训投入
		C_{18} 将帅人才储备		国际级体育健将、国家级体育健将、国家一级运动员、国家一级演员
		C_{19} 学历结构/职称结构		

第四节 事业单位人力资源绩效评价案例

本节以高等学校为例,对高等学校人力资源绩效评价指标体系进行案例设计,并以北京某高校的具体指标为例进行模型的实证分析。

一、高等学校人力资源绩效评价指标体系案例设计

(一)高校绩效评价指标体系设计原则

评价指标评价的是评价对象某一特征的概念及其数量表现,它既明确了评价对象某一特征的概念,又反映了评价对象的数量,具有定性认识和定量认识的双重作用。根据评价任务和目标的需要,能够全面系统地反映某一特定评价对象的一系列较为完整的、相互之间存在着有机联系的指标就是综合评价指标体系。[1] 韩震[2]指出,高校绩效评价体系应符合系统性、科学性、可比性、可操作性、代表性等5个原则。David D. Dill[3]在对国外5种主流大学排名体系进行对比研究之后,提出评价绩效指标关键标准包括:指标的有效性和全面性,信息的相关性和可理解性,激励组织改进教学的功能性。

大学综合评价指标体系的设置应该是基于对大学理念与目标的合理把握,恰当地处理大学内部的教学与科研、规模与效益、数量与质量、投入与产出等几个方面的关系,从而建立起科学、合理、客观、公正的评价指标体系。本书作者认为,高校绩效评价体系设计应遵循以下几个原则:

1.科学性原则。评价指标的设计既要考虑评价研究的任务,也要符合客观现象本身的特点、性质及其运动规律。要能基本反映高校绩效评价的主要特点,并从政策导向的意义上抓住评价的中心,保证评价数据的准确性和权威性。

2.整体性原则。被评价对象具有整体性、系统性的特点。评价需要充分利用各种会计、统计资料。统计核算不能孤立起来,要考虑到与其他核算指标之间的联系。

3.可比性原则。设计评价指标时要注意,评价指标的口径和方法要具有动态可比性,并在空间范围内也具有可比性,尤其是国际可比,这一原则称为可比性原则。按照可比性原则,指标的选择应具备可比性和适用性,从而就同一指标,可对各期加以纵向比较;就同一期间,可对经济主体进行横

---

[1] 娄策群.社会科学评价的文献计量理论方法[M].武汉:华中师范大学出版社,1999:103.
[2] 韩震.基于整体知识能力的中国大学评价研究[D].大连:大连理工大学.2004.
[3] DILL D D. Academic quality, league tables, and public policy: A cross-national analysis of university ranking system[J]. Higher education, 2005(49): 495-533.

向比较。建立评价指标体系的目的是要对高校绩效进行核算和评估,而这种评估只有通过校际之间、指标之间相互比较,才能更充分地体现出来。因此,必须考虑指标之间的可比性和通用性,即要求指标建立在统一的核算范围之内和相同的可比的基准点之上进行量化和比较。

4. 可行性原则。设计评价指标既要考虑评价研究的目的和需要,也要照顾到客观条件的可能性。一是指标体系不能过于复杂,具体指标不能太多;二是数据的获取要相对容易;三是获得的数据要权威、准确;四是计算方法不能太复杂,要易于实现计算机化;五是尽量采用定量描述的指标,定性指标不宜太多。

(二)高校职能

从上述对高校绩效评价指标体系设计原则的讨论可以看到,对高校职能理解的正确与否,会直接影响到指标体系的质量。

高校的职能经历了一个从单一传授知识到教学科研并举,后又增加为社会服务职能的演变过程。[1] 培养人才,发展科技,服务社会,是目前公认的大学的三项职能。据调查统计,美国研究型大学中教授的各类工作负荷的平均比例分别为:教学工作占46.3%,研究工作占32.1%,服务工作占21.6%,而博士学位授予大学教授这三项的比例分别为54.4%、24.3%和21.3%,硕士学位授予教授各类工作的负荷分别为62.7%、15.2%和22.1%,学士学位授予这三项的比例分别为66.3%、11.1%和22.6%。[2] 对应高校的三大职能,高校的产出可以划分为人才培养产出、科学研究产出和社会服务产出。高校在运行的同时,也会对自身无形资产(学术声誉等)的价值带来积极或消极的影响。

高校的三大职能并非截然分开,而是相互联系、相互依托,有机地结合在一起的。我国普通高等学校的类型可分为研究教学型、教学研究型,它们的职能内涵及职能关系也存在差异。不同类型的高校中,三大职能并非平均分配,产出的着重点也不尽相同,有的高校侧重于科研职能,有的高校侧重于人才培养。

1. 人才培养产出职能。高校人才培养的直接产出是学生在接受教育过程中获得或养成的知识、技能、态度、品行等,是通过教育过程附加给学生的教育增值,并在学生的行为中体现出来。由于这些要素涉及人的全面整体特征的向量,很难通过一个或几个指标就能有效表达。不过因为这些要素与学校培养学生的数量和质量紧密相连,凝结在学生的数量和质量之中,所以目前的通行做法是用学生(在校生)的数量和质量来表示高校的人才培养产出。这种处理方法不仅使问题简化,研究变得可行,而且这种简化在涉及与学校生均成本有关的研究中也是有效的。

---

[1] 顾建民. 大学职能的分析及其结构意义[J]. 全球教育展望,2001(8):68-72.
[2] 沈红. 美国研究型大学形成与发展[M]. 武汉:华中理工大学出版社,1999:211.

从北京地区 2001—2007 学年研究生及本专科在校生及人数变化(表 8-5、表 8-6 及图 8-1、图 8-2)中可以看到以下几方面:

(1) 人才产出增幅迅速,效益显著。2001 学年,北京地区普通全日制高等学校本专科在校生人数为 340 284 人,在校研究生人数为 79 480 人。到 2007 学年,上述两项指标分别为 567 875 人和 187 414 人。2007 学年与 2001 学年相比,人数分别增加了 227 591 人和 107 934 人,分别增长了 167%和 236%。

(2) 高级别的人才培养产出增长趋势明显,研究生培养增长幅度较快。在高等学校的人才培养产出中,高等级的产出即研究生数量增长尤其显著,这说明我国高等教育高附加值、高技术含量的产出数量增长迅速,高等教育的多元化、多层次发展已粗具规模。北京地区本专科在校生 2007 学年相比 2001 学年增加了 167%,而研究生在校生 2007 学年相比 2001 学年增加了 236%。

表 8-5　2001—2007 学年北京地区研究生在校生人数变化

学年	2001 年	2002 年	2003 年	2004 年	2005 年	2006 年	2007 年
人数	79 480	97 734	120 386	144 185	165 012	178 091	187 414

数据来源:北京市教委网站(http://www.bjedu.gov.cn),2007 年 11 月 15 日。

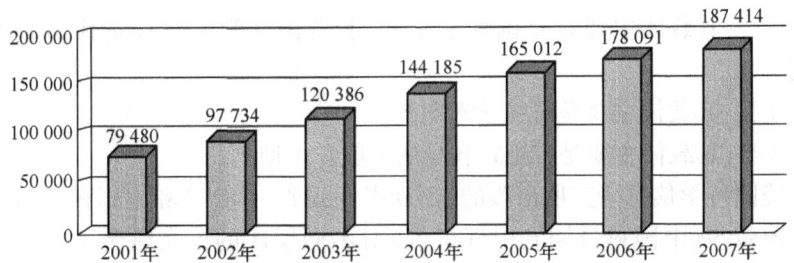

图 8-1　2001—2007 学年北京地区研究生在校生人数变化

表 8-6　2001—2007 学年北京地区普通本专科在校生人数变化

学年	2001 年	2002 年	2003 年	2004 年	2005 年	2006 年	2007 年
人数	340 284	398 573	458 898	500 245	536 724	554 702	567 875

数据来源:北京市教委网站(http://www.bjedu.gov.cn),2007 年 11 月 15 日。

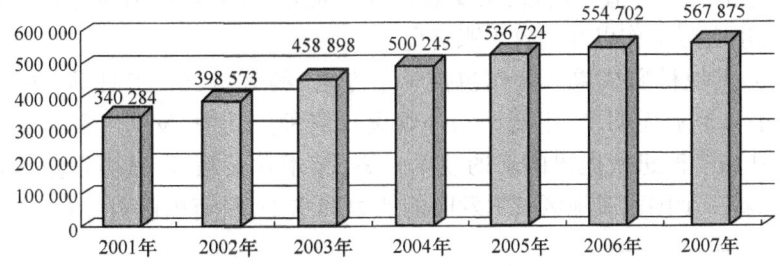

图 8-2　北京地区 2001—2007 学年普通本专科在校生人数变化图

2. 科学研究产出。高等学校是创新的源头,高校教师作为知识创新的主力军和技术创新的生力军,是科技创新的重要力量和区域创新的骨干,承担起了自主创新的特殊使命。科研成果和科研经费是描述高校科研情况的两项主要指标。科研成果是科学技术工作者在从事于各科学技术领域,即自然科学、工程和技术、医学、农业科学、社会科学及人文学科中科技知识的产生、发展、传播和应用密切相关的全部有计划的活动中取得的,具有一定学术意义、技术水平或实际应用价值的成功结果。论文、专著、专利授权、成果鉴定、技术转让、人才培养等是科技绩效产出的基本形式。

(1) 论文。发表论文是科研绩效最重要的表现形式。由于各期刊权威性差别非常大,因此各期刊的审稿标准也不同。对高校绩效进行评价时在强调论文数量的同时,也要考虑论文的质量。

一般情况下论文交流刊载的级别越高,撰写论文需要付出的劳动量就越大。根据对论文载体的分类,可将论文划分为以下五类①:

A 类:其载体主要是 SCI、EI 的期刊源和引用源期刊。

B 类:其载体主要是中文核心期刊、中央级大报理论版、外文期刊和国际学术会议正式出版的论文集。

C 类:其载体主要是全国性学术期刊、全国性学术会议正式出版的论文集。

D 类:其载体主要是省级学术期刊。

E 类:其载体主要是有正式刊号的一般学术期刊。

美国科学信息研究所出版的《期刊引证报告》(JCR)和中国科学引文数据库出版的《中国科技期刊引证报告》对不同层次的论文赋予了不同的权重,据此可以对论文产出进行更进一步定量的计算。

(2) 研究与开发(R&D)成果应用和科技服务。科学技术是第一生产力,科技成果必须转化为生产力,才能为经济建设服务。特别是应用研究和技术开发研究成果,在转化和推广、创造经济价值的同时,其社会价值也得到了体现。R&D 成果应用和科技服务是科技成果转化的重要手段,也是科技活动的重要环节。R&D 成果应用和科技服务的评价,主要依据为本单位(学校)创造的经济价值来衡量,主要表现为一定金额的合同,为履行合同而从事的各项实际工作以及创收入账资金。

(3) 其他科研成果。著作包括学术专著、编著、教材、工具书、译著等。在我国,专利有发明、实用新型和外观设计三种。其中,发明专利是指对产品、方法或者改进所提出的新的技术方案,技术含量最高,其申请量和授权量标志着一个国家或地区技术发明的能力和水平,具有国际可比性;在目前

---

① 刘仁义,陈士俊. 高校教师科技绩效评价中指标与权重的设定[J]. 科研管理,2007(3).

同行专家对科技成果进行鉴定依然作为成果认定形式的情况下,鉴定成果根据专家鉴定意见分为四个档次:国际领先,国际先进,国内领先,国内先进。

3. 社会服务产出。培养人才,发展科技,其实都是为社会服务,只不过它们的服务方式相对间接而已。大学利用人才、设备信息等资源直接为经济、政治、科技、文化等发展服务,是大学人尽其才、物尽其用、融入社会的进一步体现。不过与前两项产出相比,高校社会服务产出的准确界定比较困难,原因在于该项职能建立在人才培养和科学研究两项基本职能基础之上,更多地表现为对学校办学方向的一种规定和引导,这就使得该项职能往往很难与前两项职能截然分开。当前高校社会服务职能的内容和形式主要有以下几种①:①开展成人教育和继续教育,包括短期培训、定向、委托培养等多种形式;②通过签订科研合同,承担政府和企事业单位的科研项目;③校企双方合作兴办联合研究中心和合资企业;④向社会进行技术转让、发明专利出售;⑤建设大学科技园;⑥独立兴办校办企业;⑦向社会开放图书馆、实验室、教学设施等;⑧为政府、企事业单位和个人提供信息、咨询服务。

(三)指标体系设计及指标体系检验

高校绩效指标体系是一个多目标的系统,要求能正确反映高校在运行过程中的管理要求,按照层次分析的思想,以动态的管理为对象,建立以教学绩效和科研绩效为核心,以学校财务综合实力为辅助的考核评价系统,从指标上全面揭示高校绩效综合水平。本项目以高校绩效指标体系设计的原则为基础,结合对高校职能做充分分析,参考前人设计的高校绩效指标体系,首先设计出二级绩效指标体系,然后采用调查问卷的方法对指标设计进行实证检验。检验包括指标的重要性和分类的科学性两部分。

二、高等学校人力资源绩效评价具体指标体系实施案例

(一)研究的基本模型框架

本部分采用问卷调查法,并选用 SPSS 统计软件,对调查数据进行描述分析、因子分析、相关性分析与回归分析。根据前文研究设计调查问卷,向北京市 24 所市属高校发放调查问卷,根据调查数据分析评价指标设计及分类的合理性。

(二)调查问卷的设计与发放

依据确定的研究变量及其内容,本问卷的设计分为问卷Ⅰ和问卷Ⅱ。问卷Ⅰ分为四部分,主要了解各高校人事制度改革的基本情况,还包括一些

---

① 莫光政,李忠云.高等学校社会服务实证分析研究[J].中国农业教育,2001(4):21-23.

基本的财务、科研和人力资源成本方面的信息。问卷Ⅱ是针对各高校教师进行的调查,主要内容有以下三部分:第一部分是调研对象的个人基本信息,包括性别、年龄、学历、高校类型等,它是本研究的背景变量;第二部分是对北京市高校人事制度的现状进行调查,为分析北京市高校人力资源投入对高校绩效的影响做准备;第三部分是高校绩效指标体系有效性调查,共22项,每个绩效项目根据被调查者的赞同程度由差到好分为0~5六个等级,请受访者根据实际情况选择某一等级。

本次调查针对北京市市属24所高校的教师,共发放问卷3 000份,回收1 125份,其中185份未填完整,有效问卷940份,有效回收率为31.33%。[①]其中,具有高级职务的教师占35%,中级职务的教师占29%,硕士以上学历的教师占64%。

(三)有效数据录入及预处理

根据回收的有效问卷,我们把和指标相关的数据信息录入到Excel表中,并基于被调查者的赞同程度(0~5)对各个指标赋予了相对权重,然后进行了详细的汇总分析和具体分析。总体上,四类指标各自所占的权重比例如图8-3所示。

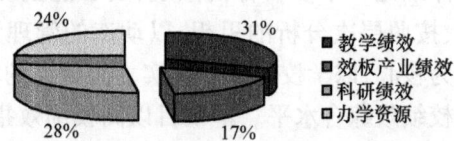

图8-3 高校绩效指标体系中四类指标权重比例总体分析图

从图8-3可见,在高校绩效指标体系中,教学绩效所占的权重比例最大,将近1/3,其次是科研绩效,这也正好反映了高等教育的两大任务:教学和科研。所占权重比例最小的是校办产业绩效,这一指标因各高校的类别不同而有所差异,但也是反映高校绩效的重要指标之一。此外,在衡量高校绩效时,还应当考虑到服务质量和发展潜力,这两项为"软指标",不能确切量化,所以本项目在研究时没有列入高效绩效指标体系内,不过在今后更深入的研究中可以尝试引进这两项指标,它们将使高校绩效评价更加完善,更加科学。

(四)指标体系分类的检验

本问卷在设计时使用了相对成熟的问卷做参考,但调查问卷的质量直接影响调查研究结论的可靠性和有效性。所以,有必要对调查问卷的质量

---

① 此次调查问卷的有效回收率相对较低,主要原因是北京市市属各高校在我们调查期间正进行人事制度改革,工作开展起来难度较大,但各高校还是尽自己所能积极配合,我们十分感谢!

进行检验。

依据调查获得的数据,对各变量中的各项目进行相关分析,除组织承诺部分有个别项目的相关系数较低以外,各变量各项目之间的相关系数均在0.7以上,各变量各项目之间一致性较好。

再用因子分析法测量构思效度,剔除低相关项目后,对各变量的诸项目进行合成,形成新的合成分数变量。然后,利用 SPSS 软件对 22 个新变量做 KMO 和 Bartlett 球体检验,结果 KMO 为 0.83,Bartlett 球体检验为零假设,因此适合做因子分析。采用主成分分析法,抽取因子并做方差最大化旋转,得出的结果见表 8-7。

表 8-7 变量的因子分析

	$F1$	$F2$	$F3$	$F4$	$F5$	$F6$
B4.1	0.722					
B4.2	0.725					
B4.3	0.635					
B4.4	0.747					
B4.5	0.733					
B4.6	0.703					
B3.1		0.756				
B3.2		0.784				
B3.3		0.717				
B3.4		0.646				
B1.1			0.740			
B1.2			0.587			
B2.2			0.715			
B2.3			0.796			
B2.4			0.443			
B5.1				0.580		
B5.2				0.879		
B5.3				0.819		
B1.3					0.552	
B4.7					0.806	
B1.4						0.760
B2.1						0.718

从表 8-7 和表 8-8 可以看出,问卷中的变量全部分布在所属 6 个公共因子上,因素荷载均大于 0.5。6 个公共因子的方差累计贡献率达到了 73.746%,即 6 个维度的要素对总体方差的解释度为 73.7%,说明本问卷的构思效度检测较好,能比较真实地反映高校绩效的实际情况,也说明这 6 个公共因子能比较全面地反映原 22 个变量的所有信息。并且,从分析结果看,对所设计的二级指标进行的分类与高校绩效指标评价体系中的分类基本一致,说明绩效指标体系设计基本合理。

表 8-8 特征值和方差解释

Component	F1	F2	F3	F4	F5	F6
特征值	3.697	3.235	3.020	2.456	2.012	1.804
方差贡献率	16.803	14.703	13.728	11.163	9.148	8.201
方差累计贡献率	16.803	31.506	45.234	56.397	65.544	73.746

(五)调查问卷的数据处理

依据前述因子分析结果,本问卷的变量可以综合成 6 个公共因子,荷载矩阵见表 8-9。

表 8-9 未旋转前的因子载荷

	F1	F2	F3	F4	F5	F6
B1.1	0.459	0.206	0.578	-0.019	0.119	-0.307
B1.2	0.506	0.558	0.093	-0.259	-0.015	0.045
B1.3	0.681	-0.153	0.129	0.267	0.122	0.253
B1.4	0.420	-0.153	0.023	0.636	-0.228	0.360
B2.1	0.460	0.212	0.179	0.382	-0.566	-0.160
B2.2	0.629	0.390	0.303	0.222	0.156	0.129
B2.3	0.632	0.489	0.290	0.139	0.152	-0.044
B2.4	0.621	0.142	0.065	0.282	0.216	0.092
B3.1	0.699	0.197	-0.300	-0.309	0.127	0.173
B3.2	0.612	0.139	-0.366	-0.180	0.080	0.353
B3.3	0.776	0.236	-0.300	-0.136	-0.072	0.117
B3.4	0.666	0.131	-0.368	0.047	-0.265	0.198
B4.1	0.663	-0.133	0.331	-0.230	-0.256	0.021
B4.2	0.691	-0.059	0.220	-0.453	-0.109	0.026
B4.3	0.745	-0.070	0.142	-0.240	-0.046	-0.219

续表

	F1	F2	F3	F4	F5	F6
B4.4	0.691	-0.416	0.040	-0.033	-0.392	-0.096
B4.5	0.713	-0.482	0.092	-0.183	0.037	-0.006
B4.6	0.603	-0.588	0.084	-0.195	0.073	0.154
B4.7	0.433	-0.486	0.209	0.282	0.461	0.067
B5.1	0.651	0.056	-0.231	0.034	0.358	-0.222
B5.2	0.679	-0.085	-0.372	0.133	0.033	-0.533
B5.3	0.629	-0.070	-0.481	0.307	0.027	-0.342

由表 8-9 可以得到因子分析模型如下：

$B1.1 = 0.459 \times F1 + 0.206 \times F2 + 0.578 \times F3 - 0.019 \times F4 + 0.119 \times F5 - 0.307 \times F6$

其他变量等依此类推，均可以用相应的六个公共因子表示。为便于解释公共因子的含义，对表 8-9 进行方差极大法旋转，旋转后荷载向两端集中，旋转结果见表 8-10。

表 8-10　旋转后荷载

	F1	F2	F3	F4	F5	F6
B1.1	0.327	-0.165	0.740	0.102	0.066	-0.024
B1.2	0.146	0.484	0.587	0.014	-0.212	-0.017
B1.3	0.286	0.275	0.269	0.114	0.552	0.324
B1.4	0.035	0.137	0.030	0.035	0.432	0.760
B2.1	0.209	-0.020	0.366	0.212	-0.207	0.718
B2.2	0.063	0.288	0.715	0.048	0.260	0.246
B2.3	0.070	0.263	0.796	0.150	0.115	0.156
B2.4	0.064	0.293	0.443	0.231	0.393	0.224
B3.1	0.273	0.756	0.217	0.230	0.075	-0.088
B3.2	0.169	0.784	0.073	0.131	0.156	0.046
B3.3	0.280	0.717	0.254	0.315	0.003	0.167
B3.4	0.218	0.646	0.059	0.277	-0.005	0.404
B4.1	0.722	0.170	0.311	0.001	0.049	0.193
B4.2	0.725	0.342	0.318	0.022	0.011	-0.049
B4.3	0.635	0.219	0.363	0.319	0.058	0.008
B4.4	0.747	0.120	-0.019	0.294	0.105	0.381

续表

	F1	*F2*	*F3*	*F4*	*F5*	*F6*
B4.5	0.733	0.192	0.046	0.234	0.391	0.024
B4.6	0.703	0.195	-0.093	0.090	0.484	-0.002
B4.7	0.248	-0.087	0.111	0.179	0.806	0.006
B5.1	0.136	0.352	0.297	0.580	0.281	-0.111
B5.2	0.267	0.186	0.131	0.879	0.066	0.101
B5.3	0.096	0.275	0.034	0.819	0.162	0.248

从表8-10的结果可见,根据分析结果对所设计的二级指标进行的分类与高校绩效指标评价体系中的分类基本一致,说明绩效指标体系设计基本合理。公共因子 *F1*~*F6* 可以通过回归算法计算因子得分矩阵求得,见表8-11。

表8-11 公共因子得分矩阵

	F1	*F2*	*F3*	*F4*	*F5*	*F6*
B1.1	0.087	-0.263	0.359	0.050	-0.029	-0.112
B1.2	-0.010	0.161	0.208	-0.097	-0.169	-0.073
B1.3	-0.036	0.050	0.025	-0.113	0.283	0.118
B1.4	-0.101	0.038	-0.090	-0.143	0.210	0.486
B2.1	0.061	-0.166	0.090	0.064	-0.276	0.467
B2.2	-0.127	0.031	0.276	-0.110	0.133	0.061
B2.3	-0.111	-0.016	0.326	-0.010	0.029	-0.008
B2.4	-0.142	0.038	0.137	0.010	0.208	0.038
B3.1	-0.017	0.313	-0.029	-0.033	-0.005	-0.153
B3.2	-0.064	0.381	-0.106	-0.118	0.067	-0.038
B3.3	-0.016	0.257	-0.032	0.011	-0.091	0.024
B3.4	-0.020	0.253	-0.134	-0.014	-0.104	0.222
B4.1	0.278	-0.047	0.042	-0.141	-0.108	0.075
B4.2	0.268	0.052	0.043	-0.132	-0.111	-0.104
B4.3	0.198	-0.078	0.079	0.095	-0.105	-0.098
B4.4	0.282	-0.098	-0.142	0.051	-0.123	0.204

续表

	F1	F2	F3	F4	F5	F6
B4.5	0.229	−0.036	−0.085	0.002	0.117	−0.082
B4.6	0.227	0.023	−0.147	−0.100	0.205	−0.078
B4.7	−0.035	−0.124	0.031	0.023	0.485	−0.111
B5.1	−0.107	0.020	0.075	0.285	0.115	−0.219
B5.2	−0.008	−0.139	−0.021	0.520	−0.109	−0.061
B5.3	−0.106	−0.045	−0.080	0.451	−0.020	0.053

由表 8-11 可以得到公共因子与变量之间的函数关系如下：

$$F1 = (0.087B1.1) + (-0.01B1.2) + \cdots + (-0.106B5.3)$$

其他公共因子依次类推，其值可由上述函数关系计算得到，并成为新的变量。

(六)高校绩效评价指标体系

根据调查问卷数据分析结果，对问卷中的指标体系进行调整，最终设计出侧重于评价人力资源产出效率的高校绩效评价指标体系(见表 8-12)。

表 8-12 侧重于评价人力资源产生效率的高校绩效评价指标体系

高校绩效	1. 教学绩效(产出指标)	1.1 优势学科(博士点、硕士点、国家重点学科)
		1.2 生源水平(入学平均分)
		1.3 就业率
		1.4 各类获奖数(国际性、全国性竞赛、各级教学评估奖励)
	2. 科研绩效(产出指标)	2.1 课题数(国家级、省部级、其他级别)
		2.2 科研成果(论文、专著、其他科研成果等)
		2.3 在职教师人均科研活动经费
		2.4 科研活动收入年增长率
	3. 办学资源(投入指标)	3.1 教育经费
		3.2 教师队伍
		3.3 自筹资金能力
		3.4 生均事业费支出
		3.5 学生生均设备费
		3.6 在职教师人均获取经费额
		3.7 师生比
	4. 校办产业绩效	4.1 校办产业资本金利润率

【本章关键概念】

事业单位	事业单位人力资源绩效评价
绩效	人力资源成本会计方法
绩效评价	人力资源计分卡方法
人力资源绩效评价	人力资源评价指标体系方法
事业单位绩效	人力资源个体价值的计量方法
事业单位绩效评价	人力资源指数方法

【复习思考题】

1. 试分析事业单位与政府职能、企业职能区域的差异。
2. 事业单位人力资源绩效评价有哪些具体的功能?
3. 简述事业单位人力资源绩效评价的意义。
4. 简述事业人力资源绩效评价的基本步骤。
5. 简述构建事业单位人力资源绩效评价指标体系的原则。
6. 简述事业人力资源绩效评估指标体系的主要内容。

【应用案例8-1 事业单位人力资源绩效评价指标体系实证研究】

1. 案例目的:建立某事业单位人力资源绩效评价指标体系。
2. 资料:选择某事业单位人力资源绩效评价具体指标。
3. 要求:

(1)参考本章第三节、第四节案例,建立研究某事业单位人力资源绩效评价的基本模型框架。

(2)设计与某事业单位人力资源绩效评价相关的调查问卷,发放设计好的问卷,规定时间回收调查问卷。

(3)进行有效数据录入及预处理,并分析各类指标各自所占的权重比例。

(4)检验各类指标相关性并形成某事业单位人力资源绩效评价的最终指标体系。①依据调查获得的数据,对各变量中各项目进行相关分析。②用因子分析法测量构思效度。剔除低相关项目后,对各变量的诸项目进行合成,形成新的合成分数变量。③利用 SPSS 软件对 22 个新变量作 KMO 和 Bartlett 球体检验,判断是否适合作因子分析。④采用主成分分析法,抽取因子并作方差最大化旋转计算出结果,并编制数据表1。

(5)进行调查问卷的数据处理。①依据前述的因子分析结果,将问卷变量综合为几个公共因子并计算荷载矩阵数据表2。②根据表2计算得到因子分析模型。③用方差极大法进行数据旋转,将旋转后荷载向两端集中,编制旋转结果的数据表 3。④通过回归算法计算因子得分矩阵并编制数据表 4。

(6)设计某事业单位人力资源绩效评价指标体系。根据调查问卷数据分析结果,对问卷中的指标体系进行调整,最终设计出该单位人力资源绩效评价指标体系。

第九章 人力资源的社会保障会计

本章通过对我国社会保障制度的状况,社会保障以及社会保险制度的改革的介绍,说明企业在执行国家制定的人力资源社会保障制度时,企业社会保险费用的会计处理方法。

第一节 我国社会保障制度及其改革

社会保障是国家通过立法形式,由有关部门负责,聚集社会经济力量,配合政府的财力,对因生、老、病、伤、残等造成社会成员生计中断或生计艰难进行协调和处理,以维持当事人基本生活需要的保障制度和措施;是通过国民收入再分配形成的一种分配关系;是国家立法保障公民基本生活需求,促进社会生产发展和社会稳定所制定的一系列社会保险、福利制度和采取的措施。

一、我国社会保障制度概况

社会保障制度是社会安全网的主要组成部分之一,其基本功能是通过建立基金,实行社会互济,使劳动者在遭遇与职业相关的风险(年老、工伤、患病等)时得到必要的物质帮助,保障劳动者的基本生活需求,维持社会稳定,为促进经济发展和社会进步创造条件。可以说,社会保障制度是经济发展和社会安定的"自动稳压器""减震器",在社会主义市场经济体制的基本框架中,社会保障体系是重要组成部分。改革和健全社会保障制度,是深化企业改革、转换企业经营机制的基础条件。我国的社会保障制度改革,是从计划经济条件下的社会保障制度向社会主义市场经济条件下的社会保障制度过渡。

(一)计划经济条件下的社会保障制度

我国的社会保障制度是在战争年代供给制的基础上,随着1949年中华人民共和国的成立而逐步建立和发展起来的。计划经济体制下的社会保障制度是以国有企业职工和国家事业单位职工为主体的国家统收统支的社会保障制度。具体包括社会保险、社会救济、社会福利、社会优抚、社会互助、个人储蓄积累保障等。其中:

(1)社会保险制度只覆盖了城镇劳动者。当时,全国总工会是全国劳动保险事业的最高领导机构;劳动部是全国劳动保险工作的最高监督机构。

劳动保险金一部分由企业直接支付,另一部分由全国总工会统筹。

(2)社会救济主要用于救助城镇失业人员、灾民、贫困农村地区、农村五保户,同时,还建立了城镇最低生活标准实行社会救助制度。

(3)社会福利制度开创了国家福利、地方福利、集体福利及城镇职工福利几种形式,政府通过各种补贴来控制物价,提供住房,实施免费教育等。

(4)社会优抚主要优抚军、烈属和对社会有重大贡献的人员。

(5)社会互助是在各级工会组织下成立互助会,每个会员存入一定的资金用于资助有临时困难的会员。

我国计划经济体制下的社会保障制度对恢复和发展经济,保障人民生活水平,稳定社会和巩固人民民主专政起了重要的作用。计划经济体制下的社会保障制度是以国家福利为特点,以低工资、低物价、高就业为前提的社会保障制度。随着社会主义市场经济的发展,上述社会保障制度越来越不适应经济发展的需要。因此,随着经济改革的深入,我国也逐步对原有的社会保障制度进行了改革。

(二)社会保障制度改革

随着财税、金融、外贸、外汇等五大宏观经济体制改革措施的推出并取得重大进展,我国经济体制改革的重点是建立健全现代企业制度以及与之相适应的社会保障制度。在社会主义市场经济条件下,建立健全社会保障制度,为城乡居民提供与我国国情相适应的社会保障制度,促进经济发展和社会稳定,是社会主义市场经济体制的基本要求和重要组成部分。

我国社会保障制度改革的目标是建立适应社会主义市场经济体制需要的,以养老、失业、医疗、工伤、生育等社会保险事业为主体并与社会救济、社会福利、社会优抚相结合的,具有中国特色的社会保障体系,逐步形成覆盖范围广,资金来源渠道多,社会化程度高,待遇合理适当,管理体制统一、协调的社会保障事业新格局。我国城镇企业职工社会保障体系简称"五险一金",是指养老、失业、医疗、工伤、生育五种社会保险和住房公积金相结合的社会保障体系。我国社会保障制度改革的重点是配合建立现代企业制度改革,完善城镇职工养老保险、失业保险和医疗保险制度。

二、我国社会保障制度改革进程

20世纪90年代以来,我国社会保障制度改革主要围绕养老保险制度、医疗保险制度、失业保险制度、社会保险基金制度等进行。

(一)养老保险制度改革

我国基本养老保险是国家根据法律、法规的规定,强制建立和实施的一种社会保险制度。在这一制度下,用人单位和劳动者必须依法缴纳养老保险费,在劳动者达到国家规定的退休年龄或因其他原因而退出劳动岗位后,社会保险经办机构依法向其支付养老金等待遇,从而保障其基本生活。

1991年6月,国务院颁布《关于企业职工养老保险制度改革的决定》,明确规定养老保险实行社会统筹,费用由国家、企业和职工三方负担,开始探索建立国家基本养老保险、企业补充养老保险和个人储蓄性养老保险相结合的多层次的养老保险体系。

1993年,十三届三中全会明确提出养老、医疗保险制度改革实行"社会统筹与个人账户相结合"的模式,为我国社会保险制度的改革指明了方向。1994年底,国务院召开了全国城镇企业职工养老保险改革试点会议,此后,全国各地区、各部门都展开了企业职工养老保险制度改革的试点工作。

1995年3月,国务院发布《关于深化企业职工养老保险制度改革的通知》,进一步明确"统账结合"是我国城镇企业职工基本养老保险制度改革的方向。该通知明确养老保险制度改革的目标是:20世纪末,基本建立适应社会主义市场经济体制要求,适用城镇各类企业职工和个体劳动者,资本来源多渠道、保障方式多层次、社会统筹与个人账户相结合、权利与义务相对应、管理服务社会化的养老保险体系。① 该通知标志着我国养老保险制度改革进入新的试点阶段。

经过两年多的实践,基本确定了我国职工养老保险制度改革的方向,统一了认识。1997年7月16日,国务院发布了《关于建立统一的企业职工基本养老保险制度的决定》([1997]26号文件,简称"养老保险制度97-26")。该文件提出的建立全国统一的基本养老保险制度的要点是:①统一缴费比例。企业缴费比例一般不得超过企业职工工资总额的20%;个人缴费比例1997年不得低于本人缴费工资的4%,以后逐步提高到8%。②统一个人账户的规模。按照职工个人缴费工资11%为每个职工建立养老保险个人账户,其中个人缴费部分全部记入,其余部分从企业划入。③统一基本养老金的计发办法。基本养老金支付分为基础养老金和个人养老金两个部分。基础养老金按上年度职工月平均工资的20%计发;个人养老金按个人账户储存额(包括利息)的1/120计发。④建立和完善离退休人员基本养老金正常调整机制。全国统一的养老保险制度适用于国有和非国有企业。全国统一的养老保险制度由国务院颁布,由各级政府强制执行。

建立全国统一的养老退休社会保险体制的几项原则如下:

1. 社会统筹与个人账户相结合的原则。社会统筹与个人账户相结合的养老保险制度,是从我国实际出发,总结国内外经验的基础上发展形成的。它是中国特色的社会保障制度的重要标志,是我国新的养老退休社会保险

---

① 邓大松.社会保险[M].北京:中国劳动社会保障出版社,2004:304.

制度的核心内容。基本养老金由基础养老金和个人账户养老金两部分构成。

2. 基本养老保险要保障基本生活的原则。养老保险待遇水平必须同我国社会生产力发展水平及各方面的承受能力相适应。政府强制实行的基本养老保险只能保障人们的基本生活，因此，国家对企业缴纳的基本养老保险费的比例作了限制性规定，以便减轻企业负担，支持企业改革。而要提高待遇水平，则需建立多层次的养老保险体系，除了基本养老保险外，企业还可以建立企业补充保险。为了满足职工不同层次、不同水准的多种保障需求，职工可以个人投保，充分发挥商业保险的作用。

3. 新老办法平衡衔接，待遇水平基本平衡的原则。养老制度改革涉及各方面利益的调整，与亿万职工的利益紧密相关。因此，要妥善处理好改革与稳定的关系，保证平衡实施，避免发生问题。

4. 确保养老保险基金安全与完整的原则。基本养老保险基金实行收支两条线管理，保证专款专用，做到政、事分开。养老保险基金由社会保险经办机构经办，企业必须按时按量将养老基金存入银行有关账户。养老保险基金的收集、支付根据有关法规进行，不得用于生产投资，为了保值、增值，只能用于国家规定的投资方向。目前，养老保险基金可用于购买国家债券。退休养老基金的全部利息收入必须用于养老保险基金。

5. 逐步提高养老保险统筹层次的原则。养老保险统筹应该逐步由县级统筹向省级统筹过渡，这样便于统一管理，增加基金的安全性、可靠性，防止相互攀比，防止加重企业负担；也可以考虑不同地区的经济发展水平，使社会保障与地区经济发展水平相适应。

1998年执行国务院《关于建立统一的企业职工基本养老保险制度的决定》以后，中国养老保险制度进入实质性改革阶段，各省都相应地制定了养老保险制度改革方案。因此，每个城市的城镇职工基本养老保险待遇标准是不一样的。

2000年12月，国务院发布了《关于印发完善城镇社会保障体系试点方案的通知》，其中关于基本养老保险的调整内容主要有：统筹基金与个人账户分开实行两条线管理，个人缴费为8%且个人账户规模调整为8%，基础养老金标准的比例由原先的20%调整到30%；公务员、财政供款事业单位现行养老保险制度维持不变。

2005年，国务院发布《关于完善企业职工基本养老保险制度的决定》（国发〔2005〕38号），文件在充分调查研究和总结东北三省完善城镇社会保障体系试点经验的基础上，国务院对完善企业职工基本养老保险制度做出新决定。文件共计11条，其中第六条规定"从2006年1月1日起，个人账户的规模统一由本人缴费工资的11%调整为8%，全部由个人缴费形成，单位缴费不再划入个人账户"。

2009年《国务院关于开展新型农村社会养老保险制度试点的指导意见》发布，在全国推行适应农村社会养老保险的新型农村居民社会养老保险制度。

2011年《国务院关于开展城镇居民社会养老保险试点的指导意见》（国发〔2011〕18号）发布，在全国试行城镇居民社会养老保险。

2015年1月20日，中国社保网发表"人力资源社会保障部、财政部关于2015年调整企业退休人员基本养老金的通知"称，按照党中央和国务院部署，从2015年1月1日起，居民基础养老金最低标准从55元提高到70元，1.4亿城乡老年居民受益；企业退休人员基本养老金再提高10%，预计将有近8000万退休人员受益。据测算，到2014年底，经过10年连续调整，企业退休人员基本养老金水平明显提高，由2004年的月均647元提高到目前的2000多元，增长了2倍多，最高的是北京市，已超过3000元。

2015年1月，国务院发布《关于机关事业单位工作人员养老保险制度改革的决定》（国发〔2015〕2号文件，简称"养老保险制度2015"），决定按照党的十八大和十八届三中、四中全会精神，根据《中华人民共和国社会保险法》等相关规定，为统筹城乡社会保障体系建设，建立更加公平、可持续的养老保险制度，国务院决定改革机关事业单位工作人员养老保险制度。该政策决定于2014年10月1日对机关事业单位工作人员养老保险和城镇企业职工基本养老保险进行"并轨"，意味着城镇的职工基本养老保险制度完成了统一。基本养老保险费由单位和个人共同负担。单位缴纳基本养老保险费（以下简称"单位缴费"）的比例为本单位工资总额的20%，个人缴纳基本养老保险费（以下简称"个人缴费"）的比例为本人缴费工资的8%，由单位代扣。按本人缴费工资8%的数额建立基本养老保险个人账户，全部由个人缴费形成。个人工资超过当地上年度在岗职工平均工资300%以上的部分，不计入个人缴费工资基数；低于当地上年度在岗职工平均工资60%的，按当地在岗职工平均工资的60%计算个人缴费工资基数。

2018年，财政部等五部委联合印发《关于开展个人税收递延型商业养老保险试点的通知》（财税〔2018〕22号），决定开展税收递延型商业养老保险的试点，标志着我国第三支柱个人养老金制度逐渐落地。

2019年，国务院办公厅发布国办发〔2019〕13号文件，即《国务院办公厅关于印发"降低社会保险费率综合方案"的通知》，规定"自2019年5月1日起，降低城镇职工基本养老保险（包括企业和机关事业单位基本养老保险，以下简称养老保险）单位缴费比例。各省、自治区、直辖市及新疆生产建设兵团（以下统称省）养老保险单位缴费比例高于16%的，可降至16%；目前低于16%的，要研究提出过渡办法"。

综上所述,我国现行社会养老保险体系分为:城镇企业职工基本养老保险、城镇居民社会养老保险和新型农村居民社会养老保险、机关事业单位工作人员养老保险制度、商业养老保险五部分。本章的叙述仅限于城镇企业职工基本养老保险基金的财务管理范围。

(二)医疗保险制度改革

基本医疗保险是为补偿劳动者因疾病风险造成的经济损失而建立的一项社会保险制度。通过用人单位和个人缴费,建立医疗保险基金,参保人员患病就诊发生医疗费用后,由医疗保险经办机构给予一定的经济补偿,以避免或减轻劳动者因患病、治疗等所带来的经济风险。

我国原有的医疗保险包括劳保医疗和公费医疗两个部分。

劳保医疗制度的保险对象为国有企业及城镇、集体所有制企业职工及其供养的直系亲属,保险金来源为企业福利基金,劳保医疗管理由各企业自行管理。

公费医疗制度的保险对象为政府机关、事业单位的职工及离退休人员,在乡的二等乙级以上残废军人和高等院校在校学生,保险金来源为各级政府财政预算拨款。公费医疗管理由财政部负责,下设公费医疗管理事务中心。各省、市、县均设公费医疗管理委员会及办公室,负责管理公费医疗事务。公费医疗和劳保医疗的给付范围基本相同。保险对象在指定医疗单位门诊和住院的医疗费,生育和计划生育手术医药费,安装国产人工器官的费用,器官移植的部分费用,因工负伤致残的医药费,用于危重病抢救或治疗工伤所必需的贵重、滋补药品的费用,由公费医疗和劳保医疗支付。

我国原有医疗保险制度存在的问题,一是医疗费用由国家和企业包揽,个人基本不负担,缺少有效的制约机制,诱发大量的浪费;二是缺乏稳定的资金来源,在企业经营发生困难时,职工得不到应有的医疗保障;三是医疗保障覆盖面窄,管理社会化程度低,企业负担重;四是管理松懈,支付大幅度增长,超过企业和国家的负担能力。

1994年3月,原国家体制改革委员会和财政部、劳动部、卫生部共同制定《关于职工医疗制度改革的试点意见》,首次将社会统筹与个人账户相结合的模式引入医疗保险制度,对劳保医疗和公费医疗同步进行改革,明确改革的目标是建立社会统筹医疗基金与个人医疗账户相结合的社会医疗保险制度,并使之逐步覆盖城镇所有劳动者。

1998年11月召开的全国医疗保险制度改革工作会议以及同年12月发布的《国务院关于建立城镇职工基本医疗保险制度的决定》标志着我国职工医疗保险制度改革进入了一个新的历史阶段。这次改革的主要内容是:第一,建立由用人单位和职工共同缴费的机制,切实保障职工的基本医疗;第二,建立社会统筹医疗基金和职工个人医疗账户相结合的制度;第三,建立对职工个人医疗费用的制约机制,减少浪费;第四,加强对医疗单位的有效制约,改革收费标准,改善医疗服务。《国务院关于建立城镇职工基本医疗保险制度的决定》指出,要逐步建立包括社会医疗保险、企业补充医疗保险、商业保险以及社会救助在内的多层次的医疗保障体系。

1999年上半年,国家相继出台了《定点医疗机构管理暂行办法》等六个配套文件,全国各省、自治区、直辖市陆续按要求制定医疗保险制度改革总体规划。

2002年10月,中共中央、国务院发布《关于进一步加强农村卫生工作的决定》。该文件明确指出:要"逐步建立以大病统筹为主的新型农村合作医疗制度","到2010年,新型农村合作医疗制度要基本覆盖农村居民"。"从2003年起,中央财政对中西部地区除市区以外的参加新型合作医疗的农民每年按人均10元安排合作医疗补助资金,地方财政对参加新型合作医疗的农民补助每年不低于人均10元","农民为参加合作医疗、抵御疾病风险而履行缴费义务不能视为增加农民负担"。中央财政对新型农村合作医疗补助标准逐年提高。2014年4月25日,财政部、国家卫生计生委、人力资源社会保障部发布《关于提高2014年新型农村合作医疗和城镇居民基本医疗保险筹资标准的通知》,2014年新型农村合作医疗和城镇居民基本医疗保险筹资方法为:各级财政对新型农村合作医疗和居民医保人均补助标准在2013年的基础上提高40元,达到320元。2015年1月29日,国家卫计委、财政部印发《关于做好2015年新型农村合作医疗工作的通知》,提出各级财政对新型农村合作医疗的人均补助标准在2014年的基础上提高60元,达到380元。

2012年,人社部《生育保险办法(征求意见稿)》发布,从2012年11月20日起面向社会公开征求意见。意见稿明确,生育险待遇将不再限户籍,单位不缴生育险须掏生育费。所谓生育保险,是国家通过立法,在怀孕和分娩的妇女劳动者暂时中断劳动时,由国家和社会提供医疗服务、生育津贴和产假,国家或社会对生育的职工给予必要的经济补偿和医疗保健的一种社会保险制度。中国生育保险待遇主要包括两项:一是生育津贴,二是生育医疗待遇。

2016年1月,国务院颁发《关于整合城乡居民基本医疗保险制度的意见》(国发〔2016〕3号),提出整合新型农村合作医疗和城镇居民基本医疗保险制度,建立统一的城乡居民基本医疗保险制度。2016年3月,"十三五"规划纲要提出将生育保险和基本医疗保险进行合并。

2017年2月24日,人力资源和社会保障部举行生育保险和基本医疗保险合并实施试点工作会议,计划于2017年6月底前在12个试点地区启动两险合并工作。人社部强调,两险合并并不是简单地将生育保险并入医保,而是要保留各自功能,实现一体化运行管理。2019年3月,国务院办公厅印发《关于全面推进生育保险和职工基本医疗保险合并实施的意见》,要求2019年底前实现生育保险和职工基本医疗保险合并实施。

(三)失业保险制度改革

失业保险既是社会保障体系的重要制度之一,又是形成市场就业机制的必要条件。失业保险制度是国家通过立法强制实施,由社会集中建立失业保险基金,对非因本人意愿中断就业失去工资收入的劳动者提供一定时期的物质帮助及再就业服务的一项社会保险制度。

我国城镇企业职工失业保险制度是1986年开始建立并逐步发展起来的。1986年,随着《企业破产法》的实施和企业经济结构的调整,国有企业职工待业(后称为"下岗")逐步成为一个社会问题。1986年国务院颁布了《国营企业职工待业保险暂行规定》,1993年又颁布了《国有企业职工待业保险规定》,对国有企业保险基金的筹集使用范围、享受期限和待遇水平都做出了规定。

但是从实际情况来看,当时的待业保险制度存在保险覆盖面窄、统筹层次低、互济性差、可调剂范围小、支出不合理、管理费用高等问题,不能适应企业改革的要求。

1994年,国家推广再就业工程,突出失业保险基金促进失业人员再就业的作用。1986—1996年共帮助500多万人实现再就业,其中享受失业金人员的再就业率为54%。1997年全年下岗职工约1 200多万人,国家决定建立下岗职工基本生活保障制度。

1999年1月22日,国务院颁布实施《失业保险条例》,对完善失业保险制度提供了根本的法律规范。该条例对失业保险的覆盖范围、缴费比例、个人缴费、待遇标准、享受条件、基金支出、管理监督等方面进行了重大调整。《失业保险条例》几乎覆盖了除公务员以外的所有城镇从业人员;提高了失业保险费率,明确由国家、企业、职工三者共同合理负担的社会保险责任;在基金支出结构上,突出了对失业人员基本生活保障的支出。

(四)工伤保险制度的改革

我国工伤保险立法始于20世纪50年代初。此后,工伤保险制度经历了逐步发展和改革的过程。大致可分为首次立法及其适用时期(20世纪50至80年代)、改革探索时期(20世纪90年代)和重大发展时期(进入21世纪以来)等三个阶段。

1. 首次立法及其适用时期(20世纪50至80年代)。1951年2月,原政务院公布了《中华人民共和国劳动保险条例》(于1953年1月重新修订),首次对各项劳动保险待遇作了明确的规定,并将工伤保险列在各项保险项目之首。该条例对于工伤保险的制度构成作了原则性的规定。1953年1月,劳动部颁布《劳动保险条例实施细则》,对工伤保险等进行较为详细的规定。1969年2月,财政部发出《关于国营企业财务工作中几项制度的改革意见(草案)》,要求"国营企业一律停止提取劳动保险金,企业的退休职工、长期病号工资和其他劳保开支在营业外列支",导致工伤保险在内的社会保险行为及其责任变为企业行为和责任。

2. 改革探索时期(20世纪90年代)。90年代,各省市自治区开始进行工伤保险的试点工作。1996年8月,在总结各地试点经验的基础上,劳动部颁布《企业职工工伤保险试行办法》。同年3月,国家技术监督局颁布了《职工工伤与职业病致残程度鉴定(GB/T 16180—1996)》,标志着沿用多年的企业工伤保险制度的改革。

3. 重大发展时期(进入21世纪以来)。2001年9月,劳动保障部根据国务院的立法计划,起草《工伤保险条例(送审稿)》呈送国务院。经过数十次协调和讨论,形成了《工伤保险条例(草案)》。国务院领导也多次听取起草工作情况汇报。2003年4月,国务院第5次常务会议讨论通过了《工伤保险条例》,并以国务院令第375号发布,自2004年1月1日起施行。国务院各有关部门还制定发布了《工伤保险条例》的若干配套规章或政策文件,各地方结合当地的实际情况制定了相应的地方性法规。2004年1月,《工伤保险条例》(国务院令〔第375号〕)正式施行,为职工权益与安全生产提供保障。

所谓工伤保险,是指劳动者在工作中或在规定的特殊情况下,遭受意外伤害或患职业病导致暂时或永久丧失劳动能力以及死亡时,劳动者或其遗属从国家和社会获得物质帮助的一种社会保险制度。工伤保险的认定:劳动者因工负伤或职业病暂时或永久失去劳动能力以及死亡时,工伤不管什么原因,责任在个人或在企业,都享有社会保险待遇,即补偿不究过失原则。

(五)生育保险制度的改革①

新中国成立70多年以来,中国生育保险制度大致可分为:生育保险制度初建阶段、取消总工会生育保险基金阶段、严格执行计划生育阶段和计划生育政策放宽阶段。与此同时,生育保障也经历了从无到有、从职工到居民、从生育保障扩展到生育福利的变化过程。

1. 生育保险初建阶段(1949—1962年)。1951年,原政务院颁布新中国第一部全国统一的企业保障法规《中华人民共和国劳动保险条例》。该条例的保障对象包含"女工人与女职员",保障内容几乎覆盖现代生育保险体系的所有项目,具体包括:生育休假五十六日,产假期间工资照发,如遇难产或

---

① 沈澈.王玲.互动式发展:新中国成立70年来生育政策与生育保障的演进及展望[J]. 社会保障研究,2019(6).

双生,产假增加十四日;生育期间,分娩及检查费用由单位承担;生育补助四万元(旧币)以及其他。这一阶段的生育保险由企业缴费并组织实施,一部分存于中华全国总工会户内作为劳动保险总基金,另一部分存于企业工会基层委员会户内,作为本企业职工劳动保险支出。

2. 取消总工会生育保险基金阶段(1962—1994年)

1962年12月,中共中央、国务院发布《关于认真提倡计划生育的指示》(中发〔62〕698号),明确要求"在城市和人口稠密的农村提倡节制生育,适当控制人口自然增长率,使生育问题由毫无计划的状态逐渐走向有计划的状态",这是中国计划生育工作启动的标志。

1969年2月,财政部颁发《关于国营企业财务工作中几项制度的改革意见(草稿)》,该意见规定,国营企业一律停止提取工会经费和劳动保险金……企业的退休职工、长期病号工资和其他劳保开支改在企业营业外列支。这意味着我国生育保险的工会总基金统筹取消,社会性的生育保险完全转向企业保障。

3. 恢复企业职工生育保险制度(1994—2017年)

1991年5月,中共中央、国务院发布《关于加强计划生育工作严格控制人口增长的决定》,计划生育政策日趋严格。为了配合国家计划生育政策实施,1994年,原劳动部颁布《企业职工生育保险试行办法》(劳部发〔1994〕504号),并于1995年1月1日起试行,从此全国有了统一的生育保险基金统筹办法。生育保险成为独立的社会保险项目,打破了单位统筹的"碎片化"模式,转向社会统筹,但保障对象仍为企业职工。基金支付项目包括生育津贴、与生育有关的医护费用和管理费。

2011年《中华人民共和国社会保险法》正式生效,这是我国第一部社会保障领域的专门立法,以法律形式确立了广覆盖的社会保险体系,生育保险也从条例上升到法律,在法制化建设中实现飞跃。该法规定了生育保险覆盖所有用人单位及其职工。生育保障制度体系除了通过生育保险保障居民基本生育需求以外,还通过激励性措施助力"独生子女"政策的实施。

4. 生育保险与医疗保险合并实施阶段(2017年至今)

在供给侧结构性改革和"二孩政策"的大背景下,中国对社会保险项目进行优化,以降低企业缴费负担并提升社会保险运行效率。

2017年1月,国务院办公厅印发《生育保险和职工基本医疗保险合并实施试点方案的通知》(国办发〔2017〕6号),以邯郸、晋中等12个城市为试点,探索将生育保险与医疗保险合并实施。

2019年3月,国务院办公厅发布《关于全面推进生育保险和职工基本医疗保险合并实施的意见》(国办发〔2019〕10号),要求各地的医疗保险和生育保险在2019年底前合并实施,遵循保留险种、保障待遇、统一管理、降低成本的总体思路,实现参保同步登记、基金合并运行、征缴管理一致、监督管理统一、经办服务一体化。

(六)住房公积金制度的改革①

1949 至 1978 年间,我国对城镇职工实行"低房租、高补贴、福利制、实物分配"的住房制度。城镇住房基本上全部由政府建造,建设资金来源于财政基金。城镇住房被看作职工的福利品而近乎免费居住,租金不以成本而是以承担能力来确定。

20 世纪 90 年代初,为了打破长期以来由国家和单位包揽天下的福利分房体制,住房公积金制度作为城镇房改的产物而产生。1991 年 5 月,上海市在借鉴新加坡中央公积金制度经验基础上,结合自身情况,率先建立了中国特色的住房公积金制度。1992 年,住房公积金制度很快为北京、天津、南京、武汉等城市效仿,相继试行符合本地实际的住房公积金制度。1993 年,全国已有 26 个省、自治区、直辖市在房改方案中规定实施住房公积金制度。

1994 年 7 月,国务院《国务院关于深化城镇住房制度改革的决定(国发〔1994〕43 号)》发布,明确把"建立住房公积金制度"列为城镇住房制度改革的基本内容,要求所有行政和企事业单位及其职工均应按照"个人存储、单位资助、统一管理、专项使用"的原则交纳住房公积金。住房公积金制度由此正式在全国范围推广实行。

1994 年 11 月,财政部、国务院住房制度改革领导小组、中国人民银行等制定了《建立住房公积金制度的暂行规定(财综字〔1994〕126 号)》,对住房公积金的定义、缴存、支付、使用及管理等作了进一步规定。该规定是有关公积金的首部全国性法规。

1997 年 9 月,党的十五大报告中第一次把住房公积金写入其中,强调"建立城镇住房公积金,加快改革住房制度"。

1999 年 4 月,国务院以第 262 号令发布了《住房公积金管理条例》,标志着住房公积金制度正式进入了规范化和法治化时代。

2002 年 3 月,国务院以第 350 号令对《住房公积金管理条例》进行首次修订,之后住房公积金的基本体制架构一直稳定至今。

2013 年 11 月,十八届三中全会通过的《中共中央关于全面深化改革若干重大问题的决定》明确提出,要"建立公开规范的住房公积金制度,改进住房公积金提取、使用、监管机制"。

2015 年 11 月,国务院法制办就《住房公积金管理条例(修订送审稿)》公开征求意见。

---

① 陈杰,吴义东.中国住房公积金制度与经济社会发展的同步性与协调性分析[J]. SJTU 住房政策观察,2020(3).

2019年3月,国务院以第710号令公布《住房公积金管理条例》部分条款的修改内容,但此次修订的幅度较小。

2020年初,新冠疫情暴发,住房公积金的主管部门在2月就住房公积金做出了应急式的缓征、贷款缓还、租房提取额增加、临时性停缴或降低缴存率等政策调整。2020年5月18日,中共中央、国务院印发《关于新时代加快完善社会主义市场经济体制的意见》,再次强调要"改革住房公积金制度"。总之,进入2020年以来,住房公积金制度的存废问题和改革方向再次引发了社会各界的激烈辩论。

(七)社会保险基金管理制度

社会保险基金不同于一般的商业保险,社会保险基金是由政府通过立法强制建立的,有明确使用目的的专项基金。因此,必须保证该项资金的安全、可靠、增值,要建立相应的管理和规章制度,保障社会基金的收缴、支付及运营的规范化、制度化。

1998年1月,财政部、劳动部、中国人民银行和国家税务总局联合下发《关于印发〈企业职工基本养老保险基金实行收支两条线管理暂行规定〉的通知》,规定基本养老保险基金逐步纳入社会保障预算管理。基本养老保险基金征收机构和财政部门在银行分别开设基金专户。征收机构开设"基本养老保险基金收入户",主要用于暂存征集的基本养老保险基金。财政部门开设"社会保障基金财政专户",主要用于接受社会保险经办机构收入划入基本养老保险基金,接受国债到期本息及该账户的利息,支付离退休人员的基本养老保险金,上解或下拨养老保险基金,明确基本养老保险基金征收、支付程序,以及有关部门的职责,基本解决了由同一个机构同时负责社会保险基金征收和支付这一管理模式(即收支一条线)中缺乏约束机制的问题。

1999年1月,国务院颁布《社会保险费征缴暂行条例》,规定了社会保险费的征缴范围。同时规定,基本社会保险费实行集中统一征收制度,各种社会保险费存入财政部门在国有银行开设的社会保障基金财政专户,规定其使用范围、闲置基金运作方式等。

为了解决社会保险经办机构经费保障问题,1999年1月,财政部、劳动和社会保障部发布《关于社会保险经办机构经费保障等问题的通知》(财社字〔1999〕173号)。该通知指出,"根据国务院发布的《社会保险费征缴暂行条例》等社会保险制度规定,社会保险基金实行收支两条线管理,各级劳动保障部门所属社会保险经办机构不得从社会保险基金中提取任何费用,所需经费列入财政预算拨付";并规定经办机构的财务管理执行财政部颁布的《事业单位财务规则》、《事业单位会计准则(试行)》及《事业单位会计制度》。1996年财政部颁布的《社会保险经办机构财务管理办法》《社会保险经办机构会计核算办法》同时废止。

(八)社会保险基金财务制度与社会保险基金会计制度

为了配合我国社会保险制度改革,1999年,财政部会同劳动和社会保障部制定并颁布了《社会保险基金财务制度》(财社字〔1999〕60号)。同年6月21日,财政部颁布了《社会保险基金会计制度》,规范我国社会保险基金财务管理和会计核算工作。

上述两个制度的建立,对于我国社会保险制度改革,对于维护保险对象的合法权益,对于规范社会保险经办机构经办社会保险基金的财务行为,对于加强企业职工基本养老保险基金、失业保险基金、城镇职工基本医疗保险基金等各项社会保险基金的财务管理,对于规范和加强社会保险经办机构经办的企业职工基本养老保险基金、失业保险基金、城镇职工基本医疗保险基金等各项社会保险基金的会计核算,具有重要的指导意义。

《社会保险基金财务制度》建立的依据是国家有关社会保险的法律法规,如《国务院关于建立统一的企业职工基本养老保险制度的决定》(国发〔1997〕26号)、《失业保险条例》(国务院令第258号)、《国务院关于建立城镇职工基本医疗保险制度的决定》(国发〔1998〕44号)、《工伤保险条例》(国务院令〔第375号〕2004年1月)及《社会保险费征缴暂行条例》(国务院令第259号)等。

2017年,为进一步规范社会保险基金财务管理行为,加强基金收支的监督管理,根据《中华人民共和国社会保险法》《中华人民共和国预算法》《中华人民共和国劳动法》等相关法律法规,财政部会同人力资源社会保障部、国家卫生计生委等有关部门对《关于印发〈社会保险基金财务制度〉的通知》(财社字〔1999〕60号)进行了修订。

2017年修订以后的《社会保险基金财务制度》自2018年1月1日起施行。新制度实施之后,《财政部 劳动和社会保障部关于印发〈社会保险基金财务制度〉的通知》(财社字〔1999〕60号)、《财政部劳动和社会保障部关于加强社会保险基金财务管理有关问题的通知》(财社〔2003〕47号)、《财政部卫生部关于印发新型农村合作医疗基金财务制度的通知》(财社〔2008〕8号)、《财政部 人力资源社会保障部关于印发〈新型农村社会养老保险基金财务管理暂行办法〉的通知》(财社〔2011〕16号)、《财政部人力资源社会保障部关于机关事业单位基本养老保险基金财务管理有关问题的通知》(财社〔2016〕101号)同时废止。

财政部制定的《社会保险基金会计制度》是根据《中华人民共和国会计法》、国家有关社会保险基金管理的法律法规和《社会保险基金财务制度》。该制度自1999年7月1日起执行。1996年,财政部制定的《企业职工养老保险基金会计核算办法》、《企业职工失业保险基金会计核算办法》和《职工医疗保险基金会计核算办法》同时废止。

财政部制定的《社会保险基金会计制度》，其根据是《中华人民共和国会计法》、国家有关社会保险基金管理的法律法规和《社会保险基金财务制度》。该制度自1999年7月1日起执行。1996年，财政部制定的《企业职工养老保险基金会计核算办法》、《企业职工失业保险基金会计核算办法》和《职工医疗保险基金会计核算办法》同时废止。

2003年6月19日，财政部在《社会保险基金会计制度》的基础上，制定了《社会保险基金会计核算若干问题补充规定》，补充：①增设"105 国库存款"科目；②规定多收社会保险费的会计处理；③规定预收社会保险费的会计处理；④规定以实物资产抵充社会保险费的会计处理；⑤规定有关数据核对；⑥会计报表："基本医疗保险基金收支表"（会医疗02表）增设"三、待转保险费收入"项目(15行)、"待转利息收入"项目(16行)，根据"待转保险费收入""待转利息收入"科目期末（指1至11月份）发生额分析填列，编制年度会计报表时，该项目空置不填；增设"实物资产明细表"，该表反映季末尚未变现的实物资产的有关情况，根据"实物资产备查簿"据实、按季编报，于季度终了后8日内报出。

2017年，为了适应我国社会保障体系建设需要，进一步规范社会保险基金的会计核算，提高会计信息质量，财政部对《社会保险基金会计制度》（财会〔1999〕20号）进行了修订，印发了《社会保险基金会计制度》（财会〔2017〕28号）。修订后的《社会保险基金会计制度》自2018年1月1日起施行。为了确保新旧制度顺利衔接、平稳过渡，促进新制度的有效贯彻实施，财政部同步印发了《新旧社会保险基金会计制度有关衔接问题的处理规定》（财会〔2017〕29号，以下简称《衔接规定》）。

修订后的《社会保险基金会计制度》主要有以下重大变化和创新：

第一，全面覆盖社会保险险种。与修订后的《社会保险基金财务制度》一致，《社会保险基金会计制度》适用于在我国境内依据《中华人民共和国社会保险法》建立的企业职工基本养老保险基金、城乡居民基本养老保险基金、机关事业单位基本养老保险基金、职工基本医疗保险基金、城乡居民基本医疗保险基金（城镇居民基本医疗保险基金、新型农村合作医疗基金、合并实施的城乡居民医疗保险基金）、工伤保险基金、失业保险基金、生育保险基金等基金，全面规范了上述社会保险基金的会计核算，涵盖了目前全国统一的社会保险基金。

第二，统一社会保险基金会计核算框架。《社会保险基金会计制度》总结提炼了不同险种的社会保险基金在会计要素构成、会计核算内容和方法方面的共性因素，统一了各险种社会保险基金的会计科目设置、业务核算流程与方法、财务报表格式，构建了"一套科目+一套报表"的社会保险基金会计核算统一框架。在此基础上,通过少量专用科目设置、专用报表项目列示等方法兼顾了个别险种社会保险基金的特定会计核算要求。

第三,补充完善有关新业务的会计核算规定。顺应我国社会保险基金运营管理的改革发展要求,在设计会计制度时充分考虑社会保险基金新业务的会计核算需求。例如,按照基本养老保险委托投资业务核算需要,增加"委托投资"新科目,在"暂收款""暂付款"等科目中补充增加相关核算内容及核算方法;按照跨省异地就医直接结算业务核算需要,在"暂收款""暂付款"等科目中增加跨省异地就医资金归集、划拨和清算的相关会计核算规定;按照大病保险业务核算要求,增设专门的"大病保险支出"科目,并对大病保险盈余返还和亏损补偿的核算要求进行了完善。

第二节　企业人力资源社会保障费用会计处理

本节在讨论社保基金来源的基础上,讨论我国企业人力资源社会保障会计处理方法,主要包括人力资源养老保险、失业保险和医疗保险的会计处理等。

一、社保基金来源与会计分类

社保基金是社会保障基金、社会统筹基金、个人账户基金(基本养老保险体系中个人账户上的基金)、企业年金(企业补充保障基金)和全国社会保障基金的统称,它是全国社会保障基金理事会管理的,由国有股减持划入资金及股权资产、中央财政拨入资金、经国务院批准以其他方式筹集的资金及其投资收益形成的由中央政府集中的社会保障基金。我国社保基金是由政府、企业和个人等渠道筹集资金形成的(见图9-1)。因此,我国社保基金收入的会计处理涉及国家、企业和基金会三个方面(见图9-2)。

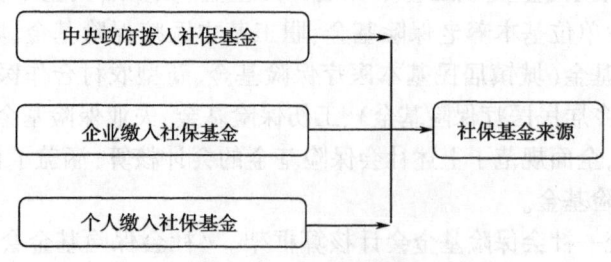

图9-1　社保基金来源

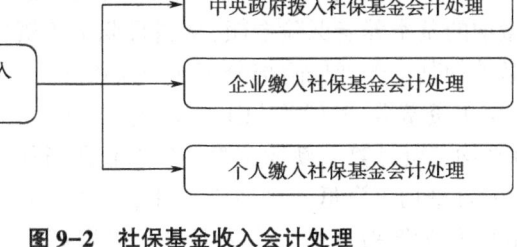

图 9-2 社保基金收入会计处理

鉴于本书主要讨论微观的企业人力资源会计,不讨论宏观的社会人力资源会计处理方法。① 因此,本章只讨论企业上缴人力资源社会保障费用的会计处理方法。

二、企业缴纳的社会保险费用计算方法

(一)企业人力资源养老保险费用的计算方法

根据《国务院关于建立统一的企业职工基本养老保险制度的决定》(国发〔1997〕26 号,简称"养老保险制度 97-26")及《社会保险费征缴暂行条例》(国务院令第 259 号)等,确定企业人力资源养老保险费用会计处理的依据。《中华人民共和国社会保险法》第十一条规定,我国"基本养老保险实行社会统筹与个人账户相结合。基本养老保险基金由用人单位和个人缴费以及政府补贴等组成"。

1. 计费依据。"养老保险制度 2015"规定,用人单位按照不超过工资总额的 20%缴纳基本养老保险费,个人按照本人工资的 8%缴纳基本养老保险费。灵活就业人员参加职工基本养老保险的,按照当地上年度在岗职工平均工资的 20%缴纳基本养老保险费。

自 2019 年 5 月 1 日起,国务院办公厅发布文件,降低城镇职工基本养老保险(包括企业和机关事业单位基本养老保险)单位缴费比例。各省、自治区、直辖市及新疆生产建设兵团养老保险单位缴费比例高于 16%的,可降至 16%;目前低于 16%的,要研究提出过渡办法。

2. 计算方法。企业缴纳养老保险的总计金额计算公式如下:

$$\text{单位缴纳养老保险总计金额} = \frac{\text{缴费基数}\times 16\%}{(\text{单位承担})} + \frac{\sum\text{每个职工本人月缴费基数}\times 8\%\times 12}{(\text{个人承担})}$$

---

① 本书第四版将本书第三版第九章第二节以后的内容删除了,原因是该部分内容与本书研究范围不一致,原稿内容涉及社会人力资源会计处理方法。对社会保险基金会计感兴趣的读者可以参考本书第三版相关内容,并结合 2015 年之后相关政策的修订,自行调整后使用正确的社保基金会计方法进行相应处理。

企业年度缴费金额＝当年参保职工工资总额×16%
个人年度缴费金额＝本人上年月平均工资×8%×12

个人缴纳的基本养老保险金额，从当月职工工资中扣除，由企业代为缴纳。个人缴纳的基本养老保险部分记入个人账户。

(1)缴费工资基数：一般为职工本人上一年度(有条件的地区也可以本人上月)月平均工资计算。新职工第一年以起薪当月工资作为缴费基数。

(2)本人月平均工资低于当地职工月平均工资60%的，按当地职工月平均工资的60%作为缴费基数。本人月平均工资高于当地职工月工资300%的，按当地职工月平均工资的300%作为缴费基数，超过部分不计入缴费工资基数，也不计入计发养老金的基数。

(3)个人缴费不计征个人所得税，在计算个人所得税的应税收入时，应当扣除个人缴纳的养老保险费。

(4)城镇个体工商户和灵活就业人员按照上述口径计算的本地全口径城镇单位就业人员平均工资核定社保个人缴费基数上下限，允许缴费人在60%至300%之间选择适当的缴费基数。缴费比例为20%，其中8%记入个人账户。

(二)企业人力资源失业保险费用的计算方法

根据《失业保险条例》(国务院令第258号)及《社会保险费征缴暂行条例》(国务院令第259号)等，企业人力资源失业保险费用的会计处理如下。

1.计算依据。《失业保险条例》规定，城镇企业事业单位的缴费基数为本单位工资总额，个人缴费基数为本人工资额。单位工资总额按照国家有关工资政策予以认定其构成和计算方式。它是指单位在一定时期内直接支付给本单位全部职工的劳动报酬总额。包括计时工资、计件工资、奖金、津贴和补贴、加班加点工资以及特殊情况下支付的工资。本人工资是指由单位支付的劳动报酬，包括计时工资或计件工资、奖金、津贴和补贴、加班加点工资等，不包括其他来源的收入。

在确定缴费基数时，各地可以根据情况统一规定各单位以哪一个时期的工资总额和工资额为缴费基数。例如：可以上一年度单位工资总额为基数，平摊到本年度各个月份，每月按相同数额征收；可以上月单位工资总额为基数，按实际发生数确定征收数额；对工资总额不易认定的，可由负责征缴的机构参照当地工资水平和该单位生产经营状况核定缴费基数。个人缴费基数的确定方法应与单位相一致。

2.计算方法。制度规定用人单位按照本单位应参保职工上年度月均工资总额的1.5%，缴纳失业保险费。职工按照本人上年度月均工资的0.5%缴纳失业保险费。缴费工资基数无法核定的，按照当地上年度职工平均工资计算。职工缴费工资低于当地上年度职工平均工资60%的，按照当地上年度职工平均工资的60%计算。

失业保险合计金额=缴费基数×1.5%(企业承担)+Σ每人缴费基数×0.5%(个人承担)

企业缴纳金额 = 参保职工上年度月均工资总额×1.5%

个人缴纳金额 = 职工本人上年度月均工资×0.5%

(三)企业人力资源医疗保险费用的计算方法

1. 计算依据。根据《国务院关于建立城镇职工基本医疗保险制度的决定》(国发〔1998〕44号)及《社会保险费征缴暂行条例》(国务院令第259号)等,企业基本医疗保险费由单位和职工个人共同缴纳,按保险缴费基数进行缴纳。具体缴费比例以当地政策规定为准。如北京的缴费比例是单位10%、个人2%。职工自批准法定退休的次月起,个人不再缴纳基本医疗保险费。

2. 计算方法。企业每个月的人力资源医疗保险费用以职工工资为基数。个人缴费基数一般是按照企业职工本人上一年月平均工资计算。以北京为例,医疗保险费用计算方法如下:

医疗保险合计金额=缴费基数×10%(企业承担)+缴费基数×2%(个人承担)

企业缴费金额=缴费工资×缴费比例=缴费工资×10%

个人缴费金额=职工本人上年月平均工资×2%

其中,个人缴费部分每个月从职工工资里扣除。

(四)企业人力资源生育保险费用的计算方法

《社会保险法》第五十三条规定:"职工应当参加生育保险,由用人单位按照国家规定缴纳生育保险费,职工不缴纳生育保险费。"《社会保险法》第五十四条规定:"用人单位已经缴纳生育保险的,其职工享受生育保险待遇;职工未就业配偶按照国家规定享受生育医疗费用待遇。所需资金从生育保险基金中支付。"上述规定说明中国生育保险的范围覆盖了所有用人单位及其职工,并且扩大到了用人单位职工的未就业配偶。但是,中国各个地区的生育保险覆盖范围也是有所区别的,具体覆盖范围以当地人力资源和社会保障局公布信息为准。

如前所述,2019年3月国务院办公厅印发《关于全面推进生育保险和职工基本医疗保险合并实施的意见》,要求2019年底前实现生育保险和职工基本医疗保险合并实施。但是,生育保险的计费依据和计算方法与医疗保险仍有不同。

1. 计费依据。中国生育保险待遇主要包括两项:一是生育津贴,二是生育医疗待遇,其宗旨在于通过向职业妇女提供生育津贴、医疗服务和产假,帮助她们恢复劳动能力,重返工作岗位。

生育保险参保人群:凡是与用人单位建立了劳动关系的职工,包括男职工,都应当参加生育保险。

生育保险费用缴纳,是用人单位按照国家规定缴纳生育保险费,职工不缴纳生育保险费。北京生育保险缴费比例为:企业按照职工缴费基数的0.80%缴纳生育保险费;广州生育保险缴费比例为:企业按照职工缴费基数的0.85%缴纳生育保险费。

2. 计算方法。生育保险的缴费基数是按照职工上一年度1月至12月的所有工资性收入所得的月平均额算出来的,对于不满一年的职工,则按照当月的实际工资来计算。例如,北京企业缴纳生育保险费用计算如下。

企业缴纳生育保险金额=职工上年度所有工资性收入的月平均×0.8%

企业缴纳金额=职工上年度所有工资性收入所得的月平均额×0.8%

(五)企业人力资源工伤保险费用的计算方法

根据《工伤保险条例》(国务院令第375号)及《社会保险费征缴暂行条例》(国务院令第259号)等,进行企业人力资源工伤保险费用的会计处理。

1. 计费依据。工伤保险费由用人单位缴纳,职工个人不缴纳工伤保险费。用人单位缴纳工伤保险费的数额为本单位职工工资总额乘以单位缴费费率之积。

根据不同行业的工伤风险程度,由低到高,依次将行业工伤风险类别划分为一类至八类。

不同工伤风险类别的行业执行不同的工伤保险行业基准费率。各行业工伤风险类别对应的全国工伤保险行业基准费率为,一类至八类分别控制在该行业用人单位职工工资总额的0.2%、0.4%、0.7%、0.9%、1.1%、1.3%、1.6%、1.9%左右。

通过费率浮动的办法确定每个行业内的费率档次。一类行业分为三个档次,即在基准费率的基础上,可向上浮动至120%、150%,二类至八类行业分为五个档次,即在基准费率的基础上,可分别向上浮动至120%、150%或向下浮动至80%、50%。

各统筹地区人力资源社会保障部门要会同财政部门,按照"以支定收、收支平衡"的原则,合理确定本地区工伤保险行业基准费率具体标准,并征求工会组织、用人单位代表的意见,报统筹地区人民政府批准后实施。

2. 计算方法。工伤保险费按照用人单位缴纳工伤保险费的金额为本单位职工工资总额乘以单位缴费费率之积进行缴纳,由公司全额缴纳,如北京一类行业的缴纳比例为0.5%。

工伤保险合计金额=本单位职工工资总额×本单位缴费费率

(六)企业人力资源住房公积金的计算方法

住房公积金,是指国家机关、国有企业、城镇集体企业、外商投资企业、城镇私营企业及其他城镇企业、事业单位、民办非企业单位、社会团体及其在职职工缴存的长期住房储金。

住房公积金的定义包含以下几个方面的含义：

第一，在职职工由单位开设住房公积金账户。自由职业者(即没有与任何单位建立劳动合同关系的个体劳动者)可以办理住房公积金个人明细开设手续，按《住房公积金明细开设、变更、注销和年度调整手续须知》申报。

第二，住房公积金由两部分组成，一部分由职工所在单位缴存，另一部分由职工个人缴存。职工个人缴存部分由单位代扣后，连同单位缴存部分一并缴存到住房公积金个人账户内。

第三，住房公积金缴存的长期性。住房公积金制度一经建立，职工在职期间必须不间断地按规定缴存，除职工离职退休或发生《住房公积金管理条例》规定的其他情形外，不得中止和中断。这体现了住房公积金的稳定性、统一性、规范性和强制性。

第四，住房公积金是职工按规定存储起来的专项用于住房消费支出的个人住房储金，具有以下两个特征：积累性和专用性。

1. 计算依据。住房公积金缴存基数按职工本人上一年度月平均工资计算。月平均工资按国家统计局规定列入工资总额统计的项目计算。

职工和单位住房公积金的缴存比例均不得低于职工上一年度月平均工资的5%；有条件的城市，可以适当提高缴存比例。

2. 计算方法。

$$住房公积金合计 = 缴存基数 \times 8\%(企业) + 缴存基数 \times 8\%(个人)$$

住房公积金缴存基数，不得低于本市政府公布的当年最低工资标准。2017年北京市缴存基数的下限为5 548元。最低缴存基数仅适用于因生产经营困难，按照最低工资标准支付劳动者工资的单位。

综上所述，根据我国社会保障法律法规，汇总北京地区企业"五险一金"的计算比例，见表9-1。

表9-1 五险一金计算比率一览表(以北京地区为例)

养老保险		医疗保险		失业保险		备注：社保缴纳费用(具体比例按各省政府文件略有不同)
个人缴费	单位缴费	个人缴费	单位缴费	个人缴费	单位缴费	
职工工资×8%	职工工资×16%	职工工资×2%	职工工资×10%	职工工资×0.5%	职工工资×1.5%	
生育保险		工伤保险		公积金		总计
个人缴费	单位缴费	个人缴费	单位缴费	个人缴费	单位缴费	个人缴费	单位缴费
不用缴	职工工资×0.8%	不用缴	职工工资×0.5%	职工工资×8%	职工工资×8%	职工工资×18.5%	职工工资×36.8%

三、企业人力资源社会保险费用的会计处理

各项企业社会保险,包括养老保险、医疗保险、失业保险、生育保险、工伤保险和住房公积金缴费的会计处理方法类似。根据企业职工社会保险费用的计算结果,按照社会保险费用的交付方式,有以下两种会计处理。

(一)当期缴纳社会保险费(如养老保险费等)

1. 当期代缴社会保险费(如养老保险费用等)。在企业发放工资之前,当期代替个人缴纳社会保险费,如养老保险费用,企业承担部分借记人力资源保障成本或管理费用,个人承担部分借记其他应收款,同时冲减银行存款,编制如下会计分录:

借:人力资源保障成本(或管理费用)
　　　社会保险费——养老保险费(企业承担部分)
　　　其他应收款——社会保险费——养老保险费(个人承担部分)
贷:银行存款

2. 发工资时收回个人承担部分。发工资时,把企业代个人缴纳的社会保险费(如养老保险费)部分收回,借记人力资源保障成本或借记应付职工薪酬,从职工个人工资里扣除,并冲减其他应收款,编制如下会计分录:

借:人力资源保障成本(或应付职工薪酬)
贷:其他应收款
　　　社会保险费——养老保险费(个人承担部分)

(二)当期未缴纳社会保险费(如养老保险费)

1. 计算当期企业应付养老保险费。计算当期企业应付社会保险费(如养老保险费)后,将企业承担部分借记人力资源保障成本或管理费用,同时贷记其他应付款,编制以下会计分录:

借:人力资源保障成本(或管理费用)
　　　社会保险费——养老保险费
贷:其他应付款
　　　社会保险费——养老保险费(企业承担部分)

2. 计算应付工资时。计算个人应付社会保险费(如养老保险费用)后,借记人力资源保障成本(或借记应付职工信薪酬),贷记其他应付款,编制以下会计分录:

借:人力资源保障成本(或应付职工薪酬)
贷:其他应付款

社会保险费——养老保险费(个人承担部分)

　　3.支付养老保险费时。在向国家社会保障基金缴纳支付社会保险费(如养老保险费用)时,贷记银行存款的同时,借记其他应付款,编制以下会计分录：

　　借:其他应付款
　　　　社会保险费——养老保险费(企业承担部分)
　　　　社会保险费——养老保险费(个人承担部分)
　　贷:银行存款

【本章关键概念】

社会保障	失业保险
"五险一金"	生育保险
基本养老保险	工伤保险
基本医疗保险	住房公积金

【复习思考题】

1. 简述我国社会主义计划经济条件下的社会保障制度。
2. 简述我国社会主义市场经济条件下的社会保障制度改革。
3. 简述我国基本养老保险制度的改革。
4. 简述我国基本医疗保险和生育保险制度的改革。
5. 简述我国失业保险和工伤保险制度的改革。
6. 简述我国住房公积金制度的改革。
7. 试述我国企业社会保险(包括养老保险、医疗保险、失业保险、生育保险、工伤保险和住房公积金)缴费的计算方法和会计处理。

【应用案例9-1　某企业人力资源社会保险费用的会计处理】

1. 案例目的:建立某企业社会保险的会计案例。
2. 资料:选择某企业,进行五险一金的社会保险缴费实习,并统计企业社会保险缴费的计算方法,收集相关会计处理的数据。
3. 要求:

(1)参考本章第二节内容,建立某企业社会保险缴费的会计核算流程框架。

(2)设计与某企业社会保险缴费计量、会计处理以及某月会计数据相关的调查问卷,并向企业发放问卷,之后按照规定时间回收调查问卷。

(3) 进行有效数据整理,并分析回收的企业某月社会保险会计数据。
(4) 进行调查问卷数据处理,编制一套企业社会保险缴费的会计案例。
(5) 评价所编案例的优劣。

第十章 软件开发企业人力资源会计[①]

软件开发企业,简称"软件企业",是以研究开发、生产或制造软件产品为主营业务的企业。软件开发企业是一种软件开发技术人才集中的高科技企业,在其成本费用中人力资源开支占比很高。

软件开发企业人力资源会计是专门研究软件开发企业人力资源成本和价值的会计方法。软件开发企业人力资源成本会计是研究软件开发企业人力资源取得、开发、使用、保障和离职成本费用的会计方法,是研究软件开发企业对其人力资源投入的会计方法。软件开发企业人力资源价值会计是研究软件开发企业人力资源为企业创造价值的会计方法,也是研究软件开发企业人力资源产出的会计方法。软件开发企业人力资源会计是第三章和第四章人力资源成本会计和人力资源价值会计在软件开发企业的应用,其特点是人员技术结构和分类有所不同。软件开发企业人力资源的价值,根据软件人员所掌握的技术水平,其人力资源分类、薪酬和价值都会有所不同。

本章从讨论国内外软件产业发展现状与会计处理问题开始,引入美国软件会计准则发展简史与特点,然后讨论中国企业会计准则现状与软件会计处理问题,提出中国软件企业会计准则基本框架,并用软件开发企业会计处理案例证明所涉及的理论框架是合理可行的;之后,建立模型,以数据分析软件开发企业人力资源价值与薪酬之间的关系;最后用软件开发企业人力资源价值与薪酬的应用案例,分析所设计模型的可操作性。

第一节 国内外软件产业发展现状与会计处理问题

一、国内外软件产业的发展与现状

(一)国内外软件产业的发展简况

1. 国外软件产业发展简况。根据百度百科网站资料,软件产业[②]被定义为"生产或制造软件的企业统称"。资料称"软件这个术语首次被使用是在1959年,而软件业从1949年就出现了,初期的发展几乎都是在美国完成。

[①] 本章部分内容借鉴李伟、张少博主持,刘仲文、陈杰、尤翔宇参与的工信部2019—2020年科研项目"现行财务制度对软件企业及软件产品的影响研究"报告。

[②] 百度百科,https://baike.baidu.com/item/软件产业,20211120。

引用麦肯锡公司的分类方法,迄今为止,软件业已经经历了比较完整的5代"。

(1)第一代:早期的专业服务公司(1949—1959年)。第一批独立于卖主的软件公司是为客户开发定制解决方案的专业软件服务公司。在美国,这个发展过程是由几个大软件项目推进的,这些项目先是由美国政府出面,后来被几家美国大公司认购。这些巨型项目为第一批独立的美国软件公司提供了重要的学习机会,并使美国在软件业中成了早期的主角。例如:开发于1949年到1962年间的SAGE系统,是第一个极大的计算机项目。在欧洲,几家软件承包商也在20世纪50年代和60年代开始发展起来,但总体上看,比美国发展进程晚了几年。

美国的主要公司有CSC、规划研究公司、加州分析中心和管理美国科学公司。这些公司的运作特点是:每次为一个客户提供一个定制的软件,包括技术咨询、软件编程和软件维护。软件销售是一次性的,不可复制。

(2)第二代:早期的软件产品公司(1959—1969年)。在第一批独立软件服务公司成立10年后,第一批软件产品出现了。这些初级的软件产品被专门开发出来,重复地销售给一个以上的客户。一种新型的软件公司诞生了,这是一种要求不同管理和技术的公司。第一个真正的软件产品诞生于1964年,是由ADR公司接受RCA委托开发的一个可以在程序里形象地代表设备的逻辑流程图的程序。在这个时期,软件开发者设立了今天仍然存在的基础框架,包括一个软件产品的基本概念、定价、维护及其法律保护手段,它们进一步证实了软件项目和软件产品企业是两个不同的类别。

当时美国主要的软件公司有ADR、Informatics等。这些公司运作特点是:不是出售一个独立的软件产品,而是将一个软件产品多次销售。

(3)第三代:强大的企业解决方案提供商(1969—1981年)。在第二代后期,越来越多的独立软件公司破土而出。与二代软件业不同的是,规模化企业提供的新产品已经超越了硬件厂商所提供的产品。最终,客户开始从硬件公司以外的卖主那儿寻找他们的软件来源并为其付钱。20世纪70年代早期,数据库市场最为活跃,原因之一是独立数据库公司的出现。数据库系统在技术上很复杂,而且几乎所有行业都需要它。但从由计算机生产商提供的系统被认为不够完善以来,独立的提供商侵入了这个市场,使其成为70年代最活跃的市场之一。

欧洲同样进入了这个市场。1969年,德国法兰克福南边的一个中等城市达姆斯塔特的应用信息处理研究所的6位成员创立了Software AG,至1972年,它进入了美国市场,之后不久就在全世界销售它的主打产品。其他在这个市场扮演重要角色的公司有Cincom系统公司(1968年)、计算机联合公司(CA,1976)和Sybase(1984)。20世纪80年代和90年代,许多企业解决方案提供商从大型计算机专有的操作系统平台转向诸如 Unix(1973)、IBM OS/2 和微软 NT 等新的平台,这个转变通常使这些公司从使用他们自己所有的软件中获得暴利。

此时美国主要的软件企业有 SAP、ORACLE、PEOPLESOFT 等。这些公司的运作特点是:软件企业开始以企业解决方案供应商的面目出现。

(4)第四代:客户大众市场软件(1981—1994 年)。个人计算机的出现催生了一种全新的软件,即基于个人计算机的大众市场套装软件。同样,这种市场的出现影响了以前的营销和销售方式。1975 年,第一批"个人"计算机是诞生在美国 MITS 的 Altair 8800。同样还有 1977 年上市的苹果Ⅱ型计算机。但是这两个平台都未能成为持久的个人计算机标准平台。直到 1981 年 IBM 推出了 IBM PC,一个新的软件时代开始。这个时期是真正独立的软件产业诞生的标志,同样也是收缩-覆盖的套装软件引入的开端。

此时美国主要的软件企业有微软、Intuit、Lotus 等。微软是这个时代最成功和最有影响力的代表性软件公司。其他代表性公司还有 Adobe、Autodesk、Corel、Intuit、Lotus 和 Novell 等。这些企业的运作特点是:提供基于个人计算机的大众市场软件产品。

总之,我们看到,20 世纪 80 年代,软件产业以每年 20%的增长率发展。美国软件公司的年收入 1982 年增长到 100 亿美元,1985 年为 250 亿美元,比 1979 年高 10 倍。

(5)第五代:互联网增值服务(1994 年至今)。由于互联网的介入,软件产业的发展开创了一个全新的时代。高速发展的互联网给软件产业带来了革命性的意义,给软件发展提供了一个崭新的舞台。当电脑开始普及的时候,软件是建立在电脑平台上的;而互联网出现以后,网络逐渐成为软件产品新的平台,大量基于网络的软件不断涌现,大大加快了软件产业的繁荣与发展。此时全球主要的互联网企业有 Yahoo、Google、腾讯等。这些企业的运作特点是:不再通过销售软件获得收入,而是通过应用来自外部软件公司的软件获得收入。

2. 中国软件产业发展简况。根据北京大学杨芙清院士①《中国软件工程历程与发展》②一文,为了满足中国软件产业发展的需要,中国自 20 世纪

---

① 杨芙清,1932 年生,江苏无锡人,计算机软件专家,中国科学院院士(1991 年);北京大学教授,北京大学信息与工程科学学部主任,软件工程国家工程研究中心主任,北京大学软件与微电子学院理事长、名誉院长;兼任国务院学位委员会委员及学科评议组第一召集人,中国计算机学会、中国软件行业协会副理事长,北京市人民政府专家顾问团顾问,IEEE Fellow,贝尔实验室基础科学研究院(中国)高级顾问,《中国科学》《科学通报》《电子学报》副主编,复旦大学、浙江大学、香港科技大学等校兼职教授。

② 杨芙清院士讲座题目《中国软件工程历程与发展》,文章来源于微信公众号"图灵人工智能", https://mp.weixin.qq.com/s/RA-OPQQfzBJiHuKQefSkHA。

80年代末启动软件工程研究与实践,其过程和成果与国际发展趋势一致(见图10-1)。随着中国软件工程科研和技术的发展,中国软件产业经历了从无到有、跟踪追赶、创新突破和高新尖发展四个阶段。

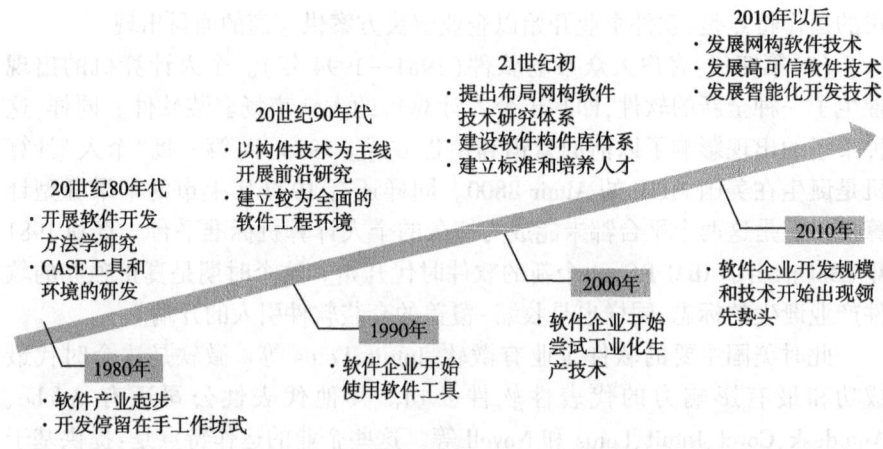

图10-1 中国软件工程研究与实践发展过程

(1)从无到有阶段(1980—1990年)。中国软件产业启动于20世纪80年代末。1980年,中国科技工程理论界启动软件工程研究项目,进行软件开发方法的研究,主要进行 CASE [Computer Aided (or Assisted) Software Engineering]工具和环境研究。这时我国软件产业刚刚起步,软件开发主要停留在手工作坊式阶段。中国产生了第一个结构化软件工程环境,即"集成化软件工程支撑环境:青鸟Ⅰ型"。我国软件产业实现了从无到有的转变。

(2)跟踪追赶阶段(1990—2000年)。1990年,中国科技工程理论界提出以构件技术为主线,开展前沿软件工程项目研究,建立较为全面的软件工程环境(见图10-2)。这时,我国软件企业开始使用软件工具。中国产生了第一个面向对象的软件工程环境,既"大型软件开发环境:青鸟Ⅱ型"。我国软件产业利用面向对象开发的方法,如定制化软件等,不断跟踪追赶国际领先技术。

(3)创新突破阶段(2000—2010年)。进入21世纪后,我国提出布局网构软件技术研究体系,建设软件构件库体系,建立标准和培养人才(见图10-3)。这时,我国软件企业开始尝试工业化生产技术。中国产生了第一个构建化软件开发平台,即"构建化软件开发平台:青鸟Ⅲ型"。我国软件产业使用构建化开发方法,实现了软件行业的创新突破式发展。

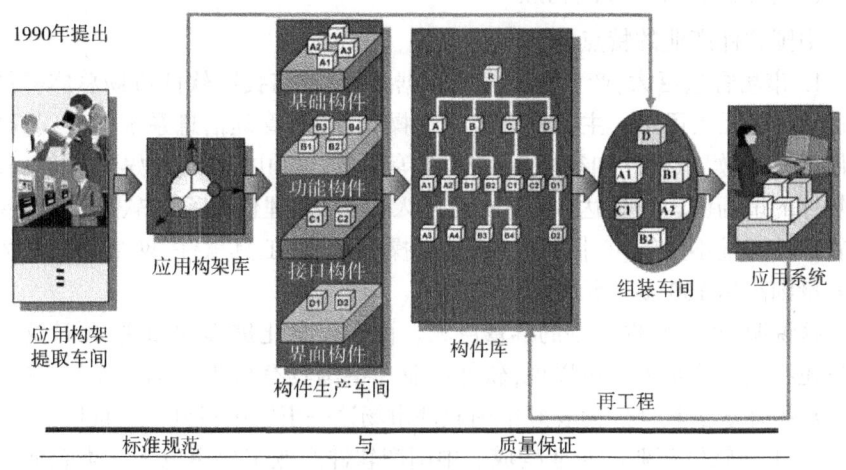

图 10-2 软件工程环境示意图

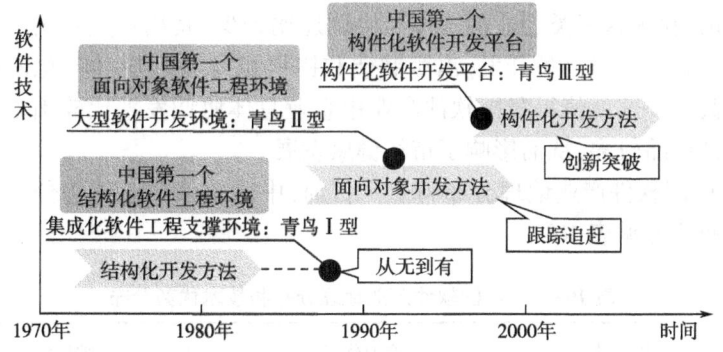

图 10-3 软件技术研究体系

(4)高新尖发展阶段(2010年至今)[①]。2010年之后,我国软件产业开始向"发展网构软件技术"、"研究高可信软件技术"、"拓展智能化开发技术"方向发展。2011年,软件工程作为一级学科列入我国的学科目录,同年,软件工程博士被列入专业学位目录。软件产业开发规模和技术开始出现领先的势头。

---

① 参见杨芙清院士讲座:《中国软件工程历程与发展》,文章来源于微信公众号"图灵人工智能"。网址:https://mp.weixin.qq.com/s/RA-OPQQfzBJiHuKQefSkHA。

(二)中国软件产业的特点

中国软件产业的特点如下①。

1. 市场容量巨大,产业前景光明。据统计,目前我国软件市场总体容量高达 200 亿元人民币。主要产品集中在操作系统、管理信息系统软件、教育软件、游戏及娱乐软件和行业专用软件等领域。其中,游戏及娱乐软件、教育软件的市场销售容量达 3 亿~4 亿元人民币,管理信息系统软件、行业专用软件的容量不少于 40 亿元人民币,而操作系统、工具软件、网络化软件的总容量则高达 150 多亿元人民币。

这说明,我国软件市场的容量巨大。由于信息化进程的加快,预计这一容量还将进一步扩大。可以说,软件产业在中国具有极为广阔的前景,这也可以从国外众多软件厂商看好中国软件市场这一事实中得到有力证明。

2. 中国软件产业的企业构成。中国产软件产业主要由以下三类企业构成:①软件开发商和个人开发者;②软件出版商和制造商;③软件销售商。这三类企业中,有一批专业软件开发商同时还具备制造能力和销售能力,但行业内大多数开发商从事的仍主要是开发、设计工作。

目前,我国这三类企业的协作与协调还比较少,其相互关系主要以市场机制为基础。同时具备开发、出版制造和销售能力"三位一体"化的软件企业为数甚少。这就使得我国软件产业中企业总体协调发展比较困难,盗版、伪劣软件产品较多,从而影响了市场健康发展。

3. 中国软件产业地理分布特点。目前,中国软件产业地理分布和技术优势分布状况见表 10-1。

表 10-1　中国软件产业地理分布和技术优势分布

地区	代表地域	产业优势	地区优势
北京	北方	软件开发、销售	技术、核心市场
广深	南方	软件制造、开发、引进	制造、口岸市场
武汉	华中	软件出版、发行	技术、发行中心
成都	西南	软件销售、发行	营销、发行
上海	华东	软件开发、引进	技术、口岸城市

4. 中国软件产业产品领域分布特点。从我国软件企业优势产品的领域

---

① 版权声明:本部分为 CSDN 博主"做个好人"的原创文章,遵循 CC 4.0 BY-SA 版权协议,转载请附上原文出处链接及本声明。原文链接:https://blog.csdn.net/nsnboy/article/details/106464.

分布,可以看出我国软件产业发展较快的产品领域。我国软件产业的重要特点之一,是依托某一领域技术及行业优势,开发出成功的品牌产品,并据此立足于该领域内逐步发展。近年来,国内已出现了一批开发各个领域软件产品的综合性软件企业。受技术与行业限制,目前国内软件企业的产品领域仍然较为单一。软件产品主要分布在财务及商用管理、教育及知识普及、游戏及娱乐、开发工具、操作系统、专业软件等领域,详见表10-2。

表10-2 中国软件产品主要分布领域

产品领域	软件名称(开发类)
财务及商用管理	用友、金蝶、安易、乔克、佳运、科情、王特、博科、万能、金蜘蛛、远方、金算盘、德克赛诺、东大阿尔派
教育及知识普及	电脑报、金洪恩、清华光盘中心、科利华、武大华软、翰林汇、雅奇、树人、吴思通、深圳多媒体开发公司
游戏及娱乐	金山、目标、智冠(台湾)、光荣(台湾)奥美
开发工具	雅奇-奔腾、王特、金国科、北大方正、华正CAD
操作系统	金山
专业软件	华工CAD、中国地大、武测科大、安易、北大方正、博科

当然,我国软件产业还有全球化、模块化、开发化等特点,本书不再赘述。

（三）中国软件产业的分类

根据国家统计局《数字经济及其核心产业统计分类(2021)》[①],数字技术应用业分为软件开发、电信广播电视和卫星传输服务、互联网相关服务、信息技术服务、其他数字技术应用业五类。其中,软件开发分为基础软件开发、支撑软件开发、应用软件开发、其他软件开发四类,见表10-3。

表10-3 中国软件开发分类及工作内容表

软件开发分类	各类软件开发工作内容描述
基础软件开发	指能够对硬件资源进行调度和管理、为应用软件提供运行支撑的软件的开发活动,包括操作系统、数据库、中间件、各类固件等

---

① 国家统计局令(第33号),《数字经济及其核心产业统计分类(2021)》,国务院公报2021年第20号,中国政府网(www.gov.cn)。

续表

软件开发分类	各类软件开发工作内容描述
支撑软件开发	指软件开发过程中使用到的支撑软件开发的工具和集成环境、测试工具软件等的开发活动
应用软件开发	指独立销售的面向应用需求和解决方案等软件的开发活动,包括通用软件、工业软件、行业软件、嵌入式应用软件等
其他软件开发	指其他未列明软件的开发活动,如平台软件、信息安全软件等

二、中国软件开发企业会计处理存在的主要问题

中国软件开发企业会计核算存在的主要问题是缺乏软件会计准则规范,主要表现在会计要素确认、计量、记录和报告几个方面:

(1)中国软件开发企业会计要素的确认、计量、记录问题。中国软件开发企业会计要素核算问题主要表现为:六个会计要素都没有软件开发企业的会计准则或会计处理规范。在《中国企业会计准则》正文中没有出现软件资产、软件负债、软件产权、软件收入、软件成本费用、软件利润的概念,更没有软件资产、软件负债、软件产权、软件收入、软件成本费用、软件利润六大与软件相关的会计确认、计量和记录会计处理的专门规范。

(2)中国软件开发企业财务报告存在的主要问题。中国软件开发企业财务报告问题主要表现为:《中国企业会计准则》中的"资产负债表""利润表""所有者权益变动表""现金流量表"等四张主要会计报表的规范中,没有对软件开发企业的软件资产、软件负债、软件产权、软件收入、软件成本费用、软件利润六大会计数据的列报和披露要求。我们对 2022 版《中国企业会计准则》正文做了检索,没有检索到"软件"概念。也就是说,《中国企业会计准则(2022)》尤其是《中国企业会计准则(2022)——第 30 号财务报告的列报》中,没有关于软件会计信息财务报告的规范。

为了建立软件财务会计信息确认、计量、列报与披露的会计处理规则,本章将在第三节讨论软件企业会计基本理论构架,并在此基础之上建立软件开发企业人力资源会计体系。

三、软件开发企业的人力资源分析

(一)软件开发企业的人力资源市场

1. 软件人才需求总量大。根据当前计算机专业从业人员统计来看,软件开发人员数量逐年提升,在庞大的 IT 行业市场需求之下,高级技术人员和

基础程序编写人员依旧存在较大的市场空缺。另外,我国高校软件相关专业的许多学生毕业后没有从事相关专业,而且基础程序编写人员工资与其他行业相比没有较大的竞争优势,导致许多专业人才转行。

根据我国工业和信息化部统计,2019年我国软件产业人员数量达678万人,软件产业就业人员增速和第三产业就业人员增速分别为5.0%和2.2%,见图10-4。

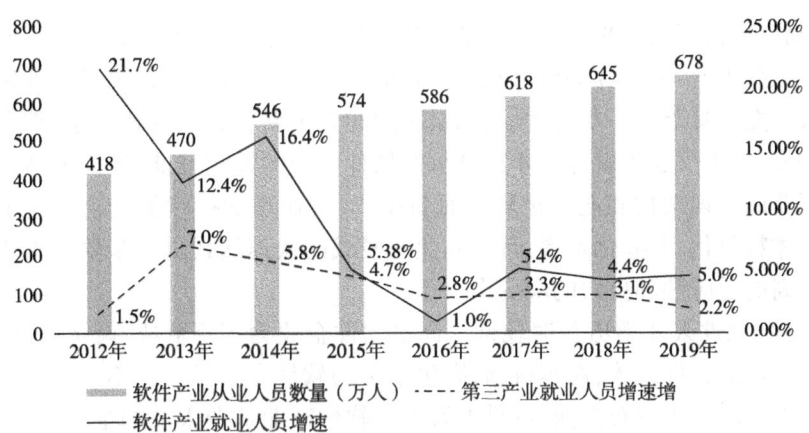

图10-4　2012—2019年软件产业从业人员规模及增速

《关键软件领域人才白皮书》[①]预计,到2025年,我国软件产业规模将达12.8万亿元,软件行业人才总需求将达890万人,新增人才缺口达192万人。其中,关键软件领域新增人才缺口将达到83万人。

2. 软件人才结构仍不尽合理。我国软件人才结构不合理,主要表现在以下几个方面:

(1)高端软件人才缺乏。在人才市场中,亟须能够进行创造性软件产品研发的高级人才,大批应用软件的研发让应用软件市场变热。由于人才市场开发的实际情况所限,这类人才明显供不应求。因此,企业在寻找高级软件研发人员的同时,还需要进一步开发内部的潜在人才。

(2)地区分布不均衡。软件人才分布与软件企业的布局有着很大的关系,以北京、上海、广州、深圳、杭州等地最多,而黑龙江、内蒙古、新疆等地区软件开发企业较少。我国80%以上的软件开发人才分布在一线城市的科技开发区。

从中国软件业务收入的区域分布状况来看,2021年1—11月,东部地区

---

① 《关键软件领域人才白皮书:高端技术岗需求大,Java工程师受热捧》|软件|Java|软件人才,新浪科技,新浪网(sina.com.cn)。

软件业务收入达到了 68 735.18 亿元,同比增长 18.2%,占全国软件业务收入的 80.51%;其次为西部地区,软件业务收入为 10 214.10 亿元,同比增长 18.7%,占比 11.96%;中部地区、东北地区占比相对较小,都在 5% 以下,其中,中部地区软件业务收入增速较快,达到了 21.7%。①

(3) 关键软件领域人才尤为匮乏。关键软件领域主要包括关键基础软件、大型工业软件、行业应用软件、新型平台软件以及嵌入式软件五大类。其中,行业应用软件是指重点行业应用的各类软件,如金融行业软件、通信行业软件等,而新型平台软件则是指基于新兴信息技术的平台软件,主要包括大数据平台、云计算平台以及人工智能平台等。目前,上述关键软件领域的人才尤其匮乏。一些跨领域、深层次的融合创新日益需要融合型、综合性软件人才,不仅要求软件人才充分掌握软件方面的知识技能,还需要熟悉其他行业的知识架构和业务逻辑。而新模式、新业态的持续涌现也加速了软件人才特色化、差异化发展,且不同业态模式的快速迭代进一步要求人才具备更高的适应性和更快的应变力。

(4) 软件人才学历普遍较低。许多软件企业为了降低成本,选择高职、专科学历的软件人才,对本科、研究生学历的软件专业学生并不热情。我国软件人才的学历分布方面,本科生为当前软件产业从业人员的主力军,占比达 64.9%,硕士生和大专生占比分别为 18.5% 和 14.3%,人才学历结构呈现出明显的"D 字形"形态。②

(5) 软件人才的培训机制不合理。虽然我国已经实施了人才战略,各大高校也纷纷对软件开发人才进行了专业开放,但是在课程的教授上与市场需求还存在一定差距,导致毕业生理论水平高于实际操作水平,软件企业在聘用大学生后还需要拿出一定的成本对大学生进行培养才能任用。这其实是我国软件人才培训机制的缺失。

(二) 软件技术企业开发人员的分类

根据不同标准,可以将软件技术开发人员分为不同类别。比如,根据软件开发企业的类型,可以将软件技术开发人员分为关键基础软件开发人员、大型工业软件开发人员、行业应用软件开发人员、新型平台软件开发人员以及嵌入式软件开发人员;根据重点行业应用的各类软件,可以分为金融行业软件开发人员、通信行业软件开发人员等;根据基于新兴信息技术的平台软件,可以分为大数据平台软件开发人员、云计算平台软件开发人员以及人工

---

① 2022 年中国软件业市场规模及区域竞争格局分析 哪里是软件业"蓝海"【组图】_行业研究报告-前瞻网(qianzhan.com)。

② 《关键软件领域人才白皮书:高端技术岗需求大,Java 工程师受热捧》|软件|Java|软件人才_新浪科技_新浪网(sina.com.cn)。

智能平台软件开发人员等。

本章主要以软件技术开发人员的流动性为标准,将我国从事软件技术开发的人员分成稳定型软件开发人员与波动型软件开发人员两类。

1. 稳定型软件开发人员。所谓稳定型软件开发人员,是从事软件编程后台架构设计的人员。这类软件开发人员拥有与软件开发相关的大学(本、专科)或者研究生(硕士、博士)学历,受过正规的软件开发的相关教育,即软件高端人才,他们进行门槛较高的软件后台的开发工作,如数据库技术等,可成长为系统架构师或项目技术主管等。由于稳定型软件开发人员人力资源价值较高,其薪酬也比波动型软件开发人员要高。

本章以应用软件技术为分类基础,将稳定型软件开发人员岗位分为四类,以便进行人力资源成本薪酬和价值研究。

(1)"系统架构"工程师。从事"数据库"技术开发的人员称为"系统架构"工程师。软件信息技术最大的用途是促进数据的处理与运用,数据库技术在软件企业的开发下变得日趋完善,其功能日益强大。它通过对数据信息的处理、分析和管理,增强人们对数据的认知,分析数据的含义。

(2)"客户端页面"技术工程师。从事"客户端页面"技术开发的人员称为"客户端页面"技术工程师。客户端页面技术是终端软件设备研发技术之一,其设计技术主要包括:HTML 语言、Java APPlets、脚本程序、CSS、DHTML、插件技术以及 VRML 技术。

(3)"Java"技术工程师。从事"Java"技术开发的人员称为"Java"技术工程师。Java 技术是一种能够编辑的跨平台应用软件专用程序,是主要面向程序设计师的计算机程序编写语言。它是目前软件企业最常见也是稳定型软件开发人员所必须掌握的软件开发技术,是 Sun Microsystems 公司于 1995 年 5 月推出的 Java 程序设计语言和 Java 平台(即 JavaSE,JavaEE,JavaME)的总称。

(4)". NET"技术工程师。从事". NET"技术开发的人员称为". NET"技术工程师。". NET"技术又称". NET 协议",是一种包容创新型的计算软件设计平台,其存在降低了在高度分布式网络环境中的应用程序设计难度。". NET"技术出现并风靡整个软件开发行业,在几年内赢得了较大的市场份额。

2. 波动型软件开发人员。波动型软件开发人员是从事前端界面编程设计的人员。由于软件市场变化速度快,新技术、新产品、新工具、新平台不断产生,产品生命周期短的特点,许多软件开发人员选择在培训学校进行短暂的学习,通过这种速成的方式来掌握最新的某类应用前端技术,进行快速就业。通常这类应用前端技术的门槛较低,故这类软件开发人员会随着市场的变化而从事不同的应用前端的开发工作,一般而言,他们的技术能力比较薄弱。

这类软件开发人员拥有高职或大专学历,没有接受过正规的软件开发的相关教育,即进行过相关软件培训,从事门槛较低的软件前端的开发工作,如界面设计等。由于波动型软件开发人员人力资源价值较低,其薪酬一般应该比稳定型软件开发人员低。

第二节 美国软件会计准则发展简史与特点[①]

目前美国软件产业产值在全球软件产业中排第一,美国软件会计准则对其软件产业的发展功不可没。本节主要借鉴美国软件会计准则(Accounting Standards Codification,ASC 985),研究美国软件会计准则的演进和特点,从而研究如何借鉴美国软件会计准则 ASC 985 的内容,完善我国软件会计准则,助力我国软件产业发展。

一、美国软件会计准则发展简史

结合美国软件产业的发展,以美国会计准则机构变迁和软件重要会计准则发布为分节点,我们在这里将美国软件会计准则 ASC 985 制定的历程区分为初期软件会计规范孕育阶段、中期软件会计规范产生阶段、软件会计准则出台阶段和云计算模式下软件会计准则修订完善阶段(即云计算模式下的新阶段)。

(一)第一阶段:软件会计规范孕育阶段(1949—1973 年)

20 世纪 40 年代末至 70 年代初,是美国软件会计准则制定的第一阶段,即软件会计规范的孕育阶段。软件类业务产生于 20 世纪 40 年代末期,它伴随电子信息技术的发明与应用,推动了美国工业的高速发展,此后二十余年,美国软件业务模式不断扩展。早期软件业务为向客户提供定制软件,包括技术咨询、软件编程和软件维护,表现为软件产品不可复制地一次性销售,发展到一个软件产品的重复销售。

在此阶段,美国公认会计原则体系(Generally Accepted Accounting Principles in US-US. GAAP)的制定与发布由美国注册会计师协会(American Institute of Certified Public Accountants,AICPA)先后存续的下属机构会计程序委员会(Committee of Accounting Procedure)(1939—1959 年)和会计原则委员会(Committee of Accounting Principles)(1960—1972 年)负责。截至

---

① 本部分由陈杰主笔,是工信部 2019—2020 年项目"现行财务制度对软件企业及软件产品影响研究"报告的一部分。

1973年，独立于AICPA的会计准则制定机构——美国财务会计准则委员会（Financial Accounting Standards Board, FASB）成立，美国公认会计原则体系未提及"软件"字样。由于企业软件产品的生产和销售业务都相对简单且易于理解，其会计处理遵循一般商品生产销售会计准则，实务中，软件业务的发展已逐渐产生对软件业务进行专门会计核算指导的需求。

（二）第二阶段：软件会计规范产生阶段（1974—1999年）

20世纪70年代初至20世纪末，是美国软件会计准则制定的第二阶段。美国财务会计准则委员会（FASB）开始对软件研发支出、软件成本、软件收入等会计处理问题陆续出台分散的软件会计规范，并成立专门的机构追踪软件市场创新业务，研究软件会计处理规范问题，即美国软件会计规范产生阶段。

20世纪70年代初期，美国企业在政府政策支持下持续增加软件研发投入，美国软件产业飞速增长。此阶段，软件产业开始为企业提供解决方案，许多企业解决方案提供商从大型计算机专有的操作系统平台转向新的平台；同时，伴随着PC机的普及，基于PC机的大众市场软件也大量出现。由于软件具有良好的市场发展前景，企业投入大量资源开展计算机软件产品和项目的研发，开发生产的软件产品用于各种不同用途。针对企业发生的大量研发活动，包括计算机软件研发活动，FASB发布了一系列相关会计准则和解释。

1974年10月，FASB发布《FAS2——关于研发支出的会计处理》（FASB Statement No.2, FAS2）[1]，要求公告涵盖的所有研发支出在发生时立即计入费用。在FAS No.2中首次提及"软件"，FAS No.2以开发软件活动的性质来判断会计处理未能提供清晰的核算指导。此后FASB又相继发布了关于不同用途软件的研发成本如何确认的相关会计准则和解释。

1975年2月，FASB发布公告《FIN6——关于FASB Statement No.2对计算机软件的适用性：对FASB公告第2号的解释》（FASB Interpretation No.6, FIN 6）[2]。该解释针对企业特殊项目研发支出的会计处理做出规范，指出研发投入应在发生时计入费用，但是若该项目在今后的研发或其他方面有其他用途，则与该研发活动有关的一些投入应予以资本化。该解释同时指出，研发活动所消耗的原材料成本、设备和设施的折旧，以及用于研发活动的无形资产摊销都是研究与开发成本。依据该解释，企业为在销售或管理活动

---

[1] FASB Statement No. 2, Accounting for Research and Development Costs, Issued: October 1974, Effective Date: For fiscal years beginning on or after January 1, 1975.

[2] FASB Interpretation No. 6, FIN 6: Applicability of FASB Statement No. 2 to Computer Software: An Interpretation of FASB Statement No. 2, 1975.2.

中使用而购置、开发或改进流程技术发生的成本,包括计算机软件成本,都不是研发成本,即不按照 FAS2 的要求进行费用化处理。

1979 年 12 月,FASB 发布《FASB 技术公报第 79-2 号:计算机软件成本》(FASB Technical Bulletin No. 79-2, FTB 79-2)①,回答了是否 FAS No. 2 和 FIN No. 6 条款中生产计算机软件所发生的全部成本都是研发成本的问题。此公报明确了计算机软件成本的确定,但对软件生产成本不属于研发成本的认定只能根据特殊情况下的全部事实和环境来做出决定。

1984 年,FASB 成立了新兴问题工作组(the FASB Emerging Issues Task Force, EITF),及时追踪市场新兴业务和会计核算实务中遇到的问题,并修订完善会计准则。

1985 年 8 月,FASB 发布准则《FAS 86——关于拟出售、出租或以其他方式销售的计算机软件成本的会计处理》(FAS 86)②,以其取代了 FTB 79-2,规定了将作为独立产品或作为产品或流程的一部分,用于出售、出租或以其他方式销售的计算机软件成本的会计核算。公告指出:在开发计算机软件产品时,内部产生的耗费应在发生时计入费用,直到确定产品的技术可行性为止;在达到技术可行性之后,所有的软件生产投入均应资本化,并以"按摊余成本与可变现净值孰低"进行后续列报。该公告适用于内部开发计算机软件和购买软件,公告达成的结论改变了当时将开发和生产计算机软件产品的所有投入均计入费用的主流做法。

20 世纪 80 年代末,互联网出现并逐渐快速渗透到各行业,网络为软件产品提供了新的平台,基于网络的软件不断涌现,互联网和软件业在美国经济中的占比也越来越高。软件业不再通过销售软件获得收入,而是通过应用来自外部软件公司的软件获得收入。随着 1997 年亚洲金融危机的爆发,全球资本大量抽离亚洲市场流入欧美,而互联网和软件作为美国新的经济增长点,成为承接流入资金的主要领域之一。

投资者和债权人等利益相关者依赖企业财务信息做出决策,滋生出对各类软件企业财务信息尤其是收入信息的需求,由此,规范软件行业财务信息成为彼时之需,特别是对软件销售和服务收入的会计核算规范,此期间,美国公认会计原则体系中主要有以下软件相关核算会计规范。

1997 年 10 月,AICPA 发布公告《AICPA 立场公告 97-2:软件销售收入的确认》(AICPA Statement of Position-SOP 97-2)③,这是美国最早的关于软

---

① FTB 79-2, FASB Technical Bulletin No. 79-2: Computer Software Costs, 1979.12.

② FAS 86, Statement of Financial Accounting Standards No. 86, Accounting for the Cost of Computer Software to Be Sold, Leased, or Otherwise Marketed, Issued: August 1985, Effective Date: For financial statements for fiscal years beginning after December 15, 1985.

③ AICPA Statement of Position 97-2, Software Revenue Recognition (SOP 97-2), 1997.10.27.

件收入确认的会计准则。SOP 97-2 制定了关于授权许可、出售、出租或以其他方式销售计算机软件的收入确认标准,核算范围包括提供多个可交付物(如同时包含软件产品和服务)的被称为多要素的安排。随后,SOP 98-4 以及 SOP 98-9 先后对 SOP 97-2 进行了部分修改,但并不影响 SOP 97-2 中有关软件收入确认的主要内容。

1998 年 3 月,AICPA 发布立场公告《SOP 98-1:关于自用计算机软件的开发或取得成本的会计处理》(SOP 98-1)①,首次提出了"自用软件"概念。该公告区分了自用软件的特性,提供示例以帮助确定计算机软件何时用于内部,明确了自用软件成本的核算。

自 1974 年美国公认会计原则体系的内容中出现"计算机软件"字样,随后明确提出软件核算的主题,至 20 世纪末期,可以视为美国软件会计准则产生阶段。此阶段前期,美国软件业务相关会计准则的侧重点在于软件研发投入的会计处理,规范软件成本的确定;此阶段后期,为满足资本市场的需要,软件核算侧重于软件收入的确认。

(三)第三阶段:软件会计准则 ASC 985 发布阶段(2000—2014 年)

21 世纪初至 2014 年,是美国软件会计准则制定的第三阶段,即美国软件会计准则 ASC 985 的发布阶段。21 世纪以来,信息技术呈现爆发发展态势,云计算概念于 2006 年提出,云宇宙概念亦可溯源至此。美国在 21 世纪初发生系列财务丑闻,后历经 2008 年次贷危机,这些事件引发了对公认会计原则体系的反思。FASB 对此前零散而庞杂的公认会计原则体系进行了系统整理。伴随着云计算概念的出现,软件核算的会计准则日益丰富。在此次会计准则汇编整理过程中,美国软件行业会计准则 ASC 985 瓜熟蒂落,应运而生。

2009 年 7 月 1 日,FASB 正式对外发布《会计准则汇编(ASC)》,正式提出软件行业会计准则(ASC985 SOFTWARE)。软件会计准则内容框架包括:总则,用于出售、出租或销售的软件成本的确定,以及存货、无形资产——商誉和其他、收入确认、销售和服务成本、研究与开发、企业合并和非货币性交易七个交叉子准则。

随着信息技术的进步和软件行业的进一步发展,软件收入形式更趋多元化,交易可能只是单一软件的销售,也可能除了提供软件外,还需要进行大量的生产、修改和定制,定制软件的收入形式也越来越多。在很多情况下,软件随同其他产品销售或嵌入到其他产品中销售,这对以往软件核算遵循的会计准则提出了挑战。

---

① SOP 98-1, Statement of Position 98-1 Accounting for the Costs of Computer Software Developed or Obtained for Internal Use, March 4, 1998.

2009年10月，FASB发布修订会计准则《Accounting Standards Update-ASU 2009-14，软件(Topic 985)：包含软件要素的一些收入协议(FASB新兴问题工作组的共识)》①。ASU 2009-14规范了关于同时包含有形产品与软件的收入协议的会计核算标准。产品包含作为产品整体而不仅仅是产品附带的软件，作为一个整体都在子准则《ASC 985-605软件——收入确认》中的软件收入指南范围。

2010年，美国ASC 350无形资产准则发布自用软件会计处理标准，即ASC 350-40自用软件准则。

2010年4月，FASB发布修订准则《ASU 2010-17——收入确认——里程碑法(ASC 605)，收入确认的里程碑法：新兴业务工作组的共识》②，提供了关于定义里程碑和确定何时适合将里程碑收入确认方法应用于研究或开发活动的指南。该准则全文没有提及软件，但提出的里程碑法对软件研发协议的收入确认提供了指导。

美国软件存货子准则(ASC 985-330-25-1)明确了从母版复制计算机软件、文件资料和培训材料所产生的成本以及对产品进行实物包装以供分销所产生的费用，应按特定基础予以资本化为存货。这些准则对软件企业合理核算业务和提供财务信息至关重要。

2014年5月，美国FASB发布与国际准则(IFRS)趋同的收入准则《ASU 2014-09：源自客户合同的收入》(ASC 606)③，提出采用五步收入确认模型，软件业务收入也依此准则进行核算。

（四）第四阶段：云计算模式下软件会计准则修订完善阶段(2015年至今)

2015年前后至今，是美国软件会计准则制定的第四阶段，即云计算模式下软件会计准则ASC 985修订完善的新阶段。

随着以AI为核心驱动力的智能经济新阶段的开启，云计算技术更迭和云宇宙的应用使得软件产业发展进入了新阶段。自"云计算"概念提出后，几年时间，互联网扩展了企业与外界的联系，计算产业飞速发展，多样性计算快速迭代，云计算渗透到各个领域。

随着软件行业的迅猛发展，针对云计算的快速渗透以及企业迁云业务越来越多，FASB发布了多项关于云计算会计处理的规定。从2010年开始发布无形资产准则(ASC 350)至此期间，其新兴业务的重要修订均涉及云

---

① ASU 2009-14, Software (Topic 985): Certain Revenue Arrangements That Include Software Elements (a consensus of the FASB Emerging Issues Task Force) (issued October 7, 2009; effective June 15, 2010).

② Update No. 2010-17—Revenue Recognition—Milestone Method (Topic 605): Milestone Method of Revenue Recognition—a consensus of the FASB Emerging Issues Task Force, 2010. 4.

③ Update No. 2014-09—Revenue from Contracts with Customers (Topic 606), 2014. 5.

计算。

2015年4月,FASB发布修订准则《ASU 2015-05 无形资产——商誉及其他——自用软件:客户在云计算协议中支付费用的会计核算》①,修订了ASC 350-40自用软件准则,明确会计核算的目的是帮助企业评估托管协议是否包括自用软件许可证。准则规定,如果托管协议包括自用软件许可证,则该软件许可证应依据ASC 350-40自用软件规范进行核算;如果托管协议不包括软件许可证,则实体将该协议作为服务合同进行会计核算。由于托管服务合同核算指南不明确,实践中出现了很多不同的情况。

2018年8月,FASB发布修订准则《ASU 2018-15 关于客户在云计算协议即服务合同中所产生的实施成本的会计处理——FASB新兴问题工作组的共识》②,对客户在云计算协议(即服务合同)中所产生的实施成本的会计处理进行了规范,包括软件即服务、平台即服务和基础设施即服务,强调要依据ASC 350-40自用软件的会计处理原则对云计算协议的某些实施成本予以资本化。

2015年至2018年,FASB多次修订新收入准则ASC 606,从延迟生效日期、对价总价法和净价法的列报及租赁等方面进行调整。

2020年6月,FASB发布准则《ASU 2020-05——TOPIC 606源自客户合同的收入和TOPIC 842 租赁:某些实体的生效日期》(ASU 2020-05)③,之后,受新冠疫情的影响,FASB再次修订了准则ASC 606的生效日期。

2015年美国软件会计准则首次发布云计算会计处理准则,随后于2018年进行了修订。FASB咨询委员会在2020年9月24日召开线上会议,其中,当前环境下的会计准则与财务报告、云计算、研究与开发的会计处理是非常重要的议题。

伴随着云计算技术的更迭和云宇宙的应用,美国软件产业新业态新模式的发展对现有软件会计准则提出了新的挑战,美国软件会计准则ASC 985随之不断修订、进化与完善。

二、美国软件会计准则(ASC 985)的特点

纵观美国软件会计准则孕育形成并发展至今五十余年的演进脉络,不

---

① Update 2015-05—Intangibles—Goodwill and Other—Internal-Use Software (Subtopic 350-40): Customer's Accounting for Fees Paid in a Cloud Computing Arrangement,2015.4.

② ASU 2018-15, Customer's Accounting for Implementation Costs Incurred in a Cloud Computing Arrangement That Is a Service Contract—a consensus of the FASB Emerging Issues Task Force) (issued August 2018; effective 2020 for calendar-year public companies for annual and interim periods),2018.8.

③ Accounting Standards Update 2020-05—Revenue from Contracts with Customers (Topic 606) and Leases (Topic 842): Effective Dates for Certain Entities,2020.6.

难看出,软件会计准则是随着企业软件技术进步、企业经营管理的需要和财务报告信息使用者的需求逐步发展的。各阶段软件会计准则的制定体现出以下基本特点。

(1)软件技术发展前三十年美国会计界无人关注软件会计。20世纪70年代初之前,美国并无软件会计规范。20世纪40年代末,美国软件技术属于初创阶段,软件在企业生产经营中处于非主要经营业务的地位,投资者和管理者还未形成对软件会计信息的需求。因此美国尚未开始对软件会计处理进行规范,公认会计原则体系中甚至未出现软件字样。

(2)软件投资增加推动美国会计界关注软件会计规范。随着软件投资的增加,20世纪70年代初,企业投资者、债权人等利益相关者开始关注软件投资相关财务会计信息的披露。至20世纪末,随着对软件产业投资的增加,美国软件企业的投资者、债权人等利益相关者越来越关注软件投资相关财务会计信息的披露,美国财务会计准则委员会(FASB)不得不成立专门的工作组,研究是否建立软件会计处理的规范。

(3)软件研发费用、软件成本和软件收入撬动美国对软件会计进行规范。20世纪70年代初至90年代,是美国软件会计准则初创阶段。随着软件投资规模的扩大,软件研发费用、软件收入等逐渐成为企业不可或缺的经济业务,对企业业绩的影响逐渐增加,软件投资者、债权人以及企业管理部门对软件会计信息披露的需求日益扩大。美国FASB开始设专门的新兴问题工作组,研究软件会计处理,并修订与软件研发投入相关的会计准则。例如,在研发费用资本化会计准则引入与计算机软件开发相关的条款,在收入会计准则中增加软件收入的条款,在无形资产会计准则中增加自用软件无形资产等。可见,在软件会计准则初创阶段,是根据软件会计处理的特点修订原有会计准则,增加适合软件会计处理的相关条款。

会计准则提出了计算机软件研发投入的会计处理,侧重于计算机软件成本的确定,并首次对开发和生产计算机软件投入采取符合条件资本化的会计处理原则;在此阶段后期,又提出了非自用软件的会计处理,明确规范了计算机软件成本的确定。

(4)美国软件产业发展催生软件会计准则(ASC 985)。随着企业软件技术逐渐成为各行业竞争实力的核心因素,企业外部投资者、债权人等利益相关者开始要求企业披露完整的软件会计信息,以便进行企业估值和投资决策等方面的参考。美国FASB开始将散落在各个会计准则中与软件相关的条款汇总,形成一套完整的软件行业会计准则,并且逐步修订完善软件会计准则。例如:在与国际会计准则趋同的环境下,美国软件会计准则的修订调整主要针对不同软件业态模式下软件收入确认的会计处理,如增加定制软件、嵌入式软件的收入确认条款。21世纪初至2014年,美国终于出台了软件会计准则 ASC 985。

(5)互联网和云计算促进美国软件会计准则 ASC 985 的修订与完善。2015年至今,美国软件会计准则逐步升级并且不断丰富完善。在以 AI 为核心驱动力的智能经济新阶段,软件产业飞速发展,多样性计算快速迭代,信息技术颠覆式创新将由以个人计算为中心的应用模式转变为以云计算为中心的服务模式,云计算快速渗透到各个领域,企业迁云业务越来越多。面对软件企业云计算会计信息使用者,美国 FASB 发布了关于云计算的会计处理指导。

(6)美国 FASB 成立专门机构,研究新业务会计规范问题。美国 FASB 于1984年成立的新兴问题工作组,基于实践中新兴业务的涌现,通过及时确定、讨论和解决财务会计信息处理问题,不断修订新问题相应的会计准则,以应对市场新兴问题。例如,美国 FASB 设立的该专业部门,自20世纪80年代起,不断追踪软件产业创新业务的发展,制定软件会计准则,以及修订完善原有软件会计准则。

该专门机构专家人员构成需要熟悉软件创新业务的各方面专业人才,不仅需要懂得制定会计准则的会计专家,还需要懂得软件技术和软件开发流程等方面的专家,需要软件项目营销管理方面的专家,这些专家组成工作组,共同协商推进,才可以达到制定可行性强的软件会计准则的目标。

专门工作组从软件专业术语、软件研发投入、软件产品成本、软件收入等会计处理规范制定开始,到2009年会计准则汇编正式提出软件会计准则 ASC 985,再到21世纪初不同软件业务模式下收入的确认、云计算背景下企业迁云、上云过程中云服务合同成本的核算,美国软件会计准则 ASC 985 的内容不断修订、丰富和完善。总之,从美国软件会计准则制定的演进历程可以发现该专业机构做出的贡献。

(7)软件会计信息需求是美国修订软件会计准则的外部动因。随着企业外部软件会计信息阅读者(如投资者、债权人等)对企业尤其是上市企业软件会计信息需求的增加,美国会计规范的制定者尤其是美国 FASB 逐渐发现制定软件行业会计准则的必要性,不断推进建立系统的软件行业会计准则的速度,用以规范软件业务的会计确认、会计计量以及会计信息列报和披露的方法,满足企业外部软件会计信息使用者的需求。

(8)软件技术发展是美国软件会计准则修订完善的内在动力。随着软件更新、迭代等技术的发展,网络平台、云计算模式等技术的出现,软件产品营销管理模式的变化,美国软件会计准则 ASC 985 逐渐出现规范的空白,软件会计信息阅读者对软件新型业务会计信息的需求增加,美国 FASB 一直对软件会计准则 ASC 985 进行及时更新和修订完善,以便对软件行业新兴业务形成有效指导。

第三节 中国企业会计准则现状与软件会计处理问题[①]

本节主要讨论现行中国企业会计准则及其对软件会计处理的影响,通过分析我国企业会计准则现状发现问题,并借鉴美国软件会计准则的经验,提出解决中国软件会计准则的建议。

一、中国企业会计准则现状

(一)中国企业会计准则内容框架及层级分析

中国企业会计准则由财政部于 2006 年 2 月 15 日由财政部令第 33 号发布,自 2007 年 1 月 1 日起施行。到 2021 年底,我国企业会计准则已经形成一套包括 1 个基本准则和 42 个具体准则(正文)、15 个企业会计准则解释,以及 42 个企业会计准则应用指南等完整的中国企业会计准则体系。

1. 中国企业会计准则(2021)内容框架。中国企业会计准则体系与国际会计准则体系目录的比较见表 10-4。

表 10-4 中国企业会计准则体系[②]与国际会计准则体系[③]目录的比较

中国企业会计准则体系			国际会计准则体系		
序号	中文名称	英文名称	序号	中文名称	英文名称
	企业会计准则:基本准则	Accounting Standard for Business Enterprises: Basic Standard		财务报表概念框架 2010	Conceptual Framework for Financial Statements 2010
1	存货	Inventories	IAS 2	存货	Inventories

---

① 本节主要由刘仲文、尤翔宇撰写,是工信部 2019—2020 年项目"现行财务制度对软件企业及软件产品影响研究"报告成果的一部分。
② 中华人民共和国财政部. 企业会计准则 2021[M]. 上海:立信会计出版社;2021.
③ 摘自国际会计准则委员会网站:IFRS-Home,2022-7-7.

续表

中国企业会计准则体系			国际会计准则体系		
序号	中文名称	英文名称	序号	中文名称	英文名称
2	长期股权投资	Long-term Equity Investment	IAS 27	合并财务报表和单独财务报表	Consolidated and Sepa-rate Financial Statements
			IAS 28	联营中的投资	Investments in Associates
			IAS 31	合营中的投资	Interests in Joint Ventures
3	投资性房地产	Investment Real Estate	IAS 40	投资性房地产	Investment Property
4	固定资产	Fixed Assets	IAS 16	不动产、厂房及设备	Property, Plant and Equipment
			IFRS 5	持有待售的非流动资产和终止经营	Non-current Assets Held for Sale and Discontinued Operations
5	生物资产	Biological Assets	IAS 41	农业	Agriculture
6	无形资产	Intangible Assets	IAS 38	无形资产	Intangible Assets
7	非货币性资产交换	Non-Monetary Assets Exchange	IAS 16	不动产、厂房及设备	Property, Plant and Equipment
			IAS 38	无形资产	Intangible Assets
			IAS 40	投资性房地产	Investment Real Estate
8	资产减值	Impairment of Assets	IAS 36	资产减值	Impairment of Assets
9	职工薪酬	Employee Compensation	IAS 19	雇员福利	Employee benefits
10	企业年金基金	Enterprise Annuity Fund	IAS 26	退休福利计划的会计和报告	Accounting and Reporting by Retirement Benefit Plans
11	股份支付	The Share-based Payment	IFRS 2	以股份为基础的支付	Share-based Payment

续表

中国企业会计准则体系			国际会计准则体系		
序号	中文名称	英文名称	序号	中文名称	英文名称
12	债务重组	Debt Restructuring	IAS 39	金融工具：确认和计量	Financial Instruments: Recognition and Measurement
13	或有事项	Contingency Items	IAS 37	准备、或有负债和或有资产	Provisions, Contingent Liabilities and Contingent Assets
14	收入	Revenue	IAS 18	收入	Revenue
15	建造合同	Construction Contract	IAS 11	建造合同	Construction Contract
16	政府补助	Government Grand	IAS 20	政府补助的会计和政府援助的披露	Accounting for Government Grants and Disclosure of Government Assistance
17	借款费用	Borrowing Costs	IAS 23	借款费用	Borrowing Costs
18	所得税	Income Taxes	IAS 12	所得税	Income Taxes
19	外币折算	Foreign Currency Translation	IAS 21	汇率变动的影响	The Effects of Changes in Foreign Exchange Rates
20	企业合并	Business Combination	IFRS 3	企业合并	Business Combination
21	租赁	Leases	IAS 17	租赁	Leases
22	金融工具确认和计量	Financial Instruments: Recognition and Measurement	IAS 39	金融工具：确认和计量	Financial Instruments: Recognition and Measurement
23	金融资产转移	Transfer of Financial Assets			
24	套期会计	Hedging Accounting			
25	保险合同	Insurance Contract	IFRS 4	保险合同	Insurance Contract
26	再保险合同	Reinsurance Contract			

续表

\<中国企业会计准则体系\>			\<国际会计准则体系\>		
序号	中文名称	英文名称	序号	中文名称	英文名称
27	石油天然气开采	Petroleumand Natural Gas Exploitation	IFRS 6	矿产资源的勘探和评价	Exploration for and evaluation of Mineral Resource
28	会计政策、会计估计变更和差错更正	Accounting Policies, Changesin Accounting Estimates and Corrections of Errors	IAS 8	会计政策、会计估计变更和差错	Accounting Policies, Changes in Accounting Estimates and Errors
29	资产负债表日后事项	Events After the Balance Sheet Date	IAS 10	资产负债表日后事项	Events After the Balance Sheet Date
30	财务报告的列报	Presentation of Financial Statement	IAS 1	财务报表的列报	Presentation of Financial Statements
			IFRS 5	持有待售的非流动资产和终止经营	Non-current Assets Held for Sale and Discontinued Operations
31	现金流量表	Cash Flow Statement	IAS 7	现金流量表	Statement of Cash Flows
32	中期财务报告	Interim Financial Report	IAS 34	中期财务报表	Interim Financial Report
33	合并财务报表	Consolidated Financial Statements	IAS 27	合并财务报表和单独财务报表	Consolidated and Separate Financial Statements
34	每股收益	Earnings Per Share	IAS 33	每股收益	Earnings Per Share
35	分部报告	Segment Reporting	IFRS 8	分部报告	Operating Segments
36	关联方披露	Related Party Disclosure	IAS 24	关联方披露	Related Party Disclosures
37	金融工具列报	Presentation of Financial Instruments	IFRS 7	金融工具:披露	Financial Instruments: Disclosure
			IAS 32	金融工具:列报	Financial Instruments: Presentation

续表

\	中国企业会计准则体系		\	国际会计准则体系	
序号	中文名称	英文名称	序号	中文名称	英文名称
38	首次执行企业会计准则	First-time Adoption of Accounting Standards for Business Enterprises	IFRS 1	首次采用国际财务报告准则	First-time Adoption of Accounting Standards for Business Enterprises
39	公允价值计量	Fair value measurement	IFRS13	公允价值计量	Fair value measurement
40	合营安排	Joint venture arrangements	IFRS11	合营安排	Joint arrangements
41	在其他主体中权益的披露	Disclosure of interests in other entities	IFRS12	在其他主体中权益的披露	Disclosure of interests in other entities
42	持有待售的非流动资产、处置组和终止经营	Holding of non-current assets for sale, disposal groups and termination of operations	IFRS5	持有待售的非流动资产、处置组和终止经营	Non-current Assets Held for Sale and Discontinued Operations
\	企业会计准则解释2021①	The explanation of the Accounting Standards for Business Enterprises in 2021	\	国际会计准则技术委员会说明公告	SICs Interpretations
\	企业会计准则：应用指南2021②	Accounting Standards for Business Enterprises: Application Guide 2021	\	国际财务报告准则解释委员会（IFRIC）发布的解释公告终稿	IFRIC Interpretations

2. 中国企业会计准则（2021）层级分析。本书作者将中国企业会计准则体系分为六个层级。

中国企业会计准则制定的依据是《中华人民共和国会计法》，该法律应该处于中国企业会计准则体系第一层级，属于会计工作的根本大法。

国务院颁布的《企业财务会计报告条例》，处于中国企业会计准则体系

---

① 财政部会计司编写组. 企业会计准则解释 2021[M]. 北京：人民出版社，2007.
② 中华人民共和国财政部. 企业会计准则：应用指南 2021[M]. 北京：中国财政经济出版社，2021.

第二层级,属于会计工作的行政法规。

《企业会计准则:基本准则》是针对具体会计准则制定的纲领性部门规章,应该处于法律法规的第三个层级。

本书作者将"财务报表的列报"(即《企业会计准则第30号:财务报表的列报》规范内的一般情况)和"特殊业务和特别行业会计准则(即《企业会计准则第30号:财务报表列报》规范外的特殊情况)"作为一个分类层级,处于中国企业会计准则体系第四层级,属于原则性的部门规章。

在第四个层级之下,本书作者按照一般企业常规财务报表分类,将涉及一般目的的具体会计准则分别归为五类,列示在"财务报表列报"之下;将特殊目的的具体会计准则分为四类,列于"特殊业务和特别行业会计准则"之下,处于中国企业会计准则体系第五层级。

最后,本书作者将"企业会计准则解释2021"和"企业会计准则:应用指南2021"列于中国企业会计准则体系第六层级。中国企业会计准则体系六个层级详见图10-5。

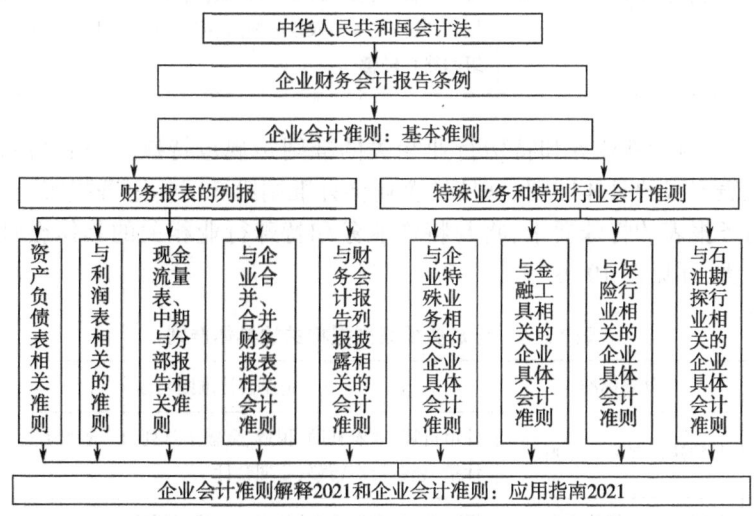

图10-5 中国企业会计准则体系(2021)框架结构图

这里根据图10-5描述的中国企业会计准则体系的六个层级,结合表10-4所描述的中国企业会计准则规范名称,将我国企业会计准则的内容归类分析如下。

第一,《企业会计准则:基本准则》,包括会计目标、会计假设、财务会计信息质量要求、会计要素的分类、会计要素的确认与计量、财务报告的最低要求等。

第二,与财务报表列报相关的准则是规范一般财务报表列报的具体准则。根据《企业会计准则第 30 号:财务报表列报》对企业财务报表的最低要求,将具体会计准则分为以下五小类(见表 10-5)。

表 10-5　与财务报表列报相关的具体准则

序号	分类标准	企业会计准则名称
①	与资产负债表项目相关准则	存货、长期股权投资、投资性房地产、固定资产、生物资产、无形资产、非货币性资产交换、资产减值、债务重组、或有事项
②	与利润表相关准则	收入、建造合同、职工薪酬、企业年金基金、股份支付、借款费用、所得税
③	与现金流量和分部与中期报告相关准则	现金流量表、分部报告、中期财务报告
④	与合并报表相关准则	企业合并、合并财务报表、合营安排
⑤	与财务报告披露相关准则	会计政策、会计估计变更和差错更正、资产负债表日后事项、每股收益、关联方披露、首次执行企业会计准则、公允价值计量、在其他主体中权益的披露、持有待售的非流动资产、处置组和终止经营

第三,与特殊业务和特殊行业相关的准则是规范特殊业务和特殊行业财务报表列报的具体准则。根据《企业会计准则第 30 号:财务报表列报》对企业财务报表的特殊要求,将与特殊业务和特殊行业相关的具体会计准则分为两类,详见表 10-6。

表 10-6　与财务报表列报相关的具体准则

序号	分类标准	企业会计准则名称
①	与特殊业务相关准则	外币折算、政府补助、租赁、金融工具列报、金融工具确认和计量、金融资产转移、套期会计
②	与特别行业相关准则	保险合同、再保险合同、石油天然气开采

纵观中国企业会计准则正文,既没有发现"软件"二字,更没有发现有关于软件会计处理的规范。

(二)中国企业会计准则解释(2021)内容框架

随着中国企业会计准则正文的修订和新准则的公布,为了进一步贯彻实施企业会计准则,解决准则正文执行中出现的问题,实现企业会计准则持续趋同和等效,根据企业会计准则执行情况和有关问题,财政部持续发布中国企业会计准则解释,不断解决中国企业会计准则正文执行过程中出现的新问题。自 2007 年 11 月 16 日,财政部发布《关于印发〈企业会计准则解释第 1 号〉的通知》(财会〔2007〕14 号),要求企业遵照执行。截至 2022 年,财政部共发布了 15 份《企业会计准则解释》,详见表 10-7。中国企业会计准则解释是理解和应用准则正文内容的补充说明。

表 10-7　中国企业会计准则解释目录与所涉及具体准则对应表

序号	中文名称	所涉及准则名称	发布时间
1	企业会计准则解释第 1 号	财务报表列报、合并财务报表、借款费用、租赁、金融工具确认与计量、固定资产、长期股权投资、资产减值等	2007-11-16
2	企业会计准则解释第 2 号	会计政策、会计估计变更和差错更正、长期股权投资、合并财务报表、金融工具确认与计量、金融工具列报、建造合同、收入、借款费用、或有事项等	2008-08-07
3	企业会计准则解释第 3 号	长期股权投资、资产减值、金融工具确认与计量、会计政策、会计估计变更和差错更正、固定资产、政府补助、建造合同、收入、财务报表列报、分布报告等	2009-06-11
4	企业会计准则解释第 4 号	企业合并、长期股权投资、原保险合同、再保险合同、金融工具确认与计量、金融工具列报等	2010-08-09
5	企业会计准则解释第 5 号	金融工具确认与计量、金融工具列报、原保险合同、再保险合同、财务报表列报、金融资产转移、收入、企业合并等	2012-11-30
6	企业会计准则解释第 6 号	固定资产、企业合并等	2014-01-24
7	企业会计准则解释第 7 号	长期股权投资、合并财务报表、职工薪酬、股份支付、金融工具确认与计量、每股收益、金融工具列报、所得税等	2015-11-13
8	企业会计准则解释第 8 号	合并财务报表、金融工具确认与计量、金融工具列报、公允价值计量等	2016-01-04
9	企业会计准则解释第 9 号	关于权益法下投资净损失的会计处理,涉及长期股权投资、或有事项等	2017-06-21
10	企业会计准则解释第 10 号	关于以使用固定资产产生的收入为基础的折旧方法	2017-06-21
11	企业会计准则解释第 11 号	关于以使用无形资产产生的收入为基础的摊销方法	2017-06-21

续表

序号	中文名称	所涉及准则名称	发布时间
12	企业会计准则解释第12号	关于关键管理人员服务的提供方与接受方是否为关联方、涉及关联方披露等	2017-06-21
13	企业会计准则解释第13号	关联方披露、企业合并等	2020-01-06
14	企业会计准则解释第14号	无形资产、或有事项、借款费用、收入、金融工具确认与计量、租赁、金融工具列报等	2021-02-03
15	企业会计准则解释第15号	存货、固定资产、无形资产、收入、财务报表列报、金融工具列报、或有事项等	2021-12-30

检索中国企业会计准则解释全文,同样既没有发现"软件"字样,更没有发现有关于软件会计处理的解释性规范。

(三)我国企业会计准则应用指南(2021)内容框架

为了更好地理解和执行我国企业会计准则,2006年10月30日,财政部以"财会〔2006〕18号文件"的形式颁布了《财政部关于印发〈企业会计准则:应用指南2006〉的通知》。中国财政部制定的《企业会计准则应用指南2021》目录见表10-8。

表10-8 中华人民共和国财政部《企业会计准则应用指南(2021年版)》目录

序号	中文名称	英文名称	发布或修订日期
1	《存货》应用指南	"Inventory" Application Guide	2006-10-30
2	《长期股权投资》应用指南	"Long-term Equity Investment" Application Guide	2014-10-24
3	《投资性房地产》应用指南	"Investment Real Estate" Application Guide	2006-10-30
4	《固定资产》应用指南	"Fixed Assets" Application Guide	2006-10-30
5	《生物资产》应用指南	"Biological Assets" Application Guide	2006-10-30
6	《无形资产》应用指南	"Intangible Assets" Application Guide	2006-10-30
7	《非货币性资产交换》应用指南	"Non Monetary Assets Exchange" Application Guide	2019-10-30
8	《资产减值》应用指南	"Impairment of Assets" Application Guide	2006-10-30
9	《职工薪酬》应用指南	"Employee Compensation" Application Guide	2014-10-24

续表

序号	中文名称	英文名称	发布或修订日期
10	《企业年金基金》应用指南	"Enterprise Annuity Fund" Application Guide	2006-10-30
11	《股份支付》应用指南	"The Share-based Payment" Application Guide	2006-10-30
12	《债务重组》应用指南	"Debt Restructuring" Application Guide	2019-10-30
13	《或有事项》应用指南	"Contingency Items" Application Guide	2006-10-30
14	《收入》应用指南	"Revenue" Application Guide	2018-11-16
15	《建造合同》重点难点说明	"Construction Contract" Explanation of Key Difficulties	2006-04-01
16	《政府补助》应用指南	"Government Grand" Application Guide	2006-10-30
17	《借款费用》应用指南	"Borrowing Costs" Application Guide	2006-10-30
18	《所得税》应用指南	"Income Taxes" Application Guide	2006-10-30
19	《外币折算》应用指南	"Foreign Currency Translation" Application Guide	2006-10-30
20	《企业合并》应用指南	"Business Combination" Application Guide	2006-10-30
21	《租赁》应用指南	"Lease" Application Guide	2019-12-30
22	《金融工具确认和计量》应用指南	"Recognition & Measurement of Financial Instrument" Application Guide	2017-03-31
23	《金融资产转移》应用指南	"Transfer of Financial Assets" Application Guide	2017-03-30
24	《套期会计》应用指南	"Hedging Accounting" Application Guide	2017-03-30
25	《保险合同》重点难点说明	"Insurance Contract" Explanation of Key Difficulties	2020-12-31
26	《再保险合同》重点难点说明	"Reinsurance Contract" Explanation of Key Difficulties	2006-10-30
27	《石油天然气开采》应用指南	"Petroleum and Natural Gas Exploitation" Application Guide	2006-10-30
28	《会计政策、会计估计变更和差错更正》应用指南	"Accounting Policies, Changes in Accounting Estimates and Corrections of Errors" Application Guide	2006-10-30
29	《资产负债表日后事项》重点难点说明	"Events After the Balance Sheet Date" Explanation of Key Difficulties	2006-10-30

续表

序号	中文名称	英文名称	发布或修订日期
30	《财务报告的列报》应用指南	"Presentation of Financial Statement" Application Guide	2014-10-24
31	《现金流量表》应用指南	"Cash Flow Statement" Application Guide	2006-10-30
32	《中期财务报告》重点难点说明	"Interim Financial Report" Explanation of Key Difficulties	2006-10-30
33	《合并财务报表》应用指南	"Consolidated Financial Statements" Application Guide	2014-10-24
34	《每股收益》应用指南	"Earnings Per Share" Application Guide	2006-10-30
35	《分部报告》应用指南	"Segment Reporting" Application Guide	2006-10-30
36	《关联方披露》重点难点说明	"Related Party Disclosure" Explanation of Key Difficulties	2006-10-30
37	《金融工具列报》应用指南	"Presentation of Financial Instruments" Application Guide	2018-10-23
38	《首次执行企业会计准则》应用指南	"First-time Adoption of Accounting Standards for Business Enterprises" Application Guide	2006-10-30
39	《公允价值计量》应用指南	"Fair Value Measurement" Application Guide	2014-10-24
40	《合营安排》应用指南	"Joint Venture Arrangements" Application Guide	2014-10-24
41	《在其他主体中权益的披露》应用指南	"Disclosure of Interests in Other Entities" Application Guide	2014-10-24
42	《持有待售的非流动资产、处置组和终止经营》应用指南	"Holding of Non-current Assets for Sale, Disposal Groups and Termination of Operations" Application Guide	2018-10-30

1. 相关条文解释。《企业会计准则应用指南(2021年版)》[①]对已经公

---

① 中华人民共和国财政部.企业会计准则应用指南(2021年版)[M].上海:立信会计出版社,2021.

布的企业会计准则给出了 36 个应用指南和 6 个重点难点说明。《企业会计准则：应用指南 2021》主要解释了《企业会计准则 2021》中的一些具体确认标准、具体计量方法、具体记录方法、具体报告方法和具体披露细节，并予以规范。

2. 中国企业会计准则应用指南(2021 年版)中有关软件会计处理。中国企业会计准则应用指南中出现了 72 处"软件"字样，主要出现在"收入"准则、"公允价值计量"准则和"附录一：会计科目和主要账务处理"之中。

(1)有关软件收入的 44 个"软件"字样。中国《企业会计准则：应用指南(2021)》中第 14 号收入出现"软件"字样 44 次。企业会计准则第 14 号收入应用指南(2021)①主要有 4 个地方出现"软件"字样，包括："一、总体要求"(第 60 页,2 处)、"四、关于收入的确认"的"(二)识别合同中的单项履约义务"(第 67 页,2 处)、"1.可明确区分的商品"(第 68 页,32 处)、"七、关于特定交易的会计处理"的"(五)授予知识产权许可"(第 85 页,8 处)。

其一，在"总体要求"(第 60 页)出现 2 处"软件"字样，主要是举例说明"软件公司为客户开发软件"属于企业日常活动。这样，软件企业就可以按照企业会计准则第 14 号进行销售收入的会计处理。

其二，在"关于收入的确认"中"识别合同中的单项履约义务"(第 67 页)出现 2 处"软件"字样，主要是举例说明企业向客户销售软件，根据企业以往的习惯做法，企业会向客户提供免费的升级服务，如果该习惯做法使得客户对于企业提供的软件升级服务形成合理预期，则企业应当考虑该项服务是否构成单项履约义务。

其三，在"可明确区分的商品"部分(第 68 页)出现 32 处"软件"字样，主要是举例说明企业向客户承诺的商品可能包括……随时准备向客户提供商品或提供随时可供客户使用的服务(如随时准备为客户提供软件更新服务等)……商品将对合同中承诺的其他商品予以重大修改或定制。如果某项商品将对合同中的其他商品做出重大修改或定制，实质上每一项商品将被整合在一起(即作为投入)以生产合同约定的组合产出。例如，企业承诺向客户提供其开发的一款现有软件，并提供安装服务，虽然该软件无须更新，或技术支持也可直接使用，但是企业在安装过程中需要在该软件现有基础上对其进行定制化的重大修改，为该软件增加重要的新功能，以使其能够与客户现有的信息系统相兼容。在这种情况下，转让软件的承诺与提供定制化重大修改的承诺在合同层面是不可明确区分的。

表 10-9 是其中的两个案例。

---

① 中华人民共和国财政部.企业会计准则应用指南(2021)[M].上海:立信会计出版社,2021：60~91.

表 10-9　企业会计准则应用指南：案例[①]

【例 13】甲公司与客户签订合同，向客户销售一款软件，提供软件安装服务，并且在两年内向客户提供不定期的软件升级和技术支持服务。甲公司通常也会单独销售该款软件、提供安装服务、软件升级服务和技术支持服务。甲公司提供的安装服务通常也可由其他方执行，且不会对软件作出重大修改。甲公司销售的该软件无须升级和技术支持服务也能正常使用。

本例中，甲公司的承诺包括销售软件、提供安装服务、软件升级服务和技术支持服务。甲公司通常会单独销售软件、提供安装服务、软件升级服务和技术支持服务，该软件先于其他服务交付，且无须经过升级和技术支持服务也能正常使用，安装服务是常规性的且可以由其他服务供应商提供，客户能够从该软件与市场上其他供应商提供的此项安装服务一起使用中获益，也能够从安装服务以及软件升级服务与已经取得的软件一起使用中获益，因此，客户能够从单独使用该合同中承诺的各项商品和服务中获益，或从将其与易于获得的其他商品一起使用中获益，表明这些商品和服务能够明确区分；此外，甲公司虽然需要将软件安装到客户的系统中，但是该安装服务是常规性的，并未对软件作出重大修改，不会重大影响客户使用该软件并从中获益的能力，软件升级服务也一样，合同中承诺的各项商品和服务没有对彼此作出重大修改或定制；甲公司也没有提供重大服务将这些商品和服务整合成一组组合产出；由于甲公司在不提供后续服务的情况下也能够单独履行其销售软件的承诺，因此，软件和各项服务之间不存在高度关联性，表明这些商品在合同中彼此之间可明确区分。因此，该合同中包含四项履约义务，即软件销售、安装服务、软件升级服务以及技术支持服务

【例 41】甲公司与乙公司签订合同，为乙公司信息中心提供管理服务，合同期限为 5 年。在向乙公司提供服务之前，甲公司设计并搭建了一个信息技术平台供其内部使用，该信息技术平台由相关的硬件和软件组成。甲公司需要提供设计方案，将该信息技术平台与乙公司现有的信息系统对接，并进行相关测试。该平台并不会转让给乙公司，但是，将用于向乙公司提供服务。甲公司为该平台的设计、购买硬件和软件以及信息中心的测试发生了成本。除此之外，甲公司专门指派两名员工，负责向乙公司提供服务。

本例中，甲公司为履行合同发生的上述成本中，购买硬件和软件的成本应当分别按照固定资产和无形资产准则进行会计处理

其四，在"关于特定交易的会计处理"的"授予知识产权许可"（第 85~86 页）中出现 8 处"软件"字样，主要是举例说明以下内容：

第一，（第 85 页）常见的知识产权包括软件等。

第二，（第 85 页）授予客户的知识产权许可不构成单项履约义务的，企业应当将该知识产权许可和所售商品一起作为单项履约义务进行会计处理。知识产权许可与所售商品不可明确区分的情形包括该知识产权许可构成有形商品的组成部分，并且对于该商品的正常使用不可或缺，例如，企业向客户销售设备和相关软件，该软件内嵌于设备之中，该设备必须安装了该软件之后才能正常使用……

[①] 大部分应用指南中的案例，《企业会计准则应用指南(2021)》（立信会计出版社 2021 年版）中被取消。

第三,(第 86 页)合同要求或客户能够合理预期企业将从事对该项知识产权有重大影响的活动。具有重大独立功能的知识产权主要包括软件等。

第四,(第 86 页)授予知识产权许可不属于在某一时段内履行的履约义务的,应当作为在某一时点履行的履约义务,在履行该履约义务时确认收入。在客户能够使用某项知识产权许可并开始从中获利之前,企业不能对此类知识产权许可确认收入。例如,企业授权客户在一定期间内使用软件,但是在企业向客户提供该软件的密钥之前,客户都无法使用该软件,因此,企业在向客户提供该密钥之前虽然已经得到授权,但也不应确认收入。

除此之外,财政部在 2020 年 7 月 22 日出台了《收入准则应用案例——定制软件开发服务的收入确认》,举例说明了定制软件开发服务的收入确认,如何确认"属于在某一时段内履行履约义务的条件"以及"属于某一时点履行的履约义务"。

(2)有关软件公允价值的 26 个"软件"字样。中国《企业会计准则:应用指南(2021)》①中,《企业会计准则第 39 号公允价值计量应用指南》(第 352~375 页)出现"软件"字样 26 次。《企业会计准则第 39 号公允价值计量应用指南(2021)》主要在"四、关于非金融资产的公允价值计量"中(第 364~366 页),有两个地方出现"软件"字样,包括:"(一)非金融资产的最佳用途【例 18】"(第 365 页,12 处),"(二)非金融资产的估值前提【例 21】"(第 366 页,14 处)。

其一,在"关于非金融资产的公允价值计量"的"非金融资产的最佳用途"(第 365 页)应用指南讲解中,运用【例 18】举例说明如何判断非金融资产(软件)最佳用途,案例出现 12 处"软件"字样,详见表 10-10。

表 10-10　企业会计准则应用指南:案例②

【例 18】甲软件公司拥有一组资产,包括收费软件资产(向客户收取许可证费用)和配套使用的数据库支持系统,这两项资产结合使用。2×14 年,由于市场上出现新的可替代软件,甲公司可收取的许可证费用大幅减少。因此,甲公司需要对该资产组进行减值测试。为此,甲公司需确定该资产组公允价值减去处置费用后的净额。由于没有证据表明这些资产的当前用途并非其最佳用途,甲公司确定这些资产的最佳用途是其当前用途,并且每一项资产将主要通过与其他资产结合使用来为市场参与者提供最大价值。 假定市场参与者有两种类型,一种是同行业企业(如甲公司的竞争对手),另一种是不具有互补性投资的投资公司。不同市场参与者对这些资产的不同使用,决定了不同市场参与者对各项资产具有不同定价。

---

① 中华人民共和国财政部.企业会计准则应用指南(2021)[M].上海:立信会计出版社,2021:60-91.

② 大部分应用指南中的案例,在立信会计出版社 2021 年版《企业会计准则应用指南(2021)》中被取消。

(1) 同行业企业：假定同行业企业拥有与软件资产配套使用的其他资产（即同行业企业具有协同效应）；软件资产只会在有限的过渡期内使用，且在过渡期结束时无法单挂出售。由于同行业企业拥有替代资产，软件资产将不会在其整个剩余经济寿命内被使用。同行业企业对软件资产和配套资产的定价分别为 360 万元、290 万元，整个资产组合的定价为 650 万元。这些价格反映了同行业企业使用该资产组合内这些资产所产生的协同效应。

(2) 投资公司：假定投资公司未拥有与软件资产配套使用的其他资产以及软件资产的替代资产。由于投资公司无替代资产，软件资产将在其整个剩余经济寿命内被使用。投资公司对软件资产和配套资产的定价分别为 300 万元、290 万元，整个资产组合的定价为 590 万元。

假定两类买家对配套资产的定价相同，均为 290 万元。

根据上述分析，同行业企业愿意为整个资产组合支付的价格高于投资公司的价格，因此，资产 A 资产 B 和软件资产的公允价值应基于同行业企业对整个资产组合的使用来确定（即 360 万元和 290 万元）。

其二，在"关于非金融资产的公允价值计量"的"非金融资产的估值前提"（第 365 页）应用指南的讲解中，应用【例 21】说明如何判断非金融资产（软件）估值前提，案例中出现 14 处"软件"字样，详见表 10-11。

表 10-11　企业会计准则应用指南：案例①

【例 21】2×14 年 12 月 1 日，甲企业通过非货币性资产交换取得一项内部研发的软件资产以及与该软件资产结合使用的相关数据库。甲企业可通过向客户授予该软件资产的许可证取得收入。按照《企业会计准则第 7 号——非货币性资产交换》的要求，甲企业应当确定该软件资产在 2×14 年 12 月 1 日的公允价值。

甲企业确定，该软件资产将通过与相关数据库结合使用来为市场参与者提供最大价值，并且没有证据表明该软件资产的当前用途不是最佳用途。因此，甲企业认为，该软件资产的最佳用途是其当前用途。本例中，授予软件资产的许可证本身并未表明该资产的公允价值可通过该资产单独被市场参与者使用而实现最大化。

考虑到甲企业无法获得关于可比软件资产的市场交易信息，因此甲企业无法使用市场法。此外，该软件资产是利用专有信息开发的，其具有某些独有特征且不易被复制，甲企业确定市场参与者将无法研发出具有类似用途的替代软件资产，甲企业认为成本法也不适用。因此，甲企业采用收益法确定该软件资产的公允价值。

甲企业应用收益法时，将采用现金流量折现法。现金流量折现法所使用的现金流量反映了该软件资产在其经济寿命内预期产生的收入，即，向客户收取的许可证收入。该方法所得出的公允价值为 1 200 万元。因此，甲企业估计该软件资产在 2×14 年 12 月 1 日的公允价值为根据收益法得出的 1 200 万元。

(3) 有关软件会计科目的 2 个"软件"字样。中国《企业会计准则：应用指南（2021 年版）》②"附录一：会计科目和主要账户处理"中主要有两个地方

---

① 该案例在立信会计出版社 2021 年版《企业会计准则应用指南（2021）》中被取消。
② 中华人民共和国财政部.企业会计准则应用指南（2021）[M].上海：立信会计出版社，2021：60-91.

出现"软件"字样，包括："一、会计科目"（第409页，1处）、"1601固定资产"（第436页，1处）。

其一，在"会计科目"（第409页）出现1处"软件"字样，与软件业务活动无关，主要是用于解释会计科目编号的用途，即"会计科目编号供企业填制会计凭证、登记会计账簿、查阅会计账目、采用会计软件系统参考，企业可结合实际情况自行确定会计科目编号"。

其二，在"1601固定资产"（第436页）出现的1处"软件"字样，是规定"本科目核算企业持有的固定资产原价。建造承包商的临时设施，以及企业购置计算机硬件所附带的、未单独计价的软件，也通过本科目核算"。

综上所述，我国在企业会计准则应用指南中，仅有少量软件业务特殊问题的会计处理建议。

二、中国软件会计核算存在的问题

从对我国企业会计准则（2021年）中1份基本准则、42份企业会计准则、15份企业会计准则解释和42份企业会计准则应用指南分析，可见我国软件企业会计规范存在以下问题。

（一）我国还没有完整的软件会计准则

根据上述对中国企业会计准则内容的分析，我国仅在《企业会计准则应用指南》的收入、公允价值计量准则和会计科目说明中有零散的软件会计处理建议，既不完整也不系统，说明我国没有软件会计准则，也没有适合企业软件项目的会计处理规范性准则。

我国企业软件项目研发费用会计处理一般参照《企业会计准则第6号——无形资产》第7～10款，即有关于研发支出的相关规定。但是，闫华红等题为"软件企业研发费用会计处理：问题与对策"①的论文，通过分析我国253家软件企业会计处理现状，并从政策制度和信息披露监管两个方面分析软件企业会计处理问题的成因，发现软件企业"研发支出资本化比例较低"、研发支出资本化部分"摊销年限差异较大"、"信息披露有效性不足"等问题；而且，按照企业会计准则规定，"研发支出是有条件的资本化，由于准则条件相对模糊，增大了人为调整利润的可能，为企业利用费用化与资本化的选择权进行盈余管理提供了契机"。

（二）目前我国企业会计报表不反映软件会计信息

目前我国企业会计准则没有规定软件企业会计报表应该报告有关软件的特殊项目。我国企业会计报表不能反映企业有关软件项目的财务状况、

---

① 闫华红,闫佳睿.软件企业研发费用会计处理：问题与对策[J].财会月刊,2022(17).

企业软件项目的经营成果、企业软件项目的产权变的会计信息、企业软件经营活动的现金流量的会计信息。

闫华红等题为"软件企业研发费用会计处理：问题与对策"的论文①中，也发现软件企业会计信息尤其是研发支出会计"信息披露有效性不足"的问题。例如：我国现行准则将研发活动分为研究和开发两个阶段，而软件研发活动可分为软件项目前期准备、应用开发以及安装后的运营三个阶段，导致软件信息披露有效性不足。

(三) 目前我国企业会计信息不反映企业软件长短期资产的规模

目前我国企业会计处理规范不能指导企业进行软件资产会计处理，缺少对软件资产进行分类的软件会计准则，导致我国企业软件会计信息不能很好地反映软件研发费用情况，不能反映企业软件短期资产如软件产品存货的情况，不能反映企业软件长期资产的原始投资规模、折旧情况、软件长期资产的投资净额等。

闫华红等人的论文②还发现开发阶段资本化问题，因为"准则中并未设置明确的执行标准，导致实务中会掺杂较多人为主观性和随意性，会计人员作为非软件技术人员，很难依据自身的专业知识进行合理的职业判断和验证，管理者可能会根据自身需求通过提前或延迟资本化时点达到操纵利润的目的"。

(四) 目前我国企业会计信息不反映企业软件长短期负债的规模

目前我国企业会计处理规范不能指导企业进行软件负债会计处理，缺少对软件负债进行分类的软件会计准则，导致我国目前企业软件会计信息不能很好地反映软件研发费用负债情况，例如，目前会计信息不能反映企业对软件项目的短期银行借款、长期银行借款、短期非银行融资、长期非银行融资等，不能分析软件项目的资金保障程度。

(五) 目前我国企业会计信息反映软件经营收入成本的数据不准确

首先，我国企业会计准则不能指导企业对软件收入时点的确认，企业内部对软件部分业务流程是否可以确认收入无法达成共识。其次，准则中不对软件分类进行相应规定，如软件许可、软件安装服务、软件更新、软件技术支持等，将影响企业对不同类型软件收入之间差异的判断，影响软件价值评估，也影响企业享受软件业务的国家税收优惠政策。以用友为例，以前卖软件可享受增值税即征即退3%的优惠政策，现在基于云卖"服务"需缴纳6%的增值税，但用友"服务"即使在云上运行，本质上也是销售软件的授权许可。

---

① 闫华红,闫佳睿.软件企业研发费用会计处理：问题与对策[J].财会月刊,2022(17).
② 闫华红,闫佳睿.软件企业研发费用会计处理：问题与对策[J].财会月刊,2022(17).

（六）目前我国企业会计信息不反映软件人力资源的成本和价值

目前企业产品的竞争尤其是制造业产品的竞争,硬件优劣的竞争是一个方面,软实力优劣的竞争才是最关键的竞争实力。例如,嵌入火车或飞机之中的软件控制系统优劣的竞争,决定了产品的质量、产品的安全系数和运行模式等。企业的软实力主要靠企业的软件人力资源或人才资源的优劣实现。例如,优秀的软件工程师和辅助人员,其设计的优质软件系统可以为企业带来巨大的经济利益。但目前我国企业会计信息还不能反映企业人力资源的成本和价值,尤其是软件人力资源的成本和价值。

（七）目前我国企业会计信息不利于分析企业软件项目的投资效益

目前我国企业会计准则中没有确认、计量、列报和披露软件项目财务状况、项目运营盈亏、软件项目现金流量情况、软件项目投资效益等软件项目会计信息的要求,不利于投资者、债权人、政府相关机构、企业管理层、社会公众等有关软件项目会计信息的使用者分析企业软件项目的运行情况、投资收益、绩效等,这对于企业软件项目继续获得资金支持十分不利。

闫华红等人的论文[①]发现,研发支出"资本化判断条件所存在的争议,还可能引发利益相关者及证监会对企业会计信息真实性和可靠性的质疑,为避免由此产生的不利影响,大部分企业更倾向于选择全部费用化。而对于选择资本化的企业来说,这也为管理层提供了可操纵利润的空间,管理层信息披露意愿不强,很多企业利用模糊的资本化条件掩盖资本化时点的真实判断依据,并没有根据自身特点披露开发阶段支出资本化的具体标准";同时,该论文发现,"现行准则并没有针对软件产品摊销年限制定具体的规定,使得企业在摊销年限选择上具有较大的自主选择空间,部分企业可能会利用准则缺陷进行盈余管理,通过调整摊销年限操纵研发费用和会计利润"。

三、借鉴美国经验制定中国软件会计准则

鉴于以上讨论和本章第二节对美国软件会计准则制定历史和特点的描述,本书作者认为,可以借鉴美国经验,建立我国软件会计准则,理由如下。

（一）现阶段建立我国软件会计准则的时机已经成熟

借鉴美国软件产业发展和软件会计准则制定的历史经验,我国软件产业经过 30 多年的发展,已经经过了萌芽期、生长期和发展期。进入 21 世纪后,我国软件产业市场规模持续高速增长,在全球软件产业中所占份额逐年上升,软件产业规模已位居世界前列,我国已经到了制定软件会计准则的适当时机。

---

① 闫华红,闫佳睿.软件企业研发费用会计处理:问题与对策[J].财会月刊,2022(17).

目前，我国软件产业尚无软件财务会计信息的财务报告，这种状况已经影响企业财务报告信息的相关性、完整性、可靠性，影响软件企业的投融资，影响企业报告其软件成本效益、软件投资规模、软件研发能力、软件储备能力等企业软实力数据。因此，社会亟需软件会计准则对财务会计报告加以指导，助力我国软件产业发展。

（二）建立专业研究机构，制定我国软件会计准则

借鉴美国FASB的经验，应当在中国会计准则委员会之下成立一个制定软件产业会计准则的专业机构，负责追踪和研究软件产业创新业务的发展，研究制定适合我国软件产业发展的软件会计准则。

这个机构需要各方面专业人员协同努力，制定软件会计准则，需要软件专业技术人员、熟悉软件企业运作的管理人员、风险投资的融资分析人员和熟悉软件技术流程的会计人员等共同合作，才能够制定出适合软件行业发展，进行软件研发、生产、营销等管理需要的可实施的中国软件会计准则，才能制定出满足企业外部投资者、债权人等会计信息阅读者对软件会计信息需要的软件会计准则。

（三）建立我国软件会计准则的框架

建立我国软件会计准则的框架，可以借鉴美国软件会计准则ASC 985已有内容。美国软件会计准则ASC 985内容框架包括总则，用于出售、出租或其他方式销售的软件成本的确定，以及包括存货、无形资产——商誉和其他、收入确认、销售和服务成本、研究与开发、企业合并和非货币性交易七个交叉子准则。这说明美国起码有存货、无形资产——商誉和其他、收入确认、销售和服务成本、研究与开发、企业合并和非货币性交易准则等七个会计准则对软件业务不适用，需要修订或增补与软件业务相关的会计处理标准。

从美国软件会计准则ASC 985的制定过程可见，ASC 985是在不断修订、补充已有的企业财务会计准则中缺失的软件业务会计处理规范的过程中逐步完善的。在不断修订和补充的过程中，美国软件会计准则体系逐步形成。建立中国软件会计准则，不必延续美国软件会计准则制定的渐进过程，可以借鉴ASC 985，直接制定一个中国软件会计准则的框架。然后，在修订我国现有七个与软件业务相关的企业会计准则相应条款的基础上建立中国软件会计准则，补充软件业务会计处理规范的空白。

（四）完善软件资产会计处理规范

在完善软件资产会计确认、计量、报告规范方面，借鉴美国软件会计准则ASC 985，制定我国软件资产概念、分类以及会计确认标准、计量方法、报告规则等。可以将软件资产分类为软件流动资产和软件长期资产，分别规范其会计处理。

例如,软件流动资产会计处理规范可借鉴美国软件会计准则中软件存货的会计处理规范,包括:可供出租、出售或其他方式销售的自行研发软件产品、外购软件产品、复制计算机软件等,作为产品或流程的组成部分进行销售的软件产品、受托管协议约束的软件资产等成本费用的确认、计量、记录和报告会计处理规范。

再如,软件长期资产会计处理规范可借鉴美国软件会计准则有软件长期资产的会计处理规范,包括自用软件或内部使用软件、网站平台开发和云计算协议中的软件产品的会计确认、计量、记录和报告规范,特别是网站平台开发和云计算协议中的软件产品会计准则,都值得中国制定软件会计准则时加以借鉴。

(五)完善软件收入和成本费用会计处理规范

完善软件收入和成本费用会计处理规范,可借鉴美国软件会计准则软件收入和销售成本的会计处理规范,包括借鉴其软件收入定义、对不同软件收入(如软件产品销售收入、软件产品授权收入、运营维护与升级增强收入等)的会计确认、计量、记录和报告;软件协议会计处理范围等的会计规范等。

(六)完善软件会计信息列报规范

完善软件会计信息列报会计准则规范,可以借鉴美国软件会计准则软件会计信息在财务报告中的列报预披露的相关条款。目前,我国软件企业"资产负债表""利润表""所有者权益变动表""现金流量表"四张财务报告都没有出现与软件相关的会计信息。如果我国软件企业在"资产负债表""利润表""所有者权益变动表""现金流量表"四张财务报告上列报和披露与软件相关的财务会计信息,有利于软件企业进行投融资,便于软件企业进行经营管理,有利于软件企业的发展。

(七)完善软件其他方面会计处理规范

除软件资产、软件收入、软件成本费用会计处理和列报的会计规范外,美国软件会计准则还有关于软件项目后续支出、软件项目后续计量、软件项目处置和报废、非货币性资产交换中的软件、企业合并中的软件、接受资助的软件开发项目等的会计处理规范。这些软件会计处理内容对制定中国软件会计准则都有一定的借鉴意义。

第四节 中国软件会计基本理论问题研究

本节主要讨论软件会计的理论基础、软件、软件产品、软件产业、软件行业、软件资产、软件财务会计准则理论框架等若干基本理论问题。

一、建立软件会计准则的理论基础

（一）布尔代数理论

19世纪英国数学家、符号逻辑的奠基人乔治·布尔（1815—1864）发明了布尔代数。布尔代数只有两个基本元素：1（True，真）和0（False，假）。其有三种基本运算：与（And）、或（Or）和非（Not）。

逻辑简明的布尔代数与只有"开"与"关"两种状态的数字电路的原理不谋而合。把数据转化为由0和1组成的二进制数，可以把数学或逻辑计算转化为布尔运算，把大量数字电路组合起来，同时运行无数个布尔运算，提高计算机的运算速度。

搜索引擎服务同样是利用布尔运算完成的。为了提供搜索服务，搜索网站记录了互联网上所有网页的内容，以此为基础建立了庞大的数据库。这个数据库使用关键词进行组织。搜索引擎为每个关键词建立了索引，基本形式是一个很长的二进制数字"000011011……"，其中每一位代表一个网页，"1"代表网页上有这个关键词。例如，在搜索栏键入"电脑"和"手机"两个词，搜索引擎会对索引相应的两个二进制数的每一位做"与"运算，找出结果为"1"的位，把对应的网址展示给人们，一次搜索便顺利完成了。当然，真正的搜索引擎非常复杂，但它们同样是用简单的布尔运算驱动的。

布尔代数理论是本节研究定义"软件""软件产品""软件资产"的理论依据。通过该理论，可以发现软件产品成本费用可以归集的最小单元是"一条代码"的研究开发支出，通过该理论也发现，软件产品最小单位的收入可以计算到"一条代码"的销售价格。

（二）产业经济学理论[①]

产业经济学（industrial economics），又称产业组织理论或产业组织学（industrial organization），是国际上公认的、相对独立的应用经济学学科之一。产业经济学是应用经济学领域的重要分支。产业经济学是经济学中用来分

[①] 我国的学科体系是20世纪50年代从苏联引进的。当时，产业的概念主要是指计划经济中的"行业""部门"，例如，农业、工业、商业等，学科专业也相应设立了农业经济学、工业经济学、商业经济学等门类，没有明确的"产业经济学"名称。1996年，国务院公布了新的研究生专业学科目录，产业经济学被列其中，标志着这一国际公认的经济学科正式被官方确认。在本次公布的研究生专业学科目录中，在经济学门类下，设理论经济学和应用经济学两个一级学科。在应用经济学下又设国民经济学、区域经济学、财政学、金融学、产业经济学、国际贸易学、劳动经济学、统计学、数量经济学、国防经济共10个二级学科。产业经济学硕士点中的"产业"不仅仅单指"工业"或"商业"或其他某个行业，而是泛指国民经济中的各行各业。调整后的现行学科专业目录规定：产业经济学专业应代替原来的工业经济、农业经济、商业经济、运输经济、信息经济等专业。这就是说，产业经济学的"产业"是基本上涵盖一、二、三产业的应用经济学专业。

析实现经济问题的新兴的应用经济理论,最早于第二次世界大战后在日本发展起来。产业经济学以"产业"作为研究对象,外国的产业经济学主要研究产业组织,即企业间垄断形式之类的微观层次问题,并形成一套产业组织理论。

产业组织理论主要是为了解决马歇尔冲突的难题,即产业内企业的规模经济效应与企业之间的竞争活力的冲突而产生的。传统的产业组织理论体系主要是由张伯伦、梅森、贝恩(Bain)、谢勒(Scherer)等建立的,它包含著名的市场结构、市场行为和市场绩效相结合的研究模式或理论范式(又称 structure, conduct, performance,SCP 模式)。SCP 模式奠定了产业组织理论体系的基础,以后各派产业组织理论的发展都是建立在对 SCP 模式的继承或批判基础之上的。

中国产业经济学研究的"产业"是基本上涵盖一、二、三产业的应用经济学。中国的产业经济学研究产业组织、产业政策、产业结构、产业布局、政府规制、行业管理、产业关联、产业发展这几大方面,以宏观问题为主。所以,我国产业经济学也就成了为制定国家经济发展战略服务、为制定以推动经济发展为目标的产业政策服务的经济理论。

"产业"一般是指具有某类共同特性的企业集合,某类特性是将企业划分为不同产业的基准。企业的某类特征,这种选择性一般服从于经济分析需要。根据产业经济学理论,我国政策中有软件产业的称谓。本节借鉴产业经济学理论,定义软件产业的概念,以及与软件行业概念的区别。

二、软件、软件产品、软件产业和软件行业

(一)软件、软件产品定义

本节采用的软件的定义是:软件是一种以布尔代数为基础理论的、由人工编制的、可以在某种机器设备上运行的、有使用价值的程序。软件本质上是一种程序,这种程序的特点有以下四个方面:

(1)软件是一种以"布尔代数"为基础理论的程序,也就是以"二进制"为基础理论,由人工编制的程序,这是软件区别于其他计算机操作系统如手动计算机的根本特点或本质性特点。

(2)软件是一种由人工编制的程序,即使现代软件工程师设计出可以替代部分人工的编码机,但是编码机的源程序也是由人工编制的。

(3)软件是一种可以在某种机器设备上运行的程序,也就是说,软件程序是独立的、可以与实物载体相分离的程序,它需要与一种实物性载体相结合才可以运行,这种载体可以是计算机、手机、飞机机头、高铁机头等机器设备。

(4)软件是一种有使用价值的程序,也就是说,编制软件的目的是使用,

软件是为了满足人们的使用需求而编制的程序。

人们需要使用软件从事某种特定的活动,软件是满足市场需求而编制的,软件是有市场价值的,是可以单独出售的软件产品或软件商品。因此,软件是一种产品,软件产品是承载某种软件程序的、可以在市场出售的产品。

（二）软件产业和软件行业的区别

软件产业是以布尔代数为基础理论建立起来的产业,其特点包括:其代码可以在计算机上运行,是可以为目标设计的定制程序,且这些程序可以创造价值。以软件的研究、开发、编程、存储、交换、应用等为产业特点的企业集合在一起,可以称为软件产业。

软件产业是涵盖若干软件行业的大概念。软件产业又可以按照业务类型细分为不同的软件行业,例如,按照软件产品存在和发挥作用的形态,可以分为纯软件行业、嵌入式软件行业、信息技术服务行业、信息安全行业、人工智能行业等。

信息技术(IT,information technology)包括三个层次。第一层,硬件:数据存储、处理和传输的主机和网络通信设备。第二层,软件:可用来搜集、存储、检索、分析、应用、评估信息的各种软件,如 ERP、CRM、SCM、DW/DM、互联网平台等。第三层,应用,通过软件或建立模型处理各种信息,开展辅助决策的相关服务。通常把第二三层合二为一,称为软件产业,包括软件和信息服务。

软件和信息技术服务业[1]是对满足需方信息技术需求的服务产品与服务过程的总称,包括进行软件开发并提供软件产品的服务,为需方提供开发、应用信息技术以及确保信息系统安全的服务,以信息技术为手段提供支持需方业务活动的服务。

三、软件行业及软件产品分类

根据不同部门的标准,可以将软件行业和软件产品分为不同的类别。

（一）国家统计局软件行业分类[2]

根据国家统计局 2018 年《软件和信息技术服务业统计调查制度(2018)》,以 GB/T 4754—2017 国民经济行业分类(信息传输、软件和信息技术服务业)的统计范围为标准,软件产品生产可分为软件产品行业、信息技术

---

[1] 《软件和信息技术服务业统计调查制度(2018)》(GB/T 4754—2017),国民经济行业分类(信息传输、软件和信息技术服务业)。

[2] 《软件和信息技术服务业统计调查制度(2018)》(GB/T 4754—2017),国民经济行业分类(信息传输、软件和信息技术服务业)。

服务行业、嵌入式系统软件行业、信息安全行业和人工智能行业五种类型。

(1)软件产品行业。软件产品行业,包括基础软件、支撑软件、平台软件、应用软件、工业软件、接受委托开发的嵌入式软件、移动应用软件(App)、定制软件等。

(2)信息技术服务行业。信息技术服务行业,包括信息技术咨询设计服务、信息系统集成实施服务、运行维护服务、数据服务、云服务、平台运营服务、电子商务平台技术服务、集成电路设计服务等。

(3)信息安全行业。信息安全行业,包括信息安全产品、云计算安全产品、工控安全产品、移动安全、云端安全服务、安全咨询、安全集成实施、安全运维、安全培训等。

(4)嵌入式系统软件行业。嵌入式系统软件行业,是指以应用为中心编制并镶嵌和固化在硬件中,与硬件共同构成完整功能的软件产品,特指制造业企业自主研发并使用的嵌入式系统软件。包括通信设备、数字家用视听产品、计算机应用产品、信息系统安全产品、装备自动控制产品、生物特征识别装置、可穿戴智能设备、智能车载设备(后装)、智能无人飞行器制造、服务消费机器人制造等。

(5)人工智能行业。人工智能行业包括人工智能软件、人工智能服务、人工智能产品等。其中:①人工智能软件包括计算机视觉软件、智能语音处理软件、自然语言理解软件、生物特征识别软件、虚拟现实/增强现实软件;②人工智能服务包括机器学习服务、计算机视觉服务、智能语音处理服务、自然语言理解服务、生物特征识别服务、人工智能集成解决方案。③人工智能产品包括人工智能芯片、人工智能传感器、智能机器人、智能运载工具、虚拟现实/增强现实设备、智能可穿戴设备。

(二)科学研究机构软件产品的分类

软件科学研究机构将软件分为基础软件、产业软件和软件应用三类。

(1)基础软件包括操作系统、数据库、中间件、协同办公软件等。

(2)产业软件包括网络安全软件、软件服务外包、电子商务软件、物联网软件、云计算、大数据、游戏软件、开源软件、区块链软件、网络可信身份服务软件、人工智能软件、工业软件、虚拟现实与增强现实软件、企业管理软件、社交网络软件、移动网络软件、双创平台软件等。

(3)软件应用可以分为七类,包括农业物联网、智能制造业、建筑信息模型、电子政务、智慧城市、互联网金融、电信运营等。

四、中国企业软件财务会计基本理论

本部分主要讨论软件财务会计基本理论,包括软件财务会计基本理论框架、软件资产、软件负债、软件所有者权益、软件收入和软件利润、软件财务会计报告列报基本理论问题。

（一）软件财务会计基本理论框架

所谓软件财务会计①，是指对企业外部提供企业软件经营活动会计确认、计量、记录和报告会计信息的方法。软件财务会计所依据的标准应是软件会计准则。

软件财务会计基本理论框架包括软件会计目标、软件会计假设、软件会计要素、软件会计信息质量特征、软件会计确认、软件会计计量、软件会计记录、软件企业财务报告以及软件企业会计信息披露等。

1. 软件财务会计目标。软件财务会计目标除应遵循《企业会计准则：基本准则》的规定外，还应明确软件财务会计目标是规范企业软件会计确认、计量和报告行为，保证软件会计信息的质量，向投资者、债权人、所有者、政府及有关部门和社会公众等软件财务报告使用者提供与企业软件财务状况、经营成果和现金流量等有关的会计信息，反映企业管理层软件项目受托责任履行情况，有助于软件财务报告使用者做出经济决策。

2. 软件会计假设。软件会计假设应首先遵循《企业会计准则：基本准则》规定的会计主体、持续经营、会计期间、货币计量四个基本假设外，还应遵循软件项目独立计量假设，即假设软件项目是可以按照其研发生产生命周期单独进行软件会计确认、计量及记录和报告的。

3. 软件会计要素。软件财务会计是在《企业会计准则：基本准则》的基础上，增加与软件项目相关的会计要素，即软件资产、软件负债、软件产权、软件收入、软件费用、软件利润六个软件会计要素。每个软件会计要素都应该建立其定义、分类、确认计量等基本会计理论框架，以便进行日常会计处理。

4. 软件会计信息质量要求。软件财务会计也应该遵循《企业会计准则：基本准则》财务会计信息质量的可靠性、相关性、可理解性、可比性、实质重于形式、重要性、谨慎性和及时性八项要求。软件财务会计质量要求还应该增加与软件项目相关的技术可行性。

5. 软件会计确认。软件财务会计确认标准除了遵循《企业会计准则：基本准则》的一般规范，还应该根据不同的软件会计要素制定适用于各软件会计要素的软件会计确认标准。

6. 软件会计计量和软件会计记录。软件财务会计计量方法除了遵循《企业会计准则：基本准则》的方法，还应该根据不同的软件会计要素制定适用于各软件会计要素计量的、优先选用的软件会计计量方法；应该制定软件

---

① 与其对应的是软件管理会计，或软件企业管理会计，是指对内提供企业软件经营管理所需的成本、价值、预测、决策等会计信息的会计方法。本书不讨论软件管理会计问题。

会计科目表,方便进行会计记录。

7. 软件财务报告以及会计信息披露。软件财务报告以及会计信息披露除应遵循《企业会计准则:基本准则》和《企业会计准则第 30 号财务报表列报》外,还应该根据软件会计处理的特点,在三张主要财务报表基础上,规范软件会计要素填报的位置和方法。

在软件财务会计基本理论的基础上,以下主要讨论各软件会计要素的定义、分类以及三张主要财务会计报表的软件会计信息的列报要求。

(二)软件资产会计基本理论

1. 软件资产的定义。本书作者认为,软件资产除应符合《企业会计准则:基本准则》的资产定义外,还应增加软件资产的特点,即"软件资产是指企业过去的交易或者事项形成的、由企业拥有或者控制的、以软件产品为载体的、预期会给企业带来经济利益的资源"。理由如下:

(1)软件资产符合资产是"企业过去的交易或事项形成的"特点。因为软件资产是过去签订的软件合同确定交易或事项的履约技术标准、软件合同金额、软件合同交割时间等条件后开始投资研发的。

(2)软件资产符合资产是"由企业拥有或者控制的"特点。因为企业拥有按照软件合同研发的软件产品,或者企业可以控制按照软件合同提供的软件产品的使用权。

(3)软件资产符合资产是"预期会给企业带来未来经济利益"的特性。因为企业按照软件合同研发的软件产品可以创造价值,带来高于软件成本的增值。

(4)软件资产符合资产本质上是一种"资源"的特质。因为软件产品是有价值的,是可以通过市场营销、出售、出租或者企业自用,成为企业创造经济利益的动力或源泉。

软件资产的主要特点是以软件产品为载体,它是介于有形资产和无形资产之间的一种软资产。

2. 软件资产的分类。软件资产按照软件产品使用方式和软件资产流转期限等不同标准可以分为不同类别。

(1)按照软件产品使用方式,可以将软件资产划分为外销软件资产和自用软件资产两大类。

外销软件资产,是指企业研发的可供市场营销推广的软件产品、可直接对外销售的软件产品,以及可供对外租赁的软件产品。外销软件资产类似企业软件产品存货,企业不打算长期持有该类软件资产,其研发目的是对外销售,赚取经济利益。

自用软件资产,是指企业外购或自行研发的仅在企业内部使用的软件资产。自用软件资产类似固定资产或无形资产,企业打算长期持有该类资产,持有该类软件资产的目的只是为了企业内部使用,而不是对外销售。

(2)按照软件资产流转期限,可以将软件资产划分为短期软件资产和长期软件资产。

短期软件资产,是指企业拥有或控制的、预期将在一年或超过一年的一个营业周期内、作为单独产品或作为产品或流程的一部分出售、出租或以其他方式销售的软件产品,如计算机软件存货、软件产品等。

长期软件资产,是指企业拥有或者控制的、为内部使用而外购或自行研发的、使用期限在一年或超过一年的一个营业周期以上的,以软件为载体的可辨认的非货币性资产,如自用软件或内部使用软件、网站平台开发和云计算协议软件等。

一般来说,外销软件产品属于短期软件资产,自用软件产品属于长期软件资产。

(三)软件负债会计基本理论

1. 软件负债的定义。本书作者认为,软件负债除应符合《企业会计准则:基本准则》关于负债的定义外,还应包括软件负债的特点,即"软件负债是指由过去的软件交易或软件事项形成的、预期会导致经济利益流出企业的现时义务"。理由如下。

(1)软件负债的形成时间是"过去",这种软件债务于"过去"的某项交易或事项"发生的时点已经形成。

(2)软件负债是与"软件"交易和"软件"事项相关的,即该债务与研究开发某软件产品或某软件项目等相关。

(3)软件负债"预期"会用企业的"经济利益"偿还,即以企业经济利益流出(减少)为代价,也就是说,预期会用企业资金、资产或产权等经济利益偿还软件债务。

(4)软件负债本质上是企业在现行条件下已经承担的义务,而不是未来发生交易或事项形成的义务。

2. 软件负债的分类。按照软件负债偿还期限的流动性,可以将软件负债分为软件流动负债和软件非流动负债。

软件流动负债是为软件交易目的而持有的,预计在一个正常营业周期内偿还的或预计在资产负债表日起一年内到期应予以清偿的软件交易债务,如定制软件预付款等。

软件非流动负债是指除软件流动负债以外的软件负债,即预计在超过一年的一个正常营业周期以上偿还的软件债务,或预计在资产负债表日起一年以上到期应予以清偿的软件债务,如自用软件研发的长期借款等。

(四)软件所有者权益会计基本理论

1. 软件所有者权益的定义。本书作者认为,软件所有者权益除了应符合《企业会计准则:基本准则》中所有者权益的定义外,还应增加软件所有者权益的特点,即"软件所有者权益,是企业软件资产扣除软件负债后由软件所有者享有的剩余权益,软件所有者包括拥有软件产权的个人或企业"。理由如下:

(1)该定义强调软件所有者权益"剩余权益"的属性,即软件所有者权益等于软件资产减软件负债的差额。因为软件项目的资本金一部分来自企业或个人投资者,即软件所有者;另一部分来自企业从银行等金融机构借到的资金,即企业软件负债。

(2)该定义强调软件所有者权益既指企业接受投资者投入的软件项目的研发资本金,也包括以个人或企业拥有软件所有权为资本金投入的软件项目投资形成的所有者权益。

2. 软件所有者权益的分类。企业的所有者权益一般划分成投入资本、资本公积、盈余公积金和未分配利润四个项目。软件所有者权益除了按照常规分类外,还应当将与软件有关的所有者权益单独分离出来,形成投入软件资本、软件资本公积、软件盈余公积和软件未分配利润等,以便考核软件项目的经营业绩。

(五)软件收入会计基本理论

1. 软件收入的定义。本书作者认为,软件收入除了应符合《企业会计准则:基本准则》的收入定义外,还应增加软件收入业务特点,即"软件收入,指计算机软件作为单独产品、或作为产品或流程的组成部分,用于出售、出租或以其他方式销售(或基于网站开发、云计算协议)所带来的经济利益总流入。该经济利益流入与所有者投入资本无关,并最终会导致企业软件所有者权益的增加",理由如下:

(1)该定义强调软件收入主要是计算机软件收入所带来的经济利益总流入。

(2)该定义强调计算机软件可以作为单独产品分离出来,或者作为产品或流程的组成部分。

(3)该定义强调软件收入的销售方式可以是出售、出租或以网站开发、云计算协议等其他方式销售。

(4)该定义强调软件收入与软件所有者投入资本无关的经济利益的总流入。

(5)该定义强调软件收入最终会导致软件所有者权益的增加。与软件收入相关的经济利益的流入应当会导致软件所有者权益的增加,不导致软件所有者权益增加的经济利益的流入不符合软件收入的定义。

2. 软件收入的分类。软件收入包括软件产品销售收入、软件产品授权收入、运营维护与升级增强收入、托管协议收入、定制软件收入等。

(六)软件成本和利润的会计基本理论

1. 软件费用(成本)的定义及分类。本书作者认为,软件费用除了应符合《企业会计准则:基本准则》中费用的定义外,还应包括软件费用的特点,即"软件费用,一般是指企业在计算机软件的开发、生产、运营、销售和服务等方面的成本和费用。软件费用具体是指企业在某一会计期间,为赚取软件收入而发生的软件销售和服务的各种耗费,该耗费是预期会导致企业软件所有者权益减少、与向软件投资者分配利润无关的经济利益总流出"。理由如下:

(1)该定义强调一般情况下,软件费用是指企业在计算机软件的开发、生产、运营、销售和服务等方面的成本和费用。

(2)该定义强调具体情况下,软件费用是指企业在某一会计期间,为赚取软件收入而发生的软件销售和服务的各种耗费。

(3)该定义强调软件费用的各种耗费,预期会导致企业软件所有者权益减少,但是与向软件投资者分配利润无关的经济利益总流出。

广义的软件费用包括企业在计算机软件相关的开发、生产、运营、销售和服务等方面的一切耗费;狭义的软件费用是对象化的软件费用,即软件成本。软件费用可以分为直接费用、间接费用和期间费用。

2. 软件利润的定义及分类。本书作者认为,软件利润除了应符合《企业会计准则:基本准则》中利润的定义外,还应增加与软件利润的特点,即"软件利润,指企业在一定会计期间的软件经营成果,包括软件收入减去软件费用后的净额、直接计入当期利润的软件利得和软件损失等"。理由如下:

(1)该定义强调软件利润是软件经营成果,与企业某一会计期间有关。

(2)该定义强调软件利润的计算公式,即:

软件利润=软件收入−软件费用+直接计入当期利润的(软件利得−软件损失)

直接计入当期利润的软件利得和软件损失是指由企业非日常软件经营活动所形成的、应当计入当期损益,会导致企业软件所有者权益发生增减变化的、与软件所有者投入资本,或向软件所有者分配利润无关的软件利得或软件损失。例如,回收软件坏账利得、软件信用损失或软件赊账损失、免费使用软件损失等。

(七)软件财务会计报告列报基本理论

本书作者认为,软件财务会计报告列报除应符合《企业会计准则第30号:财务会计报告列报》的定义外,还应增加与软件项目相关的特点,即"软件财务会计报告是指企业对外提供的反映企业某一特定日期的软件项目财务状况和某一会计期间的软件项目经营成果、现金流量等会计信息的文件。软件财务会计报告包括软件会计报表及其附注和其他应当在软件财务会计报告中披露的相关信息和资料。软件会计报表至少应当包括软件资产负债表、软件利润表、软件现金流量表等报表"。理由如下：

1. 软件资产负债表列报基本要求。软件资产负债表是指反映企业在某一特定日期软件项目的财务状况的会计报表。企业应在资产负债表中列报与软件项目有关的下列信息：

（1）各类软件资产（包括短期软件资产如软件产品或软件存货等，以及长期软件资产如自用软件）的期初和期末账面价值；

（2）分类披露短期软件资产和长期软件资产的构成；

（3）未摊销的计算机软件资产净值；

（4）各类软件负债（包括短期软件负债如定制软件预付款等，以及长期软件负债，如自用软件借款等）的期初和期末账面价值；

（5）分类披露短期软件负债和长期软件负债的构成；

（6）期末软件负债净值；

（7）软件产权（包括软件产品的企业或个人所有者权益等）期初和期末账面价值；

（8）分类披露软件产品的企业或个人所有者权益的构成比例。

2. 软件利润表列报的基本要求。软件利润表是指反映企业在一定会计期间软件项目的经营成果的会计报表。企业应在软件利润中列报与软件项目有关的下列信息：

（1）软件合同收入、软件合同费用以及软件合同利润；

（2）软件利得、软件损失等。

3. 软件现金流量表列报基本要求。软件现金流量表是指反映企业在一定会计期间软件项目的现金和现金等价物流入和流出的会计报表。在软件现金流量表中列报与软件产品有关的下列信息：

（1）软件经营活动现金流量，列报与短期软件资产如存货和软件协议等相关的软件营业收入、软件营业成本的现金流量流入与流出。

（2）软件投资活动现金流量，列报与长期软件资产相关的现金流量流入与流出。

（3）软件融资活动现金流量，列报以软件资产如软件存货或软件协议等进行融资的相关现金流量流入与流出。

（4）不影响软件现金流量的重大软件投融资活动。

4. 软件所有者权益变动表列报基本要求。软件所有者权益变动表的列报除遵循《企业会计准则第 30 号——财务报表列报》中所有者权益变动表的基本要求外，企业还应当在表中列报与软件相关的各组成部分当期的增减变动情况，包括软件综合收益和与软件所有者的资本交易导致的企业所有者权益变动等，具体包含以下项目：

(1) 软件综合收益总额,分别列示属于企业和属于个人的软件综合收益。

(2) 软件会计政策变更和前期差错更正的累计影响额。

(3) 分别列示企业和个人软件所有者投入资本。

(4) 分别列示向企业法人和个人软件所有者分配利润。

(5) 软件所有者权益各构成部分的期初和期末余额及调节情况。

第五节 企业软件开发项目会计处理案例

本节选择 XYZ 有限责任公司软件开发项目的财务会计处理作为研究案例。

案例基本情况:20×1 年 1 月 4 日,XYZ 有限责任公司(受托方)与甲公司(委托方)签订一份为期一年的 A 软件项目合同,该软件项目合同分三期:A 软件项目前期准备阶段、应用开发阶段,以及安装后的运营阶段;总包费用1 500 万元,合同约定总包费用分三期支付。同时,20×1 年 1 月 6 日,XYZ 有限责任公司与乙企业签订入股协议,将乙企业拥有的研制 A 软件项目需要的、未来有其他用途的"应用软件系统(一)"入股,该"应用软件系统(一)"经评估价值 200 万元,作为合伙企业技术股份投入。

假定:20×1 年 1 月该企业 A 软件项目进入前期准备阶段,5 月份软件产品通过技术可行性检测合格,9 月份销售给订货单位,软件产品安装后进入运营阶段。

根据本章第四节软件会计基本理论,XYZ 有限责任公司会计科目见表 10-12。

表 10-12 XYZ 有限责任公司会计科目表

编号	资产类会计科目	编号	负债和所有者权益类会计科目
	一、资产	14	应付项目职工薪酬
	流动资产	15	应交增值税——进项
01	银行存款	16	应交增值税——销项
02	应收账款	17	应交增值税——未缴
03	其他应收款	18	应付利息
04	软件产品存货	19	其他应付款
05	其他短期软件资产		长期负债

续表

编号	资产类会计科目	编号	负债和所有者权益类会计科目
	非流动资产		三、所有者权益
06	固定资产	20	实收资本——股权
07	累计折旧		四、成本费用
08	长期软件资产	21	软件研发生产运维成本
09	长期软件资产摊销	22	软件合同成本
10	无形资产		五、收入
	二、负债	23	营业外收入
	短期负债	24	软件合同收入
11	短期软件银行借款		六、利润及利润分配
12	应付账款	25	本年软件合同利润
13	预收软件合同收入	26	软件利润分配

一、企业软件开发项目经济业务资料以及会计处理要求

(一)A 软件项目前期准备阶段

以下根据1—4月份的成本费用资料,编制 A 软件项目经济业务的会计分录。

(1)20×1年1月9日,丙企业交付上述应用软件系统(一),按照评估价值200万元,取得 XYZ 有限责任公司的合伙人股权,编制会计分录如下:

| (1) | 1 | 9 | 借:长期软件资产——自用应用软件系统(一)　　2 000 000.00
　　贷:实收软件股权——丙企业股份　　　　　　　　　　2 000 000.00 |

(2)20×1年1月10日,XYZ 有限责任公司取得甲公司支付的软件项目前期准备阶段第一期投资500万元,存入 XYZ 有限责任公司开户银行,编制会计分录如下:

| (2) | 1 | 10 | 借:银行存款　　　　　　　　　　　　　　　　5 000 000.00
　　贷:预收合同收入——甲公司——A 软件项目　　5 000 000.00 |

(3)20×1年1月12日,XYZ有限责任公司在A软件项目建立技术可行性之前,为研究开发该A软件项目,购买与研究相关的计算机20台每台4万元,共80万元,进项税额10.4万元;赊账从丁企业购入一套未来无其他用途的、应用软件系统(二),总成本为120万元,进项税额15.6万元;购入软件项目相关的、未来可用于其他用途的设备100万元,进项税额13万元;该企业用银行存款支付203.4万元,应付账款135.6万元,编制会计分录如下:

(3)	1	12	借:固定资产——计算机[80万×(1+13%)=90.4万] ——其他设备[100万×(1+13%)=113万] 软件研发生产运维成本——A项目专用软件系统(二) 应交增值税——进项税款(120万×13%=15.6万) 贷:银行存款 应付账款——丁企业	904 000.00 1 130 000.00 1 200 000.00 156 000.00 2 034 000.00 1 356 000.00

(4)20×1年1月15日,XYZ有限责任公司计算应为聘用的20名软件项目研发人员发放当月薪酬共计60万元,5名相关软件项目管理人员薪酬10万元,并用存款支付薪酬,编制会计分录如下:

(4)	1	15	借:软件研发生产运维成本——A项目 贷:应付工资——A项目技术人员 ——A项目管理人员	700 000.00 600 000.00 100 000.00
	1	15	借:应付工资——A项目技术人员 ——A项目管理人员 贷:银行存款	600 000.00 100 000.00 700 000.00

(5)20×1年1月31日,XYZ有限责任公司为A软件项目分摊本月应负担的固定资产折旧费用3.39万元(203.4万元÷5年÷12月),本月应负担的长期软件资产摊销费用3.33万元(200万元÷5年÷12月),编制会计分录如下:

(5)	1	31	借:软件研发生产运维成本——A项目 贷:固定资产折旧——A项目	33 900.00 33 900.00
	1	31	借:软件研发生产运维成本——A项目 贷:长期软件资产摊销——A项目	33 300.00 33 300.00

(6)20×1年2月15日,XYZ有限责任公司为聘用的20名软件项目研发人员发放当月薪酬共计60万元,5名相关软件项目管理人员薪酬10万元,并用存款支付薪酬,编制会计分录如下:

(6)	2	15	借:软件研发生产运维成本——A项目 贷:应付工资——A项目技术人员 　　　　　　——A项目管理人员	700 000.00 600 000.00 100 000.00
	2	15	借:应付工资——A项目技术人员 　　　　　——A项目管理人员 贷:银行存款	600 000.00 100 000.00 700 000.00

(7) 20×1年2月27日,XYZ有限责任公司为该软件项目分摊本月应负担的固定资产折旧费用3.39万元,本月应负担的长期软件资产摊销费用3.33万元,编制会计分录如下:

(7)	2	27	借:软件研发生产运维成本——A项目 贷:固定资产折旧——A项目	33 900.00 33 900.00
	2	27	借:软件研发生产运维成本——A项目 贷:长期软件资产摊销——A项目	33 300.00 33 300.00

(8) 20×1年3月15日,XYZ有限责任公司为聘用的20名软件项目研发人员发放当月薪酬共计60万元,5名相关软件项目管理人员薪酬10万元,并用存款支付薪酬,编制会计分录如下:

(8)	3	15	借:软件研发生产运维成本——A项目 贷:应付工资——A项目技术人员 　　　　　　——A项目管理人员	700 000.00 600 000.00 100 000.00
	3	15	借:应付工资——A项目技术人员 　　　　　——A项目管理人员 贷:银行存款	600 000.00 100 000.00 700 000.00

(9) 20×1年3月31日,XYZ有限责任公司为该软件项目分摊本月应负担的固定资产折旧费用3.39万元,本月应负担的长期软件资产摊销费用3.33万元,编制会计分录如下:

(9)	3	31	借:软件研发生产运维成本——A项目 贷:固定资产折旧——A项目	33 900.00 33 900.00
	3	31	借:软件研发生产运维成本——A项目 贷:长期软件资产摊销——A项目	33 300.00 33 300.00

（10）20×1年4月15日，XYZ有限责任公司为聘用的20名软件项目研发人员发放当月薪酬共计60万元，5名相关软件项目管理人员薪酬10万元，并用存款支付薪酬，编制会计分录如下：

(10)	4	15	借：软件研发生产运维成本——A项目 　　贷：应付工资——A项目技术人员 　　　　　　　　——A项目管理人员	700 000.00 600 000.00 100 000.00
	4	15	借：应付工资——A项目技术人员 　　　　　　——A项目管理人员 　　贷：银行存款	600 000.00 100 000.00 700 000.00

（11）20×1年4月25日，XYZ有限责任公司为了该软件项目产品达到技术可行性，请专业机构的专家对该企业完成的软件项目规划、设计、编码进行测试活动，应支付费用200万元，进项税额26万元，其中用银行存款支付100万元前期费用，应付费用100万元在完成测试之后支付，编制会计分录如下：

(11)	4	25	借：软件研发生产运维成本——A项目 　　应付增值税——进项税款（200万×13%=13万） 　　贷：银行存款 　　　　应付账款——A项目测试款	2 000 000.00 260 000.00 1 130 000.00 1 130 000.00

（12）20×1年4月30日，XYZ有限责任公司为该软件项目分摊本月应负担的固定资产折旧费用3.39万元，本月应负担的长期软件资产摊销费用3.33万元，编制会计分录如下：

(12)	4	30	借：软件研发生产运维成本——A项目 　　贷：固定资产折旧——A项目	33 900.00 33 900.00
	4	30	借：软件研发生产运维成本——A项目 　　贷：长期软件资产摊销——A项目	33 300.00 33 300.00

（二）A软件项目应用开发阶段

以下根据5—8月份经济业务资料编制该软件项目应用开发活动的会计分录。

（13）20×1年5月10日，XYZ有限责任公司完成软件项目前期准备阶段任务并完成技术可行性测试，获得技术可行性验收合格报告，XYZ有限责任公司用银行存款支付检测机构100万元的技术可行性测试项目尾款，编制会计分录如下：

(13)	5	10	借：应付账款——A项目测试款 　　应付增值税——进项税款（100万×13%=26万） 　贷：银行存款	1 000 000.00 130 000.00 1 130 000.00

（14）20×1年5月12日，XYZ有限责任公司完成软件项目前期准备阶段任务并获得技术可行性验收合格报告，企业取得甲公司A软件项目应用开发阶段的第二期投资500万元，存入该企业开户银行，编制会计分录如下：

(14)	5	12	借：银行存款 　贷：预收合同收入——甲公司——A软件项目	5 000 000.00 5 000 000.00

（15）20×1年5月15日，XYZ有限责任公司为聘用的20名软件项目研发人员发放当月薪酬共计60万元，5名相关软件项目管理人员薪酬10万元，并用存款支付薪酬，编制会计分录如下：

(15)	5	15	借：软件研发生产运维成本——A项目 　贷：应付工资——A项目技术人员 　　　　　　——A项目管理人员	700 000.00 600 000.00 100 000.00
	5	15	借：应付工资——A项目技术人员 　　　　　　——A项目管理人员 　贷：银行存款	600 000.00 100 000.00 700 000.00

（16）20×1年5月31日，XYZ有限责任公司为该软件项目分摊本月应负担的固定资产折旧费用3.39万元，本月应负担的长期软件资产摊销费用3.33万元，编制会计分录如下：

(16)	5	31	借：软件研发生产运维成本——A项目 　贷：固定资产折旧——A项目	33 900.00 33 900.00
	5	31	借：软件研发生产运维成本——A项目 　贷：长期软件资产摊销——A项目	33 300.00 33 300.00

（17）20×1年6月15日，XYZ有限责任公司为聘用的20名软件项目研发人员发放当月薪酬共计60万元，5名相关软件项目管理人员薪酬10万元，并用存款支付薪酬，编制会计分录如下：

(17)	6	15	借:软件研发生产运维成本——A项目 　　贷:应付工资——A项目技术人员 　　　　　　——A项目管理人员	700 000.00 600 000.00 100 000.00
	6	15	借:应付工资——A项目技术人员 　　　　　　——A项目管理人员 　　贷:银行存款	600 000.00 100 000.00 700 000.00

(18)20×1年6月21日,XYZ有限责任公司向银行取得A软件项目流动资金贷款250万元,年利率4.35%,存入银行账户,编制会计分录如下:

(18)	6	21	借:银行存款 　　贷:短期软件银行借款——A项目	2 500 000.00 2 500 000.00

(19)20×1年6月30日,XYZ有限责任公司为该软件项目分摊本月应负担的固定资产折旧费用3.39万元,本月应负担的长期软件资产摊销费用3.33万元,编制会计分录如下:

(19)	6	30	借:软件研发生产运维成本——A项目 　　贷:固定资产折旧——A项目	33 900.00 33 900.00
	6	30	借:软件研发生产运维成本——A项目 　　贷:长期软件资产摊销——A项目	33 300.00 33 300.00

(20)20×1年7月15日,XYZ有限责任公司为聘用的20名软件项目研发人员发放当月薪酬共计60万元,5名相关软件项目管理人员薪酬10万元,并用存款支付薪酬,编制会计分录如下:

(20)	7	15	借:软件研发生产运维成本——A项目 　　贷:应付工资——A项目技术人员 　　　　　　——A项目管理人员	700 000.00 600 000.00 100 000.00
	7	15	借:应付工资——A项目技术人员 　　　　　　——A项目管理人员 　　贷:银行存款	600 000.00 100 000.00 700 000.00

(21)20×1年7月31日,XYZ有限责任公司为该软件项目分摊本月应负担的固定资产折旧费用3.39万元,本月应负担的长期软件资产摊销费用3.33万元,编制会计分录如下:

(21)	7	310	借:软件研发生产运维成本——A项目 贷:固定资产折旧——A项目	33 900.00 33 900.00
	7	30	借:软件研发生产运维成本——A项目 贷:长期软件资产摊销——A项目	33 300.00 33 300.00

(22)20×1年8月15日,XYZ有限责任公司为聘用的20名软件项目研发人员发放当月薪酬共计60万元,5名相关软件项目管理人员薪酬10万元,并用存款支付薪酬,编制会计分录如下:

(22)	8	15	借:软件研发生产运维成本——A项目 贷:应付工资——A项目技术人员 　　　　　——A项目管理人员	700 000.00 600 000.00 100 000.00
	8	15	借:应付工资——A项目技术人员 　　　　——A项目管理人员 贷:银行存款	600 000.00 100 000.00 700 000.00

(23)20×1年8月31日,XYZ有限责任公司为该软件项目分摊本月应负担的固定资产折旧费用3.39万元,本月应负担的长期软件资产摊销费用3.33万元,编制会计分录如下:

(23)	8	31	借:软件研发生产运维成本——A项目 贷:固定资产折旧——A项目	33 900.00 33 900.00
	8	31	借:软件研发生产运维成本——A项目 贷:长期软件资产摊销——A项目	33 300.00 33 300.00

(三)软件项目安装后的运营阶段

以下根据9—12月份经济业务编制该软件项目安装后运营活动的会计分录。

(24)20×1年9月10日,XYZ有限责任公司完成软件项目应用开发阶段任务,并获得技术可行性验收合格报告,企业取得甲公司A软件项目安装后运营阶段第三期投资的50%,250万元,尾款待项目运行完全正常后支付,项目款存入该企业开户银行,编制会计分录如下:

(24)	9	10	借:银行存款 贷:预收合同收入——甲公司——A软件项目	2 500 000.00 2 500 000.00

(25)20×1年9月15日,XYZ有限责任公司为聘用的20名A软件项目

研发人员发放当月薪酬共计 60 万元,5 名相关软件项目管理人员薪酬 10 万元,并用存款支付薪酬,编制会计分录如下:

(25)	9	15	借:软件研发生产运维成本——A 项目 贷:应付工资——A 项目技术人员 　　　　——A 项目管理人员	700 000.00 600 000.00 100 000.00
	9	15	借:应付工资——A 项目技术人员 　　　　——A 项目管理人员 贷:银行存款	600 000.00 100 000.00 700 000.00

(26)20×1 年 9 月 15 日,XYZ 有限责任公司为甲公司安装 A 软件后,研发人员开始对甲公司 A 软件应用人员进行应用技术培训,其中 XYZ 公司用银行存款支付复制计算机软件、文档和产品主管提供的培训材料,以及为分发产品进行实物包装共产生费用 20 万元软,进项税额 2.6 万元,编制会计分录如下:

(26)	9	15	借:软件研发生产运维成本——A 项目——运营培训费 应付增值税——进项税款(20 万×13% = 2.6 万) 贷:银行存款	200 000.00 26 000.00 226 000.00

(27)20×1 年 9 月 21 日,XYZ 有限责任公司计算并支付 A 软件项目流动资金贷款利息,年利率 4.35%,编制会计分录如下:

(27)	9	21	借:软件研发生产运维成本——A 项目 贷:应付利息——短期软件借款利息——A 项目 250×(4.35%÷12×3)= 27 187.50	27 187.50 27 187.50
	9	21	借:应付利息——短期软件借款——A 项目 贷:银行存款	27 187.50 27 187.50

(28)20×1 年 9 月 30 日,XYZ 有限责任公司为该软件项目分摊本月应负担的固定资产折旧费用 3.39 万元,本月应负担的长期软件资产摊销费用 3.33 万元,编制会计分录如下:

(28)	9	30	借:软件研发生产运维成本——A 项目 贷:固定资产折旧——A 项目	33 900.00 33 900.00
	9	30	借:软件研发生产运维成本——A 项目 贷:长期软件资产摊销——A 项目	33 300.00 33 300.00

(29)20×1年10月15日,XYZ有限责任公司为聘用的20名软件项目研发人员发放当月薪酬共计60万元,5名相关软件项目管理人员薪酬10万元,培训教师4人,每人讲课费用500元/小时,每月10天,每天8小时,每月16万元,并用存款支付薪酬,编制会计分录如下:

(29)	10	15	借:软件研发生产运维成本——A项目 　贷:应付工资——A项目技术人员 　　　　　——A项目管理人员 　　　　　——A项目培训人员	860 000.00 600 000.00 100 000.00 160 000.00
	10	15	借:应付工资——A项目技术人员 　　　　——A项目管理人员 　　　　——A项目培训人员 　贷:银行存款	600 000.00 100 000.00 160 000.00 860 000.00

(30)20×1年10月31日,XYZ有限责任公司为该软件项目分摊本月应负担的固定资产折旧费用3.39万元,本月应负担的长期软件资产摊销费用3.33万元,编制会计分录如下:

(30)	10	31	借:软件研发生产运维成本——A项目 　贷:固定资产折旧——A项目	33 900.00 33 900.00
	10	31	借:软件研发生产运维成本——A项目 　贷:长期软件资产摊销——A项目	33 300.00 33 300.00

(31)20×1年11月15日,XYZ有限责任公司为聘用的20名软件项目研发人员发放当月薪酬共计60万元,5名相关软件项目管理人员薪酬10万元,培训教师4人,每人讲课费用500元/小时,每月10天,每天8小时,每月16万元,并用存款支付薪酬,编制会计分录如下:

(31)	11	15	借:软件研发生产运维成本——A项目 　贷:应付工资——A项目技术人员 　　　　　——A项目管理人员 　　　　　——A项目培训人员	860 000.00 600 000.00 100 000.00 160 000.00
	11	15	借:应付工资——A项目技术人员 　　　　——A项目管理人员 　　　　——A项目培训人员 　贷:银行存款	600 000.00 100 000.00 160 000.00 860 000.00

(32)20×1年11月30日,XYZ有限责任公司为该软件项目分摊本月应

负担的固定资产折旧费用 3.39 万元,本月应负担的长期软件资产摊销费用 3.33 万元,编制会计分录如下:

(32)	11	30	借:软件研发生产运维成本——A 项目 贷:固定资产折旧——A 项目	33 900.00 33 900.00
	11	30	借:软件研发生产运维成本——A 项目 贷:长期软件资产摊销——A 项目	33 300.00 33 300.00

(33)20×1 年 12 月 15 日,XYZ 有限责任公司为聘用的 20 名软件项目研发人员发放当月薪酬共计 60 万元,5 名相关软件项目管理人员薪酬 10 万元,培训教师 4 人,每人讲课费用 500 元/小时,每月 10 天,每天 8 小时,每月 16 万元,并用存款支付薪酬,编制会计分录如下:

(33)	12	15	借:软件研发生产运维成本——A 项目 贷:应付工资——A 项目技术人员 ——A 项目管理人员 ——A 项目培训人员	860 000.00 600 000.00 100 000.00 160 000.00
	12	15	借:应付工资——A 项目技术人员 ——A 项目管理人员 ——A 项目培训人员 贷:银行存款	600 000.00 100 000.00 160 000.00 860 000.00

(34)20×1 年 12 月 21 日,XYZ 有限责任公司计算并支付 A 软件项目流动资金贷款利息,年利率 4.35%,编制会计分录如下:

(34)	12	21	借:软件研发生产运维成本——A 项目 贷:应付利息——短期软件借款——A 项目	27 187.50 27 187.50
	12	21	借:应付利息——短期软件借款——A 项目 贷:银行存款	27 187.50 27 187.50

(35)20×1 年 12 月 25 日,XYZ 有限责任公司承担的软件项目运行良好,甲公司支付合同尾款 250 万元,存入 XYZ 有限责任公司开户银行账户,编制会计分录如下:

(35)	12	25	借:银行存款 贷:预收合同收入——甲公司——A 软件项目	2 500 000.00 2 500 000.00

(36)20×1 年 12 月 31 日,XYZ 有限责任公司为该软件项目分摊本月应

负担的固定资产折旧费用 3.39 万元,本月应负担的长期软件资产摊销费用 3.33 万元,编制会计分录如下:

(36)	12	31	借:软件研发生产运维成本——A 项目 贷:固定资产折旧——A 项目	33 900.00 33 900.00
	12	31	借:软件研发生产运维成本——A 项目 贷:长期软件资产摊销——A 项目	33 300.00 33 300.00

(四)软件项目年末结算转账业务

以下根据 12 月份结算转账经济业务资料编制该软件项目年末结算转账业务的会计分录。

(37)20×1 年 12 月 31 日,结算 XYZ 有限责任公司本年软件合同收入到"软件合同收入"账户,计算应交增值税(销项)并登记应交增值税账户,编制会计分录如下:

(37)	12	31	借:预收合同收入——甲公司——A 软件项目 　　其他应收款——增值税销项税 贷:软件合同收入——甲公司——A 软件项目 　　应交增值税——销项(1500 万×13% = 195 万)	15 000 000.00 1 950 000.00 15 000 000.00 1 950 000.00

(38)20×1 年 12 月 31 日,结转 XYZ 有限责任公司本年软件合同收入到"本年软件合同利润"账户,编制会计分录如下:

(38)	12	31	借:软件合同收入——A 项目 贷:本年软件合同利润——A 项目	15 000 000.00 15 000 000.00

(39)20×1 年 12 月 31 日,结算 XYZ 有限责任公司本年软件研发生产成本,转入软件产品存货账户;同时结转软件研发生产成本转入软件合同成本账户,编制会计分录如下:

(39)	12	31	借:软件产品存货——A 项目 贷:软件资产研发生产运维成本——A 项目	12 741 175.00 12 741 175.00
	12	31	借:软件合同成本——A 项目 贷:软件产品存货——A 项目	12 741 175.00 12 741 175.00

(40)20×1 年 12 月 31 日,结转 XYZ 有限责任公司本年软件合同成本到

"本年软件合同利润"账户,编制会计分录如下:

| (40) | 12 | 31 | 借:本年软件合同利润——A 项目
贷:软件合同成本——A 项目 | 12 741 175.00
12 741 175.00 |

(41)20×1 年 12 月 31 日,计算结转 XYZ 有限责任公司本年软件项目应交增值税(进项),假定本年取得符合抵扣规定的增值税专用发票 3 份,金额 340 万元,进项税额 44.2 万元,将进项税转出抵减销项税额,记入"应交增值税——销项税额"账户,编制会计分录如下:

| (41) | 12 | 31 | 借:应交增值税——销项税额(抵减)
贷:应交增值税——进项税额 | 442 000.00
442 000.00 |

(42)20×1 年 12 月 31 日,按照软件销售即征即退计算应退增值税额,编制会计分录如下①:

| (42) | 12 | 31 | 借:应交增值税——销项税额
贷:营业外收入——政府补助 | 1 058 000.00
1 058 000.00 |

(43)20×1 年 12 月 31 日,计算结转本年营业外收支,编制会计分录如下:

| (43) | 12 | 31 | 借:营业外收入——政府补助
贷:本年软件合同利润 | 1 058 000.00
1 058 000.00 |

(44)20×1 年 12 月 31 日,计算结转本年应该补缴的增值税额,记入"应交增值税——未缴增值税"账户。假定该企业 20×1 年第一年开始获利,享受第 1~2 年免征所得税政策②,假定该企业没有发生所得税加计扣除费用,编制会计分录如下:

| (44) | 12 | 31 | 借:应交增值税——销项税额
贷:应交增值税——未缴增值税 | 450 000.00
450 000.00 |

---

① 根据软件销售即征即退项目规定,计算应退增值税:1500×13%−340×13%−1500×3%=195−44.2−45=105.8(万元)。

② 摘自国家税务总局网站(chinatax.gov.cn)。国家鼓励的软件企业定期减免企业所得税,"自 2020 年 1 月 1 日起,国家鼓励的软件企业,自获利年度起,第一年至第二年免征企业所得税,第三年至第五年按照25%的法定税率减半征收企业所得税。"访问日期:2021 年 8 月 10 日。

(45)20×1年12月31日,计算并结转XYZ有限责任公司本年软件合同利润到"软件利润分配"账户,编制会计分录如下:

(45)	12	31	借:本年软件合同利润——A项目 贷:软件利润分配——A项目	2 258 825.00 	 2 258 825.00

二、登记软件项目会计账目

请将以上会计分录登记入各账户,并编制各账户记录年末汇总表。

假定XYZ有限责任公司20×1年各账户期初余额见表10-13,则各账户记录年末汇总表分别见表10-14至表10-31。

表10-13 XYZ有限责任公司20×1年各账户期初余额表　　　单位:元

编号	账户名称	期初借方余额	期初贷方余额
01	银行存款	10 000 000.00	
02	应收账款	5 000 000.00	
03	预付款项	0	
04	其他应收款	0	
05	短期软件资产—软件产品存货	5 000 000.00	
06	固定资产	20 000 000.00	
07	累计折旧	-8 000 000.00	
08	长期软件资产	0	
09	无形资产	1 000 000.00	
10	短期软件银行借款		0
11	应付账款		7 500 000.00
12	预收软件合同款项		0
13	应付职工薪酬		0
14	应交税费		0
15	应付利息		0
16	应付股利		0
17	其他应付款		500 000.00
18	长期软件银行借款		0
19	实收股本		25 000 000.00

续表

编号	账户名称	期初借方余额	期初贷方余额
20	未分配利润		0
	合计	33 000 000.00	33 000 000.00

表10-14 软件产品存货账户记录年末汇总表

账户名称:软件产品存货　　　　　　　　　　　　　　　　　　单位:元

业务编号	摘要	借方金额	业务编号	摘要	贷方金额
	期初余额	5 000 000.00			
(39)	结算软件生产成本	13 137 175.00	(39)	结转合同成本	13 137 175.00
	本期发生额	13 137 175.00		本期发生额	13 137 175.00
	期末余额	5 000 000.00			

表10-15 软件研发生产运维成本账户记录年末汇总表

账户名称:软件研发生产运维成本——A软件项目　　　　　　单位:元

业务编号	摘要	借方金额	业务编号	摘要	贷方金额
	期初余额	0	(39)	结算合同成本	13 137 175.00
(3)	购入软件	1 200 000.00			
(4)	1月软件人薪酬	600 000.00			
	1月管理人薪酬	100 000.00			
(5)	1月固定资产折旧	33 900.00			
	1月长期软件资产摊销	33 000.00			
(6)	2月软件人薪酬	600 000.00			
	2月管理人薪酬	100 000.00			
(7)	2月固定资产折旧	33 900.00			
	2月长期软件资产摊销	33 000.00			
(8)	3月软件人薪酬	600 000.00			
	3月管理人薪酬	100 000.00			
(9)	3月固定资产折旧	33 900.00			
	3月长期软件资产摊销	33 000.00			

续表

业务编号	摘 要	借方金额	业务编号	摘 要	贷方金额
(10)	4月软件人薪酬	600 000.00			
	4月管理人薪酬	100 000.00			
(11)	项目测试费	2 000 000.00			
(12)	4月固定资产折旧	33 900.00			
	4月长期软件资产摊销	33 000.00			
(15)	5月软件人薪酬	600 000.00			
	5月管理人薪酬	100 000.00			
(16)	5月固定资产折旧	33 900.00			
	5月长期软件资产摊销	33 000.00			
(17)	6月软件人薪酬	600 000.00			
	6月管理人薪酬	100 000.00			
(19)	6月固定资产折旧	33 900.00			
	1月长期软件资产摊销	33 000.00			
(20)	7月软件人薪酬	600 000.00			
	7月管理人薪酬	100 000.00			
(21)	7月固定资产折旧	33 900.00			
	7月长期软件资产摊销	33 000.00			
(22)	8月软件人薪酬	600 000.00			
	8月管理人薪酬	100 000.00			
(23)	8月固定资产折旧	33 900.00			
	8月长期软件资产摊销	33 000.00			
(25)	9月软件人薪酬	600 000.00			
	9月管理人薪酬	100 000.00			
(26)	运营培训材料费	200 000.00			
(27)	软件贷款利息费	27 187.50			

续表

业务编号	摘要	借方金额	业务编号	摘要	贷方金额
(28)	9月固定资产折旧	33 900.00			
	9月长期软件资产摊销	33 000.00			
(29)	10月软件人薪酬	600 000.00			
	10月管理人薪酬	100 000.00			
	10月培训人薪酬	160 000.00			
(30)	10月固定资产折旧	33 900.00			
	10月长期软件资产摊销	33 000.00			
(31)	11月软件人薪酬	600 000.00			
	11月管理人薪酬	100 000.00			
	11月培训人薪酬	160 000.00			
(32)	11月固定资产折旧	33 900.00			
	11月长期软件资产摊销	33 000.00			
(33)	12月软件人薪酬	600 000.00			
	12月管理人薪酬	100 000.00			
	12月培训人薪酬	160 000.00			
(34)	软件贷款利息费	27 187.50			
(36)	12月固定资产折旧	33 900.00			
	12月长期软件资产摊销	33 000.00			
	本期发生	13 137 175.00		本期发生	13 137 175.00
	期末余额	0			

表 10-16　银行存款账户记录年末汇总表

账户名称：银行存款　　　　　　　　　　　　　　　　　　　　　　单位：元

业务编号	摘要	借方金额	业务编号	摘要	贷方金额
	期初余额	10 000 000.00	(3)	A项目用设备	2 034 000.00
(2)	A软件项目预收款	5 000 000.00	(4)	1月软件薪酬	700 000.00

续表

业务编号	摘要	借方金额	业务编号	摘要	贷方金额
(14)	A软件项目预收款	5 000 000.00	(6)	2月软件薪酬	700 000.00
(19)	A软件项目借款	2 500 000.00	(8)	3月软件薪酬	700 000.00
(17)	A软件项目预收款	2 500 000.00	(10)	4月软件薪酬	700 000.00
(24)	A软件项目预收款	2 500 000.00	(11)	项测试费50%	1 130 000.00
			(13)	项测试费50%	1 130 000.00
			(15)	5月软件薪酬	700 000.00
			(17)	6月软件薪酬	700 000.00
			(20)	7月软件薪酬	700 000.00
			(22)	8月软件薪酬	700 000.00
			(25)	9月软件薪酬	700 000.00
			(26)	培训材料费	226 000.00
			(27)	交纳贷款利息	27 187.50
			(29)	10月项目薪酬	860 000.00
			(31)	11月项目薪酬	860 000.00
			(33)	12月项目薪酬	860 000.00
			(34)	交纳贷款利息	27 187.50
	本期发生	17 500 000.00		本期发生	13 454 375.00
	期末余额	14 045 625.00			

表10-17 应收账款账户记录年末汇总表

账户名称：应收账款　　　　　　　　　　　　　　　　　　　　　　单位：元

业务编号	摘要	借方金额	业务编号	摘要	贷方金额
	期初余额	5 000 000.00			
	本期发生	0.00		本期发生	0
	期末余额	5 000 000.00			

表 10-18　固定资产账户记录年末汇总表

账户名称：固定资产　　　　　　　　　　　　　　　　　　　　　　　　单位：元

业务编号	摘要	借方金额	业务编号	摘要	贷方金额
	期初余额	20 000 000.00			
(3)	A项目用设备——计算机 ——其他设备	904 000.00 1 130 000.00			
	本期发生	2 034 000.00		本期发生	0
	期末余额	22 034 000.00			

表 10-19　固定资产累计折旧账户记录年末汇总表

账户名称：固定资产累计折旧　　　　　　　　　　　　　　　　　　　　单位：元

业务编号	摘要	借方金额	业务编号	摘要	贷方金额
				期初余额	8 000 000.00
			(5)	1月固定资产折旧	33 900.00
			(7)	2月固定资产折旧	33 900.00
			(9)	3月固定资产折旧	33 900.00
			(12)	4月固定资产折旧	33 900.00
			(16)	5月固定资产折旧	33 900.00
			(19)	6月固定资产折旧	33 900.00
			(21)	7月固定资产折旧	33 900.00
			(23)	8月固定资产折旧	33 900.00
			(28)	9月固定资产折旧	33 900.00
			(30)	10月固定资产折旧	33 900.00
			(32)	11月固定资产折旧	33 900.00
			(36)	12月固定资产折旧	33 900.00
	本期发生	0		本期发生	406 800.00
				期末余额	8 406 800.00

表 10-20　长期软件资产账户记录年末汇总表

账户名称：长期软件资产——自用软件系统　　　　　　　　　　　　单位：元

业务编号	摘要	借方金额	业务编号	摘要	贷方金额
	期初余额	0			
(1)	共享软件应用系统	2 000 000.00			
	本期发生	2 000 000.00		本期发生	0
	期末余额	2 000 000.00			

表 10-21　长期软件资产摊销账户记录年末汇总表

账户名称：长期软件资产摊销——自用软件系统　　　　　　　　　　单位：元

业务编号	摘要	借方金额	业务编号	摘要	贷方金额
			(5)	1月长期软件资产摊销	33 000.00
			(7)	2月长期软件资产摊销	33 000.00
			(9)	3月长期软件资产摊销	33 000.00
			(12)	4月长期软件资产摊销	33 000.00
			(16)	5月长期软件资产摊销	33 000.00
			(19)	6月长期软件资产摊销	33 000.00
			(21)	7月长期软件资产摊销	33 000.00
			(23)	8月长期软件资产摊销	33 000.00
			(28)	9月长期软件资产摊销	33 000.00
			(30)	10月长期软件资产摊销	33 000.00
			(32)	11月长期软件资产摊销	33 000.00
			(36)	12月长期软件资产摊销	33 000.00
	本期发生	0		本期发生	396 000.00
				期末余额	396 000.00

表 10-22　其他应收款账户记录年末汇总表

账户名称：其他应收款——应收增值税返还　　　　　　　　　　　　单位：元

业务编号	摘要	借方金额	业务编号	摘要	贷方金额
	期初余额	0			

续表

业务编号	摘要	借方金额	业务编号	摘要	贷方金额
(25)	软件收入销项税	1 950 000.00			
	本期发生	1 950 000.00		本期发生	0
	期末余额	1 950 000.00			

表 10-23 无形资产账户记录年末汇总表

账户名称：无形资产　　　　　　　　　　　　　　　　　　　　　　单位：元

业务编号	摘要	借方金额	业务编号	摘要	贷方金额
	期初余额	1 000 000.00			
	本期发生	0		本期发生	0
	期末余额	1 000 000.00			

表 10-24 实收资本账户记录年末汇总表

账户名称：实收资本　　　　　　　　　　　　　　　　　　　　　　单位：元

业务编号	摘要	借方金额	业务编号	摘要	贷方金额
				期初余额	25 000 000.00
			(1)	软件股权	2 000 000.00
	本期发生	0		本期发生	27 000 000.00
				期末余额	27 000 000.00

表 10-25 短期软件银行借款账户记录年末汇总表

账户名称：短期软件银行借款　　　　　　　　　　　　　　　　　　单位：元

业务编号	摘要	借方金额	业务编号	摘要	贷方金额
				期初余额	0
			(18)	软件银行借款	2 500 000.00
	本期发生	0		本期发生	2 500 000.00
				期末余额	2 500 000.00

表10-26 应付A项目职工薪酬账户记录年末汇总表

账户名称：应付A项目职工薪酬 单位：元

业务编号	摘要	借方金额	业务编号	摘要	贷方金额
				期初余额	0
(4)	1月软件项目薪酬	700 000.00	(4)	1月软件项目薪酬	700 000.00
(6)	2月软件项目薪酬	700 000.00	(6)	2月软件项目薪酬	700 000.00
(8)	3月软件项目薪酬	700 000.00	(8)	3月软件项目薪酬	700 000.00
(10)	4月软件项目薪酬	700 000.00	(10)	4月软件项目薪酬	700 000.00
(15)	5月软件项目薪酬	700 000.00	(15)	5月软件项目薪酬	700 000.00
(17)	6月软件项目薪酬	700 000.00	(17)	6月软件项目薪酬	700 000.00
(20)	7月软件项目薪酬	700 000.00	(20)	7月软件项目薪酬	700 000.00
(22)	8月软件项目薪酬	700 000.00	(22)	8月软件项目薪酬	700 000.00
(25)	9月软件项目薪酬	700 000.00	(25)	9月软件项目薪酬	700 000.00
(29)	10月软件项目薪酬	860 000.00	(29)	10月软件项目薪酬	860 000.00
(31)	11月软件项目薪酬	860 000.00	(31)	11月软件项目薪酬	860 000.00
(33)	12月软件项目薪酬	860 000.00	(33)	12月软件项目薪酬	860 000.00
	本期发生	8 880 000.00		本期发生	8 880 000.00
				期末余额	0

表10-27 应付利息账户记录年末汇总表

账户名称：应付利息——应付软件贷款利息 单位：元

业务编号	摘要	借方金额	业务编号	摘要	贷方金额
(27)	软件贷款利息费	27 187.50	(27)	软件贷款利息费	27 187.50
(34)	软件贷款利息费	27 187.50	(34)	软件贷款利息费	27 187.50
	本期发生	54 375.00		本期发生	54 375.00
				期末余额	0

表10-28 应付账款账户记录年末汇总表

账户名称：应付账款 单位：元

业务编号	摘要	借方金额	业务编号	摘要	贷方金额
				期初余额	7 500 000.00

续表

业务编号	摘要	借方金额	业务编号	摘要	贷方金额
(13)	支付A项目测试款	1 130 000.00	(3)	应付丁企业货款	1 356 000.00
			(11)	A项目测试款	1 130 000.00
	本期发生	1 1300 000.00		本期发生	2 486 000.00
				期末余额	8 856 000.00

表 10-29　其他应付款账户记录年末汇总表

账户名称：其他应付款　　　　　　　　　　　　　　　　　　　　　　　　单位：元

业务编号	摘要	借方金额	业务编号	摘要	贷方金额
				期初余额	500 000.00
	本期发生	0		本期发生	0
				期末余额	500 000.00

表 10-30　应交进项税款账户记录年末汇总表

账户名称：应交税费——应交增值税——进项税款　　　　　　　　　　　　单位：元

业务编号	摘要	借方金额	业务编号	摘要	贷方金额
(3)	购软件系统增值税	156 000.00	(41)	进项税抵减	442 000.00
(11)	项目测试费增值税	130 000.00			
(13)	项目测试费增值税	130 000.00			
(26)	购材料增值税	26 000.00			
	本期发生	442 000.00		本期发生	442 000.00
	期末余额	0			

表 10-31　应交销项税款账户记录年末汇总表

账户名称：应交税费——应交增值税——销项税款　　　　　　　　　　　　单位：元

业务编号	摘要	借方金额	业务编号	摘要	贷方金额
(41)	进项税抵减	442 000.00	(37)	销项税额	1 950 000.00
(42)	应交增值税返还	1 058 000.00			

续表

业务编号	摘要	借方金额	业务编号	摘要	贷方金额
(44)	未交增值税	450 000.00			
	本期发生	1 950 000.00		本期发生	1 950 000.00
				期末余额	0

表 10-32 应交未缴增值税账户记录年末汇总表

账户名称：应交税费——应交增值税——未缴增值税　　　　　　　　单位：元

业务编号	摘要	借方金额	业务编号	摘要	贷方金额
			(44)	未交增值税	450 000.00
	本期发生	0		本期发生	450 000.00
				期末余额	450 000.00

表 10-33 营业外收入账户记录年末汇总表

账户名称：营业外收入——政府补助　　　　　　　　单位：元

业务编号	摘要	借方金额	业务编号	摘要	贷方金额
(43)	结转营业外收支	1 058 000.00	(42)	应交增值税返还	1 058 000.00
	本期发生	1 058 000.00		本期发生	1 058 000.00
				期末余额	1 058 000.00

表 10-34 预收软件合同收入账户记录年末汇总表

账户名称：预收软件合同收入　　　　　　　　单位：元

业务编号	摘要	借方金额	业务编号	摘要	贷方金额
(37)	结算软件项目收入	15 000 000.00	(2)	软件项目一期款	5 000 000.00
			(14)	软件项目二期款	5 000 000.00
			(24)	软件项目三期款	2 500 000.00
			(35)	软件项目尾款	2 500 000.00
	本期发生	15 000 000.00		本期发生	15 000 000.00
				期末余额	0

表 10-35 软件合同收入账户记录年末汇总表

账户名称：软件合同收入　　　　　　　　　　　　　　　　　　　　单位：元

业务编号	摘要	借方金额	业务编号	摘要	贷方金额
(38)	结转软件项目收入	15 000 000.00	(37)	结算软件项目收入	15 000 000.00
	本期发生	15 000 000.00		本期发生	15 000 000.00
				期末余额	0

表 10-36 软件合同成本账户记录年末汇总表

账户名称：软件合同成本　　　　　　　　　　　　　　　　　　　　单位：元

业务编号	摘要	借方金额	业务编号	摘要	贷方金额
(39)	结算合同成本	13 137 175.00	(40)	结转合同成本	13 137 175.00
	本期发生	13 137 175.00		本期发生	13 137 175.00
	期末余额	0			

表 10-37 本年软件合同利润账户记录年末汇总表

账户名称：本年软件合同利润　　　　　　　　　　　　　　　　　　单位：元

业务编号	摘要	借方金额	业务编号	摘要	贷方金额
(40)	结转合同成本	13 137 175.00	(38)	结转合同收入	15 000 000.00
(45)	结转本年软件利润	2 920 825.00	(43)	结转营业外收入	1 058 000.00
	本期发生	16 058 000.00		本期发生	16 058 000.00
				期末余额	0

表 10-38 软件合同利润分配账户记录年末汇总表

账户名称：软件合同利润分配　　　　　　　　　　　　　　　　　　单位：元

业务编号	摘要	借方金额	业务编号	摘要	贷方金额
			(45)	结转本年软件利润	2 920 825.00
	本期发生	0		本期发生	2 920 825.00
				期末余额	2 920 825.00

三、企业软件开发项目账簿本期发生额和账户记录年末汇总表

根据各账户记录年末汇总表,编制各账户本期发生额和期末余额平衡表,见表10-39。

表10-39 XYZ有限责任公司20×1年各账户本期发生额及期末余额平衡表

20×1年12月31日　　　　　　　　　　　　单位:元

账户编号	账户名称	本期发生额借方金额	本期发生额贷方金额	期末借方余额	期末贷方余额
01	银行存款	17 500 000.00	13 454 375.00	14 045 625.00	
02	应收账款	0	0	5 000 000.00	
03	其他应收款	1 950 000.00	0	1 950 000.00	
04	软件产品存货	13 137 175.00	13 137 175.00	5 000 000.00	
05	软件研发生产运维成本	13 137 175.00	13 137 175.00	0	
06	固定资产	2 034 000.00	0	22 034 000.00	
07	累计折旧	0	406 800.00		8 406 800.00
08	长期软件资产	2 000 000.00	0	2 000 000.00	
09	长期软件资产摊销	0	396 000.00		396 000.00
10	无形资产	0	0	1 000 000.00	
11	短期软件银行借款	0	2 500 000.00		2 500 000.00
12	应付账款	1 130 000.00	2 486 000.00		8 856 000.00
13	预收软件合同收入	15 000 000.00	15 000 000.00		0
14	应付项目职工薪酬	8 880 000.00	8 880 000.00		0
15	应交增值税——进项	442 000.00	442 000.00		0
16	应交增值税——销项	1 950 000.00	1 950 000.00		0
17	应交增值税——未缴	0	450 000.00		450 000.00
18	应付利息	54 375.00	54 375.00		0
19	其他应付款	0	0		500 000.00
20	实收资本——股权	0	2 000 000.00		27 000 000.00
21	营业外收入	1 058 000.00	1 058 000.00		0

续表

账户编号	账户名称	本期发生额借方金额	本期发生额贷方金额	期末借方余额	期末贷方余额
22	软件合同收入	15 000 000.00	15 000 000.00		0
23	软件合同成本	13 137 175.00	13 137 175.00	0	
24	本年软件合同利润	16 058 000.00	16 058 000.00		0
25	软件利润分配	0	2 920 825.00		2 920 825.00
	合　计	122 467 900.00	122 467 900.00	51 029 625.00	51 029 625.00

四、企业软件开发项目会计报告

根据上述企业软件开发项目账簿本期发生额和余额平衡表，编制"XYZ有限责任公司资产负债表"（见表10-40）、"XYZ有限责任公司利润表"（见表10-41）、"XYZ有限责任公司现金流量表"（见表10-42)等三张主要的会计报表(各表列示软件项目情况)。

表10-40　资产负债表

会企01表　　　　　　　XYZ有限责任公司资产负债表

编制单位：XYZ有限责任公司　　20×1年12月31日　　　　　　单位：元

资　产	期末余额	年初余额	负债和所有者权益	期末余额	年初余额
流动资产：			流动负债：		
货币资金	14 045 625.00	10 000 000.00	短期软件借款	2 500 000.00	0
交易性金融资产	0	0	交易性金融负债	0	0
应收票据	0	0	应付票据	0	0
应收账款	5 000 000.00	5 000 000.00	应付账款	8 856 000.00	7 500 000.00
预付款项	0	0	预收款项	0	0
应收利息	0	0	应付职工薪酬	0	0
应收股利	0	0	应交税费	450 000.00	0
其他应收款	1 950 000.00		应付利息	0	0
存货	5 000 000.00		应付股利	0	0
一年内到期的非流动资产	0	0	其他应付款	500 000.00	500 000.00

续表

资　产	期末余额	年初余额	负债和所有者权益	期末余额	年初余额
其他流动资产	0	0	一年内到期的非流动负债	0	0
流动资产合计	25 995 625.00	0	其他流动负债	0	0
非流动资产：			流动负债合计	12 306 000.00	8 000 000.00
长期软件资产 长期软件资产摊销 长期软件资产净值	2 000 000.00 396 000.00 1 604 000.00	0 0 0	非流动负债：		
可供出售金融资产	0	0	长期借款	0	0
持有至到期投资	0	0	应付债券	0	0
长期应收款	0	0	长期应付款	0	0
长期股权投资	0	0	专项应付款	0	0
投资性房地产	0	0	预计负债	0	0
固定资产原值 累计折旧 净值	22 034 000.00 -8 406 800.00 13 627 200.00	20 000 000.00 -8 000 000.00 12 000 000.00	递延所得税负债	0	0
在建工程	0	0	其他非流动负债	0	0
工程物资	0	0	非流动负债合计	0	0
固定资产清理	0	0	负债合计	12 306 000.00	8 000 000.00
无形资产	1 000 000.00	1 000 000.00	股东权益：		
开发支出	0	0	实收股本	27 000 000.00	25 000 000.00
商誉	0	0	资本公积	0	0
长期待摊费用	0	0	减:库存股	0	0

续表

资产	期末余额	年初余额	负债和所有者权益	期末余额	年初余额
递延所得税资产	0	0	盈余公积	0	0
其他非流动资产	0	0	未分配利润	2 920 825.00	0
非流动资产合计	16 231 200.00	0	股东权益合计	29 920 825.00	0
资产总计	44 622 825.00	33 000 000.00	负债和股东权益总计	44 622 825.00	33 000 000.00

表 10-41 利润表

会企 02 表　　　　　　　　XYZ 有限责任公司利润表

编制单位：XYZ 有限责任公司　　　20×1 年 12 月 31 日　　　　　　　　单位：元

项目	本期金额	上期金额
一、软件营业收入	15 000 000.00	
减：营业成本	13 137 175.00	
营业税金及附加	0	
销售费用	0	
管理费用	0	
财务费用	0	
资产减值损失	0	
加：公允价值变动收益（损失以"-"号填列）	0	
投资收益（损失以"-"号填列）	0	
其中：对联营企业和合营企业的投资收益	0	
二、营业利润（损失以"-"号填列）	1 862 825.00	
加：营业外收入	1 058 000.00	
减：营业外支出	0	
其中：非流动资产处置损失	0	
三、利润总额（损失以"-"号填列）	2 920 825.00	
减：所得税费用	0	

续表

项 目	本期金额	上期金额
四、净利润(亏损总额以"-"填列)	2 920 825.00	
五、每股收益:		
(一)基本每股收益		
(二)稀释每股收益		

表 10-42 现金流量表

会企 03 表　　　　　　　　XYZ 有限责任公司现金流量表

编制单位:XYZ 有限责任公司　　20×1 年 12 月 31 日　　　　　　　　单位:元

项 目	本期金额	上期金额
一、经营活动产生的现金流量:		
销售商品、提供劳务收到的现金	15 000 000.00	
收到的税费返还	0	
收到其他与经营活动有关的现金	0	
经营活动现金流入小计	15 000 000.00	
购买商品、接受劳务支付的现金①	2 200 000.00	
支付给职工以及为职工支付的现金	8 880 000.00	
支付的各项税费②	286 000.00	
支付其他与经营活动有关的现金	0	
经营活动现金流出小计	11 366 000.00	
经营活动产生的现金流量净额	3 634 000.00	
二、投资活动产生的现金流量:		
收回投资收到的现金	0	
取得投资收益收到的现金	0	
处置固定资产、无形资产和其他长期资产收回的现金净额	0	
处置子公司及其他营业单位收到的现金净额	0	

---

① 2 200 000＝测试费 2 000 000.00＋培训材料费 200 000.00。
② 286 000＝进项税 260 000＋进项税 26 000。

续表

项　　目	本期金额	上期金额
收到其他与投资活动有关的现金	0	
投资活动现金流入小计	0	
购建固定资产、无形资产和其他长期资产支付的现金	2 034 000.00	
投资支付的现金	0	
取得子公司及其他营业单位支付的现金净额	0	
支付其他与投资活动有关的现金	0	
投资活动现金流出小计	2 034 000.00	
投资活动产生的现金流量净额	-2 034 000.00	
三、筹资活动产生的现金流量：		
吸收投资收到的现金	0	
取得借款收到的现金	2 500 000.00	
收到其他与筹资活动有关的现金	0	
筹资活动现金流入小计	2 500 000.00	
偿还债务支付的现金	0	
分配股利、利润或偿付利息支付的现金	54 375.00	
支付其他与筹资活动有关的现金		
筹资活动现金流出小计	-54 375.00	
筹资活动产生的现金流量净额	2 445 625.00	
四、汇率变动对现金及现金等价物的影响	0	
五、现金及现金等价物净增加额	4 045 625.00	
加：期初现金及现金等价物余额	10 000 000.00	
六、期末现金及现金等价物余额	14 045 625.00	

第六节 软件开发企业人力资源价值与薪酬实证分析[①]

人力资源成本的主要因素之一就是人力资源的薪酬,其薪酬与人力资源的价值确定因素直接相关。本节主要应用经济价值模型方法,研究确定软件开发企业人力资源价值的各种因素与薪酬的关系;通过分析确定软件开发人力资源价值的因素与薪酬之间的关系,提出假设、建立经济模型、收集样本数据,检验所提出的假设关系是否成立。

一、提出软件开发企业人力资源价值与薪酬关系假设

根据本章第一节软件开发技术人员的分类,按照稳定型软件开发人员和波动型软件技术人员的分类,分析其价值因素与薪酬的关系,并提出以下假设。

假设一:稳定型软件开发人员的人力资源价值与薪酬正相关

稳定型软件开发人员从事的技术开发工作大多为软件设计和数据库开发,对软件开发人员的学历和素质要求较高,培训成本比较高,从事此类工作的门槛也比较高,因此该类软件开发人员受软件市场需求变化、技术更迭、平台更新的影响较低。根据稳定型软件开发人员价值的毕业院校、学历学位、岗位/技能、工龄、掌握程序数量的技术能力等因素,理论上可以认为假设一成立,即稳定型软件开发人员的人力资源价值与薪酬呈正相关关系。所谓正相关,也就是说,随着稳定型软件开发人员价值综合指数的提高,其薪酬也会提高。

假设二:波动型软件技术人员的价值与薪酬无明显线性相关关系

我国软件开发企业,在人才储备以及技术能力上,既没有完全成熟的人才市场机制,也基本没有软件开发市场,研究所用的基础性开发软件大多是从国外引进。而且国内的知识产权意识比较薄弱,所开发的软件产品极易被复制和迁移。另外,国内的软件产品用户一般不从事软件技术开发工作,易被新事物影响。以上原因造成了从软件研究开发技术(工具、平台)到用户都基本处于非理性的状态,导致在中国产生了特有的一类波动型软件技术人员。

在移动互联时代,当市场的新需求和新技术刚刚产生时,由于新技术的

[①] 本节根据首都经济贸易大学会计学院2016届硕士学位论文改写,作者郭史煜,导师刘仲文教授,论文标题为《软件开发人员的人力资源价值与薪酬关系研究》。

市场需求大,软件技术开发人员出现供不应求的状态,软件技术开发企业尤其是中小型软件技术开发企业对波动型软件技术人员会出现暂时的高需求状态。因此,波动型软件开发人员的薪酬会出现一段时间虚高的现象。另外,波动型软件开发人员自身的人力资源价值较低,随着市场的变化以及新兴技术的成熟或产量增加,波动型软件开发人员容易被取代,其竞争性逐渐下降,导致其薪酬随之下降。再加上波动型软件技术人员受企业项目的限制较大,因此在薪酬上呈现出不规律的特征。

二、构建软件开发企业人力资源价值与薪酬关系检测模型

(一)模型一:自变量和因变量分析

根据本书人力资源价值计量的相关理论,员工薪酬与其人力资源价值有着重要的关系,它既是人力资源价值的货币性体现,也是人力资源补偿价值的体现。本节根据上述假设,将人力资源价值定义为自变量(X),将影响薪酬的一系列因素定义为因变量(Y)。

(二)模型二:自变量和因变量分析

根据本书所述理论,为了增强检验的对比性,本节将波动型软件人员人力资源与薪酬关系进行同源分析。自变量(X)为人力资源价值,因变量(Y)为薪酬。

(三)相关性检验

1. 回归模型。根据假设一,自变量 x 与因变量 y 之间存在线性相关的关系,假设回归模型为:

$$y = a + bx_i + \varepsilon_i$$

y 是因变量,x 是自变量,ε 是随机干扰项(又称为扰动项),a、b 是待估计的回归参数,下标 i 表示第 i 个观测值。

回归模型假设:在小数据范围检测中,一般去掉 ε,即不考虑扰动项的干扰。因此,理论回归模型为:

$$y = a + bx_i$$

若能得到 a 和 b 的估计量,可以记为 $\hat{a}$、$\hat{b}$,则回归方程为可转化为:

$$\hat{y} = \hat{a} + \hat{b}x_i$$

根据数理统计中最小二乘法,确定 a、b(不是 $\hat{a}$、$\hat{b}$)的具体数值。方法如下:

首先,记 $Q(a,b) = \sum_{i=1}^{n} \varepsilon_i^2 = \sum_{i=1}^{n} [y_i - (a + bx_i)]^2$

这里,一元函数 $Q(a,b)$ 中最小值点 $\hat{a}$、$\hat{b}$,将其称为 a、b 的最小二乘估计(简记为 OLSE)。然后再根据式 10-1:

$$\begin{cases} \dfrac{\partial Q}{\partial a} = -2\sum_{i=1}^{n}[y_i - (a+bx_i)] = 0 \\ \dfrac{\partial Q}{\partial b} = -2\sum_{i=1}^{n}[y_i - (a+bx_i)]x_i = 0 \end{cases} \quad (10-1)$$

得到：

$$\begin{cases} na + n\bar{x}b = n\bar{y} \\ n\bar{x}a + \left(\sum_{i=1}^{n}x_i^2\right)b = \sum_{i=1}^{n}x_i y_i \end{cases}$$

其中：

$$\bar{x} = \frac{1}{n}\sum_{i=1}^{n}x_i\,;\ \bar{y} = \frac{1}{n}\sum_{i=1}^{n}y_i$$

然后，令

$$D = \begin{vmatrix} n & n\bar{x} \\ n\bar{x} & \sum x_i^2 \end{vmatrix} = n\left(\sum x_i^2 - n\bar{x}^2\right) = n\sum_{i=1}^{n}(x_i - \bar{x})^2 \neq 0$$

解方程：

$$\begin{cases} \hat{a} = \bar{y} - \hat{b}\bar{x} \\ \hat{b} = \dfrac{l_{xy}}{l_{xx}} \end{cases}$$

其中：

$$l_{xx} = \sum_{i=1}^{n}(x_i - \bar{x})^2$$

$$l_{xy} = \sum_{i=1}^{n}(x_i - \bar{x})(y_i - \bar{y})$$

最后整理得到最小二乘估计回归方程为：$\hat{y} = \hat{a} + \hat{b}x$

2. 回归方程的显著性检验。在实际操作中，无论 X、Y 之间是否存在线性回归关系，无论两者之间是正相关还是负相关抑或是不相关，都可以利用上述公式计算出一个确定的方程式。但是，两者之间若不存在线性回归关系，则方程式是没有意义的。因此必须对方程的真假进行相关显著性检验。

检验因变量与所有的自变量和之间是否存在显著线性关系，也被称为总体的显著性检验。具体的检验工具是看回归离差平方和（SSR）与剩余离差平方和（SSE）之间的关系，同时借助 F 检验的既定数据，确定二者之间的差别是否显著。

检验的结果为：如果结果显示是显著的，X 与 Y 之间确实存在线性关系；如果不显著，则 X 与 Y 之间不存在线性关系。

具体检验步骤如下：

(1) 提出假设 $H0: b=0; H1: b \neq 0$

(2) 计算检验统计量 F：

$$F = \frac{SSR/1}{SSE/n-2} = \frac{\sum\limits_{i=1}^{n}(\hat{y_i}-\bar{y})^2/1}{\sum\limits_{i=1}^{n}(y_i-\hat{y})^2/n-2} \sim F(1, n-2)$$

(3) 确定显著性水平 α（缺省时默认为 $\alpha = 0.05$），并根据分子自由度 1 和分母自由度 $n-2$ 找出临界值 $F(1, n-2)$。

(4) 作出决策：若 F 大于等于 $F\alpha$，拒绝 H0；若 F 小于 $F\alpha$，接受 H0；

如果拒绝 H0，两个变量之间存在显著线性关系；如果接受 H0，两个变量间不存在显著线性关系。

当然，借助数据处理工具进行分析与计算，对数据能进行处理的软件有很多，其中 MATLAB、SPSS 等软件的数据处理能力强，能准确计算出各种参数。

三、软件开发企业人力资源价值与薪酬关系实证数据分析和检验结果

（一）样本分析

1. 取样范围。本节样本根据某软件企业的实际情况，利用智联招聘、58 同城等网站搜集大量软件技术人员的薪资和岗位信息，同时结合软件行业的内部联系，建立相关专业的软件技术人才储备数据库。在庞大的数据库中，数据的离散性较大，因此要对数据进行分类。其中，根据数据基本属性分为稳定型软件技术人员和波动型软件技术人员两类。根据数据分析需要，共选取 40 组数据作为抽样样本。其中，$\Omega \geq 1\,000$，且保证每组数据均是随机抽取而得。样本范围涵盖当前软件人才市场上大部分工作岗位，样本中岗位均由各实体公司和部分兼职人员所在项目的现任供职人员所在岗位组成。

2. 参数关键词。模型的选择需要结合具体的模型因素进行计算。因此，参数的设定就成为模型计算精度的重要因素。通过理论分析和实际工作经验总结，以下关键词可作为模型因素的设定标准：软件、技术人才、岗位、薪酬、人力资源价值等。

3. 权重的确定。通过对软件人才的各种具体信息进行权重分布，能够迅速估计软件人才的综合人力资源价值。表 10-44 和表 10-45 中选取的评价软件人才综合人力资源价值的参数，是软件企业人力资源岗位面试综合评分指数确立的综合技能加权分布。

首先，选取 5 个变量作为评价软件人才综合人力资源价值的主要参数，即"毕业院校"参数、"学历"参数、"岗位或技能"参数、"从业年限"参数、"掌

握程序数量(或技术能力)"参数。在与企业相关人力资源主管部门专家沟通和调取相关研究资料后,专家普遍认为,"岗位或技能"参数不易单独赋值,故此组参数只作为参考。最终采用专家打分法确定人力资源价值各参数的权重百分比,见表 10-43。

表 10-43 人力资源价值各参数权重百分比分布表

毕业院校	学历	岗位/技能	从业年限	掌握程序数量(技术能力)
21%	21%	—	25%	33%

根据表 10-43 人力资源价值各参数的权重百分比,以及人力资源管理部门专家的经验,进一步对人力资源价值各参数的权重进行变量代换,计算人力资源价值各参数的分布值,得出表 10-44 和表 10-45 中各参数值。

表 10-44 和表 10-45 中所选样本的"毕业院校"主要有 211/985 院校、211 院校和普通院校三种。人力资源管理部门认为"毕业院校"参数权重可分为三档,每档参数为 7(即 21÷3)。"毕业院校"的参数 21 代表 211/985 院校,参数 14 代表 211 院校,参数 7 代表普通院校。

表 10-44 和表 10-45 中所选样本的"学历"主要有"博士""硕士""本科""专科及以下"四种。人力资源管理部门专家认为"学历"参数权重可以按照等级分为 21、18、15、10 四档。因此,参数 21 代表博士学历、参数 18 代表硕士学历、参数 15 代表本科学历、参数 10 代表专科及以下学历。

表 10-44 和表 10-45 中所选样本的"从业年限"从 1 年到 8 年不等,人力资源管理部门专家认为,"从业年限"参数可以结合"岗位技能"参数综合考虑,分为五档,每档参数值为 5(即 25÷5)。在综合考虑岗位技能的重要性程度和工龄长短后,综合判断确定每个人的"从业年限"参数。例如,从业 8 年的、处于企业关键技术岗位的算法工程师"从业年限"参数为 25,而从业 1 年的、处于企业低层技术岗位的 IOS 工程师"从业年限"参数为 5。

表 10-44 和表 10-45 中所选样本,从"掌握程序数量(或技术能力)"的统计数字看,大部分掌握 1 至 3 种程序,只有少数人可以掌握 4 种程序。"掌握程序数量(或技术能力)"参数分为三档,每档参数为 11(即 33÷3)。参数 33 代表掌握 3~4 种程序、参数 22 代表掌握 2 种程序、参数 11 代表掌握 1 种程序。

之后用公式: $X = a + \sum_{i=1}^{n} b_i m_i$ 计算人力资源价值 = a + 参数$_1$ + 参数$_2$ + ⋯ + 参数$_n$。

第三,根据表 10-43 各参数的权重以及所选样本数据,计算各样本的四个参数值。

第四,根据上述公式,计算各样本人力资源价值,详见表 10-44 和表 10-45。

例如表 10-44 中,稳定型软件人才 1,其人力资源价值=毕业院校参数 21+学历参数 18+从业年限参数 25+掌握程序数量(技术能力)参数 33=97。

表 10-44　2015 年 A 地区软件企业人力资源数据汇总表(稳定型软件人才)

序号	毕业院校 21%		学历 21%		岗位/技能	工龄 25%		掌握程序数量 (技术能力)33%		人力资源价值	薪资 (元人民币/年)
	程度	参数	程度	参数	名称	年限	参数	数量	参数		
1	211/985	21	硕士	18	算法工程师	8	25	3	33	97	410 000.00
2	普通	7	本科	15	运维/项目经理	3	20	1	11	53	130 000.00
3	211	14	本科	15	构架师	4	20	4	33	82	180 000.00
4	211	7	本科	15	项目经理	5	25	4	33	80	200 000.00
5	普通	7	硕士	18	数据/安全	4	20	3	33	78	210 000.00
6	普通	7	专科及以下	10	数据挖掘	2	15	2	22	54	100 000.00
7	普通	7	本科	15	后端语言	2	15	1	11	48	90 000.00
8	普通	7	本科	15	构架师	5	25	4	33	80	140 000.00
9	普通	7	专科及以下	10	JAVA工程师	4	20	2	22	59	110 000.00
10	211/985	21	硕士	18	算法工程师	1	5	3	33	77	120 000.00
11	211	14	本科	15	项目经理	5	25	3	33	87	190 000.00
12	普通	7	本科	15	游戏开发	3	20	2	22	64	150 000.00
13	普通	7	专科及以下	10	NET工程师	7	25	4	33	75	160 000.00

续表

序号	毕业院校 21%		学历 21%		岗位/技能	工龄 25%		掌握程序数量（技术能力）33%		人力资源价值	薪资（元人民币/年）
	程度	参数	程度	参数	名称	年限	参数	数量	参数		
14	普通	7	本科	15	运维（DBA）	3	20	2	22	64	140 000.00
15	普通	7	专科及以下	10	安全/数据挖掘	4	20	2	22	59	100 000.00
16	普通	7	本科	15	移动端程序编写	2	10	3	33	65	120 000.00
17	211/985	21	本科	15	构架师	3	15	2	22	73	170 000.00
18	普通	7	专科及以下	10	JAVA工程师	1	5	3	33	55	80 000.00
19	普通	7	本科	15	算法工程师	4	20	3	33	75	120 000.00
20	普通	7	本科	15	游戏开发	3	20	2	22	64	120 000.00

从表10-44可见，稳定型软件技术人员的学历水平普遍较高，大部分为本科以上学历，仅有少数专科人员，但其从业年限较长，可以弥补专科人员人力资源价值的劣势。因此，表10-45人力资源价值的样本参考价值较高。

表10-45　2015年A地区软件企业人力资源数据汇总表（波动型软件人才）

序号	毕业院校 21%		学历 21%		岗位/技能	工龄 25%		掌握程序数量（技术能力）33%		人力资源价值	薪资（元人民币/年）
	程度	参数	程度	参数	名称	年限	参数	数量	参数		
1	普通	7	本科	15	Node.Js工程师	2	5	2	22	49	75 000.00
2	普通	7	专科及以下	10	IOS工程师	1	5	1	11	33	200 000.00
3	普通	7	专科及以下	10	Android工程师	3	20	2	22	59	140 000.00
4	普通	7	专科及以下	10	PHP工程师	2	10	1	11	38	80 000.00

续表

序号	毕业院校 21%		学历 21%		岗位/技能	工龄 25%		掌握程序数量（技术能力）33%		人力资源价值	薪资（元人民币/年）
	程度	参数	程度	参数	名称	年限	参数	数量	参数		
5	普通	7	本科	15	前端工程师	2	10	1	11	43	150 000.00
6	普通	7	专科及以下	10	Android工程师	2	10	1	11	38	190 000.00
7	普通	7	专科及以下	10	Android工程师	1	5	1	11	33	70 000.00
8	普通	7	专科及以下	10	PHP工程师	2	10	1	11	38	85 000.00
9	普通	7	专科及以下	10	前端工程师	2	10	1	11	38	160 000.00
10	普通	7	本科	15	IOS工程师	1	5	1	11	38	120 000.00
11	普通	7	专科及以下	10	IOS工程师	1	5	1	11	33	80 000.00
12	普通	7	专科及以下	10	IOS工程师	1	5	1	11	33	60 000.00
13	211	14	本科	15	PHP工程师	2	10	1	11	50	110 000.00
14	普通	7	本科	15	前端工程师	3	20	2	22	64	90 000.00
15	普通	7	专科及以下	10	Android工程师	5	25	3	33	75	120 000.00
16	普通	7	专科及以下	10	Android工程师	2	10	1	11	38	140 000.00
17	普通	7	专科及以下	10	PHP工程师	3	20	1	11	48	80 000.00
18	普通	7	专科及以下	10	前端工程师	2	10	1	11	38	110 000.00
19	普通	7	专科及以下	10	Node.Js工程师	2	10	2	22	49	150 000.00
20	普通	7	本科	15	Node.Js工程师	1	5	1	11	38	70 000.00

从表10-45可见,波动型软件开发人员的学历水平较低,大部分为专科及以下,仅有几位从业年限较短的本科毕业人员,对人力资源价值计量的干扰因素较少,符合波动型软件开发人员的定义概念。因此,表10-45人力资源价值的样本参考价值较高。

综上,上述两个样本的选择都属于随机抽取,抽取样本经过鉴定不存在人为干扰因素,经鉴定能用于数学模型的数据导入、参数计算和后期回归模型的显著性检验。

(二)假设一:样本数据分析过程及其结果

1. 因变量和自变量数据分析。

(1)数据分析工具。本节用美国的 MATLAB 软件,对所收集的数据进行数据检验。该软件专门用于工程数据和其他相关数据程序算法的开发、数据可视化处理、数据分析以及数值计算。因此,不存在数据计算误差和错误。

(2)分析步骤:首先,输入数据,建立列向量矩阵,输入命令和具体数据(见图10-6),其中:自变量:X=[人力资源价值],因变量:Y=[薪酬]。

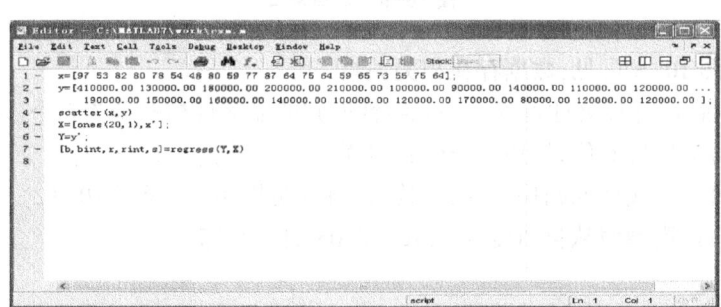

图10-6　输入指令表

第二,建立散点图(见图10-7),观察数据是否存在回归关系,是否符合假设一的判断。

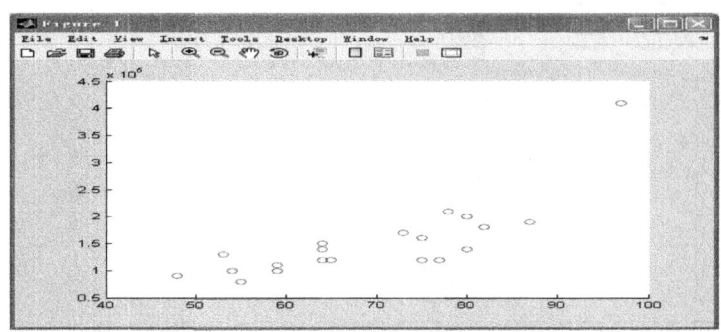

图10-7　散点图1

从散点图 10-7 可见(97 410 000.00)这组数据偏离较大。因此,在数据抽样时,为提升假设检验的精度,剔除该组数据。剔除后再次输入新数据,重复上述步骤,得到图 10-8。

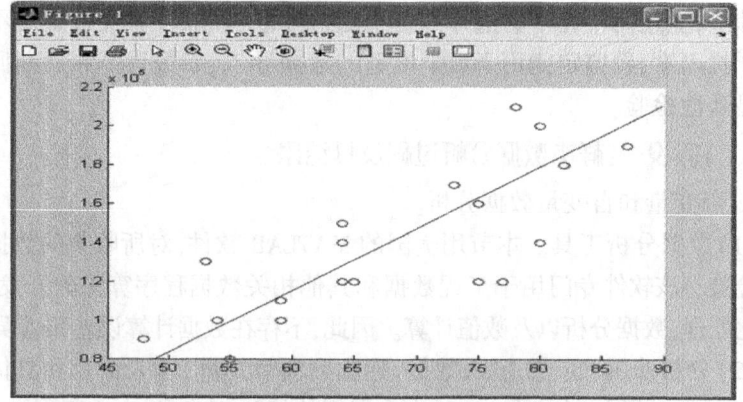

图 10-8　散点图 2

从图 10-8 可见,数据存在相关关系。

之后,进行显著性检验。一元线性回归的显著性检验分为三个步骤:
(1)提出检验假设:$H0:b=0$(线性关系不显著);$H1:b\neq 0$;
(2)进行线性回归检验,得出检验数据(见图 10-9 至图 10-12);
(3)该模型服从自由度为 1,$\alpha = 0.05$ 的 F 分布。

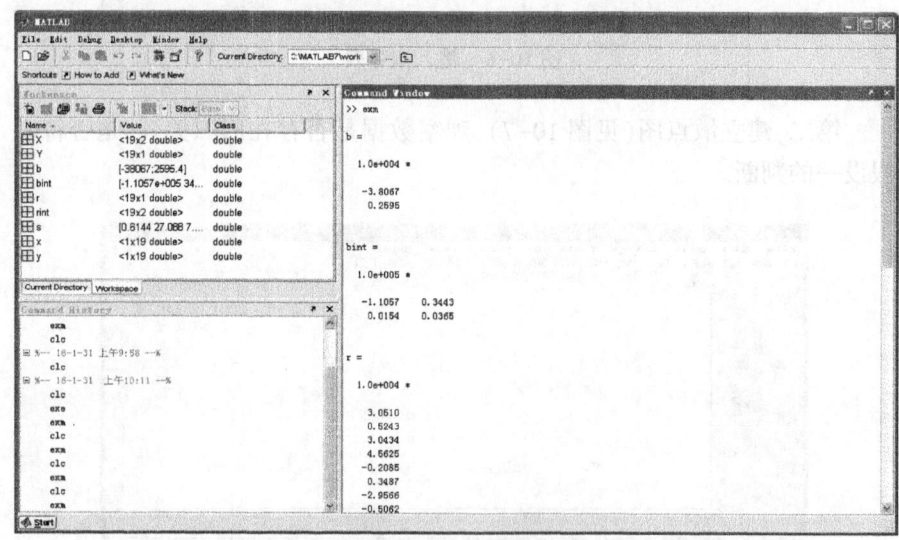

图 10-9　检验数据 1

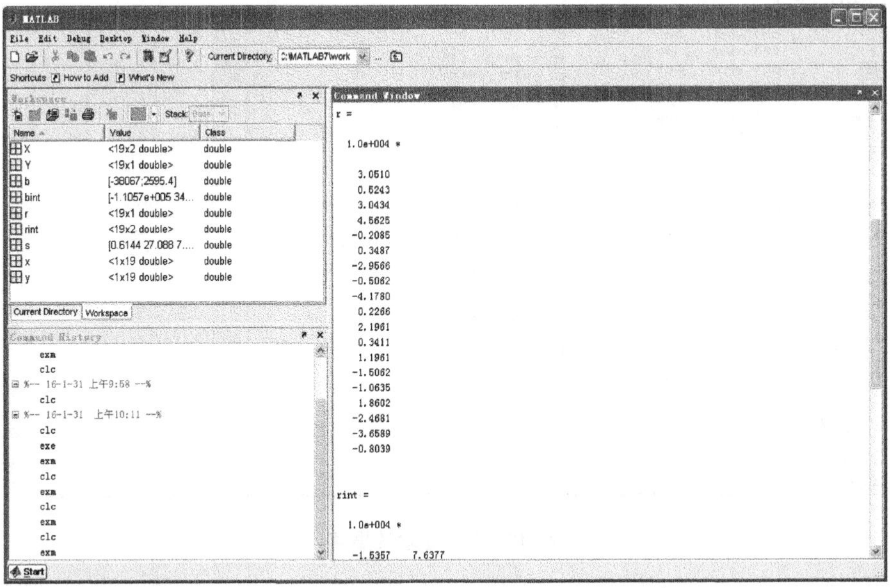

图 10-10 检验数据 2

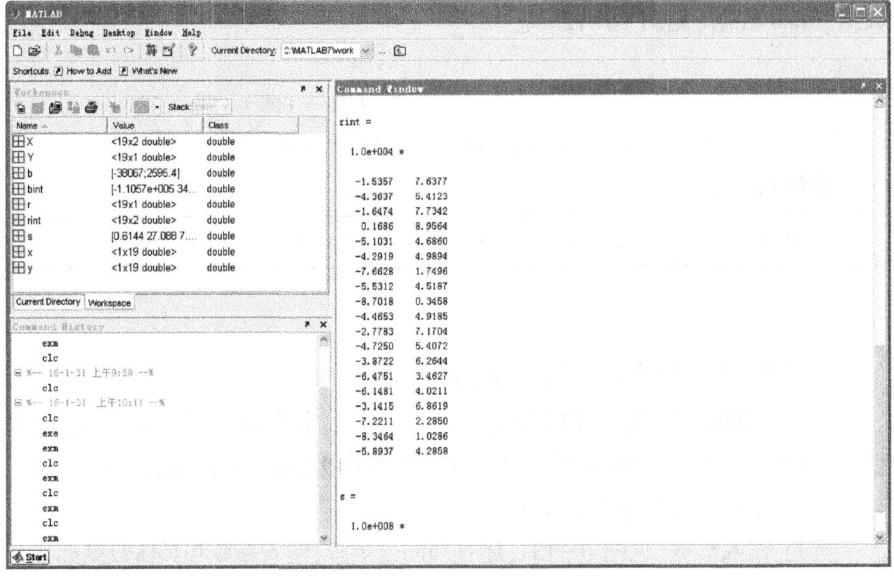

图 10-11 检验数据 3

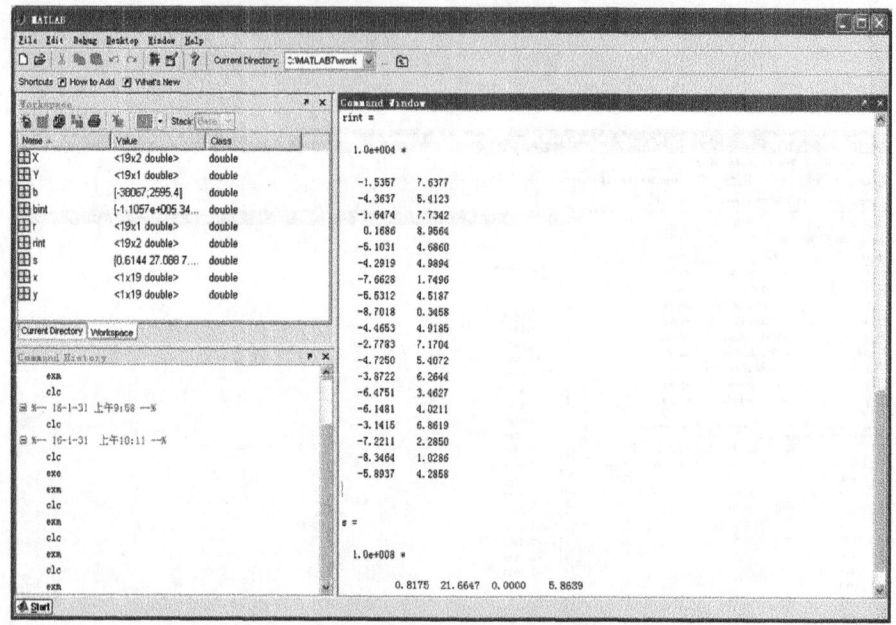

图 10-12　检验数据 4

2. 结果分析。根据 MATLAB 软件,对图 10-9 至图 10-12 的检验结果进行具体分析,具体检验结果如下:

回归方程为: $y = -110\,570.00 + 1\,540.00x$,是根据科学计数法转换后的数据,Stats 数据(见图 10-12)为:

$$s =$$
$$1.0e + 008 *$$
$$0.8175 \quad 21.6647 \quad 0.0000 \quad 5.8639$$

转换后为:

| 81 750 000.00 | 2 166 470 000.00 | 0.0000 | 58 639.00 |

(三)假设二:样市数据分析过程及其结果

1. 权重的确定。为了体现假设检验的公平性,本节对样本数据 1 和样本数据 2 中的权重设置相同的比例,详见表 10-45 各参数的权重百分比分布表。

2. 因变量和自变量数据分析:

首先,输入数据(见图 10-13),建立列向量矩阵,输入命令和具体数据如下:

自变量: X:[人力资源价值]

因变量: Y:[薪酬]

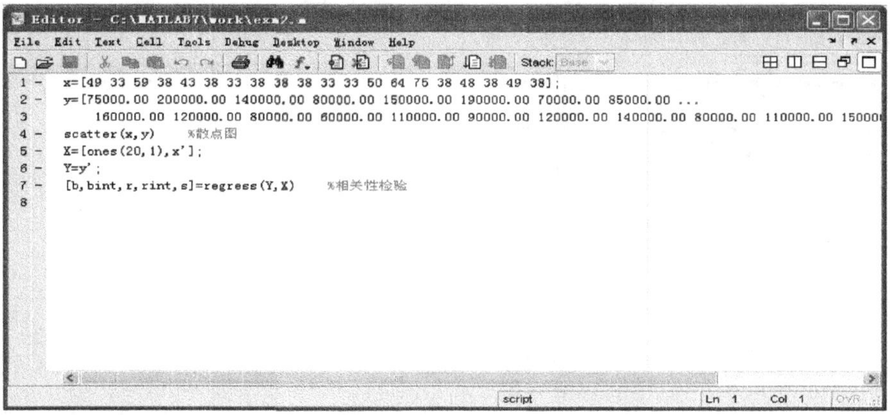

Editor - C:\MATLAB7\work\exm2.m
File Edit Text Cell Tools Debug Desktop Window Help
Stack: Base
x=[49 33 59 38 43 38 33 38 38 38 33 33 50 64 75 38 48 38 49 38];
y=[75000.00 200000.00 140000.00 80000.00 150000.00 190000.00 70000.00 85000.00 ...
160000.00 120000.00 80000.00 60000.00 110000.00 90000.00 120000.00 140000.00 80000.00 110000.00 15000
scatter(x,y) %散点图
X=[ones(20,1),x'];
Y=y';
[b,bint,r,rint,s]=regress(Y,X) %相关性检验
script
Ln 1
Col 1
OVR

图 10-13 数据输入

其次,建立散点图 10-14,观察数据是否存在回归关系,是否符合假设一的判断。

Figure 1
File Edit View Insert Tools Desktop Window Help
x 10^5
2
1.8
1.6
1.4
1.2
1
0.8
0.6
30 35 40 45 50 55 60 65 70 75

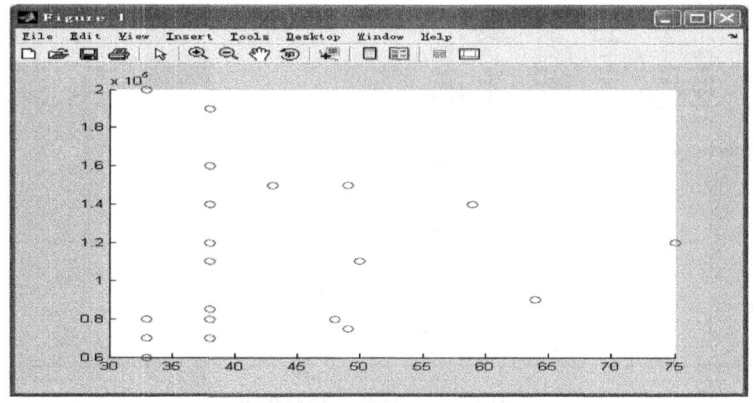

图 10-14 散点图

从软件给出的散点图来看,这组数据分布相关性不显著。为了证明该组数据的相关性不显著,本节对数据进行检验,检验工具仍利用 MATLAB 软件。

最后,提出检验假设:H0:$b=0$(线性关系不显著); H1:$b\neq0$;进行线性回归检验,得出检验数据。其中,该模型服从自由度为 1, $\alpha=0.05$ 的 F 分布。具体检验过程及结果见图 10-15 至图 10-17。

根据 MATLAB 软件,得出具体检验结果图 10-15 至图 10-17 的数据,再进行具体分析,结果如下:

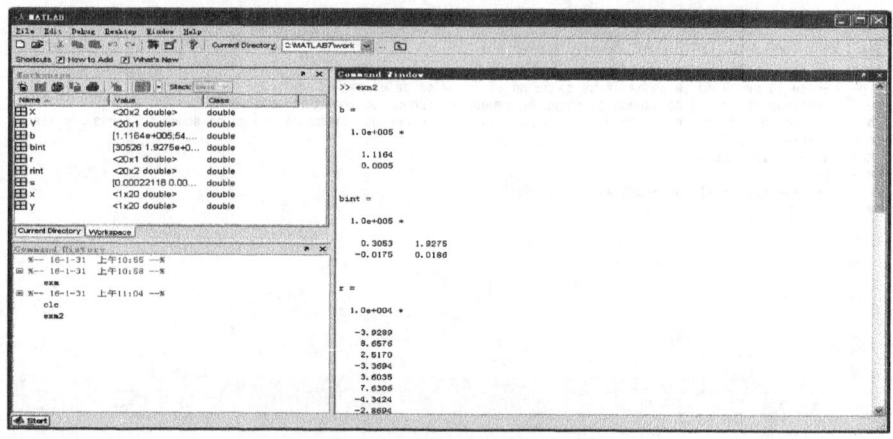

图 10-15　检验数据结果 1

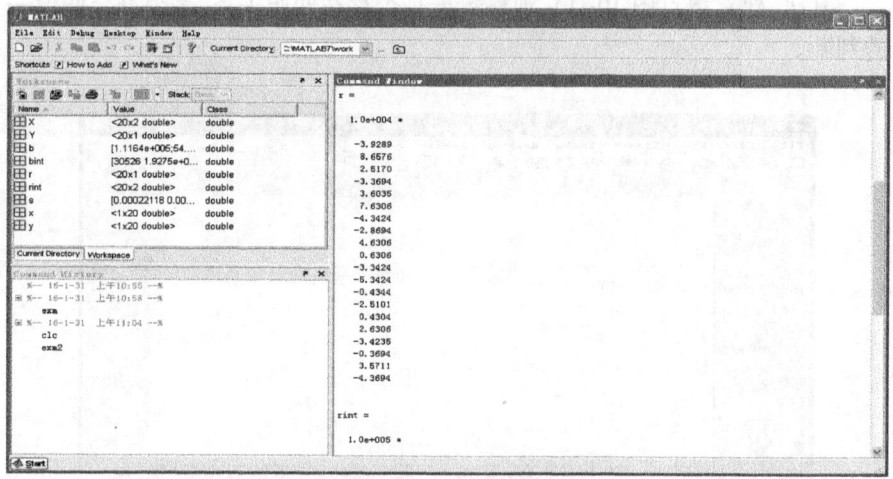

图 10-16　检验数据结果 2

3. 结果。使用 MATLAB 软件,可以得出以下具体检验结果:$a = 111640.00$;$b = 50$;

Stats 数据(见图 10-17)为:

$$s = $$
$$1.0e + 009 *$$
$$0.000\,0 \quad 0.000\,0 \quad 0.000\,0 \quad 1.806\,8$$

转换后为:

　　0.000 0;　　　0.000 0;　　　0.000 0;　　　1 806 800 000;其中 F 值为 0.000 0。

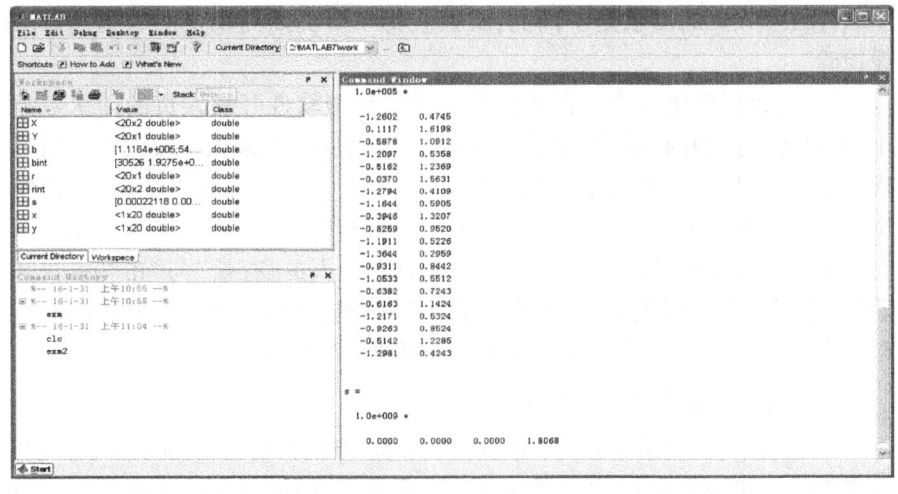

图 10-17 检验数据结果 3

(四)波动型软件技术人员"存量"与"市场需求和薪酬"的关系

基于假设二,对软件企业的波动型软件技术人员的市场存量与市场需求量的关系进行调研。在实际调研中发现,当波动型软件技术人员的存量小于市场需求量时,其薪酬会因市场需求的增加而提高;当波动型软件开发人员的存量大于市场需求量时,其薪酬会因市场需求的减少而降低。可见,波动型软件人才"存量"与软件开发企业对软件企业人才的需求量有着一定的关联。本书作者提取 TIOBE 排行榜上的相关数据,结合人力资源部工作经验,对智联招聘、北京人才网等软件企业进行数据收集,发现软件企业与波动型软件开发人员之间存在需求与薪酬的负相关关系,即:当波动型软件开发人员的存量小于市场需求量时,其薪酬会因市场需求的增加而提高;当波动型软件开发人员的存量大于市场需求量时,其薪酬会因市场需求的缩小而降低。因此,本书认为在实践中真实存在波动型软件技术人员的"市场存量"与"市场需求量"负相关的现象。

对此,本书作者尝试提出

假设三:波动型软件技术人员"存量"与"市场需求和薪酬"存在负相关关系。

但是在实际数据中,从假设二很难发现假设三负相关关系存在的依据。主要原因有以下两点:

第一,数据来源难以核实。在假设二的研究中,通过建立模型计算出人力资源价值与薪酬之间的关联性,因此获得了较为严谨且接近真实情况的验证数据。但是假设三中,"软件企业对于波动性软件人才的需求量"这一数据难以通过调查获取。因为在软件企业的产品研发中,不同时期对波动型软件技术人员的需求是不同的,难以获得一个长期而稳定的数据用于假设检验。

第二,数据变化较快。在软件企业对波动型软件开发人员的需求数据中,来自各大招聘网站的数据是被该软件企业的HR管理人员放大N倍所呈现出来的,而且这些数据变化速度过快,基本上每天都在发生变化,所以模型的检验结果与实际情况之间的误差较大,且难以得出真实的检验结果。

本书作者发现,假设三关于波动型软件开发人员"存量"与"市场需求和薪酬"之间存在负相关关系,在企业的实际管理工作中,以及在财务的汇总报表中是能够体现的,但是在数据的模型检验中难以被验证。

(五)本节实证检验结论分析

1. 假设一:检验结论分析。根据检验数据得知,F值为2 166 470 000.00,经查表后得知,$F0.05(1,17)$为4.45,远远小于2 166 470 000.00。所以拒绝假设H0,即线性关系显著。再根据回归方程可知,该组数据呈现正相关关系。当X为0时,Y为-110 570,即,当员工人力资源价值为0时,IT技术企业平均需要付出-110 570.00(元人民币/年)的成本。所以,稳定型技术开发人员的人力资源价值与薪酬正相关有99.5%的可信度。

2. 假设二:检验结论分析。根据检验数据得知,F值为0.000 0,经查表后得知,$F0.05(1,18)$为4.41,大于0.000 0。因此,接受假设H0,即线性关系不显著。再根据回归方程可知,该组数据没有呈现相关性关系,即当X确定时,Y没有显著地规律性变化关系。也就是说,波动型软件的技术人员的工资薪酬与员工实际的人力资源水平并没有呈现出相关关系(既不是正相关,也不是负相关)。所以,根据检验结果,波动型软件技术人员的人力资源价值与薪酬不呈相关性关系有99.5%的可信度。

3. 假设三:检验结论的补充分析。数据表明,波动型软件技术人员的人力资源价值与薪酬之间由于市场关系并不存在完全的线性回归关系。为了弥补数据检验的缺失,作者对假设三做了补充分析,以验证假设的真实性。

(1)波动型软件技术人员受编程语言的"消亡—兴起"因素限制较大。图10-18选自世界著名排行榜TIOBE,该排行榜是互联网上有一定等级的软件技术人员、计算机教师和软件产品开发人,结合著名搜索引擎(如Google、Bing、Yahoo等)和Wikipedia、Amazon、YouTube等电商网站的云数据库统计出的排名。因该排名仅针对某个编程语言的使用频率,而不是该编程语言的优劣和所编写代码的多少,因此具有一定的权威性。从图10-18中可以看出,该图罗列的各种语言,其使用频率是随着时间的不断推移而不断变化的。其中C语言在嵌入式和内核等相对底层的领域没有竞争对手,一直保持稳定的市场使用频率;Java在企业级Web后台开发领域的地位不可撼动，Android 以 Java 作为应用开发语言，又增强了 Java 在移动开发领域的地位。因此，Java 语言在面对后期许多语言冲击（如 Javascprit、Sky 语言等）的基础上，其地位依然非常稳固。

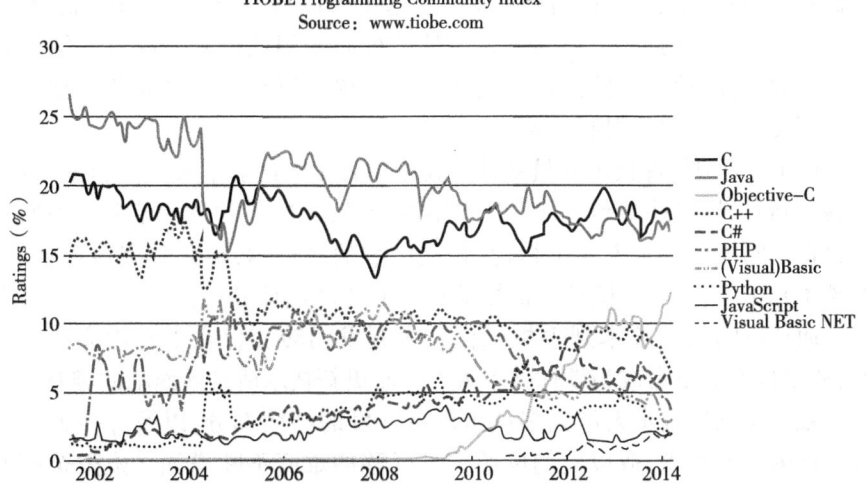

图 10-18　近 12 年程序编写语言市场使用率折线图（2002—2014 年）

结合本节所调取的实际薪酬数据，发现稳定型软件技术人员的人力资源价值面对技术消亡的时候损失较小，波动型软件技术人员则有着显著差异。波动型软件技术人员的项目分配、人员培训和专业程度有着极大的随意性。因此，在更新换代较快的科技革命下，波动型软件技术人员需要在必要的时候进行技术的升级与转换，以维持自身的岗位要求。他们的人力资源价值在技术消亡的时候也在逐渐下降，但是具备某些新技术的人员，其人力资源价值会在某一时刻突然上升。为了节省更多的资源，企业不得不利用波动的人力资源政策和会计财务政策来节省企业的各种资源，因此薪酬的变动也就不可避免。

（2）波动型软件技术人员受项目开发进程等因素限制较大。在目前的软件技术中，大型开发项目需要由若干个分支项目组成，而这些细小的分支项目正是由这些软件技术人员组成的研究小组共同完成的。在大型项目中，并不是所有的软件和程序编写都由稳定型软件技术人员完成，一些细小的、反复的、基础的软件工作是由基层的软件技术人员编写。这些工作不仅工作量大，而且缺少技术含量，又必须由项目开发者负责。在综合多种因素的作用下，人力资源成本会计不得不采用一些特殊的方式，为软件开发商对项目成本进行规避。其中对人员的成本控制就成了最重要的工作内容。有些软件企业在项目开发初期对波动型软件技术人员需求量较大，同时为了推动软件开发进程,需要人力资源成本会计帮助设计软件工作人员的薪酬体系。在这个阶段,波动型软件技术人员的薪酬是一种由低到高的动态过程。随着时间的推移,软件项目完成度不断升高,不需要初期那么多波动型软件人员的工作量,而且维护人员也在减少,这时企业就开始采取各种方式降低薪酬、减员,或者进行岗位重置。在这个阶段,企业开始获取收益,不仅弥补了上一阶段的损失,还因为人员的减少而变相地提升了项目的综合收益率。因此,波动型软件技术人员的人力资源价值与薪资之间的变化也受项目开发进程因素的限制较大。

(3)波动型软件技术人员受社会技术综合发展的影响较大。目前,科技发展日新月异,科技带动下软件技术不断升级,每次科学技术革命之间的时间也在不断缩短。从古人结绳记事,到文字信息技术,再到数字信息技术,跨越了几千年,但从原始计算机技术到当前的高速计算机,只用了不到一百年。而从电脑软件技术到手机软件技术开发的转变仅在十年内完成。因此,科学技术的革命成为软件技术人员不断更新技术所必须面临的难题。

稳定型软件技术人员大多从事软件开发的结构部分,以及许多大型软件企业的技术积累,造成他们原始信息迁移的难度不断增加。该类企业的技术人员只需要在原有基础上进行概念性修补即可,他们使用的程序软件在本质上变化不大,所以其人力资源价值的边际变化也较小,造成他们的薪资波动幅度不大,且成正相关关系。

波动型软件技术人员则不同,他们所从事的软件编写是在几年内才兴起的软件。一方面,与他们在校期间所学语言不同;另一方面,社会技术性的变化也要求他们不断追随形式的转变而学习新的程序和语言。当软件企业所开发的程序不再需要该项语言了,使用这门语言的软件技术人员只能转型或者辞职。这是软件企业在波动型软件开发人员市场"存量"较小或难以寻找到足够的波动型软件开发人员时,愿意以提高薪酬为代价获取人才的原因。

根据上述曲线分析、客观实际分析和逻辑推论分析,结论是假设三成立,即波动型软件技术人员"存量"与"市场需求和薪酬"之间存在负相关关系。

第七节 软件开发企业人力资源价值与薪酬分析案例[①]

本节选取一家负责大型应用软件开发与推广工作的 Z 公司,以及该公司的一款航空控制软件开发项目作为软件开发企业人力资源价值与薪酬分析的案例。

一、Z 公司企业背景介绍

Z 公司是一家负责大型应用软件开发与推广工作的软件企业,拥有国家认证的多种高级软件开发资质,可以研发国家指定代码的软件产品,同时能够为军工、铁路、航空等国有企业和事业单位开发应用软件。

Z 公司拥有一大批来自各大高校软件专业的毕业生,其中不乏从事软件开发十多年的高级工程师。Z 公司在北京拥有千余平方米的办公研发机构,公司还组建了多个软件研发团队,能够同时研发多个软件项目。团队内部均由博士级别的高级工程师担任总指挥。他们拥有丰富的研发经验,能够处理各种软件技术上的问题。

为了提升 Z 公司的专业实力与视野,公司长久以来一直在努力保持与世界级的科研公司的学习与合作。Z 公司与美国哥伦比亚大学计算机工程系保持合作关系,共同投资建设了联合研发中心北京分中心,能接受来自美国软件产业的在线技术支持与指导。Z 公司在中国香港、悉尼与纽约等著名城市开设分公司,扩大企业的影响力。

二、InfoAir™-ATC 软件项目背景介绍

InfoAir™-ATC 软件项目是 Z 公司承担并自主研发的航空机场管理系统,包含雷达处理与重构技术软件(InfoAir™-ATC OSA)、空管管制运行品质监控软件(InfoAir™-ATC QM)、航班运行动态监控技术(InfoAir™-ATC FDDS),以及航空协调放行控制软件(InfoAir™-ATC ATM-CDM)。该软件项目基于云计算平台,提供 SaaS(软件即服务)服务,同时支持对航班运行态势的实时监控、统计分析、安全设计、风险评估以及运行指挥决策。

(一)InfoAir™-ATC 软件开发项目的功能

InfoAir™-ATC 软件开发项目具体功能有以下两项:

[①] 本节根据首都经济贸易大学会计学院 2016 届硕士学位论文改写,作者郭史煜,导师刘仲文教授,论文标题为《软件开发人员的人力资源价值与薪酬关系研究》。

第一，InfoAir™-ATC 软件开发项目融合各类动态运行信息与航空情报信息，包括：AFTN/SITA 报文数据、空管终端区电子进程单数据和 ADS-B 数据、ACARS 数据、航空气象数据。

第二，InfoAir™-ATC 软件开发项目的管理平台对航空服务中的监控、数据反馈收集、安全性预测、风险评估和机场指挥台的控制命令输出。该软件开发项目主要功能在于它可以对大规模全空域空管运行态势监控，同时在一定区域内对多个机场的不同航班进行实时的变化监控，帮助地勤和空管部门对航空情况进行严格的审核和科学的调度，保证航班、空域的最大化利用。

(二) InfoAir™-ATC 软件开发项目功能分区

InfoAir™-ATC 软件开发项目的功能分区包括以下四个部分。

1. 雷达处理与重构技术(InfoAir™-ATC OSA，见图 10-19)。雷达技术是空管领域对航空飞行器以及各种设备监控指挥的重要设备，雷达处理与重构技术旨在为雷达设备配套研发各种功能性管理平台，主要负责空管人员在各种数据中推理出能够在大规模航班延误情况下的空地协调技术。

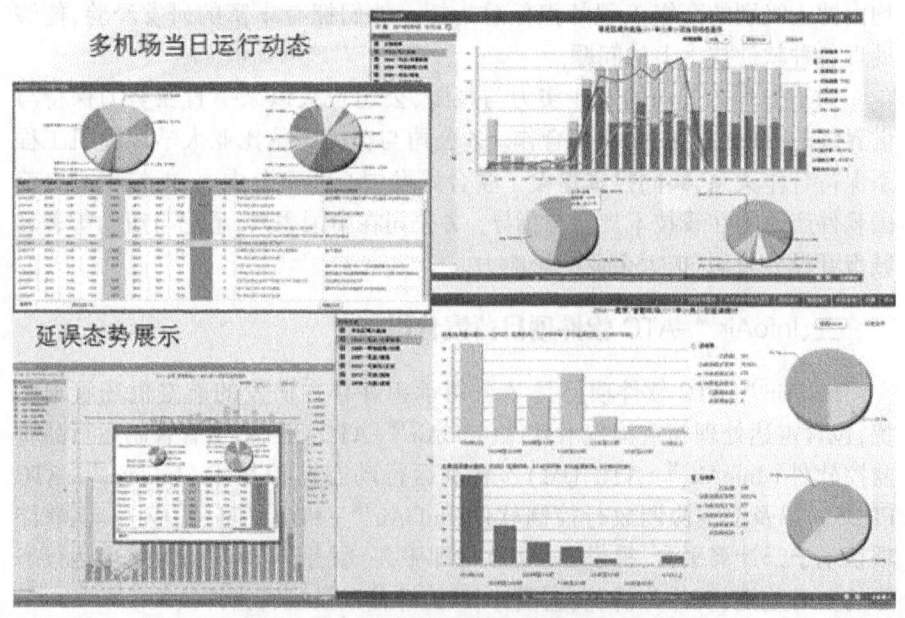

图 10-19　InfoAir™-ATC OSA 技术示意图

2. 空管管制运行品质监控软件(InfoAir™-ATC QM，见图 10-20)。空管管制运行品质监控软件(InfoAir™-ATC QM)是通过信息技术和各种现代化控制装备对空管领域进行技术、硬件的升级，对数据进行引接并完成计算机、网络、接口、传输、数据集成各项技术的综合改进。在我国,航空管制系统通过建立完善的管理运行监督机制,提升控制管理能力,实现对管制工作的准确管理,并且在第一时间发现管理中存在的各种弊病,利用软件中的各种功能对监控方式、风险控制管理工作进行把关,对航空管理中负荷量、飞行冲突告警、限制区告警等具体工作提供高效的技术支持。

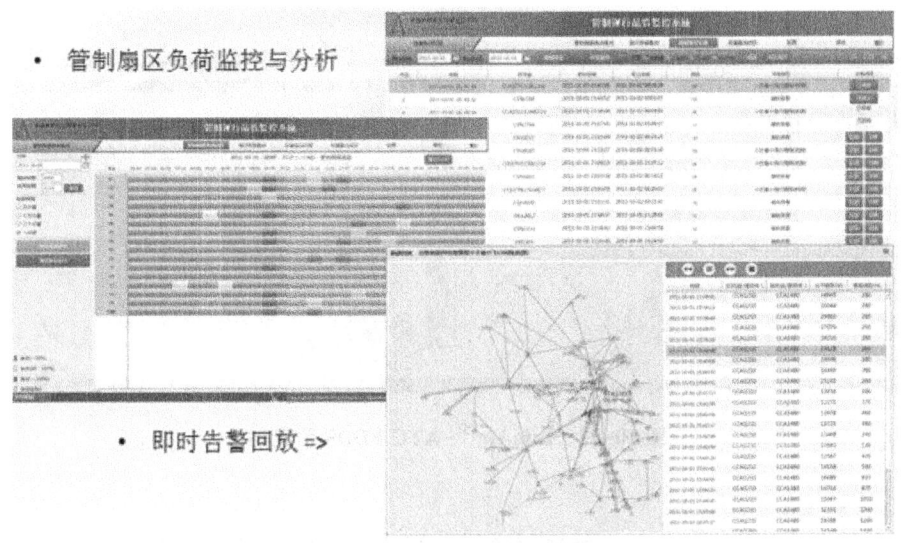

图 10-20　InfoAir™-ATC QM 示意图

3. 航班运行动态监控技术(InfoAir™-ATC FDDS,见图 10-21)。航班运行动态监控技术(InfoAir™-ATC FDDS)主要是对航空中航班的动态数据与协调放行机制进行管理的软件。该软件具有航班运行情况、机场空域情况监控,领航计划监控,航班延误情况监控,航空器的 ATC 放行、推出、滑行、起飞情况监控等功能,是空管领域 24 小时运行显示、管理、发布的平台。

4. 航空协调放行控制软件(InfoAir™-ATC ATM-CDM,见图 10-22)。航空协调放行控制软件(InfoAir™-ATC ATM-CDM)系统是国内首例以空管业务为中心,针对特大型国际枢纽机场(ZBAA)大面积延误情况下实施空地联动协调放行的信息化决策支撑平台。区别于 Euro-control 复杂的 CDM 系统实现,InfoAir-ATC 依据民航局对各地区关于治理航班延误、做好航班延误对外协调宣传的精神而建立的航班延误协调保障机制,通过引入航空公司及机场的不同信息,将协调放行机制进行分层处理,空地联动、同步放行,实现地面保障与空管放行的协调统一。

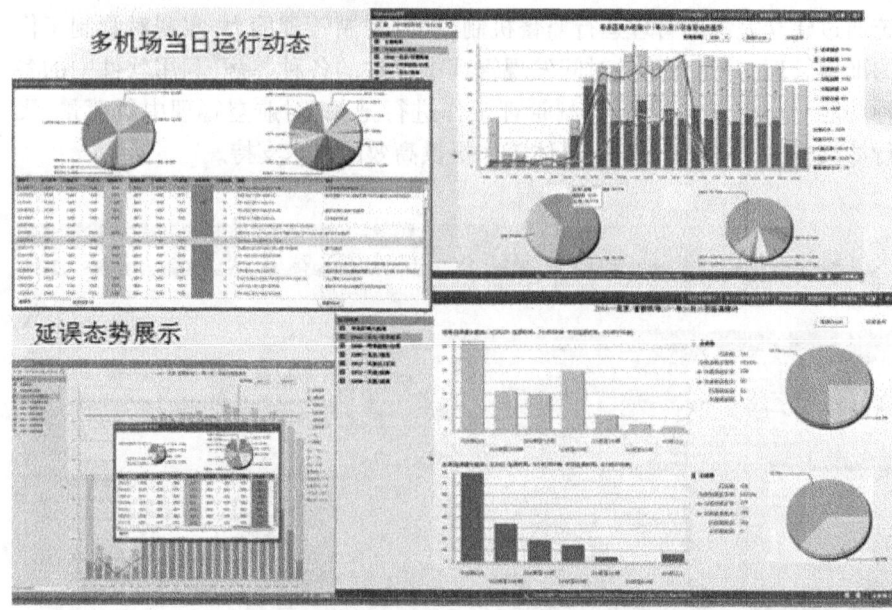

图 10-21　InfoAir™-ATC FDDS 示意图

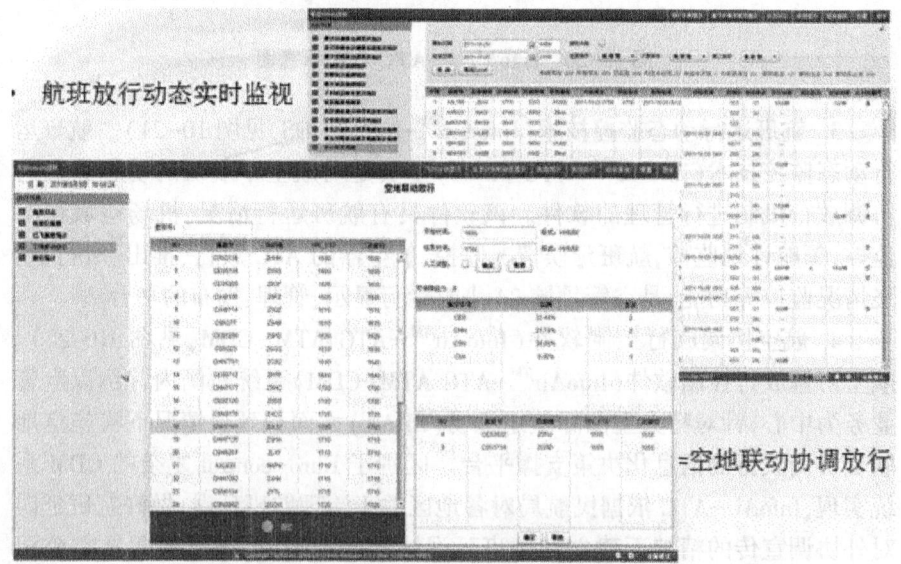

图 10-22　InfoAir™-ATC ATM-CDM 示意图

三、InfoAir™-ATC 软件开发项目人力资源价值与薪酬关系分析

（一）不同类型软件研发技术人员的薪酬数据计算

1. InfoAir™-ATC 项目开发所需要的软件人才分析。由于该项目涉及民航以及航空航天相关专业知识，Z 公司与民航局空中交通管理局、民航华北地区空管局、首都机场运管委等部门展开合作，聘请专业的航空技术指导对软件功能要求和相关法律的专业性进行指导。结合本章第六节相关知识，这里仅讨论软件设计与开发所需要的软件人才以及相关人力资源价值和薪酬设计内容。

第一类软件人才，该项目需要软件设计"领导技术人才"，即系统分析师、项目技术主管等。这部分人才需要具备专业的软件架构设计能力，不仅拥有大型软件开发经验，最重要的是需要拥有良好的行业背景和项目组织能力。这部分人才大多是从业多年的技术骨干和项目经理，以及软件企业的高级工程师，他们属于稳定型软件开发人员。他们大多是博士研究生、硕士研究生学历。由于他们具有较高的人力资源价值，Z 公司对他们的薪酬设计大多为年薪制。除此之外，他们的薪酬还包括公司提供的股份、股权、分红、项目提成、业绩提成、团队奖励等。公司对他们还设有其他形式的奖励支出，包括深造、培训、旅游等。

第二类软件人才，该软件开发项目需要的"基础人才"，即公司蓝领。在 InfoAir™-ATC 软件项目中，"软件蓝领"负责基础项目软件的基层程序编写和任务的执行。他们在公司中是数量最为庞大的组成群体。但是他们对项目的贡献属于任务简单、技术难度低的层级。因此，他们只需要负责项目中各种软件终端系统的配套基础软件的设计工作，例如，利用 PHP、.NET、Node.js 等语言或程序工具开发适用于终端工作的各种硬件的配套软件。这部分员工工作周期较短，工作能力有高有低，其人力资源价值与薪酬之间难以形成稳定的相关关系。在该项目中，负责前端程序编写的基础技术人员平均薪酬可达 15 万元/年，但是在其他游戏项目的开发中，同类型人才每年的薪酬还不到 10 万元。他们属于波动型软件人员，其人力资源价值波动性较大。

第三类软件人才，该软件开发项目需要的高水平复合型人才。该类人才在 InfoAir™-ATC 软件项目中显得非常紧俏。这类人才本身专业技能和管理能力并没有高级工程师和项目经理那么强大，但是他们在各自的组中负责对软件开发进度、编写程序的审核和管理，并且还需要拥有一定的其他专业技能。这类人才在软件技能和学历上并不占优势，但是有较丰富的管理经验，因此也属于稳定型软件人员，综合人力资源价值较高。

第四类软件人才，该软件开发项目需要的多领域通用软件人才。该类别的软件人才需要掌握国际通用程序编写标准和相应的技术规范，并且精通至少一门以上外语，曾经参与国际范围的软件程序开发，熟悉国际通用规则，该类人才在航空领域的软件涉外方面尤其需要，在人力资源的衡量上，需要特殊考虑其人力资源价值。他们属于稳定型软件人员，其特殊人力资源的价值较高。

2. 两种类型软件开发人员的人力资源价值的计量以及薪酬设计。考虑到软件开发人员的工作具有稳定型和波动型两种类型，在人力资源价值计量的内容上需要兼顾项目属性、设计难度和个体团队组织等多个方面。软件开发企业在软件的具体研发中，对于其人力资源价值计量方式的选择是十分重要的，软件周期以及软件研发期间各种突发事件对团队人力资源价值的考验十分重要。因此，必须在薪酬设计中将能够处理应急事件的员工的特殊价值薪酬计入综合考量之中。

对不同等级的开发人员，应着重根据其定位和分工设计相应的计量内容与权重。为了更好地引导开发人员在软件开发中为团队整体目标做贡献，避免个人利益的过度竞争和不合作状况，薪酬以及绩效考核的结果必须结合团队的绩效进行设计和确定。

第一，InfoAir™-ATC 软件项目中稳定型软件开发人员的薪酬设计见表 10-46，其中高、中、初三级设定根据项目、工龄、从业年限和过往业绩计算。

表 10-46 稳定型软件开发人员薪酬设计

	初级工程师的月薪	中级工程师的月薪	高级工程师的月薪
稳定型软件开发人员薪酬及任务设定	5千~8千	8千~20千	20千+
	5千~8千	8千~18千	18千+
	5千~8千	8千~15千	15千+
	数据挖掘	后端语言	总工程师
	安全/数据挖掘	构架师	运维/项目经理
	移动端程序编写	算法工程师	构架师
	JAVA 工程师	项目经理	项目经理
	游戏开发	运维（DBA）	算法工程师
	开发经验<2年；能在适当的指导下完成单项或局部业务	3~5年开发经验；具备本业务领域某些方面良好的知识和技能，能够独立完成工作任务，可对初级人员进行指导	>5年开发经验；精通本专业多个领域知识和技能，能够解决复杂、重大问题，能有效指导他人

第二，对 InfoAir™-ATC 软件项目中波动型软件开发人员的薪酬和人力资源匹配进行设计。由于波动型人力资源价值变动较大，再加上 InfoAir™-ATC 软件项目开发、研制和维护周期较长，在本项目中，基础型软件设计人员和波动型软件设计人员岗位较固定，任务也较简单，具体设计见表 10-47。

表 10-47　波动型软件开发人员薪酬设计

	初级工程师月薪	中级工程师月薪	高级工程师月薪
波动型软件开发人员薪酬及任务设定	6千~8千	8千~20千	20千+
	6千~8千	8千~18千	18千+
	IOS	IOS	IOS
	Android	Android	Android
	Node.js	Node.js	Node.js
	PHP	PHP	PHP
	前端工程师	前端工程师	前端工程师
	.Net	.Net	.Net
	<1年经验（应届）；会编写基础语句，能初步完成数据的寻找和录入	1~2年经验；能够独立操作某种基础编程软件完成一定的任务创新，属于团队中终端软件开发的中坚人物	3年+工作经验；能够完成高端移动设备对应软件的开发，能够带领团队创新

总体来讲，波动型软件开发人员主要完成短期任务的开发与设计工作，因此在工作薪酬和人力资源价值上有所降低，但其工资本身随项目而定，不具备线性关系，可能相同的岗位工资变化较大。

（二）从人力资源价值衡量机制的角度对软件开发人员的薪酬管理与激励方式

Z 公司为了保证软件开发人员在北京地区的基本生活费用，将北京市每年的平均工资作为员工的基本工资。在此基础上，又按照公司人力资源价值衡量机制，设立了岗位工资、绩效工资，以及股权激励等激励性工资。

1. 完善人力资源价值的衡量机制。企业的薪酬设计需要针对不同人力资源价值的员工进行区别化设计。在软件企业的成长时期，结合成长期的人力资源需求进行薪酬策略的制定是相当重要的管理方向。首先要确定人力资源价值的衡量方式。结合案例实际经验，这里对软件开发企业中不同类型的软件开发人员设计了不同的人力资源价值的衡量方式，见表 10-48。

表 10-48　人力资源价值衡量方式(初评)

评价要素	权重	评价要素细分	评定标准	人力资源价值基础得分
学历	40%	博士	40	
		硕士	32	
		本科	22	
		专科/高职	15	
专业	15%	相同专业	15	
		相关专业	10	
		非相同相关专业	6	
技术结构	15%	综合(编程/项目)	15	
		构建(框架构建)	13	
		商业(商业开发)	11	
		编程(基础编程)	9	
从业年限	15%	5年以上	15	
		3~5年	12	
		1~3年	9	
		1年以下	5	
在岗年限	15%	5年以上	15	
		3~5年	12	
		1~3年	9	
		1年以下	5	

通过表 10-48，可以对软件开发人员的人力资源价值进行初评，得出人力资源价值的岗位底薪，让员工对自己在企业中的定位以及自身现有的人力资源价值有清晰的认识。

表 10-49 是 Z 公司针对不同人力资源价值的在岗员工设计的基本工资分级表。刚入职的员工根据人力资源初评表的得分进行具体的级别设定。同时，把岗位基本工资记为 A_i。

表 10-49　薪资岗位基本工资设计表　　　　　　　　单位：元/月

得分	薪资级别	初级	中级	高级
41~64	C	1 720	2 500	3 000
65~70	B	2 220	3 500	4 000

续表

得分	薪资级别	初级	中级	高级
71~86	A	4 220	5 000	7 000
85~100	S	5 500	8 000	15 000

2. 完善软件开发人员的薪资激励机制。

（1）绩效考核激励。对于软件开发人员的绩效考核，稳定型软件开发人员和波动型软件开发人员有不同的考核方式。绩效考核评审人员应该是对软件开发人员情况最了解的人，除了应有各团队主管参加外，还需有部门领导加入。在部门绩效测评中引入团队绩效的测评模式，坚持"谁管理，谁考核"的绩效考核原则，合理规划各类评审人打分的权重，重新审核绩效考核标准是否科学，建立一个权威的绩效考核评审小组，辅助项目团队对个人考评的公允性，从而保证全面、准确地反映职工的个人业绩。

第一，稳定型软件开发人员绩效考核指标和权重设计见表10-50。

表10-50 稳定型软件开发人员绩效考核考核指标和权重设计表

指标大类	一级指标	绩效考核内容	分值	考核部门、人员（权重）			
				日常检查	上级领导	自我评价	团队评价
				60%	25%	5%	10%
结果绩效	收益与效率（25%）	项目完成率	4				
		项目完成质量	6				
		项目开发周期	4				
		技术评审合格率	5				
		开发费用预算控制率	3				
		项目过失导致费用	3				
	成长与设计指标（20%）	项目难易度	4				
		项目对公司贡献度	4				
		新技术使用情况	3				
		源程序、技术保密	5				
		任务设计水平与质量	4				
	项目管理（15%）	项目进度控制	5				
		需求变更风险控制	6				
		项目人员变动风险控制	4				

续表

指标大类	一级指标	绩效考核内容	分值	考核部门、人员(权重)			
				日常检查	上级领导	自我评价	团队评价
				60%	25%	5%	10%
管理绩效	团队管理（10%）	关键人员合格率	2				
		团队协作效率	3				
		相关部门满意度	2				
		团队内部人员满意度	3				
	技术创新（5%）	专利与创新申请	5				
	客户忠诚度（5%）	老客户延伸项目	2				
		新客户新项目	3				
	管理综合能力（20%）	业务知识与技能	2				
		决策与解决问题能力	5				
		市场判断能力、工作效率	4				
		理解力、沟通协调力	4				
		团队管理与控制能力	5				
合计			100	A_1	A_2	A_3	A_4

从表 10-50 中可见，稳定型软件开发人员的业绩考核指标分为结果绩效和管理绩效两大类、七个一级指标、26 个考核内容。各评审部门和人员分为四类，其中：日常检查占 60%、上级领导评价占 25%、自我评价占 5%、团队评价占 10%。业绩评价总分计算方式：

$$总分 = 0.60 \times A_1 + 0.25 \times A_2 + 0.5 \times A_3 + 0.10 \times A_4$$

第二，波动型软件开发人员绩效考核指标和权重设计见表 10-51。

表 10-51　波动型软件开发人员绩效考核指标和权重设计表

指标大类	一级指标	二级指标	绩效考核内容	分值	考核部门、人员(及权重)			
					检查	项目经理	自我评价	甲方评价
					55%	30%	5%	10%
结果绩效	能力素质 20%	人际沟通能力	团队合作、沟通能力	3				
			解决矛盾、应变能力	5				
			团队协作、合作能力	2				

续表

指标大类	一级指标	二级指标	绩效考核内容	分值	考核部门、人员（及权重）			
					检查	项目经理	自我评价	甲方评价
					55%	30%	5%	10%
结果绩效	能力素质 20%	执行能力	推断评估能力	4				
			计划和执行准确有效率	2				
			解决问题能力	3				
			主动寻找客户需求，解决客户问题	1				
	态度表现 10%	工作纪律	服从上级工作安排行动听指挥	5				
			对相关人员服务过程的态度	3				
			遵守公司各项规章制度，履行制度义务	2				
	工作能动性 20%	主动性	主动与相关部门沟通配合工作	3				
			工作主动性与责任感	3				
			跨部门协助要求	5				
		能力	是否尽快调动本部门资源，尽快协助解	4				
			协助的后续根据工作是否负责	5				
技术能力绩效	结果计量 10%	结果计量	任务是否按时完成	3				
			任务完成质量是否符合要求	4				
			提供的数据是否精确	3				
	编码，技术文档指标 30%	技术水平	编码的简洁度与运行效率	5				
			编码规范性，注解的完整性	8				
			编码的易懂程度与被人理解性	5				
		工作总结	技术文档正确，规范	3				
			技术文档及时与可查阅性	4				
			技术文档更改的连续性与可追溯性	5				
	其他 10%	学习与进步	及时提交总结与计划，内容完整且详尽	5				
			学习能力	2				
			接受他人建议及对公司提出有益建议	3				
合计				100				

从表 10-51 中可见，波动型软件开发人员的业绩考核指标分为结果绩效和技术能力绩效两大类、六个一级指标、27 个考核内容；各评审部门和人员分为四类，其中：日常检查占 55%、项目经理评价占 30%、自我评价占 5%、甲方评价占 10%。业绩评价总分计算方式：

$$总分 = 0.55 \times A_1 + 0.30 \times A_2 + 0.5 \times A_3 + 0.10 \times A_4$$

根据不同类型设计的绩效考核指标和权重，涵盖稳定型与波动型软件开发人员的日常工作与工作贡献，可以将工作人员的工作成果和人际关系进行综合评价考量，最大程度上弥补人力资源价值初评中硬性标准规定的不足之处。通过建立集初评与绩效于一体的综合人力资源计量模式，能够最大程度上反映软件开发人员的工作状态、工作业绩与实际价值的相关性，便于及时调整软件开发人员的人力资源价值定位。

(2) 软件开发项目提成激励。一般地，稳定型软件管理开发人员大部分是软件企业的中坚力量，工资收入是企业的中等水平。从年龄来看，他们大多需要为住房、家用车辆等固定资产投资。因此，除基本工资与绩效工资外，软件开发项目提成也是他们改善生活条件和提高工作热情的主要动力之一。因此，他们对项目的成功、管理、协调最为看重，软件开发项目周期内流动可能性较低。对这部分人员，薪酬除正常管理外，需要提供软件开发项目收益的部分比例用于奖励与激励。例如，收益的 40% 用作奖励激励等。其中，30% 可用做奖励，发放的方式需要考虑可变的延期收入；30% 可用于激励，发放方式需要考虑在一年内分阶段发放。另外，留出 40% 作为质保金，以维护公司收益，直到项目完全结束，甲方结清全部尾款。

除此之外，波动型软件技术人员对项目的基础工作起到了重要的作用。他们是项目完成的主要人员之一。对于这部分人员，也可用软件开发项目的提成进行维护。由于群体流动性频繁，项目提成需要提前预支一部分，用于激励和提高团队人员的安全感，否则，仅靠基本工资与绩效工资难以维持团队的稳定性。一般来说，针对该类人才采用的薪资方式如下：

薪酬总额 = 基本工资 + 岗位工资 + 绩效工资 + 激励奖金（加班费等）+ 综合福利

(3) 股份期权激励。该公司借鉴欧美重要科技型企业依靠员工持股的方式维系团队凝聚力的经验，尤其是高级管理层与核心技术层，需要采用这种方式维护团队凝聚力。经过调查和数据对比，该企业持股员工的劳动积极性与满足度，比未持股员工的生产效率高出 21%，收益率高出 15%。员工收入有所提升，薪酬总值达到企业可以承受的较为稳定的水平。可见，核心技术人员和普通员工对企业的远期期权和股份有着更高的期待。股份激励实现了员工利益和企业长期发展的统一。

(4) 发展提升激励。Z 公司在认真分析软件开发人员的生存压力较大、互联网市场飞速发展、国内软件行业从业人员高速增加、技术培训和保障体系比较差等现状,针对软件开发人员的具体需求,设立了符合当前软件行业发展趋势的技术培训机制,同时注重对不同类型软件开发人员的个人发展规划定位,让所有员工都能看到企业内部符合自己未来发展目标的晋升渠道和提升机会。软件开发人员将个人发展,即不断提高自身管理能力、技术水平和综合素质,与企业发展规划的前景联系在一起,使潜在的薪酬提升途径具象化为员工的一种愿景福利。

(三)应对波动型软件技术人员人力资源价值变化的措施

在Z公司的发展过程中,人力资源成本和价值会计是应对波动型软件技术人员流动的重要方法。在Z公司日常管理中,人力资源成本与价值会计及时跟进软件开发项目的进展情况,仔细分析软件开发项目的成本和利润情况的数据。同时配合企业人力资源主管,对软件开发项目所需的主要软件技术人员进行成本和价值核算,用与软件开发项目盈利与软件开发技术人员供应数据库模型,及时调整企业软件开发人员的成本和价值偏差。

在软件开发项目启动时,人力资源成本会计设立软件开发项目运行的总成本表,将各种人力资源成本数据纳入企业的综合软件产品成本计算中。同时对波动型软件人员的雇佣、培训成本和加班费用进行预算,并与软件开发项目的预期最低收益进行比较,计算软件开发项目中不同阶段的人员配置和薪资水平,实现人力资源成本与价值控制。

在现代科学技术水平高速发展的今天,Z公司人力资源成本与价值会计设计预先考虑了软件技术方面的变化,例如,编写程序和开发语句的转变、产品升级、迭代、淘汰对软件产品成本的影响,尤其是软件开发人力资源成本的影响,预测操作这些软件的软件技术人员的需求量,提前进行软件开发人员的成本与价值预算安排。

第一,与人力资源管理部门进行沟通,利用数据变化趋势提出对人力资源管理部门人员安排变化的预警,建议利用软件开发项目的设置,分散过剩的岗位人员。

第二,与企业的培训部门进行沟通,针对人力资源市场需求数据的变动提出建议,让高层管理人员关注软件编写语句的动态发展趋势,建立自上而下的培训机制,帮助即将被淘汰的落后技术人员及时升级自身技术水平,紧跟软件技术人力资源市场发展潮流。

第三,利用社会优胜劣汰的竞争机制,帮助Z公司建立"末位淘汰机制",提升企业用人机制,建立高效的薪酬设计机制,规避软件技术的更新发展给企业发展带来的损失。

【本章关键概念】

软件产业	软件会计确认
稳定型软件开发人员	软件会计计量
波动型软件开发人员	软件企业财务报告
系统架构工程师	软件企业会计信息披露
客户端页面技术工程师	软件资产
Java 技术工程师	软件负债
.NET 技术工程师	软件所有者权益
软件	软件收入
软件产品	软件费用(成本)
软件财务会计	软件利润
软件会计目标	软件财务报告
软件会计假设	软件人力资源成本
软件会计要素	软件人力资源价值
软件会计信息质量特征	

【复习思考题】

1. 简述麦肯锡公司的软件五代发展过程。
2. 简述中国软件产业的发展历史沿革。
3. 简述中国软件产业的特点及分类。
4. 简述中国软件开发企业会计核算问题。
5. 分析软件开发企业人力资源管理现状以及存在的问题。
6. 你认为软件开发企业人力资源如何分类?
7. 美国软件会计准则的特点是什么?
8. 你认为美国软件会计准则制定历史和 ASC 985 对我国有哪些借鉴意义?
9. 简述中国企业会计准则(2021)体系框架。
10. 简述中国企业会计准则的层级。
11. 简述中国企业会计准则正文以及解释(2021)的内容框架。
12. 检索并分析目前中国企业会计准则体系中有关软件会计处理的规范。
13. 简述软件产业和软件行业区别和联系。
14. 简述国家统计局软件行业分类。
15. 讨论软件财务会计基本理论框架内容的合理性。
16. 调研并收集某企业一个软件项目研发至销售取得收入的全过程会

计数据,并根据软件财务会计基本理论设计一个软件项目案例,进行会计处理并编制软件财务会计报表。

17. 参考本书第一章第三节案例的调研方法,组织 3~5 人小组,选择一个企业的软件项目,对其财务会计情况进行调研后,归纳存在的问题并就发现的问题撰写调研报告。

18. 参考本章第六节实证分析理论,调查某一个软件开发企业人力资源价值的各种因素与薪酬的关系,并设定人力资源价值影响因素与薪酬之间关系的假设,建立数学模型,收集相关样本数据,输入经济模型运算,最后论证假设是否成立以及结果分析。

【应用案例 10-1　SOFT 有限责任公司】

基本资料:20×1 年 1 月 5 日,SOFT 有限责任公司(受托方)与戊公司(委托方)签订一个为期一年的 B 软件项目合同,该软件项目合同分三期:B 软件项目前期准备阶段、应用开发阶段,以及安装后的运营阶段;总包费用 2 100 万元,合同约定总包费用分三期支付。同时,20×1 年 1 月 6 日,SOFT 有限责任公司与丙企业签订入股协议,将丙企业拥有的研制 B 软件项目需要的、未来有其他用途的、"应用软件系统(一)"入股,该"应用软件系统(一)"经过评估价值 300 万元,作为合伙企业技术股份投入。

假定:20×1 年 1 月该企业 B 软件项目进入前期准备阶段,5 月份软件产品通过技术可行性检测合格,9 月份销售给订货单位,软件产品安装后进入运营阶段。

问题一:B 软件项目前期准备阶段

1. 根据本章第四节软件会计基本理论,请为 SOFT 有限责任公司设置必要的会计科目,如"短期软件资产""短期软件资产""短期软件银行借款""软件所有者权益""软件合同成本""软件合同收入""本年软件利润""本年软件利润分配"等科目,列出一个会计科目表。

2. 根据 1 月份以下的成本费用资料,编制该软件项目经济业务的会计分录并登记入账。

(1)20×1 年 1 月 9 日,丙企业交付上述"应用软件系统(一)",按照评估价值 300 万元,取得 SOFT 有限责任公司的合伙人股权。

(2)20×1 年 1 月 10 日,SOFT 有限责任公司取得戊公司支付的软件项目前期准备阶段第一期投资 700 万元,存入 SOFT 有限责任公司开户银行。

(3)20×1 年 1 月 12 日,SOFT 有限责任公司在 B 软件项目建立技术可行性之前,为研究开发该 B 软件项目购买与研究相关的计算机 20 台每台 5 万元,共计 100 万元,进项税额 13 万元;赊账从丁企业购入一套未来无其他用途的、应用软件系统(二),总成本为 150 万元,进项税额 19.5 万元;购入软件项目相关的、未来可用于其他用途的设备若干台,共计100万元,进项税额13万元,共计395.5万元;该企业用银行存款支付226万元,应付账款169.5万元。

(4)20×1年1月15日,SOFT有限责任公司计算应为聘用的20名软件项目研发人员发放当月薪酬共计80万元,5名相关软件项目管理人员薪酬15万元,并用存款支付薪酬。

(5)20×1年1月31日,SOFT有限责任公司为B软件项目分摊本月应负担的固定资产折旧费用3.76万元(226万元÷5年÷12月),本月应负担的长期软件资产摊销费用5万元(300万元÷5年÷12月)。

(6)20×1年2月15日,SOFT有限责任公司为聘用的20名软件项目研发人员发放当月薪酬共计80万元,5名相关软件项目管理人员薪酬15万元,并用存款支付薪酬。

(7)20×1年2月27日,SOFT有限责任公司为该软件项目分摊本月应负担的固定资产折旧费用3.76万元,本月应负担的长期软件资产摊销费用5万元。

(8)20×1年3月15日,SOFT有限责任公司为聘用的20名软件项目研发人员发放当月薪酬共计80万元,5名相关软件项目管理人员薪酬15万元,并用存款支付薪酬。

(9)20×1年3月31日,SOFT有限责任公司为该软件项目分摊本月应负担的固定资产折旧费用3.76万元,本月应负担的长期软件资产摊销费用5万元。

(10)20×1年4月15日,SOFT有限责任公司为聘用的20名软件项目研发人员发放当月薪酬共计80万元,5名相关软件项目管理人员薪酬15万元,并用存款支付薪酬。

(11)20×1年4月25日,SOFT有限责任公司为了该软件项目产品达到技术可行性,请专业机构的专家对该企业完成的软件项目规划、设计、编码进行测试活动,应支付费用200万元,进项税额26万元,其中用银行存款支付100万元前期费用,应付费用100万元在完成测试之后支付。

(12)20×1年4月30日,SOFT有限责任公司为该软件项目分摊本月应负担的固定资产折旧费用3.76万元,本月应负担的长期软件资产摊销费用5万元。

问题二:B软件项目应用开发阶段

请设置必要的会计科目,如"短期软件资产""短期软件资产""短期软件银行借款""软件所有者权益""软件合同成本""软件合同收入""本年软件利润""本年软件利润分配"等科目,根据5~8月份以下经济业务资料,编制该软件项目应用开发活动的会计分录。

(13) 20×1年5月10日,SOFT有限责任公司完成软件项目前期准备阶段任务并完成技术可行性测试,获得技术可行性验收合格报告,SOFT有限责任公司用银行存款支付检测机构100万元的技术可行性测试项目尾款。

(14) 20×1年5月12日,SOFT有限责任公司完成软件项目前期准备阶段任务并获得技术可行性验收合格报告,企业取得戊公司B软件项目应用开发阶段的第二期投资700万元,存入该企业开户银行。

(15) 20×1年5月15日,SOFT有限责任公司为聘用的20名软件项目研发人员发放当月薪酬共计80万元,5名相关软件项目管理人员薪酬15万元,并用存款支付薪酬。

(16) 20×1年5月31日,SOFT有限责任公司为该软件项目分摊本月应负担的固定资产折旧费用3.76万元,本月应负担的长期软件资产摊销费用5万元。

(17) 20×1年6月15日,SOFT有限责任公司为聘用的20名软件项目研发人员发放当月薪酬共计80万元,5名相关软件项目管理人员薪酬15万元,并用存款支付薪酬。

(18) 20×1年6月21日,SOFT有限责任公司向银行取得B软件项目流动资金贷款350万元,年利率4.35%,存入银行账户。

(19) 20×1年6月30日,SOFT有限责任公司为该软件项目分摊本月应负担的固定资产折旧费用3.76万元,本月应负担的长期软件资产摊销费用5万元。

(20) 20×1年7月15日,SOFT有限责任公司为聘用的20名软件项目研发人员发放当月薪酬共计80万元,5名相关软件项目管理人员薪酬15万元,并用存款支付薪酬。

(21) 20×1年7月31日,SOFT有限责任公司为该软件项目分摊本月应负担的固定资产折旧费用3.76万元,本月应负担的长期软件资产摊销费用5万元。

(22) 20×1年8月15日,SOFT有限责任公司为聘用的20名软件项目研发人员发放当月薪酬共计80万元,5名相关软件项目管理人员薪酬15万元,并用存款支付薪酬。

(23) 20×1年8月31日,SOFT有限责任公司为该软件项目分摊本月应负担的固定资产折旧费用3.76万元,本月应负担的长期软件资产摊销费用5万元。

问题三:软件项目安装后的运营阶段

请设置必要的会计科目,如"短期软件资产""短期软件资产""短期软件银行借款""软件所有者权益""软件合同成本""软件合同收入""本年软件利润""本年软件利润分配"等科目,根据以下9~12月份经济业务资料,编制该软件项目安装后运营活动的会计分录。

(24)20×1年9月10日,SOFT有限责任公司完成软件项目应用开发阶段任务并获得技术可行性验收合格报告,企业取得戊公司B软件项目安装后的运营阶段的第三期投资的50%,350万元,尾款待项目运行完全正常后支付,项目款存入该企业开户银行。

(25)20×1年9月15日,SOFT有限责任公司为聘用的20名B软件项目研发人员发放当月薪酬共计80万元,5名相关软件项目管理人员薪酬15万元,并用存款支付薪酬。

(26)20×1年9月15日,SOFT有限责任公司为戊公司安装B软件后,研发人员开始对戊公司B软件应用人员进行应用技术培训,其中SOFT公司用银行存款支付复制计算机软件、文档和产品主管提供的培训材料,以及为分发产品进行实物包装共产生费用40万元,进项税额5.2万元。

(27)20×1年9月21日,SOFT有限责任公司计算并支付B软件项目流动资金贷款利息,年利率4.35%。

(28)20×1年9月30日,SOFT有限责任公司为该软件项目分摊本月应负担的固定资产折旧费用3.76万元,本月应负担的长期软件资产摊销费用5万元。

(29)20×1年10月15日,SOFT有限责任公司为聘用的20名软件项目研发人员发放当月薪酬共计80万元,5名相关软件项目管理人员薪酬15万元,培训教师4人,每人讲课费用500元/小时,每月10天,每天8小时,每月16万元,并用存款支付薪酬。

(30)20×1年10月31日,SOFT有限责任公司为该软件项目分摊本月应负担的固定资产折旧费用3.76万元,本月应负担的长期软件资产摊销费用5万元。

(31)20×1年11月15日,SOFT有限责任公司为聘用的20名软件项目研发人员发放当月薪酬共计80万元,5名相关软件项目管理人员薪酬15万元,培训教师4人,每人讲课费用500元/小时,每月10天,每天8小时,每月16万元,并用存款支付薪酬。

(32)20×1年11月30日,SOFT有限责任公司为该软件项目分摊本月应负担的固定资产折旧费用3.76万元,本月应负担的长期软件资产摊销费用5万元。

(33)20×1年12月15日,SOFT有限责任公司为聘用的20名软件项目研发人员发放当月薪酬共计80万元,5名相关软件项目管理人员薪酬15万元,培训教师4人,每人讲课费用500元/小时,每月10天,每天8小时,每月16万元,并用存款支付薪酬。

(34)20×1年12月21日,SOFT有限责任公司计算并支付B软件项目流动资金贷款利息,年利率4.35%。

(35)20×1年12月25日,SOFT有限责任公司承担的软件项目运行良好,戊公司支付合同尾款350万元,存入SOFT有限责任公司开户银行账户。

(36)20×1年12月31日,SOFT有限责任公司为该软件项目分摊本月应负担的固定资产折旧费用3.76万元,本月应负担的长期软件资产摊销费用5万元。

问题四:软件项目年末结算转账业务

请设置必要的会计科目,如"短期软件资产""预收软件合同收入""软件合同收入""软件合同成本""软件利润""软件利润分配""应交增值税——软件项目"等科目,根据以下12月份结算转账经济业务资料,编制该软件项目年末结算转账业务的会计分录。

(37)20×1年12月31日,结算SOFT有限责任公司本年软件合同收入到"软件合同收入"账户,计算应交增值税(销项)并登记应交增值税账户。

(38)20×1年12月31日,结转SOFT有限责任公司本年软件合同收入到"本年软件合同利润"账户。

(39)20×1年12月31日,结算SOFT有限责任公司本年软件研发生产成本,同时结转软件研发生产成本入软件合同成本账户。

(40)20×1年12月31日,结转SOFT有限责任公司本年软件合同成本到"本年软件合同利润"账户。

(41)20×1年12月31日,计算结转SOFT有限责任公司本年软件项目应交增值税(进项),假定本年取得符合抵扣规定的增值税专用发票三份,金额390万元,进项税额50.7万元,将进项税转出抵减销项税额,记入"应交增值税——销项税额"账户。

(42)20×1年12月31日,按照软件销售即征即退计算应退增值税额①。

(43)20×1年12月31日,计算结转本年营业外收支。

(44)20×1年12月31日,计算结转本年应该补缴的增值税额,记入"应交增值税——未缴增值税"账户

(45)20×1年12月31日,计算并结转SOFT有限责任公司本年软件合同利润到"软件利润分配"账户。

假定该企业20×1年第一年开始获利,享受第1—2年免征所得税政策②,假定该企业没有发生所得税加计扣除费用。

---

① 根据软件销售即征即退项目规定,计算应退增值税。例如,2 100×13%−390×13%−2 100×3%=273−50.7−63=159.3(万元)

② 摘自国家税务总局网站(chinatax.gov.cn);《国家鼓励的软件企业定期减免企业所得税》"自2020年1月1日起,国家鼓励的软件企业,自获利年度起,第一年至第二年免征企业所得税,第三年至第五年按照25%的法定税率减半征收企业所得税。"访问日期:2021年08月10日。

问题五:软件项目会计账目和报表

(1)请将以上会计分录登记入账户,如"软件资产""软件负债""软件所有者权益""软件费用""软件收入""软件利润"等账户,并编制各账户余额平衡表。

(2)根据账户记录和账户余额平衡表,为上述会计业务结果编制三张主要的会计报表(各表列示软件项目),即"SOFT有限责任公司资产负债表""SOFT有限责任公司利润表""SOFT有限责任公司现金流量表"。

假定SOFT有限责任公司各账户期初余额见表10-52。

表10-52 SOFT有限责任公司各账户期初余额表

编号	账户名称	期初借方余额	期初贷方余额
01	银行存款	12 000 000.00	
02	应收账款	3 000 000.00	
03	预付款项	0	
04	其他应收款	0	
05	短期软件资产——软件产品存货	8 000 000.00	
06	固定资产	20 000 000.00	
07	累计折旧	-8 000 000.00	
08	长期软件资产	0	
09	无形资产	3 000 000.00	
10	短期软件银行借款		0
11	应付账款		9 500 000.00
12	预收软件合同款项		0
13	应付职工薪酬		0
14	应交税费		0
15	应付利息		0
16	应付股利		0
17	其他应付款		1 500 000.00
18	长期软件银行借款		0
19	实收股本		27 000 000.00
20	未分配利润		0
	合计	38 000 000.00	38 000 000.00

【调研案例 10-1 某软件有限责任公司】

要求：

1. 调研某公司软件项目经济业务后，模仿应用案例 10-1，根据调研资料撰写《案例公司软件项目基本资料》。

2. 调研某公司软件项目经济业务后，根据调研资料模仿应用案例 10-1，撰写案例公司软件项目前期准备阶段所发生的各项经济业务，根据经济业务设立必要的会计科目，并为每项软件经济业务编制软件会计分录。

3. 调研某公司软件项目经济业务后，模仿应用案例 10-1，根据调研资料撰写案例公司软件项目应用开发阶段所发生的各项经济业务，根据经济业务设立必要的会计科目，并为每项软件经济业务编制软件会计分录。

4. 调研某公司软件项目经济业务后，模仿应用案例 10-1，根据调研资料撰写案例公司软件项目安装后的运营阶段所发生的各项经济业务，根据经济业务设立必要的会计科目，并为每项软件经济业务编制软件会计分录。

5. 根据调研资料编制的会计分录，模仿案例应用 10-1，完成以下任务：

(1) 请开设必要的软件项目会计科目，登记期初余额，再将根据上述要求 1~4 之经济业务所编制的会计分录，按照经济业务发生的先后顺序，登记入各软件项目会计账户，如"软件资产""软件负债""软件所有者权益""软件费用""软件收入""软件利润"等账户。期末结账，计算账户本期发生额和期末余额，并编制期末各账户本期发生额及期末余额平衡表。

(2) 根据账户记录和各账户本期发生额及期末余额平衡表，为上述会计业务结果编制三张主要的会计报表，即"某公司资产负债表""某公司利润表""某公司现金流量表"。

调研某公司各项软件项目经济业务之后，汇总调研某公司软件项目开始之前各账户期初余额，格式见表 10-53。

表 10-53 某公司各账户期初余额表

编号	账户名称	期初借方余额	期初贷方余额
01	银行存款		
02	应收账款		
03	预付款项		
04	其他应收款		
05	短期软件资产——软件产品存货		
06	固定资产		

续表

编号	账户名称	期初借方余额	期初贷方余额
07	累计折旧		
08	长期软件资产		
09	无形资产		
10	短期软件银行借款		
11	应付账款		
12	预收软件合同款项		
13	应付职工薪酬		
14	应交税费		
15	应付利息		
16	应付股利		
17	其他应付款		
18	长期软件银行借款		
19	实收股本-		
20	未分配利润		
	合　计		

参考文献

[1] 马克思. 工资、价格和利润[M]//马克思,恩格斯. 马克思恩格斯选集:2卷.北京:人民出版社,1972:181.

[2] 恩格斯. 恩格斯写的1891年单行本导言[M]//马克思,恩格斯.马克思恩格斯选集:1卷.北京:人民出版社 1972:347.

[3] HERMANSON R H. 人力资产会计[M]. 密歇根州立大学出版社,1964.

[4] LEV SCHWARTS. On the use of economic concept of human capital in financial statements[J]. Accounting Review. 1971.

[5] 贝克尔. 人力资本[M]. 梁小民,译. 北京:北京大学出版社,1987.

[6] 长肖,等.人,活的资源:人力资源管理[M].张继超,等译.北京:煤炭工业出版社,1989.

[7] FLAMHOLTZ E G. Human resource accounting[M]. San Francisco:Jossey-Bass Inc. , Publishers,1985.

[8] FLAMHOLTZ E G. Human resource accounting[M]. Devon, UK:Klurwer Academic Publishers,1999.

[9] 陈仁栋. 人力资源成本计量模式的探索[J]. 财会研究,1985(3).

[10] 埃瑞克.G.弗兰霍尔茨. 人力资源管理会计[M].陈仁栋,译.上海:译文出版社,1986.

[11] 张俊瑞. 关于人力资源会计的几个问题[J]. 会计研究,1987(2).

[12] 严仁荣. 人力资源会计若干理论问题的探讨[J]. 财会探索,1987(3).

[13] 阿潘·瑞德伯格.国际会计和跨国经营[M].陈颖源,译.北京:中国经济出版社,1988.

[14] 阎光华,曹跃忠. 试论人力资源会计[J]. 财会研究,1988(7).

[15] 黄晓霞. 人力资源会计管见[J]. 财会通讯,1988(7).

[16] 陈今池.西方现代会计理论[M].北京:中国财政经济出版社,1989.

[17] 张明瑞,宋扬. 人力资源会计及其在我国的运用[J]. 广西会计,1989(4).

[18] 刘宗柳.建立我国人力资源会计核算刍议[J].会计研究,1989(4).

[19] 舒尔茨.论人力资本投资[M].吴珠华,等译.北京:北京经济学院出版社,1990.

[20] 陈宇,王忠厚,陈健,等.人力资源经济活动分析[M].北京:中国劳动出版社,1991.

[21] 全民所有制工业企业转换经营机制条例[N]. 经济日报,1992-7-25(1).

[22] 王志忠,刘仲文. 在我国推行人力资源会计的可能性与必要性[J]. 财务与会计,1993(10).

[23] 刘彩霞. 人力资源会计浅论[J]. 财务与会计,1993(10).

[24] 王苾. 人力资源会计探索[J]. 财务与会计,1995(4).

[25] 胡世明. 论人力资本保全[J]. 会计研究,1995(8).

[26] 萨缪尔森,诺德豪斯. 经济学[M]. 14版. 北京:北京经济学院出版社,1996.

[27] 李天民. 现代管理会计学[M]. 上海:立信会计出版社,1996.

[28] 蒋自强,史晋川,等. 当代西方经济学流派[M]. 上海:复旦大学出版社,1996.

[29] 阎达五,徐国君. 关于人力资源会计的框架:以劳动者权益会计为中心[J]. 会计研究,1996(11).

[30] 刘仲文. 人力资源价值会计模式探讨[J]. 会计研究,1997(6).

[31] 宋承先. 现代西方经济学[M]. 上海:复旦大学出版社,1997.

[32] 美国财务会计准则委员会(FASB). 财务会计概念公告:第3号[G].

[33] 中国科学院数学研究所统计组. 常用数理统计方法[M]. 北京:科学出版社,1973.

[34] 李惕碚著. 实验的数学处理[M]. 北京:科学出版社,1980.

[35] 周京梅. 认清人才开发的严峻现实[J]. 中国水利,1997(1).

[36] 刘明辉. 走向21世纪的现代会计[M]. 大连:东北财经大学出版社,1996.

[37] 彼得罗琴科. 企业劳动指标的分析[M]. 王立才,译. 北京:中国农业机械出版社,1981.

[38] 企业职工养老保险基金财务制度,企业职工失业保险基金财务制度,社会保险经办机构财务管理办法[G]. 会计改革与会计管理,1997(2).

[39] 职工医疗保险基金财务制度,企业职工养老保险基金会计核算办法,企业职工失业保险基金会计核算办法,社会保险经办机构会计核算办法[G]. 会计改革与会计管理,1997(3).

[40] 职工医疗保险基金会计核算方法[G]. 会计改革与会计管理,1997(5).

[41] 杜俭,郑维桢. 社会保障制度改革[M]. 上海:立信会计出版社,1995.

[42] 李铁映. 进一步完善企业职工养老保险制度[N]. 经济日报,1997-07-30.

[43] 朱俭红,等. 李鹏谈建立健全社会保障体系[N]. 经济日报,1997-07-31.

[44] 多吉才让. 积极建立城乡最低生活保障制度[N]. 人民日报, 1997-08-07.

[45] 张琪, 刘雄. 社会保障制度改革[M]. 北京: 经济管理出版社, 1996.

[46] IASC. International accounting standards: 2004, International accounting standards: 2014[M]. NY: Burgess Science Press.

[47] 舒尔茨. 在美国经济协会年会发表的"人力资本投资"讲演[G]. 1960.

[48] 马斯洛. 人的动机理论[M]. 北京: 华夏出版社, 1987.

[49] 马斯洛. 动机与人格[M]. 许金声, 等译. 北京: 中国人民大学出版社, 2007: 28, 29.

[50] MASLOW A H. Motivation and personality[M]. NY: Harper and Row, 1970.

[51] 弗鲁姆. 工作与激励[M]. [出版地不详]: [出版者不详]. 1964.

[52] COASE R H. The nature of the firm[J]. Economic, 1937(11): 386-405.

[53] 伯利, 米恩斯. 现代公司与私有财产[M]. 甘华鸣, 罗锐韧, 蔡如海, 译. 北京: 商务印书馆, 2005.

[54] 卡普兰, 诺顿. 平衡计分卡: 业绩衡量与驱动的新方法[J]. 哈佛商业评论, 1992(1, 2).

[55] 娄策群. 社会科学评价的文献计量理论方法[M]. 武汉: 华中师范大学出版社, 1999: 103.

[56] 韩震. 基于整体知识能力的中国大学评价研究[D]. 大连: 大连理工大学, 2004.

[57] DILL D D. Academic quality, league tables, and public policy: Across-national analysis of university ranking system[J]. Higher Education, 2005(49): 495-533.

[58] 顾建民. 大学职能的分析及其结构意义[J]. 全球教育展望, 2001(8): 68-72.

[59] 沈红. 美国研究型大学形成与发展[M]. 武汉: 华中理工大学出版社, 1999: 211.

[60] 刘仁义, 陈士俊. 高校教师科技绩效评价中指标与权重的设定[J]. 科研管理, 2007(3).

[61] 国务院. 关于建立统一的企业职工基本养老保险制度的决定[G]. 1997-07-16.

[62] 国务院关于建立城镇职工基本医疗保险制度的决定[G]. 1998-12-14.

[63] 国务院. 关于印发完善城镇社会保障体系试点方案的通知[G]. 2000.

[64] 中共中央、国务院关于进一步加强农村卫生工作的决定[G]. 2002.

[65] 国务院关于开展新型农村社会养老保险制度试点的指导意见

[G].2009.

[66]国务院关于开展城镇居民社会养老保险试点的指导意见[G].2011.

[67]国务院关于机关事业单位工作人员养老保险制度改革的决定[G].2015-01-14.

[68]国家卫计委、人力资源和社会保障部关于提高2014年新型农村合作医疗和城镇居民基本医疗保险筹资标准的通知[G].2014-04-25.

[69]国家卫计委、财政部关于做好2015年新型农村合作医疗工作的通知[G].2015-01-29.

[70]财政部.社会保险基金会计核算若干问题补充规定[G].2003-06-19.

[71]美国财务会计准则委员会制定.美国财务会计准则[M].王世定,李海,译.北京:经济科学出版社,2002.

[72]汪祥耀,邵毅平.美国会计准则研究:从经济大萧条到全球金融危机[M].上海:立信会计出版社,2010.

[73]刘丰收,白璐.美国公认会计原则实务指引:美国公认会计原则与国际财务报告准则之比较[M].北京:中国财政经济出版社.2016.

[74]周华.财务会计准则委员会的时代:1973至今:论财务会计概念公告[J].财会月刊,2019(15).

[75]秦荣生.云计算的发展及其对会计、审计的挑战[J].当代财经,2013(1).

[76]ERIC WILSON E. How tech companies deal with software development costs: insights from a cpa. CPA, Supervisor, News and Updates from WS+B Technology + Telecommunications Group. 2018, Mar.

[77]国务院.信息技术发展政策要点(国办发〔1988〕18号文件附件一)[G].1988-04-20.

[78]国务院.关于印发鼓励软件产业和集成电路产业发展若干政策的通知(国发〔2000〕18号)[G].2000.

[79]国务院.关于印发进一步鼓励软件产业和集成电路产业发展若干政策的通知(国发〔2011〕4号)[G].2011.

[80]国务院.关于印发新时期促进集成电路产业和软件产业高质量发展若干政策的通知(国发〔2020〕8号[G].2020.

[81]国务院.中华人民共和国国民经济和社会发展第十四个五年规划和2035年远景目标纲要 第五篇加快数字化发展建设数字中国[N/OL].新华社.2021-03-13.

[82]工信部."十四五"软件和信息技术服务业发展规划[G].2021-11-30.

[83]中华人民共和国财政部.企业会计准则[M].北京:立信会计出版社,2021.

[84] 中华人民共和国财政部. 企业会计准则——第 6 号无形资产[M]. 北京:立信会计出版社,2021.

[85] 中华人民共和国财政部. 企业会计准则——第 14 号收入[M]. 北京:立信会计出版社,2021.

附录　近年来人力资源会计研究成果及发展趋势

本附录主要综述我国近40年来有关人力资源会计的研究成果以及发展趋势,力求为人力资源会计理论与实践做一个小结,为今后深入研究奠定基础。

第一部分　近年来人力资源会计研究成果综述

本附录以1985—2023年人力资源会计研究文献为检索范围,收集该期间有关人力资源会计的研究文献。在文献整理的基础上,重点分析人力资源会计领域代表人物的研究成果。

一、文献整理

本书作者于2023年08月从中国期刊网①以检索词为"篇名-人力资源会计"的方式,检索到1985—2023年有关人力资源会计研究的文献2 139篇,文献详细目录参见书末附表6二维码中,请读者扫码阅读。

根据对主要杂志刊登人力资源会计论文篇数的统计(见附表1),发现五种杂志刊登的人力资源会计方面的研究论文较多,其中:《财会月刊》77篇,《会计之友》72篇,《经济师》45篇,《四川会计》32篇,《会计研究》28篇。

从检索结果(附图1)看,1998年以来,人力资源会计方面的研究论文数

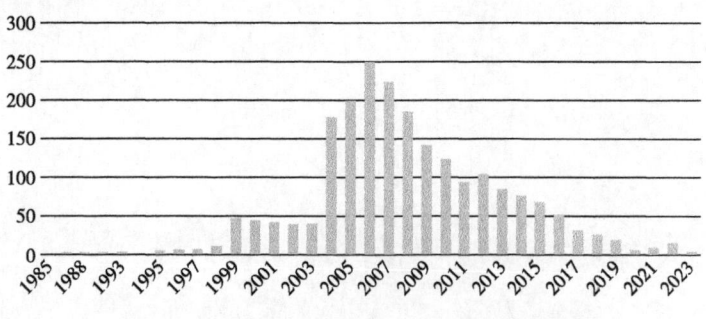

附图1　人力资源会计研究文献数量发展趋势图

---

① 参见 www.cnki.net,2023年8月23日。

附表1 各种主要杂志刊登人力资源会计论文篇数统计表

杂志	1985	1987	1988	1989	1993	1994	1995	1996	1997	1998	1999	2000	2001	2002	2003	2004	2005	2006	2007	2008	2009	2010	2011	2012	2013	2014	2015	2016	2017	2018	2019	2020	2021	2022	2023	合计
会计研究	0	1	1	1	0	0	3	1	1	0	10	3	2	1	0	1	0	1	0	1	1	0	0	0	0	0	0	0	0	0	0	0	0	0	0	28
财务与会计	0	0	0	0	2	0	1	1	4	6	1	0	0	0	0	1	0	2	0	0	0	1	0	0	0	0	0	0	0	0	0	0	0	0	0	19
财会月刊	0	0	0	0	0	0	0	0	0	2	10	8	6	4	14	2	4	5	11	2	6	2	0	1	0	0	0	0	0	0	0	0	0	0	0	77
四川会计	0	0	0	0	0	0	0	0	0	0	13	3	5	6	5	0	0	0	0	0	0	0	0	0	0	0	0	0	0	0	0	0	0	0	0	32
会计之友	0	0	0	0	0	0	0	0	0	0	3	2	7	4	8	6	7	10	7	4	6	2	0	2	2	0	2	0	0	0	0	0	0	0	0	72
黑龙江财会	0	0	0	0	0	0	0	0	0	1	2	3	1	5	4	0	0	0	0	0	0	0	0	0	0	0	0	0	0	0	0	0	0	0	0	16
广西会计	0	0	0	0	0	0	0	0	0	0	3	1	3	2	6	0	0	0	0	0	0	0	0	0	0	0	0	0	0	0	0	0	0	0	0	16
上海会计	0	0	0	0	0	0	0	0	0	0	2	2	5	1	2	0	0	0	0	0	0	0	0	0	0	0	0	0	0	0	0	0	0	0	0	12
经济师	0	0	0	0	0	0	0	0	0	0	3	1	3	5	0	5	3	7	3	7	4	2	1	1	0	1	2	0	0	0	0	0	0	0	0	45
其他刊物	1	1	1	0	0	1	1	4	2	2	3	21	10	11	40	162	186	223	202	171	124	117	93	100	81	76	64	51	32	27	19	6	9	15	4	1822
合计	1	2	2	0	3	1	5	6	7	11	47	44	42	39	40	177	200	248	223	185	141	124	94	104	84	76	68	51	32	27	19	6	9	15	4	2139

量逐步上升,1999年达到第一个高点,发表相关论文47篇,原因是当年召开了全国第一届有关人力资源会计理论与方法的专题研讨会。随后,2000—2003年公开发表的论文稳定在40篇左右。这说明会计理论界对人力资源会计的研究逐步升温。2004年起公开发表的与人力资源会计相关的论文有大幅度上升。2006年达到第二次高潮,发表与人力资源会计相关的论文248篇,是1999年发表论文的5.28倍,研究人力资源会计的论文逐年增长,其原因之一是很多新的刊物在2004年加入中国期刊网的数据库,可统计论文的数据量增加;原因之二是理论界对人力资源会计理论的认同以及对其在实务中的应用的重视。根据附表2的统计,关于人力资源会计在我国应用的论文320篇,关于人力资源会计在我国推行的可能性和可行性研究的文章287篇,人力资源会计确认、计量和报告的文章316篇。

为了解我国会计理论界对人力资源会计研究的兴趣点,本书作者将1985—2023年2 139篇人力资源会计研究论文的题目进一步分为50项研究专题(见附表2),与第二版修订稿相比较增加了8个议题,即人力资源会计教学、人力资源模糊性分析、人力资源会计的产生和传播、人力资源信息管理、人力资源会计与报表粉饰、人力资源会计研究发展的现状和未来、人力资源会计与薪酬体系和中外人力资源会计研究比较。归纳起来,50项研究专题可以分为以下5个方面。

(1)人力资源会计的基本理论框架与理论基础,包括我国推行人力资源会计的必要性与可行性、人力资源会计范畴、计量模式、确认、计量、报告、披露、会计核算、前提条件、计量方法、人力资源的产权特征、人力资产定义、人力资源会计目标、人力资产属于无形资产范畴、离职个体人力资源会计等。

(2)人力资源成本会计,包括人力资源成本计量模式等。

(3)人力资源价值会计,包括人力资源价值会计模式、人力资源价值评价因素、人力资本保全、人力资本理论与应用、当期实现价值会计、效益投资分析、智力资本、人力资本与利润分配、知识资本与人力资源会计、人力资源会计的新增价值、对人力资源会计的质疑、人力资源会计与股权激励等。

(4)我国人力资源会计理论体系设计,包括:劳动者权益会计、以生产者剩余为基础的人力资源会计、人力资源会计的制度设计等。

(5)其他领域研究,包括:人力资源管理会计、人力资源审计、人力资本财务管理、人力资源会计研究综述、三国、明清历史的人力资源会计、人力资源会计教学、人力资源模糊性分析、人力资源会计的产生和传播、人力资源信息管理、人力资源会计与报表粉饰、人力资源会计研究发展的现状和未来、人力资源会计与薪酬体系和中外人力资源会计研究比较等。

附表2　人力资源会计研究文献内容分类统计分析表

序号	研究内容分类	1985	1987	1988	1989	1993	1994	1995	1996	1997	1998	1999	2000	2001	2002	2003	2004	2005	2006	2007	2008	2009	2010	2011	2012	2013	2014	2015	2016	2017	2018	2019	2020	2021	2022	2023	合计
1	人力资源成本计量模式	1											1			1	4		3		2	2	2	3	3						1						23
2	人力资源会计基本理论框架问题		2	2	1	1	1	2	3	3	4	3	14	10	8	1	21	14	18	19	16	17	8	5					5	2	3						187
3	人力资源会计在我国的应用									2	1	4	4	1	1	4	27	25	28	26	31	22	15	16	23	13	18	15	12	7	8	7	5	3	2	1	322
4	人力资源会计的理论依据基础					1										1	1	1	3	1	2	3	3	1	7	3	4										31
5	我国推行人力资源会计的必要性和可能性					1		1				1				2	28	22	41	45	29	21	32	21	11	15	7	1	2	1	1	1		1	3		287
6	人力资本保全							1																													1
7	人力资源会计的几个难题							1				3	5	1	4	1	4	9	6	3	3	3	2					12	11	9	1	2	3	2	2	1	88

续表

序号	研究内容分类	1985	1987	1988	1989	1993	1994	1995	1996	1997	1998	1999	2000	2001	2002	2003	2004	2005	2006	2007	2008	2009	2010	2011	2012	2013	2014	2015	2016	2017	2018	2019	2020	2021	2022	2023	合计
8	劳动者权益会计								2			2			2		1	2	3	2	2	4		2		1	1										24
9	人力资源会计的范畴								1									1		1				3	5	8	8	10	6	5	2	2					52
10	人力资本理论与应用									1						2		2	8	1	2			2	2		1										22
11	人力资源价值会计模式											1	2		1	4	2	6	4	4	4	1	1	2	1	1	1	5		1							41
12	当期实现价值会计													3	2	1																					6
13	人力资源计量模式的比较										1		3	3	1		4	11	16	7	5	6	7	8	4	1											76
14	以生产者剩余为基础的人力资源会计																		1	1	1	2															6

续表

序号	研究内容分类	1985	1987	1988	1989	1993	1994	1995	1996	1997	1998	1999	2000	2001	2002	2003	2004	2005	2006	2007	2008	2009	2010	2011	2012	2013	2014	2015	2016	2017	2018	2019	2020	2021	2022	2023	合计
15	人力资源会计讨论的综述										1	4	1	1			14	8	4	1		3	1	1	3	1	1										44
16	人力资源会计的确认、计量、报告、披露										1	3		5	6	4	26	31	52	55	37	28	22	15	4	9	10	1	3	1	1				2		316
17	人力资源会计核算										2	4	2	1	1	1	10	26	20	20	16	13	13		8	3	7	6	6	1	3	2		1	2		168
18	人力资源会计的前提条件										1	3				1		1								2											8
19	人力资源战略管理会计											1															1										2
20	人力资源与人才会计											1	1	1																							3
21	人力资源会计的计量方法与局限										1	1						2							2	3	1		4	1	1	1			1		18

续表

序号	研究内容分类	1985	1987	1988	1989	1993	1994	1995	1996	1997	1998	1999	2000	2001	2002	2003	2004	2005	2006	2007	2008	2009	2010	2011	2012	2013	2014	2015	2016	2017	2018	2019	2020	2021	2022	2023	合计
22	人力资源的产权特征											1		1		1	2	2	3	5	1	1		2	2												21
23	人力资源投资效益分析											3	1		1											1											6
24	人力资产定义											1		2	1			1			1	1	2		1			1									8
25	人力资源会计的制度设计											1	1		1	3	3	2	2	2	3	1	2					1									20
26	人力资源会计目标											1	1					1	1		2				1												6
27	人力资会计,无形资产与商誉											1	1		1					1	2		4														10
28	行业人力资源会计设想												1	2	2	3	14	4	5	1	1		2	10	20	17	14										92
29	智力资本													2	1	2	1	1	1		1		1									1					11

续表

序号	研究内容分类	1985	1987	1988	1989	1993	1994	1995	1996	1997	1998	1999	2000	2001	2002	2003	2004	2005	2006	2007	2008	2009	2010	2011	2012	2013	2014	2015	2016	2017	2018	2019	2020	2021	2022	2023	合计
30	人力资本与利润分配											1	2	2		1					2																8
31	知识资产、知识资本、知识经济、知识环境与人力资源会计											5	5		1	3	8	18	16	17	14	8	8		4	1		2	1							2	114
32	人力资源会计的新增价值											1			1			1		1	1																5
33	对人力资源会计的质疑													1	2	4	2	1	1	3				1			1										16
34	离职个体人力资源会计														1																						1
35	人力资源会计与股权激励													1			1				1																3
36	三国、明清历史中的人力资源会计														1	1																					2

续表

年份	37 人力资源管理会计	38 人力资源会计的负债属性	39 人力资源审计	40 人力资源会计对传统会计的影响	41 人力资本财务管理	42 人力资源价值的评价因素	43 人力资源会计教学	44 人力资源模糊性分析	45 人力资源会计的产生和传播
2023									
2022									
2021	1								
2020									
2019							1		
2018	3								
2017									
2016	4					1			
2015							1		
2014	3								
2013	2				1				2
2012	2			1	2				1
2011									
2010	2				1				
2009		1		1					
2008	4			2				1	
2007	2			2				1	
2006	7			3	1		1		
2005	5			1	1				
2004	1			1		1	1	1	1
2003									
2002					1				
2001	1	1	1	1					
2000									
1999							1		
1998									
1997									
1996									
1995									
1994									
1993									
1989									
1988									
1987									
1985									
合计	37	2	1	13	7	2	4	4	5

续表

序号	研究内容分类	1985	1987	1988	1989	1993	1994	1995	1996	1997	1998	1999	2000	2001	2002	2003	2004	2005	2006	2007	2008	2009	2010	2011	2012	2013	2014	2015	2016	2017	2018	2019	2020	2021	2022	2023	合计
46	人力资源信息管理																	1				1		2													4
47	人力资源会计与报表粉饰																		1																		1
48	人力资源会计研究的发展现状和推行途径的探索																							1					1		1			1			4
49	人力资源会计与薪酬体系																											1		1	1	1		3			6
50	中外人力资源会计研究比较																														1						1
	合计	1	2	2	3	1	5	6	7	11	48	44	42	37	40	177	199	248	222	184	141	126	96	107	84	78	61	56	29	26	18	8	12	12	4		2139

一、文献分析

(一)人力资源会计引入中国(20世纪80年代初)

20世纪80年代初,人力资源会计引入我国,属于介绍国外研究成果,探讨学科内容及其实用性阶段。

1980年,上海《文汇报》发表了著名会计学家潘绪伦的文章,提出了我国必须开展人才会计的研究,建议既要计量人才成本,也要讲求效益。虽然人才会计与人力资源会计有所不同,但这引起了人们对人力资源会计研究的兴趣。此后,会计学界发表多篇论文,就人力资源会计的一些理论和方法问题进行广泛的研究,而且越来越多的文章、书籍开始介绍人力资源会计问题。

1986年,陈仁栋翻译了弗兰霍尔茨所著的《人力资源会计》,第一次系统介绍了人力资源会计的内容。报纸杂志也发表了较多文章,《会计研究》1987年第2期刊登了张俊瑞的《关于人力资源会计的几个问题》,该文内容成为"中国会计学会'七五'科研规划"和"会计研究"的主要课题之一。会计词典中也开始出现了有关词条。

(二)人力资源会计研究专著推出(20世纪90年代中后期)

进入20世纪90年代,我国学者从以引进、介绍人力资源会计为主转为以研究为主。在这一时期,先后出版了不少研究人力资源会计的专著。

1991年,陈仁栋的《人力资源会计》(厦门大学出版社)一书率先问世;1993年,"人力资源会计准则"的设计列入了阎达五主编的《会计准则全书》(辽宁人民出版社)之中;1994年,徐国君编著的《行为会计学》(南海出版社)则从行为科学角度,对人力资源的价值核算与管理进行了研究①。此后,1998年,徐国君的《劳动者权益会计》(中国财政经济出版社)则进一步对人力资源会计新模式进行了研究,在对现有人力资源会计模式研究的基础上,构建了劳动者权益会计模式,将人力要素作为一项正式的会计要素,纳入会计体系加以核算和管理,设计劳动者权益会计的理论与方法体系②。

1992年,首都经济贸易大学(原北京经济学院)王志忠教授和刘仲文教授申请了"国家社会科学基金(中华社会科学基金)"研究课题,进行人力资源会计的研究。在项目研究报告的基础上,1997年刘仲文教授完成了《人力

---

① 阎达五,徐国君.论劳动者权益会计:重构会计等式的理论与方法[J].中国工会财会,1996(5).

② 阎达五,徐国君.人力资源的保值增值与劳动者权益的确立:关于人力资源会计新模式几个关键问题的再探讨[J].会计研究,1999(6).

资源会计》①著作的撰写。该书全面系统地论述了人力资源会计产生和发展的历程以及人力资源会计的基本概念、对象、特点、分类和核算等方面的内容,阐述了在我国研究和推行人力资源会计的必要性和可能性,构建了人力资源会计中有关人力资源成本会计、人力资源价值会计的基本框架和计算方法,对人力资源供给和需求预测,人力资源投资与收益分析等基本理论与方法进行了探讨,提出了建立在生产者剩余基础上的价值核算体系,并在书中补充了操作性较强的案例。

1999年,张文贤的《人力资源会计制度设计》②对人力资源会计的基本理论和行业会计制度的设计进行了研究,在人力资源会计的实施方面提出了新的思路。这段时间,学术刊物上也发表了许多有关人力资源会计的研究论文,内容涉及人力资源会计的理论体系、会计假设、会计模式、核算方法、信息披露、应用发展、制度设计、理论创新等许多方面,这些都有助于人力资源会计相关难题的解决。

(三)人力资源会计研究进入高潮(20世纪90年代末至今)

1. 两次全国人力资源会计研讨会之间的主要研究成果。1999年5月,"中国会计学会'人力资源会计理论与方法'专题研讨会"在首都经济贸易大学举行。来自全国高等院校、政府部门、企业界和会计师事务所的代表们就人力资源会计基础理论、人力资源成本与管理会计、人力资源会计计量与披露、人力资源会计实际应用四个专题进行了讨论。这次会议是以人力资源会计作为课题研究的"会计新领域专题研究组"成立以来的第一次会议,也是我国会计史上关于"人力资源会计"的第一次研讨会。它对于推动我国人力资源会计理论研究的深入开展以及人力资源会计在实务中的应用,充分发挥人力资源会计的重要作用具有重大意义。

1999年12月,谭劲松教授提出,应该以智力资本为中心,注重对人才智力资源价值的计量③。智力资本投资者参与企业契约谈判,智力资本的计量属性更应遵循未来价值。智力资本投资者作为企业所有者,同样有剩余索取权。

当然,我国人力资源会计的研究和应用等方面还存在许多亟待解决的问题。这些问题影响了人力资源会计理论体系的完善和人力资源会计在实务中的应用。张文贤教授提出,在人力资源会计的运用中,存在着人力资源的计量及其资本化,人力资源的折旧及其分期,人力资源的参与分配以及人

---

① 刘仲文.人力资源会计[M].北京:首都经济贸易大学出版社,1997.
② 张文贤.人力资源会计制度设计[M].上海:立信会计出版社,1999.
③ 谭劲松.智力资本会计:知识经济条件下人力资源会计的自然升华[J].四川会计,1999(12).

力资源在报表上的列示等四大难题①。这些难题的存在,使人力资源会计信息不能满足公认会计原则对会计信息的质量要求,影响了企业管理者应用人力资源会计信息的积极性。一些学者也就此问题提出了许多不同的看法。如杜兴强教授②认为,人力资源会计的权益属于一种混合权益,支付的固定工资部分属于企业的负债,而参与剩余收益分配的部分属于人力资本权益,会计等式应变为:资产=财务负债+人力负债+财务资本权益+人力资本权益。

杨有红教授指出③,资本所有权特性决定了人力资本有权参与剩余收益的分配,人力资本风险承担的角色为期参与分配提供了充分条件,他提出了以净利润扣除财务资本必要报酬后的余额即经济增加值作为两类资本所有者分配净收益的对象。

刘大贤教授对我国人力资源会计研究中存在的问题提出了一些十分中肯的看法,指出了当前研究中存在的七大问题④。此类观点虽然见仁见智,却也说明了在人力资源会计的研究和推广工作中,确实还存在许多需要重视和解决的问题。随着此类难题的解决,人力资源会计的理论研究和实践工作将得到进一步的深入开展。

进入21世纪之后,知识经济的特点日益明显,市场经济体制的全面深化、资本市场开始活跃、人才市场全面成型,而以计算机网络为中心的科学技术在生活中的运用及全面普及,开启了人们对人力资源价值的全方位关注,也促使人力资源会计研究开始走向实证、开始出现新思维。主要研究思路有:吴泷(2005,2007)、王跃武(2005)、盛明泉(2008)等从企业产权角度来研究人力资源会计;黄良文(2003)、李玲(2003)、杜兴强(2010)等结合市场经济的实际模式开展人力资源会计研究;程蕾和刘仲文(2008)、孙玉甫(2005)等利用问卷等实证数据开展人力资源会计研究;而徐国君⑤(2003)等从价值的本原和三维立体会计新思维拓展人力资源会计的研究,进而试图构建全新的人本会计框架.

2009年1月,"全国第二届人力资源会计理论与方法研讨会"在首都经济贸易大学召开,全国20多个单位60多位代表与会,研讨会的举行以推动人力资源会计理论的应用为目标,各专家在会上交流了近年来人力资源会计的研究成果。

刘仲文教授就《"北京市事业单位人事制度改革成本效益实证分析"研

---

① 张文贤.人力资源会计的四大难题[J].会计研究,1995(12).
② 杜兴强.人力资源会计的理论基础及其确认与计量[J].会计研究,2000(6).
③ 杨有红,等.关于人力资源会计的若干理论问题[J].会计研究,2002(9).
④ 刘大贤.当前人力资源会计研究存在的几个问题[J].会计研究,1999(7).
⑤ 徐国君.三维会计研究[M].北京:中国财经出版社,2003.

究报告》作大会主题报告。该报告在对北京市121家事业单位人事制度改革成本、人力资源成本、单位绩效指标等进行分析的基础上,建立了人事制度改革成本与绩效评价指标相关关系模型,发放近万份调查问卷,经过数据分析研究,发现北京市事业单位没有人力资源成本和绩效等价值管理信息,由此提出建立事业单位人力资源成本会计制度,推动人力资源会计理论的应用和人力资源价值管理。

孙玉甫教授就《人力资产价值的灰色计量》进行发言,认为应该利用灰色系统理论建立人力资产价值的灰色计量模型。

吴泷教授就《对人力资源会计理论的创新及其模式的构建》进行发言,认为应区分企业对人力资源投资与个人用人力资源投资,以投资成本及投入价值构建新模式。

徐国君教授、胡春晖博士就《关于人本会计的几个基础问题研究》进行发言,建立人本会计学理念,讨论人本会计的含义与特征、理论基础、对象与要素、假设与职能。

第一届与第二届研讨会相比较,第一届研讨会重在借鉴国外人力资源会计理论、探讨人力资源会计基础理论框架;第二届研讨会重在应用研究,说明两次会议之间的10年里,人力资源会计研究已取得实质性的进展。

2. 文献检索后的发现。根据本书作者从中国期刊网有关人力资源会计文献的检索结果统计(附表6)和内容分类研究(附表2)中,有以下几点发现。

发现一:人力资源会计理论研究40多年仍存在一些关注度较少的领域。

(1)仅有1篇研究文献的领域:人力资本保全(胡世明,1995/8)、人力资源审计(谢安山,2001/3)、离职个体人力资源会计(累震,2001/6)、人力资源会计与报表粉饰(夏炯,2006/5)、人力资源价值的评价因素(程蕾,刘仲文,2008/1),中外人力资源会计研究比较(安然,2019/13)、国有企业人力资源会计评价研究(许敏慧等,2022/3)。

(2)仅有2篇研究文献的领域:三国和明清历史的人力资源会计(张卫东,2002/4;王擎等,2003/2)、人力资源会计教学(杜炜,2004/09;石泓,2008/8)、人力资源会计与战略管理会计(王棣华,1999/7;李国秀,2014)、人力资源会计的负债属性(唐棠2001/4;韦沛文,2009/11)。

(3)仅有3篇研究文献的领域:人力资源会计与人才会计(王中杰,1996/8;胡克训,1999/11;高如云,2000/12)、人力资源会计与股权激励(朱慧芹,2001/4;史翔,2004/6;史翔,2008/7)。

(4)仅有4篇研究文献的领域:人力资源模糊性分析(王华,1999/7;陈泉等,2005/24;李维东等,2008/36;孔庆林和李孝林,2009/12)、人力资源会计的新增价值(阎达五和徐国君,1999/6;刘仲文,2006/10;朱正惠,2007/6;

唐伦刚和王琦,2008/35;)、人力资源信息管理(金桂荣,2008/S1;姚梅芳和胡琳,2009/4;黄珍力,2011/4;朱丽芳,2011/5)、人力资源会计教学(杜炜,2004/09;石泓,2008/8;江若楠,2016/11;刘青春,2019/33)、人力资源会计研究的发展的现状和推行途径的探索(林荣荣,2012/12;王启萌 2018/40/8;吴振涛,2021/17;马骄、宋明,2016/10)。

发现二:人力资源会计应用领域的文献有所增加,证明目前人力资源会计理论研究正在向实践和应用方向发展。根据附表6的统计,人力资源会计应用型论文共计322篇。其中:

(1)将人力资源会计理论应用于一般企业的论文160篇;

(2)应用于高校的人力资源会计研究论文47篇;

(3)应用于医院人力资源会计研究论文25篇;

(4)应用于高新技术企业人力资源会计研究论文19篇;

(5)应用于不同行业的人力资源会计论文70篇,包括银行业7篇、会计师事务所5篇、科研单位4篇、电力行业4篇、石油行业3篇、煤炭行业2篇、汽车行业1篇、服务业6篇、制造业1篇、矿业1篇、金融业2篇、卫生业1篇、农业1篇、交通业1篇、铁路业2篇、航空业1篇、公路施工业1篇、物业1篇、国有企业9篇、知识密集型企业7篇、直销企业1篇、酒店业6篇、邮政企业1篇、建筑安装企业1篇、公交广告企业1篇;

(6)此外还有专门研究职业运动员的人力资源会计论文1篇、三峡库区人力资源会计2篇、人力资源会计视角下企业薪酬体系设计及应用论文1篇。

以下重点分析几位会计专家在人力资源会计领域的理论研究成果,因为他们研究人力资源会计起点早,而且各自的观点形成了一种研究体系。例如:刘仲文教授设计了以生产者剩余为基础的人力资源价值会计核算体系;阎达五教授与徐国君教授设计了以劳动者权益为基础的人力资源会计模式;张文贤教授进行了人力资源会计制度设计;李世聪教授设计了人力资源现实价值的会计计量方法。

二、典型观点分析

(一)阎达五、徐国君:劳动者权益会计

阎达五、徐国君教授肯定了人的知识、技能及人力资源在市场激烈竞争中具有不可低估的作用,认为应将人力资源视为会计的一项重要会计要素加以计量,建立一套科学、合理、系统的人力资源会计理论和方法。更重要的是,他们在对人力资源会计的性质、目的、发展过程及研究状况进行深入分析的基础上,提出了一个人力资源会计的新模式——劳动者权益会计。

1.阎达五、徐国君教授界定了"劳动者权益"概念。阎达五、徐国君教授认为,我国采用的国际通用会计等式虽然从会计方法上理顺了产权关系,但是一些现实存在的问题还在困扰着我们。如:转轨时期的剩余净资产的所有权的归属问题,以及"五老板现象",即资本虚位现象。这些都暴露了产权理论的严重缺陷,即不认可劳动力产权,不正视劳动力的补偿性权益——工薪以外的劳动者的收益分配权。

针对以上这些问题,他们提出了以下几点质疑:①权益是否只包括债权人权益和所有者权益?②工薪及福利费等劳动收入是否代表了劳动力产权的权益?③既然产权应自由流动,企业可否代表全体劳动者购买本企业的股票并因此享有权益?④公益金既是用于职工集体福利设施支出的准备,属于所有者权益是否合理?⑤不少企业应付福利费超支、红字挂账如何解决?⑥如何从根本上解决企业所有者和生产经营者的利益冲突?

为了解决这些问题,阎达五、徐国君教授提出了劳动者权益的概念。他们认为劳动者权益是介于负债与所有者权益之间的一种中性权益。因此,他们重构了会计等式,将劳动者权益观念引入会计等式:

$$资产=债权人权益(负债)+劳动者权益+所有者权益$$

他们重构会计等式,确立劳动者权益观念的理由是:①劳动者是劳动力的所有者,理应享有相应的权益。②工资、福利费等部分是劳动者补偿劳动消耗所需要的生活资料的价值,是让渡劳动使用权的价格,是知识劳动者权益的一部分;而剩余价值被无偿剥削,这一部分劳动者权益被强迫转化成了"所有者权益",这是不合理的。③在社会主义市场经济条件下,仍存在生产资料的多种所有制形式,劳动力作为一种"人力资源",必须采取商品货币形式,通过市场优化配置来实现与生产资料的结合。我们不仅要看到物质资本的作用,更应看到人力资本的作用。④承认劳动者权益,是社会主义市场经济区别与资本主义市场经济的本质特征之一。资本主义市场经济只承认物质资本的收益权,而不承认劳动力的收益权,而在社会主义市场经济中,应在考虑财产所有者权益的同时,兼顾劳动者权益,实现劳动者为自己和为他人劳动相结合。⑤从承认劳动者权益的积极作用看,它有利于调动劳动者的积极性。现实中,劳动者除了得到工薪、福利外,在企业中没有其他权益可言,自然对企业的兴衰漠不关心,而一旦建立起劳动者权益的观念,劳动者真正成为企业的主人,才能与企业荣辱与共。⑥从近年来侵犯职工权益的现状看,建立劳动者权益观念并严格量化是迫在眉睫的重大课题。⑦从社会实际需要看,无论是应付福利费超支、产权的自由交易,还是人才的自由流动等问题,都会因劳动者权益的确立迎刃而解。

2.创建劳动者权益会计模式。在劳动者权益概念的基础上,阎达五、徐国君教授分析了人力资源会计的局限性,创立了劳动者权益会计模式。

传统的人力资源会计模式有人力资源成本会计和人力资源价值会计。

人力资源成本会计是为取得、开发和重置作为组织资源的人所引起的成本的计量和报告。人力资源价值会计是把人作为有价值的组织资源，而对其价值进行计量和报告的程序。

阎达五、徐国君教授认为，上述两种人力资源会计模式在实际运用中虽各有其特点，但还是有其局限性。其中，人力资源成本会计的局限性是：①未突破传统会计的范围；②未对人的能力和产出价值计价；③以重置成本计价存在重置标准和不同企业实行的可能性问题；④没有明确人力资产的所有权应如何界定。人力资源价值会计的局限性是，不能解决人力资源的产权归属问题，企业因取得和开发人力资源付出了一些代价，因此取得了劳动力的使用权，但是劳动力拥有权的归属问题无法明确，劳动者权益也无法明确，这就不能从根本上调动劳动者的积极性。

因此，阎达五、徐国君教授提出了改良的人力资源会计模式——劳动者权益会计，并将其分为两部分：一是在与传统财务会计融合基础上创新的核算模式，二是在与传统管理会计融合基础上增加的管理内容。阎达五、徐国君教授对新模式运行的账户设计见附表3。

附表3 新模式运行的账户设计

账户名称	原属(列支)于	现属于
应付工资	划归劳动者权益项下反映未付的劳动者权益	
应付福利费		
公益金	所有者权益	设置"公益金"总账科目，核算内容不变
职工教育基金	管理费用的"职工教育基金"	增设"职工教育基金"
劳动保险基金	管理费用的"劳动保险费"	增设"劳动保险基金"
待业保险基金	管理费用的"待业保险费"	增设"待业保险基金"
学校经费基金	新增设账户	
未付奖金		
劳动者权益分红		
劳动力收益分成		
劳动者权益公积		

此外，他们确立了人力资产和人力资本的概念①，认为人力资产是企业

---

① 阎达五，徐国君.关于人力资源会计的框架：以劳动者权益会计为中心[J].会计研究，1996(11).

所拥有或控制的可望向企业流入未来经济利益的人力资源,它包含直接或间接增加企业的现金或其他经济利益的潜力。人力资本是对应于人力资产的概念,它代表劳动力的所有权投入企业形成的资金来源,性质上近似实收资本。同时,与劳动者权益概念一起引入会计等式,将其进一步扩展为:

物力资产+人力资源投资(人力资本)+人力资产=债权人权益(负债)+劳动者权益+所有者权益

同时,他们重新构建了资产负债表项目(见附表4)。

附表4 重构会计等式后构建的资产负债表项目

资产	权益
流动资产	…………
…………	劳动者权益:
人力资源投资	人力资本
…………	应付工资
人力资产	应付福利费
长期投资	职工教育基金
固定资产	劳动保险基金
…………	学校经费基金
无形资产及递延资产	未付奖金
…………	公益金
其他资产	劳动者权益分红
…………	劳动者收益分成
	劳动者权益公积
	所有者权益:
	…………

阎达五、徐国君教授的劳动者权益会计是一种新的人力资源会计模式,它有助于建立现代企业制度,是对中国特色社会主义市场经济在理论研究上进行的有益探索。

(二)刘仲文:以生产者剩余为基础的人力资源价值会计

刘仲文教授在发表的论文中,将萨缪尔森在微观经济学中提出的"生产者剩余"观念引入人力资源会计,提出以生产者剩余为基础的人力资源价值会计模式。刘仲文教授认为,企业剩余价值并不完全是由本企业的人力资源创造的,只有扣除消费者剩余之后的生产者剩余才是本企业的人力资源创造的。在此基础上,她重新构建了人力资源、人力资产和人力资本的概念,详细阐述了三者之间的区别与联系,并且给出了三种人力资本参与企业分配的方式,构建了企业生产者参与分配他们所创造的剩余价值的模型。

1. 人力资源、人力资产和人力资本的概念。刘仲文教授认为①,人力资源是指社会所拥有的能为社会带来经济利益的人力或劳动力。人力资产是指企业在一定时期内拥有或控制的,能以货币计量的,可以为企业带来未来经济利益的人力资源。人力资本是能够获得剩余价值的人力资源价值,是指人所具有的创造剩余价值的潜在能力或生产能力,可以认为是劳动者以自己所具有的知识和技能为本钱对企业进行的一种投资。所以,应将人力资本归入所有者权益范畴,是企业资本的组成部分。人力资本是劳动者把自身创造剩余价值的潜在能力或生产能力投入企业而形成的部分,也是企业为提高人力资产使用价值投入形成的部分。

既然人力资本是企业资本的一部分,那么人力资本的所有者就应该有权参与企业的分配。劳动者所创造的剩余价值不应该全部留给企业,而应该考虑如何在企业货币资本和人力资本之间进行合理地分配。

2. 刘仲文教授提出的三种人力资本参与企业分配的形式。

(1)以劳力股的形式参与企业分配。劳力股是1989年在我国某些企业实行的一种人力资本参与分配的形式,是劳动者通过劳动成为企业的股东,参与企业分配,而不需要劳动者出资。并且,这一尝试逐渐从以工作时间为考勤劳力股股数的标准,发展为以劳动者基本工资、效益工资、出勤等为主要考核劳力股股数的标准。

(2)以职工股的形式参与企业分配。职工股是一种职工投资参与分配的方式,即企业允许职工购买本企业的股票。它可以分为非报酬性购股权和报酬性购股权两种。

非报酬性购股权是企业通过向本企业职工出售股票的方式增加资本,或允许职工成为企业的投资者;报酬性购股权是在非报酬性购股权的基础上,使取得购股权的职工得到额外的报酬。

(3)以生产者权益股的形式参与企业分配。生产者权益股是一种以企业为分配的生产者剩余价值折合入股的人力资本参与分配的方式。

刘仲文教授的观点是,生产者剩余是人力资源创造的增值部分,包括用于职工集体福利和用于扩大再生产两部分。其中,用于职工集体福利部分相当于企业公益金,这部分不能用于职工分红,也不能用于扩大再生产;而用于扩大再生产的部分,实际上属于生产者剩余。

---

① 刘仲文.试论人力资本理论与应用的几个问题[J].会计研究,1999(6).

生产者剩余相当于生产者对企业的投资,属于生产者的权益,生产者应该享有对其的要求权。计算公式如下①：

年度人力资产实现价值−年度人力资产投产成本摊销
=年度实现的生产者剩余
=年度生产者权益的增加额
=年度分配的生产者集体福利+年度分配的生产者股本等
=年度企业分配的公益金+年度分配的生产者股本等

由此,刘仲文教授创立了以生产者剩余为基础的人力资源价值会计等式：

非人力资产+人力资产投资+人力资产价值=负债+生产者权益+所有者权益

其中：人力资产价值=$S(t) \times K(t)$

式中,$S(t)$是工资收入函数,取值时应该考虑基础数据选择的可靠性、相关性、可比性、一贯性原则；

$K(t)$是人力资源价值调整函数,以生产者剩余为基础选择人力资源价值函数$K(t)$值的计算公式如下：

$K(t)$= 企业新增产值/资产使用价格=企业新增产值/(工资总额+固定资产折旧+流动及其他资金利息+资源使用费)

刘仲文教授建立在生产者剩余基础上的人力资源价值会计,为企业人力资源价值会计的应用提供了可以操作的案例。

(三)张文贤教授:人力资源会计的制度设计

随着人力资源会计的迅速发展和人力资源会计理论的逐渐完善,如何将理论付诸实践的问题就显现出来了。为了能够有计划、有步骤、重点地推广人力资源会计,设计一套切实可行的人力资源会计制度就成为当务之急。张文贤教授在人力资源会计制度设计所包含的内容上提出了"8个W"②,即：①What,什么是人力资源会计？②Why,为什么要建立人力资源会计？③Who,由谁来开发人力资源会计？④When,何时开始动手？⑤Where,从何处入手？⑥Which,哪些是人力资源成本？⑦Wheel,推行人力资源会计的原动力。⑧Whim,人力资源会计的奇想、创新。根据以上8个方面的内容,张文贤教授设计了人力资源会计制度。

1. What——什么是人力资源会计？张文贤教授认为,人力资源会计是传统会计的延伸和发展,在沿用一些传统会计的基本假设和核算程序的基础上,有着不同于传统会计的特征:第一,人力资源是"第一资源",是可以用价值计量的资源；第二,人力资源投资应该"资本化",从而形成人力资本；第三,人作为人力资源的拥有者,有参与分配的权益,应增设"人力资源权益"

---

① 刘仲文.人力资源会计[M].北京:首都经济贸易大学出版社,1997.
② 张文贤.人力资源会计制度设计[J].上海会计,1999(8).

项目,与"所有者权益"并列。

另外,现行传统会计中的注入招聘费、培训费、研究开发费用,以及工资奖金之外的福利、保险等,实际上应该通过人力资源会计核算,记入人力资源投资,予以资本化。

2. Why——为什么要建立人力资源会计?在这个环节中,张文贤教授提出了建立人力资源会计的三个理由:①我国经济建设中人、财、物三大资源的特定格局,即资金和物质资源不足,人力资源数量巨大而且很有开发潜力,决定了我国的可持续发展战略,需要以人力资源开发为中心,变人口压力为动力。②随着人力资源在现代经济发展中的地位越来越重要,人力资源的价值确认也就成了当务之急,于是人力资源会计也就应运而生。③人力资源价值是前人留下的难题,同时也对人力资源会计提出了新的研究课题:确认、计量、反映人力资本投资和人力资源价值。因此,必须建立人力资源会计这个新的学科。

3. Who——由谁来开发人力资源会计?对于这个问题,张文贤教授认为,企业应该把人力资源投资作为第一投资,把人力资源价值作为最重要的资产,组织包括总会计师、总经济师、总工程师等高层领导共同筹划,由人力资源管理部门和财务部门共同参与的人力资源会计。可以指定专人学习人力资源会计的基础理论和操作方法,以便适合本企业的人力资源会计制度。

4. When——何时开始动手?推行人力资源会计应从大学开始,这既可以核算人力资本投资的效率,又可以核算人力资源的原始成本。

人力资本教育投资包含以下5个方面的内容:①家庭投资:父母对子女的教育投资;②个人投资:包括为学业而放弃的收入及勤工俭学所得;③国家投资:国家的教育投资;④社会投资:来自社会的各种捐助;⑤企业投资:企业为吸引人才,在学校设立的奖学金等。以上五项相加得出一个人的教育投资,当他毕业进入单位工作时,这部分就计入单位的人力资源资产账,作为人力资源的原始资本。

5. Where——从何处入手?人力资源会计应该从人力资源密集型的企业开始推行,如高校、高科技产业、金融业、文艺团体、足球俱乐部等。

6. Which——哪些是人力资源成本?人力资源成本是企业为了获得人力资源而发生的招聘、录用、教育、培训、医疗、保险、福利、使用、管理等费用和支出,可以按照历史成本计价原则,伴随人力资源的获得、拥有、使用、安置和流动所发生的实际费用进行记录和核算。它包括以下几项内容:①原始成本:前面已经解释过;②吸收成本:为招聘人力资源而发生的费用;③追加成本:各种教育培训费;④使用成本:主要指工资、奖金、各种福利费等;⑤安置成本:员工内部调动和退职、退休后发生的各种费用;⑥流动成本:因员工解聘、辞职而发生的各种费用;⑦机会成本:指职工在调动期间耽误工作而造成的损失等;⑧沉没成本:人力资源闲置而造成的成本;⑨重置成本:员工调动后,要物色新的人选而发生的各种费用。

7. Wheel——推行人力资源会计的原动力。张文贤教授提出,人力资源的价值计量,必须从理论上解决复杂劳动还原为简单劳动的问题。

具体来讲,复杂劳动是由劳动者为接受专门教育与培训而支付的费用,由劳动者接受专门教育与训练的时间和劳动所创造的物质产品或精神产品的价值所构成,把复杂劳动还原为简单劳动,就要综合分析上述因素,其公式为:

综合复杂系数(C)=[教育费用(F)+培训时间(T)+创造价值(V)]/简单劳动值(S)

通过这一公式,可以对任何复杂劳动进行换算。总之,要想建立人力资源会计的合理制度,就必须用科学的方法对复杂劳动进行还原,这是人力资源会计的原动力。

8. Whim——人力资源会计的奇想、创新。这个环节,张文贤教授提出人力资源权益的概念。他认为人力资源权益不仅是人力资源会计的核心,而且是经济学的重大问题,也可以说是重大发现。同时他也指出,国有企业严重亏损的原因是企业经营者、管理者、劳动者的"动力"问题,即权益问题,人们关心的是企业能给他带来多少利益。唯有人力资源权益,才能使企业的经营者、管理者、劳动者把自己的利益与企业的命运紧紧地捆在一起,把他们的贡献记在账上,以便参与企业分配。

根据上述内容,可以设置相关会计科目,如投资回报、科技贡献、管理贡献、决策贡献、价值评估等,对人力资源权益加以核算。

(四)李世聪教授:人力资源价值会计的计量方法——"当期价值理论"

1. 当期价值理论。传统的人力资源价值会计计量主要有两种:一是按人的内在价值计量(包括人的资历、学历、能力、智利等);二是按人的未来价值计量(即按工资、津贴、收入等因素计量未来价值并加以贴现)。但是,由于这些用于计量人力资源价值的因素具有不确定性,这两种计量模式都难以运用于实际工作中。基于以上原因,李世聪教授提出了"当期实现价值"的概念,创建了当期价值理论计量公式。

当期实现价值=人力资本当期投入价值+人力资本当期已实现的价值

人力资本当期投入价值是指企业为了招聘、培训人才等而对人力资本投入的成本;人力资源当期已实现价值则是指人力资源为企业所创造的价值之和。

2. 当期价值论的理论依据。李世聪教授提出的当期价值论主要依据以下4个方面的理论[①]。

---

① 李世聪.中国特色人力资源当期实现价值理论思想的提出[J].会计之友,2001(8).

(1) 当期实现价值计量理论。人力资源价值分为已实现和未来可能实现的价值两部分,由于后者的不确定性很大,根据稳健原则,企业不对他做乐观估计,所以,通过计量人力资源当期已实现价值来反映其未来能创造价值的大小。这种计量模式相对简捷易行,也比较切合我国企业的实际情况。通过对已实现价值的计量,一方面可以反映企业现有的人力资源质量状况,另一方面也可以反映人力资源对企业贡献的大小。

(2) 马克思的剩余价值理论。按照马克思的剩余价值理论,人力资本价值为必要劳动价值和剩余价值之和。其中,必要劳动价值是指补偿劳动消耗的部分,可以看成是人力资本当期价值中的投入成本;剩余价值则可以看成是人力资本当期已创造的新价值部分。这与李世聪提出的"当期实现价值=人力资本当期投入价值+人力资本当期已实现的价值"相吻合。

(3) 财务的资产理论。人力资产作为企业的一项资产,符合资产计量的特点,财务上对资产是以历史成本确认和计量的。对于人力资源新增的价值部分,与物力资源一样作为企业收益处理,但与物力资源不同的是,物力资源只考虑其历史成本,而人力资源价值则应当将当期投入成本与当其新增的价值之和作为人力资源当期的实现价值,这样既有利于会计核算,又有利于劳动者参与企业受益的分配,更有利于企业对员工业绩的考评。

(4) 西方经济学理论。现代西方经济学认为,利润或剩余价值是人力资产和物力资产共同作用的结果。而人力资源当期实现价值理论的提出和计量模式中"H"比例的提出,也同样说明了企业利润或剩余价值是人力资本与物力资本共同作用的结果。因此,李世聪教授当期实现价值理论的提出是借鉴了西方经济学家的有关观点,并且有重要创新。

3. 当期价值理论中人力资源会计反映的内容。人力资源当期实现价值的核算(是指当期所创造的价值),简单地说,就是对人力资源投入量和产出量的核算,包含人力资产成本会计和人力资产权益会计。

(1) 人力资产成本会计中成本的项目有以下几个:取得成本是为招聘人才所发生的成本支出;开发成本是为提高员工的技术、业务水平而发生的成本支出;使用成本是支付给员工的工资、津贴等;保障成本:保险支出和补偿支出。

(2) 人力资产权益会计——人力资源新增价值的计量。李世聪教授提出将企业人力资产和物力资产共同创造的营业利润和投资收益之和,通过与调整后的人力资产占总资产投资比例相乘而得到人力资产所占的份额,从而求出人力资产创造的新增价值。同时,李世聪教授指出,由于人力资产价值反映于整个财务会计体系中,所以新的会计平衡式应为:

资产＝负债＋劳动所有者权益＋投资所有者权益

4. 人力资产会计核算的账户设置。①设置"人力资产"账户,反映企业人力资源的投资,借方反映投资增加,其对应账户为"实收资本"和"资本公积";贷方反映投资结转,其对应账户为"人力资产成本"。②设置"人力资产摊销"账户反映人力资源逐期摊销的成本,借方反映逐期增加人力资产成本摊销额,贷方反映逐期结转人力资产成本摊销额。③人力资产收益分配的核算,在"利润分配"下设置"应付人力资本利润"明细账户,核算应分配给劳动者的利润。

总之,人力资源当期价值理论和计量模式的提出为企业人力资源的价值核算、收益分配及业绩考评提供了解决办法和科学依据,它还有利于建立合理的薪酬分配制度和收益分配体系,是一项非常重要的新型的人力资源会计计量模式。

第二部分 本书作者有关人力资源会计的研究成果

从1989年起,本书作者开始为研究生讲授会计理论研究课程,在介绍会计新学科时,向学生介绍了有关人力资源会计的知识。1992年,本书作者获得国家社科基金"中华社会科学基金八五规划"课题"人力资源会计"的专题研究。1993年10月,本书作者与王志忠教授在《财务与会计》杂志上,共同发表了题为"研究人力资源会计的必要性与可能性"的论文。1997年,本人在《会计研究》第6期上发表了题为"人力资源价值会计模式探讨"的论文。1997年12月,本书作者执笔的《人力资源会计》出版,它是国家社科基金"中华社会科学基金八五规划"课题"人力资源会计"的最终成果,该书获得北京市第五届哲学社会科学优秀成果二等奖。在《人力资源会计》专著中,本书作者提出"以生产者剩余为基础的人力资源价值会计模式",刊登于1998年《财务与会计》杂志,论文获中国会计学会年度优秀论文三等奖。

1999年9月,由中国会计学会主办的全国第一届人力资源会计理论与方法专题研讨会在首都经济贸易大学召开,掀起了人力资源会计研究的热潮。之后,人力资源会计的研究成果逐渐增加,本书作者也在这个热潮中陆续发表了一些论文,进一步阐述了以生产者剩余为基础的人力资源会计思想体系(论文目录见附表5)。

之后,本书作者一直致力于人力资源会计的理论与实践研究,以及承担人力资源会计的教学任务,带领硕士研究生进行人力资源会计研究,并且开始带领学生一起进军人力资源会计实证研究领域。

2006年,本书作者获得北京市哲学社会科学基金十一五规划项目"北京市事业单位人事制度改革成本效益实证研究",该课题主要以北京市的高校、科研机构、文艺体育部门以及医院为人力资源会计理论应用的主要研究对象。同年,获得首都经济贸易大学重点项目"基于人力资源会计的国有企业经营管理者激励与约束机制研究",该项目主要以企业高级管理人员为人力资源会计理论应用的主要研究对象。

2007年5月,出版全国统编教材《人力资源会计学》,并为人力资源管理专业的本科生和硕士研究生教授人力资源会计课程。该书使用对象是非会计专业的学生,因此除了介绍人力资源会计之外,还专设会计学基础知识部分,为非会计专业学生学习人力资源会计奠定基础。

2008年1月,本书作者与指导的硕士研究生程蕾在《会计研究》杂志共同发表论文"人力资源价值影响因素的实证分析",开始发表有关人力资源会计领域的实证研究论文。2009年,基于首都经济贸易大学重点研究课题的研究成果,本书作者发表了题为"高管层股权激励与企业绩效的相关文献分析及实证设想"和"高管层股权激励与企业业绩的实证分析"两篇论文。

2009年1月,首都经济贸易大学组织召开全国第二届人力资源会计理论与方法专题研讨会。会议期间,发表北京市哲学社会科学基金十一五规划项目"北京市事业单位人事制度改革成本效益实证研究"结项报告,并召开课题评审委员会,经过各位评委的审核,获得课题评审委员会的一致肯定,通过课题研究成果。

1993年至2015年,本书作者作为首都经济贸易大学会计学硕士研究生导师,指导多名硕士研究生从事人力资源会计的理论和实践研究,几十位硕士研究生硕士学位论文选题都是人力资源会计研究领域的。

根据南京大学中国社会科学研究评价中心CSSCI统计①,本书作者的人力资源会计研究成果多次被全国核心期刊论文摘引,2023年8月统计(自引除外),人力资源会计专著被摘引32次,论文被摘引26次。本书作者对人力资源会计理论研究的影响力可见一斑。

同时,本书作者也在积极推进将人力资源会计理论研究与实践相结合,推进人力资源会计在人力资源管理中的应用,使之成为一门更具有应用价值的管理科学,而不仅仅是停留在书本上的理论。

附表5 本书作者1992—2023年有关人力资源会计的研究项目和研究成果

序号	科研项目或科研成果题目	基金、杂志或出版社
1	课题:人力资源会计	国家社科基金八五规划项目,1992/12

---

① 数据来源:南京大学中国社会科学研究评价中心CSSCI数字文献处理系统,2023年8月15日检索。

序号	科研项目或科研成果题目	基金、杂志或出版社
2	论文:研究人力资源会计的必要性和可能性	财务与会计,1993/10
3	论文:人力资源会计模式探讨	会计研究,1997/6
4	专著《人力资源会计》	首都经济贸易大学出版社,1997年12月
5	论文:以生产者剩余为基础的人力资源价值会计核算体系	财务与会计,1998/1
6	论文:人力资本理论与应用的几个问题	会计研究,1999/06
7	论文:以生产者剩余为基础的人力资源价值模式	21世纪人才报,2002/7
8	论文:人力资源价值评价因素及相关问题探讨	首都经济贸易大学学报,2004/5
9	论文:如何实现人力资源会计第二次飞跃	会计之友,2004/7
10	论文:人力资源会计价值计量模式探讨	会计之友,2004/9
11	论文:论人力资源市场供求动态平衡	会计之友,2005/2
12	课题:北京市事业单位人事制度改革成本效益实证分析 06BaJG101	北京市哲学社会科学基金十一五规划项目,2006
13	课题:基于人力资源会计的国有企业经营管理者激励与约束机制研究 2006XJZ005	首都经济贸易大学重点科研项目,2006
14	论文:以生产者剩余和人力资源会计理论为基础的增值表	财务与会计,2006/10
15	全国人力资源管理专业统编教材《人力资源会计学》	中国劳动与社会保障出版社,2007/5
16	参编书籍:《企业人力资源管理:理论、实务、案例》	经济管理出版社,2006年3月,2007年4月
17	论文:北京市属科研机构人力资源成本与效益实证分析——基于人事制度改革(第七届全国财务理论与实践研讨会论文集)	首都经济贸易大学出版社,2008
18	论文:人力资源价值影响因素的实证分析	会计研究,2008/1
19	论文:高管层股权激励与企业绩效的相关文献分析及实证设想	会计之友,2009/4期(上)
20	论文:高管层股权激励与企业业绩的实证分析	会计之友,2009/4期(中)
21	北京市事业单位人事制度改革成本效益实证研究报告	第二届全国人力资源会计理论与实践研讨会论文集,2009/1

续表

序号	科研项目或科研成果题目	基金、杂志或出版社
22	论文:北京市高校人力资源成本效益实证分析,《高校教育成本研究专辑(2009)》	首都经济贸易大学出版社 2010年6月第148页
23	专著《人力资源会计(第二版)》	首都经济贸易大学出版社,2006年
24	专著《人力资源会计(第三版)》	首都经济贸易大学出版社,2015年
25	专著《人力资源会计(第四版)》	首都经济贸易大学出版社,2023年

限于篇幅,现将附表6 CSSCI统计1985—2023年人力资源会计研究文献目录表放于以下二维码中,读者可自行扫码阅读。